马铃薯主粮化战略定位与新时期粮食安全观构建

MALINGSHU ZHULIANGHUA ZHANLÜE DINGWEI YU
XINSHIQI LIANGSHI ANQUANGUAN GOUJIAN

杨亚东 等 著

中国农业出版社
北京

图书在版编目（CIP）数据

马铃薯主粮化战略定位与新时期粮食安全观构建 /
杨亚东等著. —北京：中国农业出版社，2022.12
ISBN 978-7-109-30310-2

Ⅰ.①马…　Ⅱ.①杨…　Ⅲ.①马铃薯—农业产业—发
展战略—研究—中国②粮食安全—研究—中国　Ⅳ.
①F326.11

中国版本图书馆 CIP 数据核字（2022）第 243974 号

中国农业出版社出版

地址：北京市朝阳区麦子店街 18 号楼
邮编：100125
责任编辑：郑　君　吴丽婷
版式设计：王　晨　责任校对：周丽芳
印刷：北京通州皇家印刷厂
版次：2022 年 12 月第 1 版
印次：2022 年 12 月北京第 1 次印刷
发行：新华书店北京发行所
开本：787mm×1092mm　1/16
印张：17.5
字数：390 千字
定价：98.00 元

国家自然科学基金项目（42271401）；现代农业产业技术体系建设专项（编号 CARS－09）；中央级公益性科研院所基本科研业务费专项（G2022－10－15、G2022－01－16）；中央农办　农业农村部乡村振兴专家咨询委员会软科学课题（rkx20211302）资助

著 者 名 单

杨亚东　罗其友　薄沁箐　陈淏玉

杨万青　杜歆仪　杜娅婷　程长林

张　烁　刘　洋　高明杰　张　晴

张艺佳　宋中天　伦闰琪　刘子萱

前　言

　　仓廪实，天下安。长期以来，中央领导集体高度重视新形势下的粮食安全与保障问题，特别是党的十八大以来，以习近平同志为核心的党中央坚持把确保粮食安全作为治国理政的头等大事，确立了"以我为主、立足国内、确保产能、适度进口、科技支撑"的国家粮食安全新战略，我国粮食安全形势总体平稳，有望实现"十九连丰"。

　　如果沉浸在绝对的安全感中，肯定会让自己困在永恒的当下。未来一段时期，随着人口数量增长和消费结构升级，我国粮食需求呈刚性增长态势。面对国内资源环境约束加剧、种粮比较效益偏低以及国际粮食贸易不确定性增加等问题，科研人员和政策制定者有必要放弃一部分安全感，才能深入、长期地观察、思考。如何突破桎梏实现可持续的粮食安全保障遂成为政府部门和学者关注的重要议题。

　　马铃薯在我国种植分布广泛，具有生态韧性优、经济效益高、用途范围广等优势条件，与农业农村现代化发展目标同频。2015 年，我国正式提出马铃薯主粮化战略。在高质量发展成为新时期农业农村发展政策取向的背景下，马铃薯主粮化战略的政策实施效果和未来发展方向如何，马铃薯产业是否能够成为保障粮食安全或实现乡村振兴的方式之一，抑或能够为中国式食物供给体系总体战略与推进路径做出何种贡献，这些探讨将可能具有重要理论与现实意义。

　　本书基于定量研究和案例剖析等方式，在全面分析新常态下粮食总体供求状况的基础上，重点解析马铃薯主粮化战略推进的现实基础、内生演变机制与定位困境，深入探讨粮食主粮化战略优化方案与新时期粮食安全观内涵，力图为扩展传统粮食安全边界外延、创新中国特色食物供给体系与制定粮食安全保障政策提供参考。

　　本书系国家自然科学基金项目（42271401）、现代农业产业技术体系建设专项（编号 CARS-09）、中央级公益性科研院所基本科研业务费专项（G2022-10-15、G2022-01-16）、中央农办 农业农村部乡村振兴专家咨询委员会软科学课题（rkx20211302）等资助成果拓展而成。相关课题研究过程中，农业农村部、国家自然科学基金委员会、中央农村工作领导小组办公室秘书局、中国农业科学院农业资源与农业区划研究所等有关单位专家和领导给予了大力支持，提供了建设性意见建议，在此谨一并致以诚挚感谢。此外，由于本书源于笔者博士论文，时过境迁方才发现曾经的稚嫩，不周之处敬请各位读者海涵，并真心恳请批评指正。

著　者

壬寅冬月于京西魏公村

目　　录

第三篇　调定位，稳安全

第四篇　优方案，树新观

绪　　论

民以食为天，食以粮为本。粮食安全始终是关乎社会经济稳定发展的永恒话题。新中国成立 70 多年来，我国粮食产量几经徘徊。党中央、国务院高度重视粮食安全问题。近年来，我国社会能够始终保持稳定，粮食安全供给功不可没。党中央领导集体多次围绕加强农业基础地位、确保国家粮食安全出台系列重大举措，使我国能够在全球波动中未雨绸缪，从容应对。20 世纪 80 年代以后，专家学者围绕粮食安全相继出版了较多著作，《粮安天下》《中国粮食综合生产能力与粮食安全》等著作借鉴计量经济研究方法对中国粮食和农产品进行了系统阐述，《粮食战争：市场、权力和世界食物体系的隐性战争》、Food Wars 和《谁来养活中国》等图书的问世，引起中外专家学者对粮食安全问题的空前重视。当前，学术界已基本形成共识，即粮食安全是国家安全的重要组成部分，粮食产能安全是国家粮食安全的基石；粮食安全是全人类最基本的生活保障，是集政治、经济、社会、文化、生态于一体的综合命题；粮食安全是一项复杂的系统工程，纵向涉及生产、资源、贮藏、调运、加工、流通、供应等环节，横向关乎工业、商务、金融、教育、科技、文化、卫生、工商、税务、环保等内容。粮食安全是国际性问题，全球谷物粮食库存低于安全线的严峻现实更要求各国必须重视粮食安全；粮食安全问题是"三农"工作的核心内容，是"中国梦"的首要问题，必须置于至关重要的战略地位。

习近平总书记曾多次强调，"解决好吃饭问题始终是治国理政的头等大事""中国人的饭碗任何时候都要牢牢端在自己手上""我们的饭碗应该主要装中国粮"。一个国家只有立足粮食基本自给，才能掌握粮食安全主动权。在总结了我国粮食安全历史经验的基础上，国家按照科学发展、实事求是的原则，最终确立"以我为主、立足国内、确保产能、适度进口、科技支撑"的国家粮食安全战略。农业农村部部长唐仁健在《求是》杂志撰文，提出要"确保粮食和重要农产品供给，这是乡村振兴的首要任务。在确保粮食供给的基础上，保障各类食物有效供给。"世界银行 2014 年发布的《中国粮食消费结构的转变》认为，现阶段中国经济的快速增长改变了饮食结构，导致需要消耗更多资源，会对未来粮食生产造成压力，建议中国在重视粮食安全的同时，对食品安全给予同样的重视。在 2020 年中国国际服务贸易交易会粮食现代供应链发展及投资论坛中，联合国粮食及农业组织总干事屈冬玉发表了视频演讲。他表示，中国在粮食交易以及食品系统升级方面已经取得了长足的进步，以一系列措施稳定粮食生产，并积极促进国际合作，打造了强有力的粮食系统，但未来还有很长的路要走。当前世界正处于百年未有之大变局，我国面临着复杂而多变的国内外环境，如何促进我国粮食消费结构转变，保证我国粮食安全成为当前亟待解决的重要问题。

由于当前世界人口不断增加、生物能源快速发展、新兴国家城市化快速推进，全球粮食消费呈现刚性增长。然而，受极端气候、资源约束、投资不足等因素的影响，世界粮食生产的稳定性受到严峻挑战。世界粮食市场价格表现出波动性、不确定性和风险性加剧的态势，严重威胁着世界粮食安全，特别是低收入国家的粮食安全难以保障。提到粮食安全，人们往往想到的是对小麦、水稻和玉米的保障，而马铃薯作为第四大粮食作物很少受到关注。事实上，马铃薯具有耐旱、耐寒和耐贫瘠的优良品质，在较为恶劣的自然条件下能实现稳产，可以缓解粮食资源压力；同时，马铃薯营养价值高，可以作为三大主粮的有效补充，对发展中国家的粮食安全至关重要。

　　基于此，本书拟以忧患意识作为研究的出发点，以政策建议作为研究的基本定位，以实地考察和案例剖析作为研究的主要方法，通过总体评价我国现阶段粮食安全的现实状况，系统分析新常态下粮食产能安全的多维度变化和面临的形势与挑战，重点解析马铃薯主粮化的战略定位困境，揭示马铃薯在保障粮食安全中的作用及发展潜力，对我国马铃薯主粮化推进的现实基础及内生演变机制进行科学分析，多情景模拟中国粮食安全稳定发展模式，进一步阐释新时期粮食安全观的思想内涵及新常态下提升粮食产能安全的政策建议。

第一章

我国粮食安全面临新形势

中国人口众多，保障国家粮食安全对社会的稳定和经济的发展具有重要意义。为优化供给结构，提高供给质量，解决目前农业发展遇到的结构性问题，2019年9月9日，中央全面深化改革委员会第十次会议审议通过《关于实施重要农产品保障战略的指导意见》（以下简称《意见》），标志着我国新一轮农业结构调整的序幕拉开。新一轮《意见》高度重视粮食生产的稳定性，将"坚持底线思维，确保国家粮食安全"作为最基本的原则，主要目标是稳定粮食产量和产能。

粮食安全包含了生产安全、流通安全、消费安全等多个方面，是一个综合概念，农业结构调整则是对生产要素和资源的重新配置。面对我国极其有限的水土资源和粮食作物的低效率生产，如何确保粮食产量和产能的稳定，如何实现农业结构和农业资源的最优配置和协调发展，是国家粮食安全战略调整面临的主要问题。

农业结构调整主要是指对农业系统内部各部门之间及其与市场需求之间关系的调整，其本质是市场对农业生产要素或资源的重新配置与组合。从结构主义经济学角度出发，当生产要素在农业系统内各部门、各产品等结构之间实现了充分而有效的流动，农业经济系统的发展便能呈现良性循环状态，若生产结构失衡，生产要素不能发挥最大效益，各生产经营单位主体就需要对农业结构系统内部进行调整。主要包括区域结构调整、农业部门结构调整（农业内的一二三产业）、农业生产结构调整（粮经饲作物结构、种养加结构等）、农产品结构调整（农产品品种、品质结构等）。

一、世界食物供给保障总体情况

自第二次世界大战以来，世界经济社会进入了一个相对稳定的时期，在土地制度变革、农业支持保护力度加大、科技进步、生产条件改善、耕地面积扩大等因素的支撑下，20世纪60年代以后粮食生产得到了快速发展，世界食物供给水平也在快速提高。但总体来看，解决好食物供给这一基本问题仍然面临多重挑战。在进入2000年之后，世界粮食生产能力和供给水平仍然不高，食物分配还很不均衡，仍有相当数量的人口处于营养不良状态。

（一）世界粮食保障总体情况

1961 年，世界粮食总产量为 8.77 亿吨。从 20 世纪 60 年代开始，世界粮食生产进入迅速发展的阶段，粮食播种面积、单产及总产量实现同步增长。1981 年，世界粮食种植面积为 72 654.6 万公顷，比 1961 年增长了 12.12%。这一阶段的世界粮食生产平均单产达到 2 246.8 千克/公顷，是 1961 年的 1.66 倍，年均增长 2.57%。粮食单产大幅提升，增长速度超过面积增加速度，出现粮食总产的增幅远高于播种面积增幅的现象。世界粮食总产量由 1961 年的 8.77 亿吨增至 1981 年的 16.32 亿吨，增长了 86.09%（表 1-1）。

此后，粮食播种面积虽波动浮动较大，但由于单产水平稳步提高，世界粮食生产仍然获得了稳定发展。到 2020 年，谷物产量增加到 29.96 亿吨，与 1961 年相比，增加了 2.42 倍，年均增长速度达到 2.10%。从 1962 年到 2020 年的 59 个年份中，只有 21 个年份的产量低于上一年度。而且在所有减产年份中，没有一个年份的减产幅度超过 4%（表 1-1、图 1-1）。

表 1-1　1961—2020 年世界粮食总产量及增幅

年份	世界粮食总产量（亿吨）	较上年度增幅（万吨）	幅度（%）
1961	8.77		
1962	9.33	5 649.84	6.44
1963	9.49	1 597.29	1.71
1964	10.01	5 186.82	5.46
1965	9.99	−262.10	−0.26
1966	10.78	7 974.72	7.99
1967	11.24	4 574.11	4.24
1968	11.61	3 659.77	3.26
1969	11.71	1 031.98	0.89
1970	11.93	2 150.89	1.84
1971	13.00	10 716.00	8.99
1972	12.58	−4 118.90	−3.17
1973	13.57	9 853.64	7.83
1974	13.27	−3 046.57	−2.25
1975	13.60	3 325.46	2.51
1976	14.64	10 390.71	7.64
1977	14.56	−736.69	−0.50
1978	15.82	12 567.54	8.63
1979	15.38	−4 451.80	−2.81
1980	15.50	1 241.06	0.81
1981	16.32	8 246.99	5.32
1982	16.93	6 015.79	3.69
1983	16.27	−6 559.36	−3.88

（续）

年份	世界粮食总产量（亿吨）	较上年度增幅（万吨）	幅度（%）
1984	17.87	15 984.92	9.83
1985	18.21	3 444.54	1.93
1986	18.34	1 278.16	0.70
1987	17.72	−6 249.34	−3.41
1988	17.28	−4 390.15	−2.48
1989	18.71	14 372.81	8.32
1990	19.52	8 036.85	4.29
1991	18.90	−6 133.29	−3.14
1992	19.74	8 310.92	4.40
1993	19.04	−6 930.85	−3.51
1994	19.54	4 969.70	2.61
1995	18.99	−5 448.71	−2.79
1996	20.61	16 185.37	8.52
1997	20.95	3 415.97	1.66
1998	20.85	−993.99	−0.47
1999	20.82	−320.93	−0.15
2000	20.59	−2 372.45	−1.14
2001	21.05	4 630.49	2.25
2002	20.54	−5 108.36	−2.43
2003	20.74	2 007.29	0.98
2004	22.86	21 174.27	10.21
2005	22.67	−1 894.41	−0.83
2006	22.56	−1 110.19	−0.49
2007	23.46	9 032.19	4.00
2008	25.19	17 348.16	7.40
2009	24.87	−3 188.24	−1.27
2010	24.62	−2 594.42	−1.04
2011	25.83	12 121.12	4.92
2012	25.56	−2 665.80	−1.03
2013	27.59	20 285.62	7.94
2014	28.10	5 080.93	1.84
2015	28.34	2 393.19	0.85
2016	29.13	7 895.63	2.79
2017	29.61	4 884.74	1.68
2018	29.07	−5 495.32	−1.86
2019	29.64	5 730.23	1.97
2020	29.96	3 232.93	1.09

数据来源：联合国粮食及农业组织统计数据库（FAOSTAT）。

注：本书中数据来源为FAOSTAT的中国相关数据，均包含中国所有数据；数据来源为中国统计局的相关数据，未包含港澳台的数据。如无特殊标注，下同。

近半个世纪以来，世界粮食产业的发展较为稳定。世界人均粮食占有量已经从 1961 年的 285.48 千克提高到 2020 年的 386.02 千克，增长幅度超过 35％。

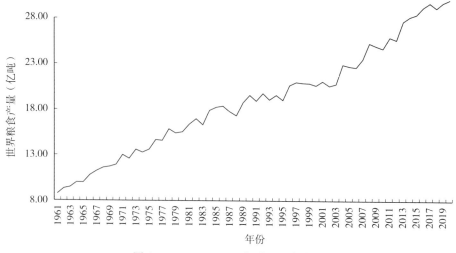

图 1-1 1961—2020 年世界粮食产量

水稻、小麦、玉米是世界三大粮食作物，产量分别从 1961 年的 2.16 亿吨、2.22 亿吨、2.05 亿吨，增加到 2020 年的 7.57 亿吨、7.61 亿吨、11.62 亿吨，分别增加了 2.50 倍、2.43 倍、4.67 倍，分别年均增长 2.15％、2.11％、2.98％（表 1-2、图 1-2）。

与此同时，随着育种技术、耕作方式、基础设施、农业装备等条件的改进，世界粮食产量逐渐提升，且种植品种呈现出向三大主粮作物集中的发展趋势。水稻、小麦、玉米在 1961 年的产量分别占粮食总产量的 24.59％、25.36％、23.38％，合计 73.33％。到 2020 年，以上三大主粮产量所占比重分别为 25.26％、25.40％、38.79％，合计 89.45％，比 1961 年分别提高了 0.67 个、0.04 个、15.41 个百分点，合计提高了 16.12 个百分点（表 1-2、图 1-2）。

表 1-2 1961—2020 年三大主粮产量及占比

年份	世界水稻产量（亿吨）	世界小麦产量（亿吨）	世界玉米产量（亿吨）	粮食总产量（亿吨）	水稻比重（％）	小麦比重（％）	玉米比重（％）
1961	2.16	2.22	2.05	8.77	24.59	25.36	23.38
1962	2.26	2.50	2.05	9.33	24.26	26.82	21.95
1963	2.47	2.33	2.20	9.49	26.03	24.58	23.20
1964	2.63	2.69	2.15	10.01	26.26	26.85	21.49
1965	2.54	2.64	2.27	9.99	25.44	26.40	22.69
1966	2.61	3.04	2.46	10.78	24.22	28.17	22.78
1967	2.77	2.94	2.73	11.24	24.68	26.18	24.25
1968	2.89	3.27	2.56	11.61	24.87	28.16	22.03

（续）

年份	世界水稻产量（亿吨）	世界小麦产量（亿吨）	世界玉米产量（亿吨）	粮食总产量（亿吨）	水稻比重（%）	小麦比重（%）	玉米比重（%）
1969	2.96	3.09	2.70	11.71	25.24	26.36	23.02
1970	3.16	3.11	2.66	11.93	26.53	26.06	22.29
1971	3.18	3.48	3.14	13.00	24.45	26.74	24.13
1972	3.07	3.43	3.09	12.58	24.42	27.26	24.54
1973	3.35	3.69	3.18	13.57	24.68	27.22	23.46
1974	3.32	3.59	3.06	13.27	25.03	27.05	23.10
1975	3.57	3.56	3.42	13.60	26.25	26.17	25.13
1976	3.48	4.20	3.52	14.64	23.75	28.69	24.08
1977	3.69	3.82	3.72	14.56	25.37	26.25	25.52
1978	3.85	4.44	3.94	15.82	24.35	28.06	24.88
1979	3.75	4.23	4.19	15.38	24.41	27.51	27.23
1980	3.97	4.40	3.97	15.50	25.61	28.40	25.59
1981	4.10	4.50	4.47	16.32	25.12	27.54	27.37
1982	4.22	4.77	4.49	16.93	24.93	28.17	26.52
1983	4.48	4.90	3.47	16.27	27.54	30.09	21.33
1984	4.65	5.12	4.50	17.87	26.04	28.67	25.21
1985	4.68	5.00	4.86	18.21	25.71	27.43	26.66
1986	4.69	5.29	4.78	18.34	25.55	28.83	26.07
1987	4.61	5.05	4.53	17.72	26.05	28.51	25.58
1988	4.87	5.01	4.03	17.28	28.22	28.98	23.33
1989	5.14	5.38	4.77	18.71	27.49	28.76	25.48
1990	5.19	5.91	4.84	19.52	26.57	30.30	24.78
1991	5.19	5.48	4.94	18.90	27.43	28.98	26.15
1992	5.28	5.65	5.34	19.74	26.75	28.64	27.05
1993	5.30	5.65	4.77	19.04	27.81	29.66	25.06
1994	5.39	5.25	5.69	19.54	27.57	26.89	29.10
1995	5.47	5.44	5.17	18.99	28.81	28.66	27.23
1996	5.69	5.79	5.86	20.61	27.59	28.07	28.44
1997	5.77	6.15	5.84	20.95	27.54	29.33	27.89
1998	5.79	5.96	6.15	20.85	27.75	28.59	29.49
1999	6.11	5.85	6.07	20.82	29.35	28.08	29.17
2000	5.99	5.85	5.92	20.59	29.08	28.42	28.76
2001	6.00	5.88	6.15	21.05	28.52	27.95	29.23
2002	5.71	5.92	6.04	20.54	27.81	28.83	29.39
2003	5.87	5.50	6.45	20.74	28.30	26.52	31.10
2004	6.07	6.35	7.30	22.86	26.57	27.77	31.92
2005	6.34	6.27	7.14	22.67	27.98	27.66	31.51
2006	6.41	6.14	7.08	22.56	28.41	27.24	31.39

（续）

年份	世界水稻产量（亿吨）	世界小麦产量（亿吨）	世界玉米产量（亿吨）	粮食总产量（亿吨）	水稻比重（%）	小麦比重（%）	玉米比重（%）
2007	6.54	6.07	7.94	23.46	27.88	25.86	33.83
2008	6.84	6.80	8.30	25.19	27.17	27.00	32.94
2009	6.80	6.84	8.21	24.87	27.35	27.48	33.00
2010	6.94	6.41	8.53	24.62	28.21	26.03	34.64
2011	7.19	6.97	8.88	25.83	27.86	26.98	34.37
2012	7.28	6.74	8.76	25.56	28.47	26.36	34.25
2013	7.32	7.10	10.17	27.59	26.52	25.74	36.86
2014	7.31	7.29	10.40	28.10	26.01	25.94	37.01
2015	7.32	7.42	10.53	28.34	25.83	26.18	37.15
2016	7.34	7.48	11.27	29.13	25.20	25.70	38.71
2017	7.47	7.72	11.39	29.61	25.24	26.08	38.45
2018	7.59	7.32	11.24	29.07	26.12	25.19	38.68
2019	7.49	7.65	11.41	29.64	25.28	25.81	38.51
2020	7.57	7.61	11.62	29.96	25.26	25.40	38.79

注：世界水稻、小麦、玉米及谷物总产量为保留小数点后两位有效数字的数据，比重仍按原始数据计算，所以表中比重数据存在误差。

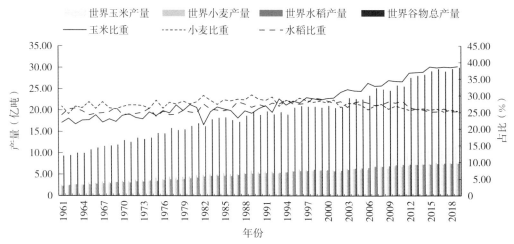

图1-2 1961—2020年世界三大主粮产量及占比

数据来源：FAOSTAT。

（二）当前世界粮食保障面临重重挑战

1. 粮食保障水平较低

从全世界农业生产来看，真正实现农业现代化的国家仍是极少数，绝大多数国家的经济社会发展仍处于较低水平，农业生产技术较为落后，粮食生产仍处于靠天吃饭的阶段，实现粮食充足稳定供应绝非易事。

研究表明，人均一天要摄入能量 2 900 卡①左右，其中 750 卡能量来自养殖业（即摄入 40 克动物蛋白），2 150 卡来自种植业，才能实现营养均衡。同时，粮食作为动物饲料营养成分的主要来源，假设按照 3∶1 的料肉比粗略估计，人体摄入肉类食品的 750 卡热量相当于由种植业产品提供的 2 250 卡热量，即每人每年需要消费至少 375 千克的粮食。这就是说，要让全世界人口都能吃饱吃好，需要增加目前生产水平 1 倍的粮食产量，而现有粮食生产水平远远满足不了这一需求。自 20 世纪 80 年代中期以后，世界粮食产量增长速度明显趋缓，1961—1986 年，世界粮食产量从 8.77 亿吨增加到 18.34 亿吨，25 年间增长了 109.12%。2020 年世界粮食产量达到 29.96 亿吨，与 1986 年相比仅增加了 63.36%。粮食产量的年际波动率越来越大，1988 年、1995 年、2002 年、2006 年、2010 年均出现明显的产量低谷。

2. 资源分配不均加剧贫困人口营养不足

20 世纪 60 年代以来，全球整体营养状况显著改善，但在不同的国家、地区、民族间的食物消费水平和结构上仍存在着较大差异。在发达国家，人均日消费粮食提供的热量约为 3 500 卡，而在贫困国家此热量仅为 2 000 卡，贫困国家人口整体处于营养不良状态。之所以出现这种情况，除了总体供给并不充裕外，关键在于贫困国家、贫困人口的购买力不强。粮食是一种消费需求刚性很强的商品，一旦供给量稍有减少，就可能引起价格的大幅度上涨。有研究表明，2007 年 1 月至 2008 年 7 月，由于供给量的减少，水稻、小麦、玉米的平均价格上涨了 40% 左右。对粮食供给无法满足实际需求的欠发达国家而言，由于自身经济实力较弱、储备能力不足和市场调控能力欠缺，其受到全球粮食供给波动的影响比发达国家要大得多。根据联合国粮农组织的数据，2007—2010 年，全球低收入国家食品价格比高收入国家上涨幅度更大。在吉尔吉斯共和国，有 10% 的贫困人口食品消费支出占其总开支的 73%，2010 年食品价格上涨 27%，生活在贫困线以下的人口增长了 11 个百分点。据联合国世界粮食计划署报告，2022 年 6 月斯里兰卡的食品通胀率高达 57.4%，急剧上涨的食品价格削弱了人们获得充足且有营养的食物的能力，该国每 10 户家庭中有 3 户正面临粮食不安全状况，涉及人口达 626 万。

2015 年联合国推出了 17 个全球可持续发展目标，旨在到 2030 年前让人民的生活有所改善。其中的目标 2：零饥饿——承诺消除饥饿、实现粮食保障、改善营养并促进可持续农业，也是联合国世界粮食计划署的首要工作。而《2020 年世界粮食安全和营养状况报告》显示，自 2014 年起，全球饥饿人口数量一直在缓慢增加。2019 年最新估计表明，2014 年以来受饥饿影响的人数新增了 6 000 万。如果照这一趋势持续下去，饥饿人数到 2030 年将突破 8.4 亿。即便不考虑新冠肺炎大流行可能带来的负面影响，仍无法实现零饥饿的目标。以目前的世界粮食生产能力，能够满足全世界人口的需要，但仍有超过 15 亿的人口难以满足营养摄入的需求，有超过 30 亿的人口难以支付最低价的健康膳食，这些人口生活在世界各地，他们多数生活在亚洲（19 亿人）和非洲（9.65

---

① 卡为非法定计量单位，1 卡≈4.18 焦耳。——编者注

亿人），还有不少人生活在拉丁美洲及加勒比地区（1.04 亿人）和北美洲及欧洲（1 800 万人）。无力负担健康膳食的人口比例最高的区域是西非（82%）、中非（78%）、东非（75%）、南部非洲（64%），其次是南亚（58%）、东南亚（46%）、加勒比（37%）、中亚（33%）和中美洲（28%）。从国家收入组别来看，比例最高的是低收入国家（86%）和中等偏下收入国家（59%），这些国家的人口在获得健康膳食方面面临的挑战最大。同时，整个撒哈拉以南非洲 77% 或更多的人口和南亚 58% 的人口无力负担健康膳食。此外，亚洲其他地区（30%）以及拉丁美洲及加勒比地区（26%）也有很高比例的人口无力负担健康膳食。

3. 贸易壁垒打击粮食短缺国家

发展中国家在面临粮食安全危机时，往往不得不采取贸易干预措施。2006—2008 年，至少有 55 个国家采取了粮食间贸易干预政策。其中，仅有中国等极少数国家实现了国内粮食价格和营养不良人口的同步下降，泰国、越南、印度、巴西等国家虽实现了营养不良人口下降，但其国内粮食价格攀升明显。泰国国内的粮价上升超过 70%。而马拉维、阿富汗、乌干达、孟加拉国等国家粮食价格上涨的同时，营养不良人口也有所增加。

（三）世界粮食供求关系将长期偏紧

由 OECD 和 FAO 的预测可知，国际谷物的供给量和需求量均会持续增加并维持紧平衡的态势。实现粮食安全，既是全人类长期共同为之努力的目标，也是全世界始终面临的严峻挑战。

1. 全球粮食需求将持续较快增加

随着经济的发展和居民生活水平的提高，人均粮食需求将继续增加。当前，全世界人口已达 80 亿，其中一半人口居住在城市。世界人口平均寿命从 1950 年的 48 岁增加到了 2019 年的 73 岁，65 岁以上老年人达 7.47 亿。预计到 2050 年，世界人口将达 93 亿。其中，非洲人口从 10.33 亿增至 19.85 亿，增加 92.16%；亚洲从 41.67 亿增至 52.32 亿，增加 25.56%；欧洲则从 7.33 亿减至 6.91 亿，减少 5.73%。预计人口过亿的国家将从现在的 11 个增加到 17 个，新增国家包括刚果、埃及、埃塞俄比亚、坦桑尼亚、菲律宾和越南。由于人口的增加和消费水平的提高，口粮和饲料粮的需求都将大幅度增加。

联合国粮农组织于 2021 年发布的《经合组织-粮农组织 2021—2030 年农业展望》一文指出，未来 10 年，全球农产品（包括食用、饲用以及用作燃料和工业原料）需求增速预计将略低于前 10 年，但仍将以每年 1.2% 的速度增长。联合国粮农组织等多个国际组织的最新版《世界粮食安全和营养状况》报告指出，2020 年全球粮食继续减产已成事实。许多粮食主产国由于受到疫情及自然灾害的影响，内部粮食生产链受损，供应量远不能达到预期，出现了内外部的供求矛盾，使得全球粮食流通体系粮食供应链出现断点，引发了世界范围的粮价上涨。联合国粮农组织报告指出，2020 年 6—8 月全球食品价格持续上涨，尤其是粮食及食用油上涨幅度最大，环比涨幅分别为 6.7％ 和 5.0％。从绝对增长量来看，发展中国家的口粮需求增长将高于饲料粮。在发达国家，无论是需求量的绝对值还是相对值，饲料粮需求增长都将超过口粮。

由于生物燃料业快速发展，使得油价与粮食价格息息相关，因此，在粮食能源转化需求急剧增加的同时，也给粮食生产和供给带来了新的压力。随着世界石油价格大涨，欧盟及美国、巴西等国将大量玉米、菜籽、棕榈油转用于生产制作生物燃料。值得关注的是，早在 2011 年美国用于生产乙醇的玉米就已达到 1.28 亿吨，占玉米总收获量的 40％ 以上，这是 3.5 亿人一年的口粮数量。2010—2011 年度，全球玉米用于工业生产的消费总量为 3.49 亿吨，比 2000—2001 年度增长 1.68 亿吨，年均增长 6.78％[①]。能源短缺是全世界面临的基本现实问题，长期来看供需矛盾将进一步增大。一旦能源价格上涨，能用于生产燃料的粮食价格也会随之上涨，粮食的需求量会被近乎无限扩大。同时俄乌关系的紧张也进一步限制了能源的出口，使得世界范围能源供应量的减少，能源行业竞争更加激烈。

2. 全球粮食供给受到多重制约

农业生产首先是一个自然再生产过程，对水、肥、气、热等自然资源依赖性强，目前农业受到自然条件的制约正在日益趋紧。20 世纪 80 年代以来，农业科技成果的转换应用并没有带来较大突破，农业生产需要长期的投入和建设才能见成效，农业生产水平提升难度大，农业生产资源供给面临诸多制约瓶颈。

一是水资源紧缺成为农业发展的瓶颈。世界淡水资源中 70％ 用于农业，水稻生产是农业生产中对淡水资源消耗最大的领域，据估计，消耗比重达到 34％～43％。de Fraiture、Molden 等人的研究表明，按照人均摄入 3 000 卡热量计算，到 2020 年，用于养活世界人口的用水需求量将会增加 5.6×10^3 亿吨，总体达到 1.24×10^4 亿吨，即使考虑到用水效率得到提高的因素，仍然有 3.3×10^3 亿吨的缺口。据 Gleick 分析，自 20 世纪 50 年代以来，全球的用水需求增加了 2 倍，但淡水供给总量却在持续减少。据统计，如今约有 5 亿人生活在水资源紧张甚至匮乏的国家，2025 年这一数字或将增至 30 亿。Popkin 等人认为，随着水资源利用的增加、人口的快速增长、营养结构的转变，很快将会出现全球性水资源紧缺的局面。同时由于城市化、工业化、人口快速增长等发展的需要，非农用水需求将明显增加，这也将会对粮食生产造成严重影响。实证研究表明，在地中海、中东、印度、中国、巴基斯坦等地区，未来几十年将面临严重的水源短缺，进一步制约各地的农业生产。

二是科技进步速度减缓进一步限制农业发展。20 世纪中期，"绿色革命"的发展使粮食生产技术水平得到了很大提高，并带动了粮食产量的大幅增加。20 余年来，常规性的技术尚未取得重大突破，以转基因为代表的生物技术在应用方面又受到社会方面的

---

① 玉米主要作用是饲料消费和工业消费，食用消费和种用消费非常少，与工业消费量相比，可以忽略不计。因此，本文用玉米的 FSI 消费近似等于工业消费。

制约。从 20 世纪 70 年代到 80 年代，世界主要谷物平均单产的年均增长率由 3.4% 降至 1.8%，20 世纪 90 年代进一步下降，2000 年之后仅为 1.6%。

三是要素成本较快上升制约了粮食生产效益。2003 年以来，石油、肥料等要素的价格快速上涨，带动了粮食生产成本的较快上升。世界银行研究表明，石油价格和粮食价格具有较强相关性，石油价格每上涨 10%，粮价就会上涨 2.7%。2001—2008 年，世界氮肥、磷肥、钾肥的价格上涨幅度都超过了谷物价格上涨幅度。对于欠发达国家和地区而言，粮食生产成本的上升，会对粮食生产能力造成显著影响。

3. 国家博弈限制粮食生产发展

从 FAO 公布的数据来看，2008 年全世界可利用耕地面积为 48.8 亿公顷，占全世界土地面积的 37.56%，其中耕地面积为 13.8 亿公顷，占全世界可利用耕地面积的 28.28%。总体而言，耕地并不是很稀缺。但由于耕地资源分布不均的原因，不同地区耕地资源人均占有水平也是极不均衡，人口多的区域耕地资源往往稀缺。世界人均耕地面积为 0.18 公顷/人，人口最多的亚洲仅为 0.11 公顷/人，人均耕地不足的问题十分尖锐。如果各国间政治充分互信，那么跨区域合作开发利用耕地资源是有可能实现的。但由于土地资源容易与国家主权问题联系在一起，故土地资源跨境开发政治敏感性极高。同时即使在已经进行合作开发的地方，合作被迫中断的例子也屡见不鲜。近年来，不少国家纷纷出台限制外国到本地开发耕地的政策，这些政策限制了全球粮食生产发展。对于人口较多的国家和地区而言，粮食生产发展受到土地资源有限性的强烈制约。在粮食生产和耕地开发方面，促进国际间协调开放是必不可少的。

二、我国粮食安全保障总体情况

在过去的 30 年里，中国的粮食生产状况得到了较大改善，粮食产量大大增加，但如何保障粮食安全仍是中国面临的一项艰巨挑战。总体来看，当前我国粮食安全处于较高水平。保障国内粮食安全为我国经济的持续高速增长和社会稳定创造了有利条件，得到了 FAO、世界银行等在内的国际组织的赞誉。综合评估我国的耕地、人口、农业基础设施、粮食综合生产能力、气候变化、粮食单产等社会、经济和自然环境状况，发现我国粮食安全仍存在较大隐患，潜伏着诸多不稳定因素。当前我国粮食供求矛盾已经由总量矛盾转为结构性矛盾，粮食区域平衡及品种调剂问题需要引起高度重视。通过中长期粮食供求关系的分析可知，若农业技术进步没有实现较大突破，那么未来中国粮食产量的增长速度将趋缓，受到人口增长和消费结构变化的影响，粮食需求量将呈刚性增长趋势，粮食自给率下降，外贸依存度提高，中国粮食安全水平将不断下降。

中国政府高度重视保障粮食的基本自给。早在 1996 年我国就提出保持基本粮食自给率不低于 95%。2001 年加入世贸组织以来，为基本稳定粮食安全供给，中国政府陆续出台了一系列支持粮食生产发展的政策措施，粮食生产能力不断提高，取得"十八连丰"的历史性成就,并已迈入 6.8 亿吨的新台阶。无论是从生产供给能力还是贸易依存度来看,中国的粮食供求关系总体处于平衡状态。

随着人口增加以及居民生活水平的不断提高,国内水、耕地、劳动力等农业资源约束越来越强,生产成本不断提高,中国粮食安全面临着更加复杂的形势和更为艰巨的挑战,居民对粮食的刚需不断增加,粮食供给出现失衡。加上其他粮食主产国受到气候、资本等其他因素的影响,国际粮食市场受到影响,价格与本国粮价有一定差异,粮食出口国的粮食支持政策和贸易政策的干预对粮食产业安全的影响将不断加深。

(一) 农业综合生产能力显著提高

我国粮食生产总体呈现出增长态势,但也经历过几个起伏阶段。1958—1961 年和 1998—2003 年是减产量和减产幅度最大的两个时期。在 1978 年、1984 年、1996 年、2012 年 4 个年份,我国粮食产量逐级登上 3 亿吨、4 亿吨、5 亿吨、6 亿吨的台阶。2004 年以来我国粮食不断增产,2020 年达到 6.69 亿吨,年增幅为 0.85%(表 1 - 3、图 1 - 3)。

表 1 - 3　1949—2020 年我国粮食产量

年份	粮食产量(亿吨)	年份	粮食产量(亿吨)	年份	粮食产量(亿吨)
1949	1.13	1973	2.65	1997	4.94
1950	1.32	1974	2.75	1998	5.12
1951	1.44	1975	2.85	1999	5.08
1952	1.64	1976	2.86	2000	4.62
1953	1.67	1977	2.83	2001	4.53
1954	1.70	1978	3.05	2002	4.57
1955	1.84	1979	3.32	2003	4.31
1956	1.93	1980	3.21	2004	4.69
1957	1.95	1981	3.25	2005	4.84
1958	1.98	1982	3.55	2006	4.98
1959	1.70	1983	3.87	2007	5.04
1960	1.44	1984	4.07	2008	5.34
1961	1.37	1985	3.79	2009	5.39
1962	1.54	1986	3.92	2010	5.59
1963	1.66	1987	4.05	2011	5.88
1964	1.81	1988	3.94	2012	6.12
1965	1.95	1989	4.08	2013	6.30
1966	2.14	1990	4.46	2014	6.40
1967	2.18	1991	4.35	2015	6.61
1968	2.09	1992	4.43	2016	6.60
1969	2.11	1993	4.56	2017	6.62
1970	2.40	1994	4.45	2018	6.58
1971	2.50	1995	4.67	2019	6.64
1972	2.40	1996	5.05	2020	6.69

数据来源:国家统计局。

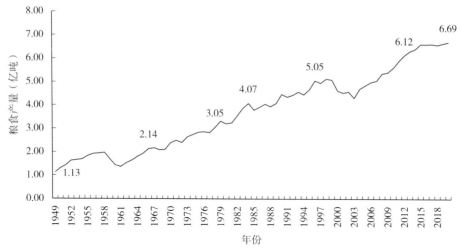

图 1-3 1949—2020 年我国粮食产量

目前，在我国的 29 种主要农产品中，水稻、棉花、花生、蔬菜、水果、茶叶、肉类等 12 种农产品产量长期位居世界第一。猪肉占世界总产量的 38% 以上，蔬菜占 52% 左右，花生占 34% 左右，水稻占 20% 以上。

1949—2020 年，我国水稻、小麦、玉米的产量分别从 4 864.8 万吨、1 381.5 万吨、1 242.0 万吨增加到 21 186.0 万吨、13 425.4 万吨、26 066.5 万吨，分别增长了 16 321.2 万吨、12 043.9 万吨、24 824.5 万吨，分别增长了 3.35 倍、8.72 倍、19.99 倍（表 1-4、图 1-4）。1978 年，水稻、小麦、玉米的产量分别为 13 693.0 万吨、5 384.0 万吨、5 594.5 万吨，分别比 1949 年增长了 1.81 倍、2.90 倍、3.50 倍（表 1-4）。

表 1-4　1949—2020 年我国三大主粮产量

年份	水稻（万吨）	小麦（万吨）	玉米（万吨）	年份	水稻（万吨）	小麦（万吨）	玉米（万吨）
1949	4 864.8	1 381.5	1 242.0	1961	5 364.8	1 425.6	1 549.5
1950	5 510.7	1 450.2	1 389.4	1962	6 299.1	1 667.1	1 626.7
1951	6 055.9	1 723.7	1 381.0	1963	7 376.5	1 847.5	2 057.9
1952	6 843.3	1 813.1	1 685.0	1964	8 300.0	2 084.0	2 269.7
1953	7 128.0	1 828.8	1 668.8	1965	8 772.0	2 522.0	2 365.5
1954	7 086.0	2 334.1	1 714.7	1966	9 539.0	2 528.0	2 842.6
1955	7 803.1	2 297.3	2 032.0	1967	9 368.5	2 848.5	2 740.8
1956	8 248.7	2 480.9	2 307.4	1968	9 453.0	2 745.5	2 503.2
1957	8 678.0	2 364.4	2 144.0	1969	9 506.5	2 728.5	2 492.1
1958	8 085.3	2 259.3	2 313.1	1970	10 999.0	2 918.5	3 303.0
1959	6 936.8	2 218.5	1 664.6	1971	11 520.5	3 257.5	3 585.0
1960	5 973.3	2 217.8	1 603.1	1972	11 335.5	3 598.5	3 210.0

（续）

年份	水稻 （万吨）	小麦 （万吨）	玉米 （万吨）	年份	水稻 （万吨）	小麦 （万吨）	玉米 （万吨）
1973	12 173.5	3 522.5	3 862.5	1997	20 073.5	12 328.9	10 430.9
1974	12 390.5	4 086.5	4 291.5	1998	19 871.30	10 972.6	13 295.4
1975	12 556.0	4 531.0	4 721.5	1999	19 848.7	11 388.0	12 808.6
1976	12 580.5	5 036.0	4 816.0	2000	18 790.8	9 963.6	10 600.0
1977	12 856.5	4 107.5	4 938.5	2001	17 758.0	9 387.3	11 408.8
1978	13 693.0	5 384.0	5 594.5	2002	17 453.8	9 029.0	12 130.8
1979	14 375.0	6 273.0	6 003.5	2003	16 065.6	8 648.8	11 583.0
1980	13 990.5	5 520.5	6 260.0	2004	17 908.8	9 195.2	13 028.7
1981	14 395.5	5 964.0	5 920.5	2005	18 058.8	9 744.5	13 936.5
1982	16 159.5	6 847.0	6 056.0	2006	18 171.8	10 846.6	15 160.3
1983	16 886.5	8 139.0	6 820.5	2007	18 638.1	10 949.2	15 512.2
1984	17 825.5	8 781.5	7 341.0	2008	19 261.2	11 290.1	17 212.0
1985	16 856.9	8 580.5	6 382.6	2009	19 619.7	11 579.6	17 325.9
1986	17 222.4	9 004.0	7 085.6	2010	19 722.6	11 609.3	19 075.2
1987	17 441.6	8 776.8	7 982.2	2011	20 288.2	11 857.0	21 131.6
1988	16 910.7	8 543.2	7 735.1	2012	20 653.2	12 247.5	22 955.9
1989	18 013.0	9 080.7	7 892.4	2013	20 628.6	12 363.9	24 845.3
1990	18 933.1	9 822.9	9 681.9	2014	20 960.9	12 823.5	24 976.4
1991	18 381.3	9 595.3	9 877.3	2015	21 214.2	13 255.5	26 499.2
1992	18 622.2	10 158.7	9 538.3	2016	21 109.4	13 318.8	26 361.3
1993	17 751.4	10 639.0	10 270.4	2017	21 267.6	13 424.1	25 907.1
1994	17 593.3	9 929.7	9 927.5	2018	21 212.9	13 144.0	25 717.4
1995	18 522.6	10 220.7	11 198.6	2019	20 961.4	13 359.6	26 077.9
1996	19 510.3	11 056.9	12 747.1	2020	21 186.0	13 425.4	26 066.5

数据来源：国家统计局。

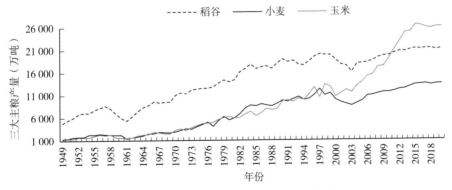

图 1-4　1949—2020 年我国三大主粮产量

1980—2020 年，水稻、小麦、玉米分别增长了 7 196 万吨、7 905 万吨、19 807 万

吨,增幅分别达 51.4%、143.2%、316.4%。在经历了 1999—2003 年的较大减产后,粮食生产进入一个新的发展阶段(表 1-4、图 1-4)。党和国家高度重视"三农"工作,不断加大对农业农村工作的支持力度,在强化政策支持的同时全面深化农村改革,脱贫攻坚取得伟大胜利,乡村振兴战略稳步实施,农业农村发展迎来新阶段,发生了前所未有的历史性变革。

中国作为一个超过 14 亿人口的大国,保障粮食安全是很长一段时期内都必须重视的问题。以粮食生产为例,1949 年我国粮食总产量仅为 2 263.6 亿斤①,难以满足全部人口的温饱需要;在社会主义现代化改革初级阶段,粮食生产有了一定程度的提升,1978 年粮食产量为 6 095 亿斤,首次突破 6 000 亿斤大关;随着改革开放序幕的拉开,在双层经营体制建立和完善的基础上,进行了农产品流通体制改革、农业税制度改革等一系列体制机制改革,大大激发了广大农户的积极性,使得粮食产量在这一阶段有了显著提升,1996 年首次突破 10 000 亿斤大关,2012 年迈上 12 000 亿斤台阶,粮食综合生产能力跃上新台阶,吃不饱饭的情况已不复存在。党的十八大以来,党中央高度重视粮食生产,明确要求把中国人的饭碗牢牢端在自己手中。"十三五"期间,我国继续坚持端稳中国人的饭碗。我国始终坚持"藏粮于地、藏粮于技"战略,以确保我国主要农产品的有效供给,保障中国粮食安全。同时建设完成 8 亿亩②高标准农田,科学合理划定粮食生产功能区和重要农产品生产保护区,2021 年我国粮食产量达到 13 657 亿斤,我国粮食产量已连续 7 年稳定在 1.3 万亿斤以上。水稻、小麦自给率保持在 100% 左右,玉米自给率超过 95%,肉蛋奶、果菜茶品种丰富、供应充足,有效满足了人民群众日益增长的消费需求。

除了粮食之外,我国油料、棉花、糖料、蔬菜、水果产量都呈现出大幅增加态势。1978—2020 年,油料产量从 521.79 万吨增加到 3 586.40 万吨,年均增长 4.70%;棉花产量从 216.70 万吨增加到 591.05 万吨,年均增长 2.41%;糖料产量从 2 381.87 万吨增加到 12 014.00 万吨,年均增长 3.93%。1995—2020 年,蔬菜产量从 25 726.71 万吨增加到 74 912.90 万吨,增加 2.91 倍,年均增长 4.37%。2003—2020 年,水果产量从 14 517.41 万吨增加到 28 692.36 万吨,增加 1.98 倍,年均增长 4.09%(表 1-5)。

表 1-5 1949—2020 年我国棉、油、糖、蔬菜、水果产量

年份	棉花(万吨)	油料(万吨)	糖料(万吨)	蔬菜(万吨)	水果(万吨)
1949	44.50	256.44	283.27		
1950	69.25	294.00	337.83		
1951	103.06	350.16	498.89		
1952	130.40	419.38	759.44		

---

① 斤为非法定计量单位,1 斤=0.5 千克。——编者注
② 亩为非法定计量单位,1 亩=1/15 公顷。——编者注

（续）

年份	棉花（万吨）	油料（万吨）	糖料（万吨）	蔬菜（万吨）	水果（万吨）
1953	117.48	381.62	771.42		
1954	106.49	418.53	958.14		
1955	151.85	472.36	970.62		
1956	144.52	506.90	1 030.06		
1957	164.00	419.68	1 189.35		
1958	196.88	476.94	1 563.02		
1959	170.88	410.41	1 214.75		
1960	106.29	194.05	985.49		
1961	74.80	181.40	506.47		
1962	70.15	200.40	378.21		
1963	113.70	245.84	832.09		
1964	166.27	336.87	1 346.48		
1965	209.78	362.62	1 537.58		
1966	233.68	391.90	1 403.52		
1967	235.40	398.46	1 524.14		
1968	235.43	343.24	1 249.57		
1969	207.93	333.10	1 288.32		
1970	227.70	377.19	1 555.98		
1971	210.48	411.36	1 526.38		
1972	195.82	411.83	1 873.87		
1973	256.18	418.72	1 964.30		
1974	246.08	441.39	1 872.09		
1975	238.10	452.15	1 914.32		
1976	205.55	400.86	1 956.29		
1977	204.88	401.58	2 020.86		
1978	216.70	521.79	2 381.87		
1979	220.74	643.54	2 461.33		
1980	270.67	769.06	2 911.27		
1981	296.76	1 020.52	3 602.85		
1982	359.85	1 181.73	4 359.39		
1983	463.70	1 054.97	4 032.30		
1984	625.84	1 190.95	4 780.36		
1985	414.67	1 578.42	6 046.78		
1986	354.04	1 473.76	5 852.51		
1987	424.51	1 527.78	5 550.41		

（续）

年份	棉花（万吨）	油料（万吨）	糖料（万吨）	蔬菜（万吨）	水果（万吨）
1988	414.87	1 320.27	6 187.46		
1989	378.79	1 295.22	5 803.80		
1990	450.77	1 613.16	7 214.47		
1991	567.50	1 638.31	8 418.74		
1992	450.84	1 641.15	8 807.98		
1993	373.93	1 803.94	7 624.20		
1994	434.10	1 989.59	7 345.24		
1995	476.75	2 250.34	7 940.14	25 726.71	
1996	420.33	2 210.61	8 360.24	30 123.09	4 652.82
1997	460.27	2 157.38	9 386.47	35 962.39	5 089.32
1998	450.10	2 313.86	9 790.41	38 491.93	5 452.85
1999	382.88	2 601.15	8 334.12	40 513.52	6 237.64
2000	441.73	2 954.83	7 635.33	44 467.94	6 225.15
2001	532.35	2 864.90	8 655.13	48 422.36	6 658.00
2002	491.62	2 897.20	10 292.68	52 860.56	6 951.98
2003	485.97	2 811.00	9 641.65	54 032.32	14 517.41
2004	632.35	3 065.91	9 570.65	55 064.66	15 340.88
2005	571.42	3 077.14	9 451.91	56 451.49	16 120.09
2006	753.28	2 640.31	10 459.97	53 953.05	17 101.97
2007	759.71	2 786.99	12 082.35	57 537.82	17 659.36
2008	723.23	3 036.76	13 005.96	58 669.21	18 279.10
2009	623.58	3 139.42	11 746.90	59 139.48	19 093.71
2010	577.04	3 156.77	11 303.36	57 264.86	20 095.37
2011	651.89	3 212.51	11 663.11	59 766.63	21 018.61
2012	660.80	3 285.62	12 451.81	61 624.46	22 091.50
2013	628.16	3 348.00	12 555.01	63 197.98	22 748.10
2014	629.94	3 371.92	12 088.73	64 948.65	23 302.63
2015	590.74	3 390.47	11 215.22	66 425.10	24 524.62
2016	534.28	3 400.05	11 176.03	67 434.16	24 405.24
2017	565.25	3 475.24	11 378.84	69 192.68	25 241.90
2018	610.28	3 433.39	11 937.41	70 346.72	25 688.35
2019	588.90	3 492.98	12 169.10	72 102.60	27 400.84
2020	591.05	3 586.40	12 014.00	74 912.90	28 692.36

数据来源：国家统计局。

注：我国棉花产量、油料产量、糖料产量、蔬菜产量、水果产量数据已更新至 1949—2020 年。

如图 1－5 所示，1980—2020 年的 41 个年份中，中国地区一共进口 73 807.98 万吨谷物，出口 21 675.71 万吨谷物，净进口 52 132.28 吨，相当于期间产量的 2.85％。从年份来看，仅有 2000 年、2002 年、2003 年和 2007 年这四个年份出口数量高于进口数量；大多数年份我国谷物的进口数量高于出口数量。且 2011—2020 年净出口数量呈增加趋势，期间共进口 26 921.99 万吨，出口 1 287.85 万吨，十年内净进口数量为 25 634.14 万吨，但仅占同期国内粮食产量的 4％。这表明我国谷物供给仍主要依靠国内生产，依靠国际市场进行一些适当的调节和补充。

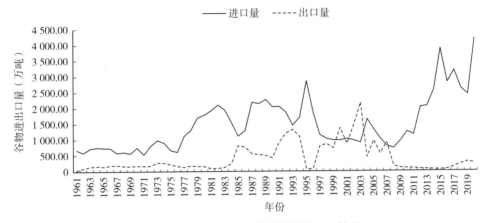

图 1－5　1961—2020 年我国谷物进出口情况

数据来源：FAOSTAT。

根据国际通行口径，我国已实现了粮食自给率在 95％ 以上的目标。但是，由于不同品种的生产和消费特征不一样，三大主粮存在明显差异。水稻是我国最主要的口粮，水稻生产长期处于我国粮食生产中最主要的地位。目前，我国水稻生产已基本实现自给。从实际情况来看，水稻的净出口水平较高，2001—2011 年的水稻净出口量均在 1.1 万吨以上。与水稻相比，小麦依靠国际市场更多一些，因此净进口和自给率的变化相对较大一些。总体来看，小麦的自给率处于明显提高的态势。在改革开放初期，自给率在 85％ 左右，但近年来已平均达到 95％ 以上的自给率。玉米的自给率一直较高，一般在 95％ 以上。在部分年份的净出口水平也较高，例如 2003 年净出口水平达到 1 124.8 万吨。但近年来，玉米净进口数量在较快增加，自给率稍有下降（表 1－6）。

在谷物安全有保障的前提下，考虑到国内市场供应存在结构性短缺的现实。近年来，我国在主动利用国际市场调剂国内市场方面迈出了较大的步伐。1980—2020 年，我国农产品进出口总额、进口额、出口额分别从 162.26 亿美元、110.78 亿美元、51.47 亿美元增加到 2 607.59 亿美元、1 934.67 亿美元、672.92 亿美元，分别增加了 15.07 倍、16.46 倍、12.07 倍。近十几年来，我国与国际市场的联系日益紧密，对国际市场的影响也明显加大。从 2003 年开始，我国农产品净进口额突破百亿美元，此后这一差额持续增加，到 2020 年达到 1 261.75 亿美元（表 1－7）。

表1-6 1961—2020年我国谷物自给情况测算表

单位:吨,%

年份	谷物			水稻			小麦			玉米		
	净进口	消费量	自给率	净进口	消费量	自给率	净进口	消费量	自给率	净进口	消费量	自给率
1961	6 446 652	96 824 000	94.45	-48	37 790 000	100.00	4 108 649	18 972 000	77.67	634 400	18 662 000	96.60
1962	4 897 733	103 502 000	96.09	681	43 269 000	100.00	3 805 200	20 903 000	81.45	656 800	16 943 000	96.12
1963	5 729 660	118 046 000	96.00	1 453	50 319 000	100.00	5 920 000	24 073 000	75.75	441 300	21 055 000	97.91
1964	5 850 743	127 743 000	96.30	6 750	56 373 000	99.99	5 640 100	25 555 000	78.72	311 300	23 042 000	98.65
1965	5 903 880	145 612 000	96.49	2 163	59 809 000	100.00	6 522 600	38 829 000	79.47	26 700	23 713 000	99.89
1966	5 500 862	149 352 000	97.00	1 915	64 132 000	100.00	6 595 284	31 479 000	79.33	169 442	29 357 000	99.42
1967	3 893 366	151 026 000	97.90	1 612	63 444 000	100.00	4 807 937	31 664 000	85.57	437 662	31 458 000	98.61
1968	4 411 173	149 210 000	97.57	223	63 919 000	100.00	5 054 767	31 855 000	84.46	555 801	29 658 000	98.13
1969	4 035 292	148 433 000	97.76	336	64 099 000	100.00	4 573 521	31 702 000	85.65	570 255	29 033 000	98.04
1970	5 714 508	166 645 000	97.23	833	73 978 000	100.00	6 015 377	33 770 000	82.91	812 158	33 896 000	97.60
1971	3 644 310	173 783 000	98.31	993	76 805 000	100.00	3 670 052	35 116 000	89.87	779 509	36 469 000	97.88
1972	6 226 509	174 074 000	97.07	900	77 567 000	100.00	5 182 817	39 069 000	87.41	1 774 926	34 141 000	94.77
1973	7 082 387	185 943 000	96.91	18	80 954 000	100.00	6 960 145	40 179 000	83.50	2 103 373	40 848 000	94.85
1974	6 360 473	194 489 000	97.36	0	82 515 000	100.00	6 270 001	43 547 000	86.70	1 827 552	44 851 000	95.93
1975	4 460 782	203 873 000	98.21	30	84 150 000	100.00	4 137 823	47 300 000	91.63	1 637 225	48 970 000	96.66
1976	4 480 483	208 514 000	98.24	5	85 097 000	100.00	2 752 649	50 075 000	94.82	2 131 051	50 475 000	95.77
1977	9 825 173	212 170 000	96.12	0	87 291 000	100.00	7 600 289	50 917 000	84.39	2 326 392	51 765 000	95.51
1978	11 303 232	234 985 000	96.02	200	92 221 000	100.00	8 466 847	60 000 000	86.41	3 181 374	59 308 000	94.63
1979	15 392 518	246 627 000	95.00	0	95 059 000	100.00	9 543 485	63 231 000	86.80	5 630 452	64 574 000	91.44
1980	16 297 316	253 023 000	94.51	657	96 549 000	100.00	11 774 208	67 366 000	82.42	4 588 242	67 773 000	93.18

（续）

年份	谷物净进口	谷物消费量	谷物自给率	水稻净进口	水稻消费量	水稻自给率	小麦净进口	小麦消费量	小麦自给率	玉米净进口	玉米消费量	玉米自给率
1981	18 351 975	255 686 000	93.98	57	97 832 000	100.00	13 779 054	72 806 000	81.23	3 412 558	63 331 000	94.56
1982	20 072 730	275 402 000	94.02	195	109 600 000	100.00	14 650 736	78 116 000	82.37	4 355 383	65 076 000	93.30
1983	18 174 027	294 926 000	95.00	110	114 060 000	100.00	11 936 814	83 505 000	87.21	5 804 824	74 025 000	92.18
1984	13 045 600	302 989 000	96.56	52	115 659 000	100.00	10 662 116	88 399 000	89.17	2 278 182	76 060 000	97.00
1985	3 116 837	289 111 000	99.09	0	116 693 000	100.00	6 247 297	91 209 000	93.21	-2 990 667	61 169 000	104.89
1986	5 263 042	292 513 000	98.53	-184	116 224 000	100.00	6 990 927	94 091 000	92.80	-1 756 205	63 258 000	102.53
1987	16 364 724	304 015 000	95.64	9 019	116 562 000	99.99	14 164 130	95 890 000	85.85	1 523 146	73 745 000	98.12
1988	16 206 764	305 480 000	95.60	-55	116 316 000	100.00	15 587 397	96 906 000	84.57	701 612	75 774 000	99.11
1989	17 737 796	310 561 000	95.40	-99	116 884 000	100.00	15 868 320	100 346 000	85.13	1 024 970	77 480 000	98.72
1990	16 180 595	330 145 000	96.16	262	119 783 000	100.00	13 501 553	104 550 000	87.92	2 095 809	88 447 000	97.89
1991	11 394 869	328 738 000	97.22	-447	111 650 000	100.00	13 357 562	106 592 000	87.78	-2 260 715	91 874 000	102.33
1992	6 597 768	333 333 000	98.39	-301	113 688 000	100.00	11 614 372	110 376 000	89.74	-4 934 750	89 866 000	105.43
1993	1 355 782	344 470 000	99.67	-24 497	117 440 000	100.01	7 329 640	112 392 000	93.55	-5 600 153	95 411 000	105.74
1994	6 064 601	353 272 000	98.49	-16 478	117 633 000	100.01	8 269 221	112 414 000	92.31	-3 125 337	102 152 000	103.24
1995	27 901 784	373 500 000	93.75	-1 135	122 955 000	100.00	12 667 420	113 880 000	88.97	11 633 130	118 094 000	90.62
1996	17 765 099	383 777 000	96.23	-877	124 872 000	100.00	9 230 518	113 481 000	92.30	6 281 865	126 019 000	95.32
1997	3 635 303	373 770 000	99.19	-1 709	127 299 000	100.00	2 844 237	114 009 000	97.75	-815 108	115 191 000	100.79
1998	1 657 156	376 872 000	99.64	-1 660	128 653 000	100.00	2 516 875	113 947 000	97.76	362 453	117 295 000	99.73
1999	2 514 654	379 447 000	99.45	-4 695	128 713 000	100.00	1 449 013	113 729 000	98.74	615 061	121 703 000	99.52
2000	-3 919 143	379 214 000	100.97	-4 731	128 692 000	100.00	2 046 053	113 016 000	97.99	-5 491 068	123 127 000	105.45
2001	1 620 060	379 871 000	99.60	-11 292	130 903 000	100.01	1 266 526	112 087 000	98.67	-702 825	123 326 000	100.62

（续）

年份	谷物			水稻			小麦			玉米		
	净进口	消费量	自给率	净进口	消费量	自给率	净进口	消费量	自给率	净进口	消费量	自给率
2002	-4 821 752	381 355 000	101.22	-12 441	130 169 000	100.01	1 078 989	109 902 000	98.82	-6 558 755	127 661 000	105.77
2003	-12 595 819	376 288 000	103.46	-12 079	126 756 000	100.01	-579 697	108 149 000	100.67	-11 248 444	129 108 000	110.74
2004	12 062 584	374 881 000	97.16	-13 764	123 449 000	100.01	7 547 572	105 264 000	92.41	2 624 240	134 336 000	98.03
2005	3 500 573	377 308 000	99.19	-12 801	121 314 000	100.01	4 541 124	105 216 000	95.55	-3 532 548	138 153 000	102.60
2006	4 747 048	383 465 000	98.96	-14 426	124 895 000	100.01	462 378	105 921 000	99.58	2 174 131	141 140 000	98.59
2007	-1 056 212	387 109 000	100.23	-16 905	124 755 000	100.01	-903 305	106 261 000	100.83	-335 876	147 172 000	100.22
2008	5 658 727	403 919 000	98.84	-16 342	128 810 000	100.01	889 769	105 641 000	99.22	4 008 559	160 706 000	97.64
2009	8 491 081	409 415 000	98.27	-10 705	131 178 000	100.01	2 126 291	107 233 000	98.19	4 575 646	162 187 000	97.29
2010	11 595 790	500 734 000	97.72	-14 943	194 041 000	100.01	2 361 076	112 608 000	97.99	6 484 954	182 913 000	96.48
2011	10 733 405	514 880 000	97.98	-15 917	195 287 000	100.01	2 572 480	122 223 000	97.86	5 793 972	185 996 000	97.08
2012	19 638 052	527 195 000	96.50	5 632	197 710 000	100.00	5 057 513	127 003 000	95.99	9 330 037	189 814 000	95.66
2013	19 958 511	510 613 000	96.53	4 690	196 667 000	100.00	6 828 120	116 581 000	94.70	7 263 053	183 143 000	96.78
2014	25 085 866	509 722 000	95.71	-1 777	197 563 000	100.00	4 264 599	118 517 000	96.73	6 805 510	173 327 000	96.94
2015	38 401 138	579 975 000	94.17	-8 562	201 030 000	100.00	4 304 912	119 130 000	96.86	8 941 552	234 890 000	96.74
2016	27 459 792	600 843 000	95.74	-12 395	202 247 000	100.01	4 714 428	120 164 000	96.58	7 394 185	260 045 000	97.27
2017	30 517 408	612 889 000	95.28	1 950	203 259 000	100.00	5 705 985	123 695 000	95.92	7 219 339	266 634 000	97.29
2018	23 946 318	627 539 000	96.23	-2 032	206 637 000	100.00	4 108 209	127 229 000	96.97	7 709 269	276 664 000	97.09
2019	21 304 056	629 233 000	96.65	5 596	209 017 000	100.00	4 550 635	126 435 000	96.71	9 589 266	279 219 000	96.46
2020	39 296 880		94.02	4 352		100.00	9 569 878		93.35	15 736 153		94.31

数据来源：联合国粮食及农业组织统计数据库（FAOSTAT）。

注：粮食消费总量、净进口数量均根据联合国粮农组织数据库计算。

表 1-7 1961—2020 年我国农产品进出口情况

单位：亿美元

年份	进出口总额	出口额	进口额	净进口额
1961	15.48	4.40	11.08	6.68
1962	16.37	5.60	10.77	5.16
1963	20.20	7.53	12.67	5.14
1964	23.82	9.60	14.22	4.62
1965	24.34	10.29	14.05	3.75
1966	26.15	12.39	13.76	1.37
1967	25.19	12.34	12.86	0.52
1968	25.82	12.86	12.96	0.10
1969	26.20	12.91	13.29	0.38
1970	27.65	12.14	15.51	3.37
1971	29.74	14.10	15.64	1.54
1972	37.68	17.44	20.23	2.79
1973	60.15	25.06	35.09	10.04
1974	79.44	31.02	48.42	17.41
1975	72.06	31.18	40.89	9.71
1976	73.12	30.71	42.41	11.70
1977	88.58	29.76	58.82	29.06
1978	105.72	35.62	70.11	34.49
1979	129.43	42.53	86.91	44.38
1980	162.26	51.47	110.78	59.31
1981	167.08	52.68	114.40	61.71
1982	165.40	53.98	111.43	57.45
1983	157.67	58.65	99.02	40.38
1984	160.45	68.01	92.45	24.44
1985	159.18	76.22	82.96	6.74
1986	179.63	90.88	88.75	—2.13
1987	225.10	106.19	118.91	12.72
1988	275.76	124.96	150.80	25.84
1989	299.64	129.70	169.94	40.24
1990	294.39	131.42	162.97	31.54
1991	321.03	152.58	168.45	15.87
1992	339.99	161.33	178.66	17.33
1993	323.85	161.25	162.60	1.36
1994	402.77	189.07	213.70	24.63

（续）

年份	进出口总额	出口额	进口额	净进口额
1995	472.62	190.13	282.49	92.36
1996	470.11	194.30	275.81	81.51
1997	445.02	180.08	264.94	84.86
1998	382.02	159.42	222.60	63.18
1999	352.82	144.81	208.02	63.21
2000	394.94	163.51	231.43	67.92
2001	397.70	156.65	241.05	84.40
2002	407.59	170.00	237.59	67.59
2003	501.95	191.49	310.46	118.98
2004	598.50	192.42	406.08	213.66
2005	634.44	222.64	411.80	189.16
2006	707.83	245.64	462.19	216.55
2007	881.55	304.98	576.58	271.60
2008	1 135.53	341.72	793.81	452.08
2009	1 055.62	338.11	717.52	379.41
2010	1 382.75	409.75	973.00	563.25
2011	1 750.92	489.90	1 261.02	771.13
2012	1 924.55	509.24	1 415.31	906.07
2013	2 020.92	535.58	1 485.33	949.75
2014	2 164.00	603.45	1 560.55	957.11
2015	2 075.77	608.30	1 467.47	859.17
2016	2 054.82	642.61	1 412.20	769.59
2017	2 247.16	675.87	1 571.28	895.41
2018	2 357.65	714.29	1 643.37	929.08
2019	2 437.89	713.53	1 724.36	1 010.83
2020	2 607.59	672.92	1 934.67	1 261.75

数据来源：FAOSTAT。

从目前的情况来看，我国谷物、肉类的国际贸易量不大，蔬菜和水产品不仅国内市场供应充足，而且还处于净出口的状态。进口额的增加，主要来源于食用油籽、食用植物油和棉花进口数量的大量增加引起。2003—2020 年，我国食用油籽进口量从2 097.60 万吨增加到 1.1 亿吨，增加了 4.24 倍。其中大豆进口量从 2 074.00 万吨增加到10 031.45 万吨，增加了 3.84 倍。食用植物油进口同期从 541.00 万吨增加到 982.76 万吨，增加 0.82 倍。棉花进口量从 87.00 万吨增加到 216.00 万吨，增加 1.48 倍（表 1 - 8）。

食用油籽和食用植物油进口对我国目前农产品进口总体形势影响较大。受饮食习惯、烹调方式的影响，我国农村地区居民的食用油消费水平较高，进口大豆和食用植物油不仅能够满足居民消费，同时豆粕还是生产饲料的重要原料来源，总体而言食用油籽和食用植物油进口有利于满足中国市场供应。如果从营养当量角度考虑，进口大豆和食用植物油的当量对我国的影响并不大，因此从总体上讲利大于弊。

表1-8 2003—2021年我国农产品进出口情况

单位：万吨

年份	大豆出口数量（万吨）	大豆进口数量（万吨）	食用植物油出口数量（万吨）	食用植物油进口数量（万吨）	棉花出口数量（万吨）	棉花进口数量（万吨）	食用油籽出口数量（万吨）	食用油籽进口数量（万吨）	食用油籽出口额（亿美元）	食用油籽进口额（亿美元）
2003	27.00	2 074.00	5.97	541.00	11.20	87.00	124.00	2 097.60		
2004	33.00	2 023.00	6.52	676.00	0.91	191.00	116.40	2 075.60		
2005	40.00	2 659.00	22.52	621.00	0.50	257.00	136.00	2 704.20		
2006	38.00	2 824.00	39.92	669.00	1.30	364.00	121.50	2 928.00		
2007	46.00	3 082.00	16.63	838.00	2.10	246.00	127.10	3 185.80		
2008	47.00	3 744.00	24.76	816.00	1.64	211.00	118.80	3 900.50		
2009	35.00	4 255.00	11.40	816.00	0.82	153.00	109.40	4 633.10	11.30	206.80
2010	16.00	5 480.00	9.25	687.00	0.65	284.00	87.70	5 704.60	11.80	265.30
2011	21.00	5 264.00	12.16	657.00	2.57	336.00	91.20	5 481.80	14.40	314.80
2012	32.00	5 838.00	9.95	845.00	1.76	513.00	100.60	6 228.00	17.00	377.50
2013	21.00	6 338.00	11.55	810.00	0.67	415.00	87.00	6 783.50	15.70	414.00
2014	20.71	7 140.31	13.39	650.16	1.35	243.92	87.20	7 751.80	14.30	445.10
2015	13.36	8 169.19	13.53	676.50	2.89	147.49	84.20	8 757.10	14.60	383.90
2016	13.00	8 391.00	12.60	553.00	0.78	90.00	87.40	8 952.90	1.60	50.50
2017	11.00	9 553.00	20.01	577.00	1.71	116.00	110.00	10 000.00	16.40	430.20
2018	13.00	8 804.00	29.47	629.00	4.73	157.00	119.50	9 448.90	17.10	417.50
2019	11.45	8 851.28	26.66	953.28	5.21	184.89	116.00	9 330.80	16.90	384.00
2020		10 031.45		982.76		216.00	104.30	11 000.00	16.00	432.70
2021		9 652.00	12.10	1 131.50		234.20	93.10	10 205.10	15.50	580.70

数据来源：农业部农产品贸易办公室，农业部农业贸易促进中心。

（二）粮食和重要农产品的稳定保障

农业发展在国民经济发展中具有基础性地位，农业的可持续发展是推进我国生态文明建设、实现中华民族永续发展的决定性因素。当前我国强调要发展环境友好型农业，就是要求做到合理利用水土资源，科学高效使用化学投入品，遵循"尊重自然、顺应自然、保护自然"的生态理念，让农业成为一种既能提供农产品，也能保护良好生态环境的产业。与此同时，切忌踏入"绿色教条主义"的陷阱。

伴随农产品产量的增长，我国人均主要农产品占有量大大提升。1978—2020年，人均粮食占有量从318.7千克增加到474.5千克，增加155.8千克，增幅为48.59%。目前，我国人均粮食占有量比世界平均水平高出1/4左右。1978—2020年人均棉花占有量从2.3千克增加到4.2千克，增加了1.9千克，增幅为82.6%。虽然人均棉花占有量不断增加，但目前我国棉花产量仍不能满足国内城乡居民的所有用棉需求。1978—2020年，人均油料占有量从5.5千克增加到25.4千克，增加19.9千克，增幅为362%。我国人均油料占有水平已经明显高于世界平均水平。1978—2020年，人均猪牛羊肉占有量从9.1千克增加到37.4千克，增加28.3千克，增幅为311%。我国人均肉类占有量已显著高于世界平均水平，吃不起肉的历史已经成为过去。1978—2020年，我国人均水产品占有量从4.9千克增加到了46.4千克，增加41.5千克，增幅847%。尽管我国淡水资源不足，但水产养殖仍获得了快速发展，人均水产品占有量比世界平均水平高出近2倍（表1-9）。

表1-9 1949—2020年我国主要农产品人均占有量

单位：千克

年份	粮食人均占有量	棉花人均占有量	油料人均占有量	猪牛羊肉人均占有量	水产品人均占有量
1949	208.9	0.8	4.7		0.8
1952	288.1	2.3	7.4		2.9
1957	306.0	2.6	6.6		4.9
1962	231.9	1.1	3.0		3.4
1965	272.0	2.9	5.1		4.2
1970	293.2	2.8	4.6		3.9
1975	310.5	2.6	4.9		4.8
1978	318.7	2.3	5.5	9.1	4.9
1979	342.7	2.3	6.6		4.4
1980	326.7	2.8	7.8	12.3	4.6
1981	327.0	3.0	10.3		4.6
1982	351.5	3.6	11.7		5.1
1983	378.5	4.5	10.3		5.3
1984	392.8	6.0	11.5		6.0
1985	360.7	4.0	15.0	16.8	6.7
1986	367.0	3.3	13.8		7.7

（续）

年份	粮食人均占有量	棉花人均占有量	油料人均占有量	猪牛羊肉人均占有量	水产品人均占有量
1987	373.4	3.9	14.1		8.8
1988	357.7	3.8	12.0		9.6
1989	364.3	3.4	11.6		10.3
1990	393.1	4.0	14.2	22.1	10.9
1991	378.3	4.9	14.2	23.7	11.7
1992	380.0	3.9	14.1	25.2	13.4
1993	387.4	3.2	15.3	27.4	15.5
1994	373.5	3.6	16.7	31.0	17.9
1995	387.3	4.0	18.7	27.4	20.9
1996	414.4	3.5	18.2	30.4	23.1
1997	401.7	3.7	17.5	34.6	25.4
1998	412.5	3.6	18.6	37.0	27.2
1999	405.8	3.1	20.8	38.0	28.5
2000	366.0	3.5	23.4	37.6	29.4
2001	355.9	4.2	22.5	38.0	29.9
2002	357.0	3.8	22.6	38.5	30.9
2003	334.3	3.8	21.8	39.5	31.6
2004	362.2	4.9	23.7	40.4	32.8
2005	371.3	4.4	23.6	42.0	33.9
2006	379.9	5.8	20.1	42.8	35.0
2007	382.5	5.8	21.2	40.4	36.0
2008	403.4	5.5	22.9	43.0	37.0
2009	405.2	4.7	23.9	44.8	38.4
2010	418.0	4.3	23.6	46.2	40.2
2011	437.5	4.9	23.9	45.5	41.5
2012	452.1	4.9	24.3	47.6	40.5
2013	462.5	4.6	24.6	48.6	42.0
2014	466.3	4.6	24.6	49.9	43.6
2015	478.8	4.3	24.6	48.5	44.9
2016	475.9	3.9	24.5	46.7	45.8
2017	473.9	4.1	24.9	46.8	46.0
2018	469.0	4.4	24.5	46.4	46.0
2019	471.6	4.2	24.8	38.4	46.0
2020	474.5	4.2	25.4	37.4	46.4

数据来源：国家统计局。

注：1. 人口数字为年平均人口数；2. 2003 年起水果产量含果用瓜；3. 2000—2006 年猪牛羊肉数据根据农业普查结果进行了修订；4. 1997—2006 年水产品数据根据农业普查结果进行了修订；5. 我国主要农产品人均占有量数据已更新至 2020 年。

我国粮食和主要农产品的充足供应，城乡居民的食物消费结构明显升级。在动物性食品和水果价格较高的情况下，居民开始选择更多消费主食和蔬菜。而随着收入水平的提高，主食、蔬菜消费数量将开始下降，而动物性食品、水果消费明显增加。1990—2012 年，城镇居民家庭粮食、鲜菜的人均购买量分别从 130.72 千克、138.70 千克下降到 78.76 千克、112.33 千克，分别减少 39.75％、19.01％；而到 2020 年，城镇居民人均粮食消费量再次回升到 120.20 千克，蔬菜及食用菌消费量继续下降至 109.80 千克。农村居民家庭粮食、鲜菜的消费量分别从 262.08 千克、134.00 千克下降到 164.27 千克、84.72 千克，分别减少 37.32％、36.78％；到 2020 年，农村居民人均粮食、蔬菜及食用菌消费量基本稳定在 168.40 千克和 95.80 千克。1990—2012 年，城镇居民家庭猪肉、牛羊肉、禽类的人均购买量分别从 18.46 千克、3.28 千克、3.42 千克增加到 21.23 千克、3.73 千克、10.75 千克，分别增加 15.01％、13.72％、214.33％；农村居民家庭猪肉、牛羊肉、禽类的人均消费量分别从 10.54 千克、0.80 千克、1.25 千克增加到 14.40 千克、1.96 千克、4.49 千克，分别增加 36.62％、145.00％、259.20％。之后肉类消费不断提升，到 2020 年，中国居民人均肉类、禽类消费量分别达到 24.80 千克、12.70 千克。与动物性油脂相比，食用植物油更为健康，消费也明显增加。1990—2020 年，城乡居民家食用植物油的人均购买量分别从 6.40 千克、3.54 千克增加到 9.90 千克、11.00 千克，分别增加 54.69％、210.73％。蛋奶消费的增加，是食品消费升级的重要表现。1990—2012 年，城乡居民家庭蛋类的人均购买量（消费量）分别从 7.25 千克、2.41 千克增加到 10.52 千克、5.87 千克，分别增加 45.10％、143.57％。同期城镇居民家鲜奶的人均购买量从 4.63 千克增加到 13.95 千克，增加 201.30％；农村居民家庭奶及奶制品的人均消费量从 1.10 千克增加到 5.29 千克，增加 380.91％；而到了 2020 年，我国居民人均蛋类、奶类消费量已分别达到 12.80 千克、13.00 千克。1990—2020 年，城乡居民家庭水产品的人均购买量（消费量）分别从 7.69 千克、2.13 千克增加到 16.60 千克、10.30 千克，分别增加 115.86％、383.57％。1990—2012 年，城镇居民鲜瓜果的人均购买量从 41.11 千克增加到 56.05 千克，增加 36.34％；农村居民瓜果及其制品的人均消费量从 5.89 千克增加到 22.81 千克，增加 287.27％；之后 10 年中，居民瓜果及其制品的人均消费量继续上涨，至 2020 年，城镇居民人均干鲜瓜果类消费量达 65.90 千克，农村居民人均干鲜瓜果类消费量达 43.80 千克（表 1-10、表 1-11）。

（三）新型农业经营体系的培育构建

2022 年，我国已进入工业化和信息化发展过渡的新发展阶段，构建与这一现实情况相匹配的农业经营体系是农业下一步发展的必经之路。家庭联产承包责任制作为农村基本经营制度，保障了我国改革开放以来粮食生产不断跃上新台阶、农民收入稳步提高。但随着时代的不断发展，新形势、新情况、新问题不断出现，农业进一步发展面临着几个亟待解决的问题。

第一，亟待提高农业经营主体收益。目前，种粮成本利润率与其他行业相比并不低，但因其规模经营小，种粮一年的收入仅为外出务工两个月的收入，主要劳动力为获取更多的收入，会减少在农事生产上的时间和精力，从事其他产业。因此，想要更多的劳动力留在农村，就要提高他们的实际收益，现阶段就需着力去改变小规模分散经营的现状，实现规模效益。

第二，亟待培养新生农业生力军。我国城乡经济社会发展差距较大，农村青壮年受到城镇完善公共服务、高就业率的吸引，有前往城镇生活、就业的意愿。当前，外出农民工中，40岁以下的占65.8%以上，农村青壮年人口的流失，导致农业劳动力年龄水平显著提高，农业高龄化的特征明显。为给农业现代化建设注入新力量，需要设置合适的岗位，不断吸引更多有能力、有兴趣、有志向的农业专业人员投身农业事业，同时构建完备的农业经营体系，留住当地有文化、懂技术、会经营的新型职业农民，为农业农村注入活力。

第三，亟待增强农户市场适应力。我国大多数农户仍是小规模种植，除了满足自家需求外，供应市场的数量较少，存在农产品种植获利少、农户不适应市场等问题，为完成现代农业建设，面对新经济发展形势，亟须通过创新经营方式、完善经营体制和优化产业组织体系等方式来转变农民农业发展方式。社会结构的深刻变革和新型工农城乡关系的确立，要不断提升农业经营体系的经营能力、增强农业服务体系的服务能力。我国农业发展仍处于发展较为波动的转型期，存在较大不确定性，因此必须注重组织化、社会化的生产经营服务体系的发展，为农民家庭经营谋求更大收益，为农业农村走向农业现代化架起新的桥梁，不断丰富和完善农村基本经营制度，确保新型农业经营体系的健康发展。

表 1 - 10　1990—2012 年城乡居民家庭人均主要食品消费量

单位：千克

类型		1990 年	1995 年	2000 年	2005 年	2010 年	2011 年	2012 年
城镇家庭购买	粮食	130.72	97.00	82.31	76.98	81.53	80.71	78.76
	鲜菜	138.70	116.47	114.74	118.58	116.11	114.56	112.33
	食用植物油	6.40	7.11	8.16	9.25	8.84	9.26	9.14
	猪肉	18.46	17.24	24.16	20.15	20.73	20.63	21.23
	牛羊肉	3.28	2.44	3.33	3.71	3.78	3.95	3.73
	禽类	3.42	3.97	5.44	8.97	10.21	10.59	10.75
	鲜蛋	7.25	9.74	11.21	10.4	10	10.12	10.52
	水产品	7.69	9.2	11.74	12.55	15.2	14.62	15.19
	鲜奶	4.63	4.62	9.94	17.92	13.98	13.7	13.95
	鲜瓜果	41.11	44.96	57.48	56.69	54.23	52.02	56.05
	酒	9.25	9.93	10.01	8.85	7.02	6.76	6.88
农村家庭购买	粮食	262.08	256.07	250.23	208.85	181.44	170.44	164.27
	蔬（鲜）菜	134.00	104.62	106.74	102.28	93.28	89.36	84.72
	食用植物油	3.54	4.25	5.45	4.90	5.52	6.60	6.93
	猪肉	10.54	10.58	13.28	15.62	14.4	14.42	14.4
	牛羊肉	0.8	0.71	1.13	1.47	1.43	1.90	1.96
	禽类	1.25	1.83	2.81	3.67	4.17	4.54	4.49
	蛋及制品	2.41	3.22	4.77	4.71	5.12	5.40	5.87
	奶及制品	1.10	0.60	1.06	2.86	3.55	5.16	5.29
	水产品	2.13	3.36	3.92	4.94	5.15	5.36	5.36
	酒	6.14	6.53	7.02	9.59	9.74	10.15	10.04
	瓜果及制品	5.89	13.01	18.31	17.18	19.64	21.3	22.81

表1-11 2013—2020年居民人均购买或消费主要食品数量

单位：千克

年份	居民人均粮食消费量	居民人均食用油消费量	居民人均蔬菜及食用菌消费量	居民人均肉类消费量	居民人均禽类消费量	居民人均水产品消费量	居民人均蛋类消费量	居民人均奶类消费量	居民人均干鲜瓜果类消费量	居民人均食糖消费量
2020	141.2	10.4	103.7	24.8	12.7	13.9	12.8	13.0	56.3	1.3
2019	130.1	9.5	98.6	26.9	10.8	13.6	10.7	12.5	56.4	1.3
2018	127.2	9.6	96.1	29.5	9.0	11.4	9.7	12.2	52.1	1.3
2C17	130.1	10.4	99.2	26.7	8.9	11.5	10.0	12.1	50.1	1.3
2016	132.8	10.6	100.1	26.1	9.1	11.4	9.7	12.0	48.3	1.3
2015	134.5	10.6	97.8	26.2	8.4	11.2	9.5	12.1	44.5	1.3
2014	141.0	10.4	96.9	25.6	8.0	10.8	8.6	12.6	42.2	1.3
2013	148.7	10.6	97.5	25.6	7.2	10.4	8.2	11.7	40.7	1.2

年份	城镇居民人均粮食消费量	城镇居民人均食用油消费量	城镇居民人均蔬菜及食用菌消费量	城镇居民人均肉类消费量	城镇居民人均禽类消费量	城镇居民人均水产品消费量	城镇居民人均蛋类消费量	城镇居民人均奶类消费量	城镇居民人均干鲜瓜果类消费量	城镇居民人均食糖消费量
2020	120.2	9.9	109.8	27.4	13.0	16.6	13.5	17.3	65.9	1.2
2019	110.6	9.2	105.8	28.7	11.4	16.7	11.5	16.7	66.8	1.2
2018	110.0	9.4	103.1	31.2	9.8	14.3	10.8	16.5	62.0	1.3
2017	109.7	10.7	106.7	29.2	9.7	14.8	10.9	16.5	59.9	1.3
2016	111.9	11.0	107.5	29.0	10.2	14.8	10.7	16.5	58.1	1.3
2015	112.6	11.1	104.4	28.9	9.4	14.7	10.5	17.1	55.1	1.3
2014	117.2	11.0	104.0	28.4	9.1	14.4	9.8	18.1	52.9	1.3
2013	121.3	10.9	103.8	28.5	8.1	14.0	9.4	17.1	51.1	1.3

（续）

年份	农村居民人均粮食消费量	农村居民人均食用油消费量	农村居民人均蔬菜及食用菌消费量	农村居民人均肉类消费量	农村居民人均禽类消费量	农村居民人均水产品消费量	农村居民人均蛋类消费量	农村居民人均奶类消费量	农村居民人均干鲜瓜果类消费量	农村居民人均食糖消费量
2020	168.4	11.0	95.8	21.4	12.4	10.3	11.8	7.4	43.8	1.4
2019	154.8	9.8	89.5	24.7	10.0	9.6	9.6	7.3	43.3	1.4
2018	148.5	9.9	87.5	27.5	8.0	7.8	8.4	6.9	39.9	1.3
2017	154.6	10.1	90.2	23.6	7.9	7.4	8.9	6.9	38.4	1.4
2016	157.2	10.2	91.5	22.7	7.9	7.5	8.5	6.6	36.8	1.4
2015	159.5	10.1	90.3	23.1	7.1	7.2	8.3	6.3	32.3	1.3
2014	167.6	9.8	88.9	22.5	6.7	6.8	7.2	6.4	30.3	1.3
2013	178.5	10.3	90.6	22.4	6.2	6.6	7.0	5.7	29.5	1.2

数据来源：国家统计局。

（四）粮食生产资源利用的积极转变

经过长期努力，我国经济社会发展水平已有了极大提升，但面临的国际环境也在发生重大变化。一是，我国出口量增加，2021 年底，我国外汇储备达 32 501.66 亿美元，外汇短缺的时代已不复存在。二是，我国国际政治经济地位有极大提升。三是，我国购买和投资能力有较大提高，开始与国外粮食生产供应者建立起较稳定的贸易关系，为构建国际粮食贸易新秩序打下基础。四是，粮食进口的观念得到转变，普遍认可适度进口农产品有助于增加国内农产品供应、优化农业种植结构、提高我国城乡居民生活水平，粮食进口的优势得以体现。五是，近年我国粮食生产成本有所增加，国家财政方面承担的压力也在加大。总的来说，利用国外资源，适度降低国内粮食自给率，有利于调动我国国内余缺资源和利用国际市场资源的能力。目前，我国谷物产量基本满足国内需求，而进口大豆等油料作物成为弥补国内油料作物缺口的重要途径。但随着粮食和其他农产品刚性需求的增加，想要依靠国内生产达到供需完全平衡的道路已经走不通。一方面，合理利用境外资源和市场能够缓解国内农业市场供给压力，能够借着我国经济快速发展的机遇带动世界粮食生产迈上新台阶。另一方面，美国、巴西、阿根廷等国家正在积极利用中国的需求，不断提高国际农产品市场的参与度，实现农产品、水土资源互利互惠的跨国配置。随着农业"绿色革命"和农业科技成果的推广应用，世界耕地资源短缺和粮食生产不足的状况有所改善，世界粮食种植面积和总产量均有了很大的增长。中国人均占有的土地资源较少，远不及其他农业生产强国，这使得我国要利用好有限的耕地资源，首先满足国内人民对农产品的需求，而其他国家除了满足自身需求外，另有额外的耕地资源可用来生产农产品以供出口。在采用集约化农作方式的部分发达国家，农业技术水平及机械化程度较高，其单位农业劳动力的粮食产量比发展中国家更高。美国、法国、澳大利亚等产粮大国粮食供给能力较强，而且普遍采取休耕的农作制度，使得粮食增产的潜力很大。如果能够制定相关的进口政策，积极融入国内国际双循环，助推国内大循环的健康发展，有序利用国际粮食生产资源的前景将十分广阔。

虽然合理利用国际资源满足国内生产生活需求前景宽广，但也必须坚持以下原则：第一，坚持持续稳定提高国内农业综合生产能力。构建国际政治经济新秩序既是充满机遇，也是充满风险的过程，可能出现粮食生产大滑坡和粮食禁运。因此，唯有提高自身的生产能力，才能高效利用国际资源和市场，提升贸易谈判的最低准则。提前采取紧急措施启动国内粮食生产扩大计划，增强应对不确定因素的能力。第二，确定开放市场的优先次序。适度扩大粮食转化品的进口，如肉类、饲料、食用油、粮食深加工产品等，控制国内粮食加工转化的需求；适度增加非基本需求农产品进口，如大豆、棉麻等；继续增加放开深加工粮、饲料粮的部分市场。第三，坚持逐步放开的原则。为应对未来世界粮食市场波动，我国在放开粮食进口限制进度的同时要同世界粮食生产能力和市场供应水平相一致，避免陷入因国际粮食价格大涨而给我国粮食供给带来的困境。

三、新时期我国粮食安全的新形势

中华人民共和国成立以来，我国在粮食生产领域创造了一系列奇迹。近年来，粮食生产实现"十八连增"，2021年比2001年增产23 021.33万吨，增幅达到50.86%。但即使在这种粮食生产水平下，我国仍面临着粮食供不应求、金融危机冲击、经济增长速度减缓、极端自然灾害频发重发以及新冠肺炎疫情防控等一系列挑战。尤其需要注意的是，历史经验表明，一旦粮食生产出现较大滑落，几年甚至十几年都难以恢复元气。1984年粮食产量首次超过8 000亿斤，但随之出现连续减产，5年后才恢复之前水平。1998年，粮食产量达到历史新高的10 246亿斤，之后5年持续下滑，一度跌至8 614亿斤低谷，直到2008年才恢复10年前的水平。当前，粮食年增产幅度趋于放缓，粮食生产稳定发展受到的自然、科技等资源要素制约程度愈发凸显，应注重加强乡村基础设施建设，包括农民生活设施、农业生产设备等，加大对农业生产产中、产后环节的关注，在确保生产资料供应的同时加强生产性服务，加强产销衔接，提高粮食收益，支持粮食加工业发展等。

（一）种粮绝对收益较低

国家统计调查口径将家庭用工作为成本，但对多数家庭农户经营个体而言，基本没有考虑家庭劳动力的成本。近年来农民收入虽然保持较快增长，但城乡之间、区域之间、农民内部之间的收入差距仍在不断扩大。从过去十年来看，农民收入的增长速度总体慢于城镇居民收入，农民收入相对偏低的问题暂未得到明显改善。从种粮来看，成本利润率虽然不低，但种粮绝对收益仍然处于较低水平，大约60%的农户家庭种粮利润在3 000元以下，尤其与2020年居民人均可支配经营净收入5 307元相比，种粮绝对收入仍然相对较低，较难满足农户进一步发展的需要。受到经济社会活动多元化的影响，农民除了种地以外可以通过外出打工获得工资性收入，流转土地获得租金，农户家庭的收入渠道得到拓宽，农业生产不再是家庭收入的唯一来源，尤其是工资性收入占家庭纯收入的比重较大，农业经营性收入较少，农户对种粮等农业活动的依赖度降低。

（二）资源环境制约愈显

一是耕地资源紧张。早在2013年，习近平总书记就强调要像保护大熊猫那样保护耕地，严防死守18亿亩耕地红线。从耕地总量来看，当前全国耕地总面积约为19.18亿亩，较10年前减少了1.13亿亩，正在不断逼近耕地红线。《中华人民共和国基本农田保护条例》规定：经国务院批准占用基本农田的，应划补数量和质量相当的基本农田。受到城镇化和经济至上思想的影响，有的地区在占用了优质农田后，选择一些土地肥力较低、缺少灌溉条件的低质量耕地，或荒地、坡地进行补充，看似在耕地面积上实现了平衡，但实际农田产出的作物产量远不及被占用的优质农田，优质耕地的数量和质量大大降低。一些地方耕地乱象屡禁不止，甚至出现部分地区违背自然规律造林、造湿地、种茶、种果树等问题。

二是优质耕地紧缺。2019年，农业农村部组织完成全国耕地质量等级调查评价工作，从地类上看，19.18亿亩耕地中，水田4.7亿亩、占比24.55%，水浇地4.8亿亩、占比25.12%，旱地9.7亿亩、占比50.33%。从地力上来看，全国耕地按质量等级由高到低依次划分为一至十等，平均等级为4.76等，其中一至三等的优质耕地面积为6.32亿亩，占耕地总面积的31.24%。从区域上看，64%的耕地分布在秦岭淮河以北，黑龙江、内蒙古、河南、吉林、新疆五省份耕地面积占全国的40%。过去十年，耕地面积增加的仅有黑龙江、吉林、辽宁、内蒙古、新疆五省份。光、热、水、气等自然资源充足、复种指数较高的南方省份耕地占比由41%减少到36%。我国耕地后备资源60%左右分布在降水量较少和水土流失、沙化、盐碱化严重的生态脆弱地区，农业开发利用难度很大。近年来，随着农业高质量绿色发展的提出，农业农村部大力推广测土配方施肥、秸秆还田等一系列农业绿色高质量发展技术。但由于农户一直以来都存在过度施肥以追求产量的现象，且主要以氮、磷、钾肥为主，微量元素肥施用较少，从我国耕地质量监测结果来看，我国耕地土壤中部分微量元素缺乏，铜、锌、铁、锰、硼、钼处于缺乏或较缺乏水平。

三是水资源紧缺。我国水资源总量虽有2.95万亿米^3，但人均淡水占有量仅为世界平均水平的1/4，是全球13个水资源最贫乏的国家之一。同时，我国水资源具有时、空分布不均衡和水、土资源组合不平衡的显著特征。受季风气候影响，水资源季节分布极不均匀，南方大部分地区连续最大四个月径流量占全年径流量的60%左右，华北、东北的一些地区可达全年径流量的80%以上，年降水量的最大与最小比值，在南方为2~4倍，在北方为3~6倍。在湖北等地区极端降雨天气常年发生，导致不同程度的农业灾害，使得当地农产品大量减产。由于东西距海的远近、南北纬度的高低相差大，全国降水量和径流量的地区分布差异极大，总的趋势是由东南沿海向西北内陆递减。南方水多、人多、地少，北方地多、人多、水少。南方四片水资源总量占全国的81%，人均占有水量约为全国均值的1.6倍，亩均占水量为全国均值的2.3倍。北方片中黄河、淮河、海河三大流域的水资源总量仅占全国的7.5%，而人口和耕地却分别占到全国的34%和39%。

四是水土资源污染。当前，我国已意识到水土污染对经济发展的长期不良影响，正逐步转变发展方式，要坚持走绿色、可持续发展的道路，但高排放、高耗能的产业存在时间长，难以在短时间内消除其产生的影响，仍造成粮食每年减产1 000万吨。村镇绝大多数生活污水未经处理，随意倾倒和排放，城镇工业项目和居民生活产生的污染物对粮食种植区造成了极大污染。据环保部门估算，全国每年受重金属污染的粮食高达1 200万吨，造成的直接经济损失超200亿元。我国重金属污染的土壤面积达2 000万公顷，占总耕地面积的1/6。2012年，湖南有2 927.6万吨工业固体废物被丢弃，在44个监测断面中有6个断面都出现了重金属年均值超标现象。

五是生态退化严重。荒漠化、沙化和石漠化导致年损失耕地一度达到100多万亩。

截至 2020 年底，全国荒漠化土地面积 261.16 万千米²，占国土面积的 27.2％。岩溶地区石漠化土地面积为 1 007 万公顷。全国水土流失面积 269.27 万千米²，占国土面积的 28.15％，西北黄土高原区水土流失面积占国土面积的 36.25％，中度及以上等级水土流失面积占区域水土流失总面积的 40.17％。

（三）基础设施条件落后

由于我国南北跨度大、地形地貌类型多样、大陆性季风气候显著，自然灾害发生较为频繁。2010 年以来，我国农业生产平均每年受灾面积在 1.76 亿亩以上。当前，我国受灾面积和成灾面积正在进一步扩大，旱灾面积占农业灾害的一半左右。2008 年我国干旱持续 3 个多月，共有 2 905.5 万亩农地受灾，占当年小麦播种面积的 82％。2021 年，受到降水泄洪的影响，河南的粮食作物受灾 1 000 多万亩，大量农田被淹。因此，为减少自然灾害对粮食生产造成的影响，需要加强农业基础设施建设，尤其是水利设施建设。

水利建设状况对粮食生产具有关键性的影响。我国绝大部分灌溉工程建设于 20 世纪六七十年代，受限于当时资金投入能力有限、时间紧迫，同时农田设施建设标准不高，后期管护不严，水利设施损坏严重。实行农村税费改革后，全国每年小型农田水利建设减少。到 2010 年，全国小型灌区的渠道完好率和渠系建筑物完好率平均不足 50％。2011 年江苏省有效灌溉面积、机电排灌面积和旱涝保收面积分别为 5 726 万亩、5 086 万亩和 4 572 万亩，分别占总面积的 49.8％、63.7％ 和 57.3％。水利设施建设落后，粮食生产出现滑坡。

节水灌溉设施能够有效提高水资源利用效率，帮助解决用水难问题。在发达国家，灌溉水有效利用系数普遍达到 70％以上，而我国目前只有 50％左右，存在较大差距。我国节水灌溉面积仅占总灌溉面积的 42％，缺乏合理有偿的用水机制是粗放用水的重要原因。大型农用机械和运输车辆的通行需以硬化道路为基础，相比于传统的小规模作业，规模化经营需要大面积的晾晒场和仓储建设，应在基础设施硬化方面提前做好规划和安排。

（四）农业科技支撑较弱

1980 年后，国家深入推进农业科技教育体制改革。党的十八大以来，党中央国务院始终坚持创新驱动发展战略，农业科技取得了一系列重大突破，整体创新水平已经进入世界第一方阵，为保障国家粮食安全和重要农产品供给、引领产业发展、促进农民增收提供了有力支撑。同时应当看到，由于我国起步较晚，虽然农业科技水平已经进入世界第一方阵（据测算，在世界第一方阵中，我国仅次于美国、德国、日本、法国，位居第五位），处于发展中国家领先地位，部分基础研究和应用技术处于领先地位，但大部分技术仍处于并跑和跟跑阶段，迫切需要解决几个核心问题。

一是农业科技的定位问题。长期以来，农业科技在公益性和市场性之间摇摆不定，过早过重强调农业科技的市场属性，造成基层农机推广体系时有削弱、各级农业科研院校低水平重复、同质化发展等现象。

二是农业科技发展规律问题。农业科技具有典型客观规律属性，如生态区域性、品种生物特性、较长甚至超长周期性等特征。但是，当前农业科研计划仍然存在课题设置与研究内容追逐热点、创造概念等问题，与生产实际、市场应用和消费需求等脱节严重。

三是技术集成与转化问题。当前我国农业科技创新从基础研究、应用基础研究、应用技术研究、产品研发、技术集成配套、中试熟化到商业开发等环节，出现了明显断链和主体缺位、投入缺失等问题，科研院校和企业缺乏投入意愿，导致多数技术不能集成配套，先进技术难以转化应用。

四是农业科技推广人才结构问题。目前农业科技体系内，农学专业相关的人才远远不足。从推广体系的年龄结构上来看，老龄化问题突出，45岁以上的人员已经超过45%，知识老化的问题也较严重。农技推广人员待遇偏低，人才流失严重。

五是农业科技创新能力持续发展问题。虽然我国的农业科研体系庞大，但缺少世界顶尖的战略科学家人才，研究机构普遍缺乏学科带头人，导致团队创新能力不足，始终在研究表面的问题，较少能有效解决农业生产发展中的关键制约问题。

（五）农村劳动力大量外流

我国是人口大国、劳动力大国，农村劳动力基数庞大。改革开放以前，农村劳动力主要留在农村农业领域。1978年，农业劳动力2.85亿人，占总劳动力人口的70.9%。改革开放后，城镇具有大量就业机会和相对完善的公共服务，大量农村青壮年劳动力转向非农产业，农村人口向城镇地区迁移，尤其青年人迁移的倾向明显，累计约有4.1亿劳动力从农村和农业中转移出来。在市场经济环境下，农村青壮年劳动力的就业选择更多，相较于农业，城镇里有更多行业的收入远高于农业，通常有外出打工人口的家庭会选择无须经常打理的作物，家庭劳动力在播种、收获时会回乡从事农事生产，其余时间在外打工，补贴家用。据统计，湖南外出农民工上千万人，这对粮食生产产生了一定的负面影响。在湖南省Q县，有近40万人外出打工，出现大量土地撂荒现象。在四川省C市，受到外出务工人数过多的影响，留在本地的劳动力明显不足，使得约有4.8万亩的土地没有被有效利用。同时，加快城镇化建设和劳动力转移有着许多有利条件：一是农产品供求关系已经发生根本性变化，为农村人口向城市转移提供了物质基础保障；二是市场在资源配置和要素流动过程中的基础性作用日渐凸显，为破除城乡二元结构提供了体制保障；三是二三产业占比已经超过90%，为农业劳动力向非农领域转移提供了产业支撑。基于以上情况，在农业劳动力后继乏人和高龄化的双重特征日益明显的背景下，如何既能保障农户权益、发挥分散经营积极性，又有效提高农民市场组织化程度、降低农户生产成本和市场风险，是未来粮食生产发展需要解决的现实问题。

马铃薯主粮化战略的提出

一、世界马铃薯产业发展情况

马铃薯原产于南美洲的安第斯山脉，广泛种植于世界各地，是仅次于小麦、水稻、玉米之后的第四大粮食作物。据联合国粮食及农业组织（FAO）统计，全世界种植马铃薯的国家和地区超过 150 个，2020 年世界马铃薯种植面积为 1 649.48 万公顷，总产量达到 3.59 亿吨。随着世界各国和地区经济的不断发展，世界马铃薯的生产和消费也在不断地发生变化。

（一）世界马铃薯的生产

1. 世界马铃薯产量和种植面积

1961 年以来，世界马铃薯的面积呈下降趋势，尽管近几年有所回升，但仍低于 20 世纪 60 年代水平。1961 年，世界马铃薯的面积为 2 214.80 万公顷，之后呈下降态势，1990 年降至 1 765.65 万公顷的历史低位，随后有所回升，2000 年增至 1 989.54 万公顷，之后几年保持在 1 850.00 万公顷上下，2011 年略增至 1 869.95 万公顷，之后继续下降，2020 年减少至 1 649.48 万公顷（图 2-1）。

图 2-1　1961 年以来世界马铃薯种植面积

数据来源：FAOSTAT。

世界马铃薯的产量在波动中逐步上升，近些年增长较为明显。1961—1991 年的 30 年间，世界马铃薯产量基本在 2.5 亿～3 亿吨之间波动，平均产量为 2.78 亿吨。1992 年后产量明显增加，1996 年产量达到 3.10 亿吨，2000 年达到 3.23 亿吨，2009 年达到 3.31 亿吨，2011 年突破 3.50 亿吨，达到 3.69 亿吨的历史最高水平，2012 年略有下降，为 3.62 亿吨。之后几年，世界马铃薯产量较为稳定，2020 年产量为 3.59 亿吨。2001—2010 年平均产量为 3.18 亿吨，较前 40 年的平均产量（2.82 亿吨）增长 12.77%；2011—2020 年平均产量为 3.64 亿吨，较上一个 10 年的平均产量增长 14.47%（图 2-2）。

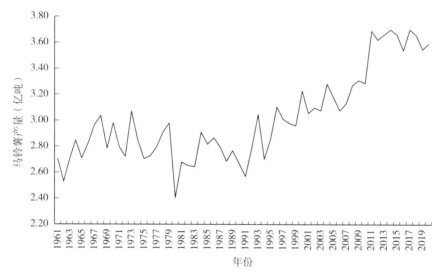

图 2-2 1961 年以来世界马铃薯产量

数据来源：FAOSTAT。

世界马铃薯的单产水平呈缓慢增长态势，近些年提高较快。马铃薯单产从 1961 年的 12 215.7 千克/公顷增加至 2020 年的 21 768.8 千克/公顷，较 1961 年增长了 78.20%，年均增长 0.97%。分阶段来看，1961—1970 年，马铃薯单产年均增长率为 1.62%；1971—1980 年，单产年均增长率变低，降至 0.81%（由于 1980 年单产骤降但 1981 年很快恢复，故此刻计算时取 1979 年与 1981 年数据平均值）；1981—1990 年，单产年均增长率继续下降，再降至 0.59%；1991—2000 年，单产水平有所恢复，年均增长率为 1.18%；2001—2010 年，单产水平提升较快，年均增长率达到 1.41%，随着 2011 年单产突破 19 000 千克/公顷，成为单产增长最快的阶段。之后 2011—2020 年，单产增速渐缓，年增长率减小至 0.99%（图 2-3）。

世界马铃薯生产主要分布在欧洲和亚洲，种植面积占世界总播种面积的 80% 左右，其次为非洲和美洲。从播种面积来看，2020 年欧洲马铃薯播种面积为 457.11 万公顷，占世界总播种面积的 28%；亚洲为 859.72 万公顷，占 52%；非洲为 173.72 万公顷，占 10.5%；美洲为 155.08 万公顷，占 9%；大洋洲播种面积仅为 3.90 万公顷，占总面

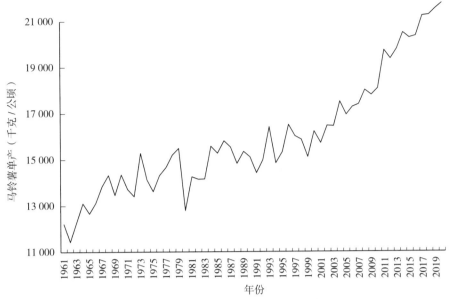

图 2-3 1961 年以来世界马铃薯单产

数据来源：FAOSTAT。

积不足 1%。从马铃薯产量来看，2020 年欧洲产量为 1.08 亿吨，占世界总产量的 30%；亚洲产量为 1.79 亿吨，占 50%；非洲产量为 0.26 亿吨，占 7%；美洲产量为 0.45 亿吨，占 12.5%；大洋洲产量为 163.43 万吨，仅占总产量的 0.5%（图 2-4）。

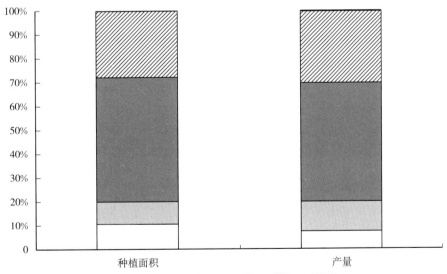

图 2-4 世界各大洲马铃薯种植面积与产量占比

数据来源：FAOSTAT。

2010—2020 年，世界马铃薯的总播种面积由 1 817.35 万公顷减少至 1 649.48 万公顷，这一数值的变动，除非洲外各大洲均有贡献。美洲马铃薯种植面积总体保持相对稳定，仅减少 2 898.00 公顷，欧洲的种植面积减少幅度最大，从 601.34 万公顷下降到 457.11 万公顷，降幅达 23.98%。亚洲种植面积同样下降较多，由 882.79 万公顷下降到 859.72 万公顷，降幅为 2.61%。而非洲的种植面积呈增加趋势，种植面积由 173.12 万公顷增加到 173.72 万公顷，增长 0.34%。其中，欧洲国家俄罗斯、白俄罗斯、芬兰种植面积分别减少 93.10 万公顷、11.33 万公顷和 0.45 万公顷，减幅分别为 44%、31% 和 18%；德国种植面积增加 1.91 万公顷，增幅为 7.5%。亚洲国家中国的种植面积由 488.82 万公顷减少到 421.82 万公顷，减少 14%；印度、孟加拉国和朝鲜的种植面积分别增加了 32.27 万公顷、2.64 万公顷和 1.37 万公顷，增幅分别为 18%、6% 和 10%。非洲国家尼日利亚由 26.60 万公顷增加到 31.90 万公顷，增幅为 20%，成为非洲第一大马铃薯种植国；肯尼亚的种植面积增加了 5.47 万公顷，增幅为 45%；马拉维和卢旺达的面积分别增加 15.56 万公顷和 4.63 万公顷，增幅为 68% 和 31%（图 2 - 5）。

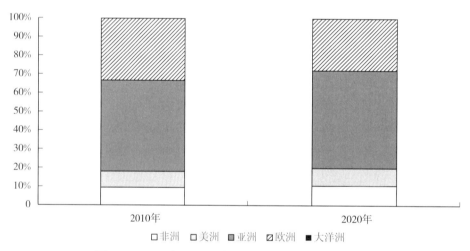

图 2 - 5　2010 年和 2020 年各大洲马铃薯种植面积占比

数据来源：FAOSTAT。

受地形地貌、区位、气候、栽培技术水平的影响，不同地区马铃薯单产水平差异很大。大洋洲单产最高，2020 年达到 42 410.0 千克/公顷，是世界平均水平的 1.95 倍；美洲单产为 28 967.6 千克/公顷，是世界平均水平的 1.33 倍；亚洲单产为 20 774.2 千克/公顷，略低于世界平均水平；欧洲单产为 23 557.8 千克/公顷，略高于世界平均水平；非洲最低，单产为 15 098.8 千克/公顷。从国家来看，美国是单产最高的国家，2020 年单产达到 50 793.3 千克/公顷，是世界平均水平的 2.33 倍；其次是新西兰，单产达到 50 739.8 千克/公顷。排在其后的分别是：科威特、瑞士、丹麦、德国，单产均超过 42 800.0 千克/公顷，远高于世界平均水平。非洲国家的马铃薯产量相对较低，单产低于 3 000.0 千克/公顷，美国的单产约是非洲国家的 15 倍。中国的单产水平为 18 547.4 千克/公顷，与世界平均水平还存在较大差距。

2. 世界马铃薯主要种植分布

从世界范围来看，马铃薯生产分布相对集中，中国、印度、俄罗斯、乌克兰的马铃薯种植面积较大，约占世界总种植面积的一半以上，总产量是世界的一半。从产量对比来看，2020 年，中国的马铃薯产量位居第一，其次是印度、乌克兰、俄罗斯、美国等，同期前 5 位主产国马铃薯产量分别占世界总产量的 21.8%、14.3%、5.8%、5.5% 和 5.2%。从播种面积来看，中国是种植面积最大的国家，其次是印度、乌克兰、俄罗斯、孟加拉国等，同期前 5 位国家马铃薯播种面积占世界总播种面积的比重分别为 25.6%、13.1%、8.0%、7.1% 和 2.8%（表 2-1）。

表 2-1 2020 年马铃薯收获面积和产量的世界国家排名

序号	国家	收获面积（万公顷）	序号	国家	产量（万吨）
1	中国	421.82	1	中国	7 823.66
2	印度	215.80	2	印度	5 130.00
3	乌克兰	132.52	3	乌克兰	2 083.80
4	俄罗斯	117.81	4	俄罗斯	1 960.74
5	孟加拉国	46.14	5	美国	1 879.00
6	美国	36.99	6	德国	1 171.51
7	秘鲁	33.19	7	孟加拉国	960.60
8	尼日利亚	31.90	8	法国	869.19
9	德国	27.35	9	波兰	784.86
10	白俄罗斯	25.34	10	荷兰	702.01

数据来源：FAOSTAT。

中国的马铃薯种植面积和总产量均居世界第一位，2020 年马铃薯种植面积达到 421.8 万公顷，是世界马铃薯种植总面积的 25.6%，占亚洲马铃薯种植总面积的 49%；产量约占世界总产量的 25%，表明中国马铃薯的单产略低于世界平均水平。中国马铃薯在 1990 年后迎来了迅速发展，直接体现在种植面积的大幅增长，由 300 多万公顷增至 400 多万公顷；同时产量也由原先的 3 000 多万吨增长至 7 000 多万吨，成为中国的第四大粮食作物。马铃薯种植分布在中国各个区域，根据每个地区不同的气候条件和马铃薯熟制，划分为四大马铃薯作区，分别是：北方一季作区、中原二季作区、南方冬作区和西南一二季混作区。马铃薯在中国用途多样，不仅是贵州、四川、云南、内蒙古、甘肃等发展较落后地区正常年份的传统主食，更是歉年的救荒作物，同时也是其他地区重要的蔬菜品种；是经济发达地区重要的经济作物，也是淀粉加工的原料和牲畜的饲料，对于中国人来说马铃薯是餐桌上必不可少的美味佳肴。

印度是世界第二大马铃薯生产国，其产量占世界总产量的 14% 左右。2020 年印度马铃薯种植面积仅次于中国，为 215.8 万公顷；产量达到 5 130 万吨，同样仅次于中国。印度马铃薯的种植面积呈增长趋势，单产水平提高，总产量迅速增长。到 2020 年印度的单产水平已达到 23 770 千克/公顷，较世界平均水平高 9.2%。印度 1935 年就已建立了周密的育种计划，目前马铃薯育种技术较为发达。

马铃薯产量排在世界第三位的是乌克兰，约占世界的 5.8%。2020 年马铃薯种植面积为 2 132.52 万公顷，占世界的 8%，仅次于中国和印度。但马铃薯单产水平总体不高，马铃薯总产量为 2 083.8 万吨，位居全球第三。在乌克兰，马铃薯产业是农业生产中具有前景的产业之一。私人经营中，马铃薯是种植面积最大的作物，超过乌克兰全部私人种植面积的八成，每年马铃薯的种植面积以 2%的幅度扩大。同时，随着马铃薯加工制品得到广泛的喜爱和需求，马铃薯加工等相关产业也迎来了一定程度的繁荣，种植和产量排名第四的俄罗斯也同样如此。

美国的马铃薯单产长期处于较高水平，种植面积常年保持在 40 万公顷左右，总产量能达到 2 000 万吨，占世界总产量的 5%。由于美国地域跨度大，也可实现马铃薯全年生产，但仍以秋季为主；结合各州的实际情况，主要种植区在科罗拉多、爱达荷、华盛顿等中西部的 10 个州，都具有适合马铃薯生长的温度、土壤等自然条件，以及完备的科技支撑、现代化机械和历史种植经验等社会经济条件，这使得这些主产区的马铃薯品质较好，基本实现了从种植到贮藏的全程机械化。同时，美国马铃薯育种技术非常发达，这也成为美国马铃薯产业发展的坚实后盾。

欧盟生产了全世界约 20%的马铃薯，气候条件适宜，是重要的马铃薯生产区，主产国为波兰、德国、荷兰、法国和英国。其中，德国的马铃薯播种面积最大，约为 27.35 万公顷。而丹麦单产最高，达到 44 000 千克/公顷。同时，法国作为世界最大马铃薯出口国，年出口马铃薯 233.64 万吨，占世界总出口量的 17%。

（二）世界马铃薯的消费①

马铃薯主要用于食用、饲用、种用、加工等，但主要仍以食用和加工为主，不同国家的人均马铃薯消费有显著差异，据 FAO 统计，中国马铃薯的鲜食率在 60%～65%，但欧美国家鲜食较少，在发达国家鲜薯消费量开始出现下降趋势。随着城市人口的增长、收入的提高、膳食的多样化以及对节约餐饭时间的要求更高，马铃薯加工食品相对于鲜薯，更受到市场的青睐；加工后的马铃薯经济价值更高，在满足便利食品行业需求的同时，能带来更多的利润，因此目前的趋势就是用于加工的马铃薯比例不断上升。

1. 世界马铃薯消费量变化

马铃薯是世界第四大粮食作物，是被广泛推荐的保障粮食安全作物，在世界粮食安全供给方面发挥着重要作用。总体来看，世界马铃薯的消费量呈波动式增长。1961 年

---

① 在此说明：本书中各国马铃薯消费量数据等于国内市场供应量。食物平衡（Food Balance）中几个指标解释：1. 国内市场供应量＝国内生产量＋进口量－出口量＋库存释放；2. 食用：指供人直接和间接食用的部分，但不包括酿造项的消耗；3. 酿造：指被用于酿制酒、醋及培养制备酵母等的谷物消耗；4. 饲料：指用于饲养动物的谷物消耗；5. 种苗：指用于再生产的谷物收获物；6. 其他工业：产品不供上述任何一种用途的谷物消耗，如制备生物燃料、药品、染料等；7. 损耗：指在收获之后、最终消费之前，所有生产加工、储存运输的过程中未能利用到的损失谷物；8. 误差：国内市场供应量理论上应等同于国内市场消费量，但实际统计时可能会出现不平衡，若供应量小于消费量，则误差项为负值，否则为正值。

全球马铃薯消费量约为 2.60 亿吨，1973 年为 2.94 亿吨，之后呈波动下降趋势，1993 年消费量增至 3.02 亿吨，2000 年为 3.25 亿吨，2004 年为 3.35 亿吨，后期波动上升，2020 年为 3.69 亿吨，59 年间增长了 42%。从 20 世纪 60 年代到 70 年代初，世界马铃薯消费量呈缓慢的增长，年均增长率为 0.81%；从 70 年代初到 90 年代初，消费量增长整体下降；90 年代以后，消费量加速增长，年均增长率达到 1.73%；进入 21 世纪，马铃薯消费增长放缓，年均增长率为 0.53%。从世界各大洲来看，马铃薯消费主要集中在亚洲，占世界总消费量的 52.29%，其次是欧洲 27.91%，亚洲和欧洲的消费量合计约占世界总消费量的 80%。在其他洲，马铃薯消费量相对较小，美洲、非洲、大洋洲分别为 12.16%、7.16%、0.48%（图 2 - 6）。

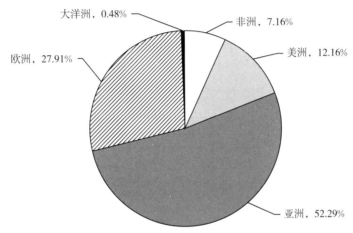

图 2 - 6 2019 年世界各大洲马铃薯消费占比

数据来源：FAOSTAT。

对比世界各大洲的生产-消费情况，如表 2 - 2 所示，亚洲和欧洲均为生产大洲和消费大洲。欧洲常年产大于需，而亚洲产不足需，需大量进口以弥补需求；美洲马铃薯生产量高于消费量，略有盈余；非洲生产和消费基本持平，产需缺口不大；大洋洲产量和消费量都较少，且基本平衡。

表 2 - 2 2019 年世界各大洲生产-消费情况

洲别	生产量（百万吨）	消费量（百万吨）	生产量－消费量（百万吨）
非洲	26.47	26.40	0.07
美洲	45.34	44.81	0.53
亚洲	174.00	192.74	−18.74
欧洲	107.25	102.87	4.38
大洋洲	1.75	1.77	−0.02

数据来源：FAOSTAT。

从马铃薯人均消费看，1961 年世界人均食用消费量为 35.50 千克，之后呈下降趋势，1991 年人均消费量降至 25.85 千克，比 1961 年减少了 9.65 千克，年均下降 1.05%。1991

年后，人均消费量上升，到 2004 年达到 34.07 千克，比 1991 年增加 8.22 千克，年均增长 2.15%，但仍低于 1961 年。2005 年之后，人均消费量略有下降，保持在 31～34 千克之间，2019 年为 32.41 千克。对比洲际马铃薯消费情况，近年来欧洲的人均马铃薯消费在 85 千克左右，远远超出世界平均水平；大洋洲约 47 千克，远高于世界平均水平；美洲约为 37 千克，基本与世界水平持平；亚洲人均马铃薯消费量低于世界平均水平，为 25 千克左右；非洲人均马铃薯消费量约为 15 千克，远低于世界平均水平（图 2-7）。

图 2-7　世界马铃薯人均消费量变化

数据来源：FAOSTAT。

2. 世界马铃薯消费结构及变化

马铃薯的消费量包括食用量、饲用量、加工用量、其他非食用量、种用量和损耗量。马铃薯主要以食用消费为主，占到消费总量的 2/3 左右，其次是马铃薯饲用量占 10% 左右，损耗量略低于饲用量，同样约占 10%，种用量约占 8%，加工量约占 3%，其他非食用消费占 2% 左右（图 2-8）。发达国家马铃薯作为食品消费的占比约为 64%，作为饲料的占比为 4%；而发展中国家作为食品的消费占比为 53%，作为饲料的占比为 17%；在发展中国家马铃薯贮藏、运输、加工等环节的损耗较大，为 8.5%，发达国家为 7%；发达国家用了总产量的 7% 作为种薯，发展中国家用了 13%。在加工统计中，发达国家的加工比率高于发展中国家，发达国家近 7% 的总产用于加工途径（仅包含不能还原成马铃薯的加工产品），而发展中国家仅有 1%。丹麦的马铃薯加工比率居世界首位，将近 60%，而中国作为马铃薯生产和消费大国，马铃薯加工比率仅为 6%。

（1）食用消费和加工消费。 马铃薯是一种多用途、富含碳水化合物的食物，在全世界都受到高度欢迎，其制作和食用方法多种多样。以联合国粮农组织的统计口径看，马铃薯食用消费包括鲜薯直接消费和能还原成马铃薯的加工产品，而加工消费仅包括不能还原成马铃薯的加工产品。20 世纪 60 年代以来，食用消费量呈平稳增长趋势。分阶段来看，1961—1991 年，年均增速仅为 0.81%；1992 年之后，年均增速达到 2.12%。食

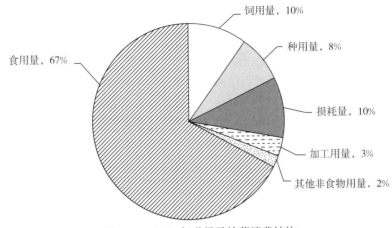

图 2 - 8　2019 年世界马铃薯消费结构

数据来源：FAOSTAT。

注：联合国粮农组织将能够还原成马铃薯的加工食品纳入马铃薯食用统计指标，仅无法还原成马铃薯的加工品才计入加工利用。

用消费量所占比呈增加趋势，从 1961 年的 42% 左右增至 2019 年的 67%。马铃薯加工消费量从 1961 年的 747.2 万吨增至 2019 年的 891.2 万吨，增长了 19.3%，所占比重略有上升，消费量增速为 0.3%。分阶段来看，1961—1984 年，加工消费量变化较为平缓，波动不大，年均增速为 2.53%；1985 年后波动明显加剧，1993 年达到历史高点 1 635.5 万吨后逐步降至 2000 年的 921.2 万吨，2009 年增加至 1 246.2 万吨，2019 年下降至 891.2 万吨。1961 年加工消费量所占比重为 2.9%，到 1993 年上升到 5.42%，随后有所下降，目前为 2.42% 左右，呈现先增加后下降的趋势。

　　目前来看，全球食用马铃薯的消费正在从鲜薯转向食品加工（冷冻马铃薯、薯片、脱水马铃薯粉片、马铃薯粉等），这种现象主要受到人们收入增加、营养要求以及便利化需求等因素影响。世界范围内对薯条的需求极大，每年的需求量至少为 1 100 万吨；薯片同样被广泛需求，由于其口味丰富，能够满足不同消费者的需求，在快餐食品领域长期处于统治地位；薯片一部分是用脱水马铃薯粉面团制作，随着技术的发展和人们需求的变化，鲜切马铃薯也成为薯片制作的一种方法。马铃薯粉片除了被用在小吃类产品中，还作为粮食援助被美国发放给 60 余万贫困人口，主要是通过将熟薯浆的水分含量干燥至 5%～8% 的方式制成的。马铃薯粉则是通过煮熟并碾碎鲜薯的方式制作而成，因此能够较好保留马铃薯的独特味道，由于富含淀粉，常作为增稠剂用在肉馅搅拌和高汤制作中。现代马铃薯淀粉加工技术能提取 96% 的淀粉，相比于小麦、玉米淀粉，马铃薯淀粉具有更高的黏性，能用在多种食物加工产品中。在东欧等地区，还利用马铃薯蒸馏制作伏特加和白兰地等酒精饮料。

　　（2）饲用消费。马铃薯在欧洲最早的用途是作为家畜饲料，目前东欧国家仍有一半以上的马铃薯作为饲料饲养家畜。熟马铃薯喂猪能使其迅速长膘，牛可生食马铃薯，也可将马铃薯与青贮饲料混合发酵，再进行饲喂。1961 年，马铃薯饲用消费量为 7 102.3

万吨，占消费总量的 27.3％；之后不断增长，到 1968 年达到 9 349.3 万吨的历史高点，占消费总量的比重提高到 32％；随后饲用消费量波动下降，维持在 3 000 万吨左右，消费总量的比重也维持在 10％左右。

（3）其他非食物消费。 马铃薯淀粉除了作为食物外，还被作为黏合剂、纹理剂和填充物等用于制药、纺织和木材加工等行业，同时也可作为聚苯乙烯的替代品生产一次性制品等。而马铃薯的加工废料同样富含淀粉，可通过溶解和发酵生产燃料级乙醇，用 44 000 吨加工废料可以生产 400 万～500 万升乙醇。

在世界马铃薯的消费中，其他非食物消费量呈增长态势，占消费总量的比重也有所增加。1961 年，其他非食物消费量为 430.6 万吨，达到消费总量的 1.65％；之后逐渐增加，2000 年增至 939.9 万吨，达到历史峰值，较 1961 年增长了 1.2 倍，年均递增 2.02％，占消费总量的比重增至 2.89％，提高了 1.75 个百分点。

（4）种用消费。 马铃薯是无性繁殖的作物，因此在过去，人们通常会从上一年度收获的马铃薯中选取 5％～15％的马铃薯作为下一季耕种的种薯。但由于马铃薯易受病毒侵害，留下的种薯经过几代的种植，所具有的优质基因基本消失，而病毒则会留在种薯中继续繁殖，这导致马铃薯产量逐渐下降。针对这种情况，目前马铃薯脱毒技术取得了很大的进展，种植时采用脱去病毒的马铃薯种薯，能提高马铃薯的抗病性，稳定马铃薯产量。发达国家在采用脱毒种薯方面做得较好，农户倾向于从种子公司或供应商处购买种薯，而发展中国家由于技术和观念的落后，在脱毒种薯的普及推广方面进展较慢。法国约有 13％的马铃薯种植面积用于繁育脱毒种薯，荷兰每年出口种薯约 70 万吨。

1961 年以来，马铃薯的种用消费量缓慢下降，占总消费量的比重也有所降低。1961—2019 年，马铃薯种用消费量从 4 504.9 万吨降至 2 958.1 万吨，减少了 35％左右，年均递减约 0.72％。马铃薯种用消费量占总消费量的比重在逐渐下降，从 1961 年的 17.31％下降到 2019 年的 8.03％，下降了 9.28 个百分点（图 2-9）。

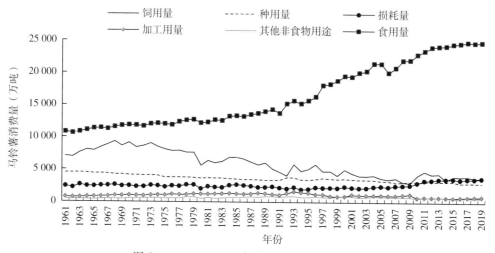

图 2-9　1961—2019 年世界马铃薯消费结构

数据来源：FAOSTAT。

(三) 世界马铃薯的供求关系及价格走势

1. 全球马铃薯供求状况

随着马铃薯单产水平的提高，世界马铃薯总产量大幅度增长。据 FAO 数据显示，世界马铃薯的总产量从 1961 年的 2.70 亿吨增至 2019 年的 3.71 亿吨，平均每年增长 0.55%。近几年马铃薯生产发展迅速，2010—2019 年的 10 年间增速较平均增速快 2.22 倍。

随着世界人口增加及马铃薯消费用途拓展，世界马铃薯消费量开始呈现刚性增长。1961—2019 年，全球马铃薯消费量从 2.60 亿吨增至 3.69 亿吨，年均递增 0.6%。分阶段来看，1961—1971 年的 10 年间世界马铃薯消费量增长缓慢；从 20 世纪 70 年代初到 90 年代初，消费量增长整体呈波动下降趋势；90 年代以后，马铃薯消费量增速加快，1991—2001 年年均增长率达到 2.1%；进入 21 世纪，消费增速放缓，年均增速降为 0.65%。

世界马铃薯的总产量和总消费量均呈上升趋势，一半的时间里总需求大于总供给，一半的时间总供给大于总需求。从库存数量变化看出，1971—1977 年、1988—1991 年、1997—2006 年、2008—2009 年、2010—2019 年世界马铃薯产不足需、库存有所下降；1961—1970 年、1978—1987 年、1992—1996 年、2007—2009 年世界马铃薯产大于需，库存增加（图 2-10）。

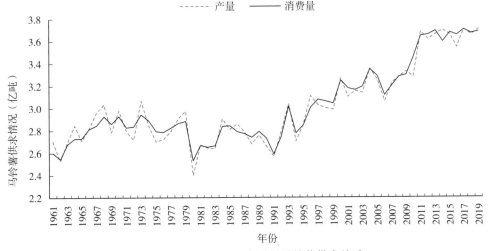

图 2-10　1961—2019 年世界马铃薯供求关系

数据来源：FAOSTAT。

2. 世界马铃薯价格

马铃薯的国际市场较小，其价格主要受本国自身需求影响。中国、白俄罗斯、印度、俄罗斯均为世界马铃薯生产大国，各国马铃薯的价格不同，俄罗斯的价格水平最高，其次是中国，印度和白俄罗斯的价格水平偏低。

中国马铃薯产量约占世界总产量的 1/4，是世界上的马铃薯生产、消费大国，因此其市场价格主要受国内供求状况影响。1993 年以来，中国马铃薯价格呈阶段性的波动，整体走高。1993—2002 年价格呈上涨趋势，2003—2010 年快速增长，2011 年达到峰值，为 443.3 美元/吨，2012 年起呈缓慢下降趋势，现基本稳定在 350.0 美元/吨，较 2000 年价格上涨 2.31 倍（图 2-11）。

图 2-11　1993—2019 年中国马铃薯价格

数据来源：FAOSTAT。

印度马铃薯的价格近期出现了较大幅度的上涨。2009 年 8 月至 2010 年 1 月，马铃薯价格明显上涨，2010 年 11 月至 2011 年 2 月价格再度经历上涨和下跌至 180～220 美元/吨，2012 年 5 月之后再次上涨，11 月之后略有下跌，2013 年 3—10 月价格维持震荡格局，11 月大幅上涨到 488 美元/吨，较 2009 年 8 月上涨 92%（图 2-12）。

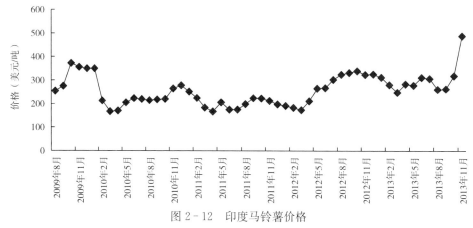

图 2-12　印度马铃薯价格

数据来源：FAOSTAT。

相比之下，近几年俄罗斯马铃薯的价格波动较小，大部分时间处于平稳状态，整体变化不大。自 2011 年俄罗斯马铃薯价格达到峰值 350.8 美元/吨后，价格不断波动下降。2020 年价格为 163.8 美元/吨，较 2011 年低约 53％，如今已基本稳定于 150～200 美元/吨（图 2-13）。

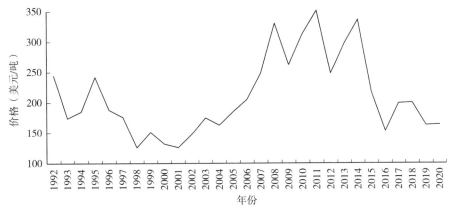

图 2-13　1992—2020 年俄罗斯马铃薯价格

数据来源：FAOSTAT。

白俄罗斯的马铃薯价格整体偏低，近几年价格波动幅度微小。2004 年起，马铃薯价格呈走高趋势，至 2010 年达到峰值 306.3 美元/吨，后不断下降并于 2012 年再次上升。2014 年再度达到一个峰值，当年白俄罗斯马铃薯价格仅次于 2010 年，为 243.8 美元/吨，之后呈下降趋势。2020 年价格为 121.6 美元/吨，较 2010 年下降 60.3％（图 2-14）。

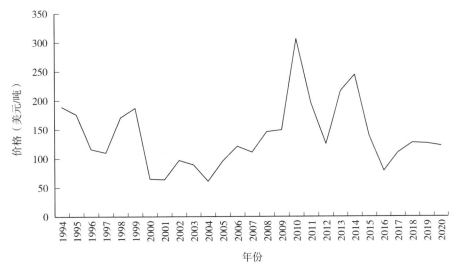

图 2-14　1994—2020 年白俄罗斯马铃薯价格

数据来源：FAOSTAT。

（四）世界马铃薯贸易状况

1. 马铃薯贸易的一般政策
多数国家为保护在国际市场上没有竞争力的本国产品或行业会采取保护措施，以避免被国外进口商品低价冲击，挤占本国市场，造成本国生产者利益受损。通常来说保护措施主要有两种，一种是征收以从价税或从量税为主的关税，另一种是采取非关税措施（以直接限制进口或其他目标为目的的措施），如实行指令性进口配额、卫生检疫措施、技术标准措施等。就马铃薯贸易而言，一般采取的形式是进口关税，用于保护国内马铃薯市场，以及限制市场准入的其他政策，如卫生和植物检疫（SPS）措施和贸易技术壁垒。

多数国家会对马铃薯及马铃薯产品征收进口关税，而世贸组织商定的约束关税税率差异很大。马铃薯是典型符合关税升级的农产品，即关税税率可以随马铃薯产品加工深化而提高，制成品的关税税率高于半成品，半成品关税税率高于初级产品，进口国借助对加工产品征收高于原料的关税来保护本国马铃薯加工业。关税升级成功阻止了出口国将其出口基本产品的产业链扩展，并使他们继续作为原料供应国。根据国际海关理事会制定的编码协调制度，种用马铃薯，马铃薯细粉、粗粉及粉末，马铃薯淀粉等产品参与马铃薯的国际贸易。由表2-3所示，欧盟及加拿大、俄罗斯、美国和中国等主要马铃薯贸易国的马铃薯初级加工产品的关税税率均高于种用马铃薯、鲜马铃薯，大部分国家的马铃薯淀粉进口关税高于马铃薯细粉或粉片。

表2-3 2022年世界主要地区和国家马铃薯最惠国进口关税情况

税则号列	名称	欧盟	加拿大	俄罗斯	美国	中国
070110	种用马铃薯	4.5%	4.94美元/吨	5%	5美元/吨	13%
070190	鲜或冷藏的马铃薯	5.8%	4.94美元/吨	10%	5美元/吨	13%
110510	马铃薯细粉、粗粉及粉末	12.2%	0	10%	17美元/吨	15%
110520	马铃薯粉片、颗粒及团粒	12.2%	0	5%	13美元/吨	15%
110813	马铃薯淀粉	166欧元/吨	10.5%	10%（但每吨不少于30欧元）	5.6美元/吨	15%

数据来源：WTO关税统计数据。

注：加拿大、俄罗斯、美国统计的是2021年的关税税率。

此外，马铃薯出口国家也面临着食品健康标准和技术规定带来的障碍。在日本、澳大利亚等国家，曾经也采取过SPS措施。2009年1—8月，日本对中国多种蔬菜简易加工品等食品实施监控或命令检查；澳大利亚生物安全局在2008年6月对澳大利亚进口的马铃薯种子实施紧急植物卫生措施，确定是否存在引入马铃薯类病毒风险。此外，欧盟地区对马铃薯相关产品征收进口关税时，会根据马铃薯产品中的不同成分含量征收附加税，这种征税方式为我国马铃薯加工出口企业带来了更多的贸易风险。

2. 世界马铃薯贸易数量与结构

相对于产量而言，马铃薯的国际贸易量仍处于疲软状态，世界马铃薯交易量仅为总产量的4%左右。马铃薯的主要消费国都有种植马铃薯，因此在大多数情况下能够实现本国的供给平衡，一般国家对外国马铃薯的需求量不高，同时国际投机商对马铃薯交易兴趣较低，这保证了低收入消费者也可以买得起马铃薯。马铃薯运输中易腐烂，同时也易受病菌感染，这是马铃薯进入全球贸易流通的劣势，如果普遍使用脱毒种薯，马铃薯总产量有望增产 30%，无病菌的马铃薯有利于出口贸易。

从理论上来讲，世界马铃薯的进口量等同于出口量，但由于存在统计上的误差，这两者数值上会存在一定差距。从统计数据看，进口国的进口统计数据相对准确，更接近世界马铃薯进出口的真实情况。从贸易量来看，世界马铃薯贸易数量呈增加趋势，近几年增长幅度较大。1961—2020 年，马铃薯贸易量从 262.53 万吨增长至 1 520.10 万吨，增长了 5.79 倍。从贸易额来看，马铃薯贸易额也呈增加趋势，从 1961 年的 1.63 亿美元增长到 2020 年的 47.39 亿美元，贸易额增长了 29 倍之多。但马铃薯贸易量占世界马铃薯总产量的比重依然很低（图 2-15）。

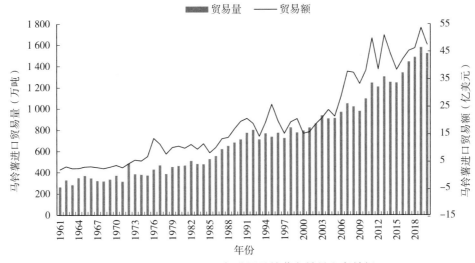

图 2-15　1961—2020 年世界马铃薯贸易量和贸易额

数据来源：FAOSTAT。

纵观世界马铃薯贸易，马铃薯的贸易高度集中在西欧与北美的发达国家。从出口国来看，2020 年西欧的法国、荷兰、德国、比利时、英国和北美的美国和加拿大连同亚洲的巴基斯坦、中国和非洲的埃及等主要出口国的贸易量与贸易值总计占到世界马铃薯贸易的 90%，其中法国的贸易量占世界总量的 16%。主要出口国中，中国马铃薯的出口单价最高，达到 655.84 美元/吨，其次为加拿大，美国次之，哈萨克斯坦的出口单价最低，仅为 83.87 美元/吨（表 2-4）。

表 2-4　2020 年世界前十个马铃薯出口国出口量、出口额及出口单价

国家	出口量（万吨）	出口额（亿美元）	出口单价（美元/吨）
法国	233.64	6.81	291.67
荷兰	206.48	8.30	402.07
德国	197.66	3.77	190.69
比利时	108.31	2.23	206.30

（续）

国家	出口量（万吨）	出口额（亿美元）	出口单价（美元/吨）
埃及	63.64	2.22	348.74
加拿大	52.95	2.97	560.26
美国	50.62	2.44	482.97
中国	44.19	2.90	655.84
俄罗斯	42.40	0.50	119.03
哈萨克斯坦	35.96	0.30	83.87

数据来源：FAOSTAT。

从进口国来看，主要贸易国家仍然分布在西欧和北美地区。2020年，前十个进口国（比利时、荷兰、西班牙、德国、意大利、美国、乌兹别克斯坦、伊拉克、葡萄牙和法国）总的进口量占世界马铃薯贸易量的比重达到59%，进口额占世界贸易总额的50%。其中，比利时是第一大进口国，主要进口法国的马铃薯，其次为美国，乌兹别克斯坦的进口单价最低，仅为91.08美元/吨（表2-5）。

表2-5　2020年世界前十个进口国马铃薯进口量、进口额及进口单价

国家	进口量（万吨）	进口额（亿美元）	进口单价（美元/吨）
比利时	302.41	6.10	201.76
荷兰	165.10	3.44	208.60
西班牙	92.21	3.17	343.29
德国	68.13	2.54	373.52
意大利	61.77	2.01	325.32
美国	50.15	2.86	569.82
乌兹别克斯坦	45.10	0.41	91.08
伊拉克	41.50	1.34	322.89
葡萄牙	38.80	0.99	256.39
法国	32.77	1.01	308.56

数据来源：FAOSTAT。

二、中国马铃薯产业发展的国际视野

进入新世纪后，马铃薯产业在我国快速发展，目前我国已是世界马铃薯生产第一大国，多年以来马铃薯总种植面积和总产量一直稳居世界首位。我国马铃薯种植面积迅速扩大，一方面因为马铃薯具备的耐干旱、耐瘠薄、抗灾能力强等特点，能在干旱地区、丘陵山区地带生产；另一方面，马铃薯种植比较收益较高，成为贫困地区农户实现脱贫增收的优选作物。虽然中国马铃薯种植面积和产量均居世界首位，但在生产效率等方面与欧美传统马铃薯种植国家仍然存在较大差距。本节从产业结构、生产效率、贸易和消费等角度，对中国与印度、乌克兰、俄罗斯、美国、孟加拉国、德国、荷兰、加拿大和

比利时等 9 个马铃薯生产或贸易大国进行系统比较研究，从而揭示中国马铃薯产业发展的比较优势与突出短板，对于稳定马铃薯生产、进一步提升我国马铃薯产业的国际竞争力、促进我国马铃薯产业持续健康发展具有重要的理论意义和现实意义。

（一）马铃薯生产加工比较

1. 我国马铃薯生产规模位居世界第一位，总体呈上升趋势

根据联合国粮农组织统计数据，2009—2018 年，我国马铃薯面积 2012 年达到峰值 7 713.2 万亩，占我国农作物总面积的 3.17%，随后面积略有下降，但从长期来看，马铃薯总种植面积保持逐年增长态势。2018 年我国马铃薯种植面积达到 7 336.4 万亩，世界占比 27.8%，是印度、乌克兰、俄罗斯种植面积的 2~3 倍，并且远超欧美发达国家。2018 年，我国马铃薯产量达到 9 645.3 万吨，世界占比 26.2%，明显高于美国、印度、孟加拉国、俄罗斯和乌克兰等国家。总的来说，我国马铃薯总产量的增加主要受马铃薯播种面积扩大和单产水平提高的影响。

2. 我国马铃薯种植结构中加工品种不足，欧美国家马铃薯品种丰富多样

近十年来，我国马铃薯种植品种不断丰富，不同地区农户选择合适的品种种植，主要以荷兰薯系列、青薯系列、威芋系列和陇薯系列为主，但各主要品种占全国总种植面积的比例在逐年下降。

美国马铃薯产业的特征之一是品种专业化。不同类型的马铃薯品种其用途不同，主要品种类型包括白皮白肉品种（用于薯片加工）、红皮品种（鲜食类型）、赤褐皮品种（薯条加工及鲜食兼用）以及黄肉品种（鲜食类型），以赤褐皮品种为主要种植类型。目前，荷兰马铃薯主要品种包括 Spunta、Fontane、Agria、Innovtor、Dessiree、Bintje 和 Agata，占全国种植总面积 80% 左右。比利时马铃薯品种以加工薯为主，主要品种包括 Bintje、Fontane、Innovtor 等，其他鲜食品种大约占 10%。

与欧美国家品种结构相比，我国马铃薯品种类型单一。中国马铃薯种植规模居世界第一，然而品种数量不及荷兰和比利时的 1/2，且种植品种类型单一，大部分为高产鲜食菜用品种，加工专用型品种较少。长此以往可能出现鲜食品种的市场过剩，而加工专用品种却满足不了加工企业需求的现状，进而导致原料供需矛盾突出，生产加工企业效益低，不利于中国马铃薯产业的全面发展。

3. 我国马铃薯主要分布在干旱贫瘠的丘陵山地，欧美主要种植在自然条件较好的地区

马铃薯在我国广泛种植，主要分布在干旱丘陵山地，与我国贫困地区分布高度契合，2009—2018 年以来，东北一季作区、华北一季作区等传统马铃薯种植区播种面积下降，西北一季作区（甘肃、宁夏）和西南混作区（云南、贵州）马铃薯种植面积增长明显且占全国比重不断上升，中国马铃薯种植呈现向西南聚集的趋势。

美国马铃薯最大的主产区分布在西北部三州，第二大集中产地分布在北部四州。适宜的种植温度、肥沃的土壤、现代化的加工处理设备，以及代代相承的专业经验，使美

国马铃薯产业在国际上一直处于领军位置。在欧洲地区，比利时、荷兰马铃薯产区分布在温带海洋性气候区，有利于马铃薯免受极端气温影响，充足的降雨和营养物质丰富的土壤确保马铃薯生长。俄罗斯马铃薯产区主要分布在西北部地区，该地区属于黑土区，土壤肥沃，有利于马铃薯生长。

4. 我国马铃薯产业结构以种植业为主体，加工业相比美国发展不足

中国马铃薯产业结构以种植业为主体。马铃薯加工业发展不足，2018 年中国马铃薯产值结构中种植业占 70%、加工业占 30%。全国 15% 左右马铃薯用于加工，加工品主要有马铃薯淀粉、薯条、薯片、全粉、粉丝、粉皮等，加工结构以淀粉等初加工、低附加值产品为主，契合中国消费习惯的方便食品、休闲食品等深加工、高附加值的加工品急待开发。

美国马铃薯产业结构以加工业为主体。马铃薯产业链完整，加工业比较发达，表现出多途径深加工、高附加值等特征。2018 年美国马铃薯产值结构中加工业占 85%、种植业占 15%。美国 65% 马铃薯用于加工，马铃薯加工品很丰富，主要包括薯条、薯片、脱水马铃薯等。马铃薯加工结构中，冷冻薯条和其他冷冻产品占 60%，薯片、脱水马铃薯、罐头及其他罐装产品等其他加工品占 40%。

（二）马铃薯产出效率比较

1. 我国马铃薯单产水平稳定提升，但与欧美相比总体差距明显

2009—2018 年我国马铃薯单产水平稳定提升，从 15.00 吨/公顷增长到 19.65 吨/公顷，年均增长 3%；单产水平与印度和孟加拉国等生产条件相似国家的生产水平比较接近，高于乌克兰、俄罗斯，但仅为美国（47.10 吨/公顷）、德国（47.40 吨/公顷）、荷兰（45.60 吨/公顷）等欧美发达国家单产水平的 1/2 左右，增产空间较大（表 2-6）。造成这种差距的主要原因是我国马铃薯生产主要分布在山区或旱地，不具备灌溉条件，而东北和华北等具备灌溉条件、又能实现一定规模化的地区平均单产也能实现 3 吨/亩以上，并不比欧美国家低。

表 2-6　2009—2018 年中外马铃薯单产对比

单位：吨/公顷

年份	中国	印度	乌克兰	俄罗斯	美国	孟加拉国	德国	荷兰	加拿大	比利时
2009	15.00	18.75	13.95	14.25	46.50	13.35	44.25	46.35	12.75	44.70
2010	16.20	19.95	13.20	10.05	45.00	18.30	39.90	43.65	39.15	42.30
2015	17.85	22.50	16.20	17.10	49.80	19.65	35.40	36.60	42.75	46.95
2016	18.30	18.75	16.65	14.25	46.50	19.95	44.25	46.35	42.90	38.10
2017	18.90	19.95	16.80	10.05	45.00	20.40	39.90	43.65	43.20	47.55
2018	19.65	22.95	17.10	15.00	47.10	20.40	47.40	45.60	43.20	32.70

数据来源：FAO。

2. 我国马铃薯"三率"不断提升，土地产出率与欧美国家差距较大

我国马铃薯土地产出率、劳动生产效率和资本产出率"三率"不断提升。2014—2018 年，马铃薯土地产出率从 20 369.10 元/公顷提高到 25 525.35 元/公顷，增加了 5 156.25 元/公顷，劳动生产率从 180.58 元/工日提高到 224.50 元/工日，增长 44 元。资本产出率从 125.09%提高到 129.90%。

我国马铃薯土地产出率与欧美国家的差距比较大。2018 年我国马铃薯土地产出率 25 525.35 元/公顷，仅及美国、加拿大、比利时、德国等欧美国家的 1/2 左右，与孟加拉国、俄罗斯基本持平，整体高于乌克兰（表 2-7）。

表 2-7　中外马铃薯土地产出率比较

单位：元/亩

年份	中国	乌克兰	俄罗斯	美国	孟加拉国	荷兰	比利时	加拿大	德国
2014	1 357.94	1 325.88	2 064.80	3 780.89	1 303.66	2 524.99	897.92	3 831.92	3 966.11
2015	1 448.94	749.92	1 429.81	3 761.97	1 520.66	2 264.69	2 241.59	3 533.83	2 582.17
2016	1 454.00	759.67	1 066.04	4 305.64	1 752.41	3 525.57	3 547.55	3 695.33	4 350.50
2017	1 486.80	937.91	1 451.87	4 409.85	1 373.28	3 689.66	2 740.31	4 004.39	4 158.45
2018	1 701.69	1 038.57	1 509.96	4 107.48	1 590.80	2 959.02	3 862.45	3 978.85	3 118.07

数据来源：《全国农产品成本收益资料汇编》和 FAO。

（三）马铃薯成本收益比较

1. 我国马铃薯生产成本快速上升，与欧美相比具有微弱的优势

近年来我国马铃薯生产成本快速上升，2009—2018 年，马铃薯亩生产成本从 1 150.42 元增加到 1 524.90 元，增加 374.48 元，增长 32.55%。其中人工成本占比从 34%提高到 2018 年的 43%，人工费用尤其是雇工费用的增加成为马铃薯生产成本上涨的主要推手。

2011—2015 年，我国马铃薯每千克生产成本在 0.71～0.96 元，与美国马铃薯生产成本（0.96～0.98 元/千克）基本持平，低于英国马铃薯生产成本（1.29～1.77 元/千克）（表 2-8）。

表 2-8　2011—2015 年中外马铃薯生产成本比较

单位：元/千克

年份	中国	美国爱荷华州	英国
2011	0.71	0.96	1.33
2012	0.83	0.99	1.77
2013	0.96	0.99	1.48
2014	0.92	0.97	1.29
2015	0.95	0.98	

数据来源：《全国农产品成本收益资料汇编》、美国马铃薯协会和英国马铃薯协会。

2. 我国马铃薯价格水平与欧美差距不大

中国马铃薯价格水平与欧美差距不大。2009—2018 年，中国马铃薯生产者价格最低的年份是 2011 年，仅 0.88 元/千克，此后价格逐步回升，大体保持在 1.2 元/千克的价格水平。马铃薯价格波动主要影响因素是蔬菜等相关替代品价格以及城镇化水平、消费者收入水平和恩格尔系数等因素，价格受到消费层面因素的影响要大于生产层面因素的影响。2018 年，中国马铃薯生产者价格 1.30 元/千克，与美国（1.24 元/千克）、荷兰（1.21 元/千克）、德国（1.32 元/千克）和俄罗斯（1.32 元/千克）等欧美国家基本持平，略高于孟加拉国（1.17 元/千克）和乌克兰（0.91 元/千克）（表 2-9）。

表 2-9 2009—2018 年中外马铃薯生产者价格水平

单位：元/千克

年份	中国	荷兰	比利时	美国	加拿大	德国	乌克兰	俄罗斯	美国	孟加拉国
2009	1.08	0.87	0.59	1.24	1.6	1.22	1.14	1.79	1.24	1.44
2010	1.83	1.14	0.68	1.37	1.67	1.49	1.82	2.12	1.37	0.74
2014	1.15	0.83	0.25	1.20	1.54	1.26	1.12	2.06	1.20	1.01
2015	1.22	0.79	0.72	1.20	1.38	0.88	0.69	1.35	1.20	1.16
2016	1.19	1.26	1.40	1.33	1.44	1.47	0.68	1.02	1.33	1.32
2017	1.18	1.21	0.86	1.37	1.53	1.33	0.84	1.34	1.37	1.01
2018	1.30	1.21	1.77	1.24	1.54	1.32	0.91	1.32	1.24	1.17

数据来源：《全国农产品成本收益资料汇编》和 FAO。

3. 中国马铃薯利润率波动增长，平均水平高于欧美国家

2011—2015 年，中国马铃薯利润率波动增长，从 23.94% 增长到 28.42%；美国马铃薯利润率相对较稳定，在 30% 左右波动；英国马铃薯利润率波动幅度大，2013 年达到 36.89%，2014 年仅 12.06%，年际差异较大。从马铃薯多年平均资本利润率来看，中国高于美国和英国，资本效率优势比较突出（表 2-10）。

表 2-10 2011—2015 年中外马铃薯资本利润率比较

单位：%

年份	中国	美国	英国
2011	23.94	39.33	14.5
2012	37.35	21.15	—
2013	56.25	35.56	36.89
2014	14.56	24.13	12.06
2015	28.42	22.64	—
均值	32.10	28.56	21.15

数据来源：《全国农产品成本收益资料汇编》。

（四）马铃薯贸易优势比较

1. 我国马铃薯出口稳步增长，以附加值较低的鲜薯为主，国际市场占有率低

马铃薯出口是我国提升地区经济发展水平，特别是贫困地区农业经济发展水平的优先选项之一，也是实现获取贸易利益和延长马铃薯产业链的重要途径。2009—2018年，我国马铃薯出口额从1.53亿美元增加到3.07亿美元，增长了1倍，世界占比从1.9%提高到将近2.8%。马铃薯出口以鲜薯为主，出口额占比80%左右。

2. 我国与马铃薯贸易大国的差距主要体现在出口额、市场占有率和出口产品的价值等方面

根据表2-11可知，2018年，荷兰、比利时、美国等马铃薯出口大国出口额分别达到约32亿美元、26亿美元和18亿美元，市场占有率分别约占21%、17%和12%。并且以非用醋制作的冷冻马铃薯条、非醋方法制作或保藏的未冷冻马铃薯等附加值较高的马铃薯制品为主。

表2-11　2009—2018年中外马铃薯及其制品出口及其世界占比

单位：亿美元

年份	中国		荷兰		比利时		美国		加拿大		德国	
	金额	占比(%)	金额	占比(%)	金额	占比(%)	金额	占比(%)	金额	占比(%)	金额	占比(%)
2009	1.53	1.43	24.85	23.20	15.50	14.47	11.81	11.03	11.05	10.31	10.17	9.49
2010	1.47	1.28	25.71	22.43	16.03	13.98	12.79	11.15	10.66	9.30	10.40	9.07
2014	3.24	2.25	31.51	21.92	21.73	15.11	17.14	11.92	11.89	8.36	12.38	8.61
2015	2.81	2.26	25.87	20.79	18.69	15.02	16.80	13.51	11.80	9.48	10.70	8.60
2016	2.69	1.95	30.01	21.78	21.24	15.42	17.41	12.64	12.43	9.02	11.32	8.22
2017	3.26	2.20	30.90	20.84	23.12	15.59	18.17	12.25	13.28	8.96	12.31	8.30
2018	3.07	2.01	32.25	21.11	25.86	16.93	17.95	11.75	14.47	9.47	13.04	8.54

数据来源：联合国商贸数据库。

（五）马铃薯消费特征比较

1. 我国马铃薯消费量稳步增长，人均消费量低于欧美国家

FAO的数据显示，2010—2017年我国马铃薯消费总量从8 225.2万吨增加到9 885.8万吨，人均食用消费量从41.78千克增加到43.62千克，高于世界平均水平近10千克，但与欧美国家仍有较大差距。2017年乌克兰和比利时人均马铃薯消费量是我国的2~3倍；俄罗斯更是将马铃薯称为"第二面包"，人均消费超过100千克，荷兰、加拿大、德国和美国分别达到了80千克、63千克、67千克和53千克。我国与孟加拉国基本持平，高于印度的25.53千克（表2-12）。从长远看我国马铃薯消费增长潜力很大。但是近年来由于我国马铃薯生产规模快速扩张，消费受抑，马铃薯传统主力群体消费出现萎缩，消费需求增长乏力，形成了四季供给充足、春季销售压力大的供求关系新格局。

表 2 - 12   2010—2017 年中外马铃薯人均食用消费量

单位：千克

年份	中国	孟加拉国	印度	乌克兰	荷兰	美国	加拿大	比利时	德国	俄罗斯
2010	41.78	44.15	21.63	129.20	92.54	51.62	81.55	84.47	63.44	105.10
2015	42.27	45.27	24.68	116.20	83.48	50.22	66.62	90.68	64.61	112.50
2017	43.62	49.90	25.53	131.30	79.72	52.76	62.92	89.70	67.38	112.10

数据来源：FAO。

2. 我国以鲜马铃薯消费为主，欧美发达国家以马铃薯加工品为主

我国马铃薯消费结构比较单一，60% 以上用于鲜食。欧、美等国家直接以马铃薯为原料加工的各类食品有 300 多种，制成淀粉及淀粉深加工产品 1 000 种。美国和英国每年冷冻或冷藏马铃薯消费量约占消费总量的一半。荷兰和比利时的冷冻马铃薯加工量甚至占其加工总量的 80% 以上，绝大部分用于出口。价格、收入、设施、销售渠道和生活方式等多种原因决定了我国马铃薯加工率及消费量较低。但是，随着快餐食品在全球的迅速普及，我国对冷冻马铃薯的需求也在持续增长。

三、中国马铃薯产业发展现状

改革开放以来，我国农业保持了 40 多年的高速增长，实现了农产品供销由长期短缺到总量基本平衡、丰年有余的历史性跨越，特别是粮食总产量不断迈上新台阶。据统计，粮食总产量从 1978 年的 30 476.50 万吨增长至 2020 年的 66 949.20 万吨，年均增长率达到 1.89%，特别是 2020 年粮食总产量达到创历史新高的 66 949.20 万吨，在因新冠肺炎疫情流行导致全球农产品市场动荡的背景下有效保障了国家粮食安全，将饭碗牢牢端在自己手中。虽然我国农业发展成效显著，但也面临着产业结构不合理、产品同质化严重、生产效率较低、化学投入过量使用等一系列的挑战，传统的低产低效、粗放经营的农业发展模式耗费了大量的农业资源，拼投入、拼资源的增长方式已难以为继，农业资源环境频频亮起"红灯"。与此同时，随着我国经济社会发展进入动力转化、结构优化、速度变化的新阶段，城乡居民农产品的消费结构逐渐升级，高质量绿色农产品供不应求，而低质量同质农产品供给过剩，农产品供给端和需求端的结构性矛盾日益凸显。在外因和内因的共同作用下，农业发展亟须实现动能由数量增加型到质量增长型的转换。马铃薯产业作为重要的农业产业之一，也需顺应这种新趋势。因此，高质量发展已然成为"十四五"时期我国马铃薯产业发展的基本取向，也是实现乡村产业振兴的重要途径。马铃薯产业高质量发展的核心要义包含哪些内容，总体战略与推进路径是什么，辨析这些关键问题，对科学推动马铃薯产业高质量发展和产业兴农具有重要的理论和现实意义。

(一) 我国马铃薯产业发展现状

1. 马铃薯生产情况

（1）总体情况。 我国马铃薯生产规模位居世界第一位，总体呈上升趋势。根据国家统计局数据，1991—2019 年，我国马铃薯种植面积从 4 318.91 万亩增加到 7 009.50 万亩，产量从 3 040.5 万吨增加到 8 889.5 万吨。2012 年种植面积达到峰值 7 546.16 万亩，随后面积略有下降，但从长期来看，马铃薯总种植面积保持逐年增长态势（图 2 - 16）。总的来说，我国马铃薯总产量的增加主要受马铃薯播种面积扩大和单产水平提高的影响。

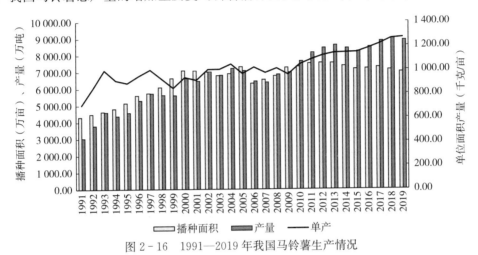

图 2 - 16　1991—2019 年我国马铃薯生产情况

数据来源：国家统计局。

（2）人均产量情况。 1991—2018 年，我国马铃薯人均占有量快速增加，增加了将近 1.5 倍。1991 年我国人均产量不足 30 千克，1998 年达到 50 千克，首次超过世界平均值，2018 年达到 63 千克，高出世界平均水平 32%（图 2 - 17）。

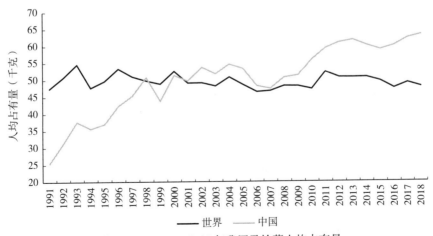

图 2 - 17　1991—2018 年我国马铃薯人均占有量

注：由 FAO 数据计算整理所得。

（3）马铃薯生产快速增长的主要动力。 一是市场拉动，马铃薯比较经济效益较高；二是技术驱动，科技进步在马铃薯生产发展中起决定性作用；三是政策驱动，马铃薯是精准扶贫优选作物。

2. 产业技术发展情况

在现代育种技术、技术集成创新、病虫草害防治技术、加工技术、新机具研发方面均取得了新突破。截至 2019 年年底共审定登记马铃薯品种 843 个，品种单产提升贡献 25% 以上。病虫草害防治、加工技术不断创新。因地制宜形成了高产高效栽培技术，创建了十大区域生产技术集成模式，显著提升了各区生产效益。同时，研发一批新机具，提升了生产效率，2019 年全国马铃薯平均机耕率、机播率和机收率分别达到了 63.7%、26.0% 和 24.7%。

3. 马铃薯比较收益情况

相较于水稻、小麦和玉米，马铃薯比较效益优势明显，具有较大市场竞争优势，这在一定程度上加速了马铃薯种植规模快速扩张，也成为了胡焕庸线周边地区农户首选作物之一。2010—2018 年，平均亩纯收益超过 500 元，2012 年达到峰值，超过 900 元，远高于小麦、玉米、大豆、油菜等作物，接近水稻亩纯收益的 7 倍，马铃薯的市场竞争优势明显大于其他主要作物（表 2-13）。

表 2-13　马铃薯与其他作物亩纯收益

品种	2010 年	2011 年	2012 年	2013 年	2014 年	2015 年	2016 年	2017 年	2018 年
马铃薯	645.67	252.89	987.05	807.31	353.07	402.11	326.68	285.51	461.78
小麦	132.17	117.92	21.29	−12.78	87.83	17.41	−82.15	6.10	−159.41
玉米	239.69	263.09	197.68	77.52	81.82	−134.18	−299.70	−175.79	−163.34
大豆	155.15	121.95	128.63	33.68	−25.73	−115.09	−209.81	−130.89	−192.04
油菜	8.59	21.27	−81.60	−98.30	−161.74	−259.65	−330.98	−208.88	−192.81
水稻	309.82	371.27	285.73	154.79	204.83	175.40	79.40	132.49	66.32

数据来源：《全国农产品成本收益资料汇编》。

4. 马铃薯产业空间格局

我国马铃薯生产的分布与贫困县分布高度契合，全国 70% 以上的马铃薯种植面积分布在这些贫困地区，马铃薯是当地重要的粮食作物、经济作物和饲料作物，为地区经济发展贡献重要力量，已成为当地重要的支柱型产业。2015 年后，马铃薯生产重心逐渐向西南移动，西南一二季混作区和西北一季作区马铃薯生产地位不断上升，四川、贵州、云南增长明显（图 2-18）。马铃薯广泛分布在贫困地区，是实现农业发展、农民增收的优选作物。

5. 马铃薯消费情况

我国马铃薯消费总体呈逐步增长态势。FAO 数据显示，1991—2018 年我国马铃薯消费总量从 3 030.00 万吨增加到 9 002.30 万吨，人均食用消费量从 12.22 千克增加到

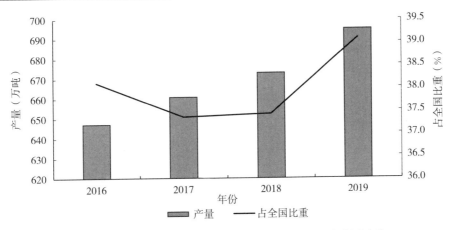

图 2-18　2016—2019 年云贵川三省马铃薯产量及占全国比重

42.70 千克, 从长远看我国马铃薯消费还有较大的增长潜力。从消费结构来看, 马铃薯消费以食用为主, 食用所占比例保持在 60% 左右, 最高占比 69%, 但整体呈现下降趋势; 饲料占比最高达 23%, 呈波动上升趋势; 加工和种用占比较低, 其中, 种用占比小幅上升, 加工占比下降 (图 2-19、表 2-14)。

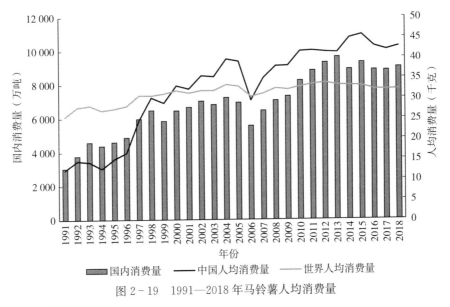

图 2-19　1991—2018 年马铃薯人均消费量

注: 由 FAO 数据计算所得。

表 2-14　2010—2017 年我国马铃薯消费结构

年份	总消费量 (万吨)	食用占比 (%)	饲料占比 (%)	种用占比 (%)	加工占比 (%)	损耗占比 (%)
2010	8 225.20	69.08	11.73	3.53	9.60	4.96
2011	8 818.70	65.04	17.01	3.29	9.53	5.01

（续）

年份	总消费量（万吨）	食用占比（%）	饲料占比（%）	种用占比（%）	加工占比（%）	损耗占比（%）
2012	9 282.80	61.65	20.74	3.34	9.05	5.00
2013	9 606.80	59.73	23.07	3.23	8.74	4.99
2014	9 521.60	62.01	19.68	4.29	6.52	7.51
2015	9 474.20	62.77	19.22	4.20	6.32	7.49
2016	9 551.50	63.06	18.93	4.13	6.39	7.49
2017	9 885.80	62.70	19.12	4.16	6.51	7.51

数据来源：FAO。

6. 马铃薯供求情况

进入 21 世纪，我国马铃薯基本实现周年生产和周年上市，冲淡了马铃薯销售的淡旺季，一年四季均有鲜薯上市，市场马铃薯供应量比较充足，但马铃薯大量上市的秋季销售压力较大。北方一作区马铃薯上市时间基本在 7—10 月，中原二作区在 4—6 月和 11 月，西南混作区基本实现了全年供应，南方冬作区供应时间集中在冬春季节，同时各地马铃薯储存设施条件显著改善，上市时间的可控性得到一定程度地增强（表 2 - 15）。

表 2 - 15　全国马铃薯生产上市时间表

月份	北方一作区	中原二作区	西南混作区	南方冬作区
1				—
2			—	
3			—	
4		—		
5		—		
6		—		
7	—		—	
8	—		—	
9	—		—	
10	—		—	
11		—	—	
12				—

7. 马铃薯贸易情况

马铃薯及其制品出口是我国提升地区经济发展水平的有力抓手，通过马铃薯鲜薯及其制品出口能够有效实现获取贸易利益和提升马铃薯价值，同时进口马铃薯及其制品也有利于丰富我国马铃薯市场供给，满足消费者不同需求，促进马铃薯产业发展。2015- -2020 年我国马铃薯出口额从 2.65 亿美元增加到 3.68 亿美元，增长

38.87%，我国马铃薯出口以鲜薯为主，鲜薯出口额占我国马铃薯总出口额的比例在 80.00%左右（表 2 - 16）。

表 2 - 16　2015—2020 年马铃薯及其制品国际贸易

单位：万元

项目	2015 年	2016 年	2017 年	2018 年	2019 年	2020 年
出口额	2.65	2.70	3.27	3.06	4.53	3.68
进口额	2.39	2.25	2.14	2.66	2.03	1.95
贸易总额	5.04	4.95	5.41	5.72	6.56	5.63
贸易顺差	0.25	0.45	1.13	0.40	2.50	1.73

（二）十三五以来中国马铃薯产业基本情况

1. 生产规模趋于稳定，产区集中

我国是世界上最大的马铃薯生产国，种植面积和产量占世界的 23%～28%，均居世界第一。根据国家统计局数据，2019 年全国马铃薯种植面积达 7 208 万亩，鲜薯产量 9 541 万吨（不含河南、江苏、上海、北京等地区）。从增长趋势来看，20 世纪 90 年代和 21 世纪初期，我国马铃薯生产发展较快，但近年来逐步趋于稳定。1992 年全国马铃薯总产量仅 3 157 万吨，1998 年迅速增长到 6 458 万吨，2002 年突破 7 000 万吨，2011 年达到 9 000 万吨。此后，马铃薯总产量维持在 0.95 亿～1.1 亿吨。

2. 地区差异大，总体生产水平低

2019 年，全国马铃薯每亩平均产量为 1 268 千克，低于世界平均单产。从区域来看，由于各地区对马铃薯生产的物质投入、农业资源禀赋和脱毒种薯推广率存在差异，马铃薯生产水平很不平衡。如 2019 年山东马铃薯每亩平均产量为 3 283 千克，而广西、陕西和安徽每亩平均产量分别仅有 781 千克、897 千克和 972 千克。

3. 灾害影响较大，单产略增

马铃薯生产遭受的区域性灾害比较频繁，广东、广西等冬作马铃薯遭遇霜冻和收获期连阴雨天气，6 月中下旬华北一季区遭遇冰雹灾害，入夏以后西北地区高温少雨，北方一季区收获季节降雨较多，宁夏、广东、广西单产降幅超 10%，而由于技术贡献对冲了灾害的不利影响，河北、甘肃、贵州、吉林单产不减反增，全国平均马铃薯亩产 1 491 千克，增加 27 千克，增幅为 1.8%。

4. 生产模式和品种结构持续调整

马铃薯种植规模化趋势持续增加，新型经营主体的种植规模扩大，设施栽培面积明显增加。全国栽培品种逐步多元化，对于专用加工型马铃薯品种的栽培增加，进一步推动马铃薯栽培结构的优化。

5. 种薯质量监控逐渐得到政府重视

部分种薯主产区政府出台相应措施加强种薯生产与市场管理，呼伦贝尔在内蒙古自

治区种业政策支持下，以牙克石市国家良种繁育基地为代表，加强种业规范化；甘肃定西政府成立农业执法大队，加强种薯市场整顿和治理。

6. 市场总体不景气，但分化明显

总体来看，2021年马铃薯价格整体较低，为近三年最差行情。产地价格有8个月低于2019年同期、9个月低于2020年同期，批发市场价格有7个月低于2019年同期、9个月低于2020年同期。从区域看，冬作区的代表广东、云南德宏，二作区的山东，一作区的张家口、定西和固原价格均明显下降，云南等地的价格也有一定幅度的下跌，只有重庆、四川、山西及湖南长沙等地价格整体持平或略好；从品种看，黄皮黄肉、薯形好的主栽品种比白皮白肉的品种价格平均高0.5元/千克左右；从品牌看，推广程度对马铃薯销售及价格影响明显，在全国市场价格低迷的情况下，"恩施土豆"能保持高于全国平均价格3倍以上的营销态势，主要得益于其品牌优势。

7. 加工能力快速扩张，原料供应受限

随着我国马铃薯生产规模逐年扩大，加工业迅速发展，贮藏运销能力和生产、加工、销售的组织化水平不断提高。据不完全统计，我国马铃薯加工企业约5 000家，其中规模化深加工企业近150家，主要分布在甘肃、黑龙江、内蒙古、宁夏、吉林、河北等地。与此同时，淀粉加工产能快速扩张，淀粉薯供应紧张，紧缺状况已延续3年，甚至出现淀粉薯价格高于商品薯的情况。在国际贸易受限的情况下，冷冻薯条等产品的产能和加工量也有明显提升。但马铃薯加工业的综合利用率水平较低，浪费严重。

8. 储藏量降低，出库进度缓慢

调研显示，东北地区入库量较2020年减少30％左右，华北地区入库量略减，西北的榆林和鄂尔多斯入库量略增，甘肃和宁夏产区入库量减少四成左右。据国家马铃薯产业技术体系数据，全年马铃薯总体贮藏率为20.4％，低于2020年27％的水平，但总体库存薯销售进度缓慢。

9. 贸易规模大幅增长，顺差压缩

2021年我国马铃薯制品贸易总额7.3亿美元（增加1.67亿美元，增幅29.6％），其中进口额2.96亿美元（增加1亿美元，增幅51.4％）、出口额4.34亿美元（增加0.66亿美元，增幅18％）。进口方面，马铃薯淀粉增加0.7亿美元，增幅187％；非用醋方法制作或保藏的未冷冻马铃薯增加0.15亿美元，增幅117％；马铃薯粉片、颗粒及团粒增加579.7万美元，增幅31.4％。出口方面，马铃薯雪花全粉增加100万美元，增幅139.7％；非醋方法制作或保藏的冷冻马铃薯增加0.5亿美元，增幅123.6％；非醋方法制作或保藏的未冷冻马铃薯增加783万美元，增幅46％。贸易顺差由1.73亿美元减少到1.38亿美元。

（三）面临的主要问题

1. 产业发展缺乏科学引导

各地发展马铃薯产业存在缺乏科学规划、生产盲目、同质化严重等问题，跟风盲目

现象较为普遍，结果造成"种植规模大起大落、薯价大涨大跌"，如 2017—2018 年连续两年薯价低迷，而 2020 年薯价又涨至近 10 年来最高值，2021 年薯价又大幅下跌，价格大幅波动不利于马铃薯产业长期稳定发展。

2. 部分地区发展水资源刚性约束凸显

马铃薯作为高耗水作物，在生态优先导向下，成为缺水地区重点调减对象。河北张家口市人均水资源占有量 347 立方米，不足全国平均值的 1/5，属于严重缺水地区。按照《张家口首都水源涵养功能区和生态环境支撑区建设规划（2019—2035 年）》，张家口市到 2029 年完成全部 119 万亩水浇地退减任务，其中很多为马铃薯种植区域。

3. 机械化水平发展低

2019 年全国农作物耕种收综合机械化率超过 70%，而马铃薯机械化率约为 37%。从耕种收水平来看，机播率和机耕率均不足 30%，是当前我国马铃薯机械化发展的最大短板。近年来，我国农村用工价格持续增加，普遍已达 80～120 元/工日，部分地区农忙时节甚至可到 200 元/工日，人工成本已经成为马铃薯生产过程中最大投入要素，这使迅速提高马铃薯机械化率显得尤为迫切，特别是主产区多为山区坡地，种植地块小，适用中小型机具保有量少。

4. 生产与销售不匹配，供给结构性矛盾突出

从近几年的情况来看，我国马铃薯产业供给结构性矛盾突出，主要表现在以下方面：一是品种结构与市场需求不匹配。我国鲜食菜用马铃薯品种比例过大，时常出现滞销卖难现象；而加工专用马铃薯品种却供给不足，原料短缺是制约马铃薯加工企业发展的难题。二是品质结构与市场需求不匹配。随着国内消费转型升级，城乡居民对马铃薯薯型、色泽、口感、营养方面的要求越来越高，但是国内马铃薯市场上"大路货"居多，无法满足消费者对马铃薯个性化、高品质的需求。

（四）可能的改进方向

1. 加强顶层设计，做好科学规划和信息引导

各地应做好马铃薯发展总体规划，结合中国特色农产品优势区创建工作，立足自身独特的资源禀赋，发挥本地同其他产区的资源比较优势，找准自身在满足市场需求中的定位，实施差异化战略，因地制宜、因时制宜发展马铃薯产业。此外，抓紧建立覆盖马铃薯主产区的监测预警体系，加快马铃薯全产业链大数据试点工作，做好产销信息分析与发布，以信息引导薯农理性发展生产。

2. 多措并举，降本增效

近年来马铃薯亩均生产成本持续上涨，2018 年全国露地马铃薯平均每亩种植成本达 1 524.9 元，比 2011 年增加 39.5%，其中人工成本增长 78.9%，成为总成本中上涨最快部分，而同期亩均净收益则增加不明显，甚至呈现下降，因此降本增效，提高竞争力已经成为马铃薯产业进一步发展的当务之急。

3. 加强新品种选育应用，调整品种结构

进一步优化马铃薯品种结构，调减市场销售不畅的鲜食菜用薯种植规模，大力发展适合制作淀粉、薯条、薯片等加工薯，以及迷你型、彩色系等特种薯；进一步优化马铃薯品质结构，调减市场竞争力弱的马铃薯种植规模，大力发展品相好、品质佳的优质品种，以及绿色、有机等中高端品种。

4. 发展机械化，提高生产效率

未来时期，亟待提升我国马铃薯生产机械化水平。一方面强化科技支撑。因地制宜研制适合山区生产的中小型机具，提高西南地区马铃薯生产机械化程度。提升马铃薯机械化播种和收获技术水平，将减少机损率作为研发重点。另一方面推动农机农艺融合。积极研发适宜机械化生产的马铃薯品种，同时推动农机和农艺科研单位协作，开展重点机具装备、关键技术联合攻关，推广农机与农艺相结合配套的马铃薯栽培模式。

5. 健全市场监测预警，打通"信息传递的最后一公里"

为发挥信息在引导薯农生产中的作用，很多部门围绕马铃薯生产、消费、价格、库存等内容，开展信息监测、分析和发布工作，例如农业农村部建立了马铃薯全产业链监测预警体系，内蒙古、甘肃、山东等主产区开展省内马铃薯供需形势分析。然而，从各地反映和实地调研情况来看，绝大多数农户没有关注到各部门发布的马铃薯产销信息，各类分析预警信息并没有在农户生产决策中发挥出应有作用，信息传递的"最后一公里"难题普遍存在。

马铃薯主粮化与粮食安全的关系

一、马铃薯主粮化战略对保障我国粮食安全的重要意义

在过去的几十年中，我国粮食消费量增加较快，同时粮食生产水平也相应提高。到目前为止，我国立足国内土地资源、科技进步、基础设施建设等条件实现供求关系基本平衡，谷物基本实现自给自足。近年我国食用油籽和食用植物油等农产品进口量大幅上升，影响了我国粮食的供求格局。目前我国粮食和部分重要农产品的需求量仍将逐渐增加，但由于我国农业规模小、组织化程度低，在缺乏有效调控和支持保护手段的情况下，我国与发达国家和主要出口国农业基础竞争力存在差距，所以保持中国粮食和部分重要农产品供求平衡是一个比较严峻的问题。

（一）中国粮食安全供给面临的新挑战

1. 国内资源约束加强，粮食供求缺口明显增大

随着居民可支配收入的增加，对于粮食和重要农产品的数量、质量等方面的需求都在持续增加。在当前耕地资源有限、水资源紧张、极端天气增多、自然灾害频发的背景下，我国粮食稳产压力大、增产难度大，粮食供给水平不容乐观。据农业农村部测算，2030 年我国粮食产需可能存在 0.12 亿～3.69 亿吨的缺口，国内粮食产需缺口将长期加大中国粮食的进口需求。

近年来，我国粮食供求缺口已明显加大。根据 FAO 的测算，2019 年我国粮食消耗量为 62 923.3 万吨、消费量 60 523.6 万吨、损耗量 2 399.7 万吨，粮食产量为 61 491.4 万吨，产销缺口高达 1 431.9 万吨。其中，水稻结余 238.8 万吨，小麦结余 718.9 万吨，玉米缺口为 1 826.1 万吨。相比之下，大豆的缺口非常大，达到 8 372.8 万吨，占到国内总消耗量的 84.18％、消费量的 84.97％（表 3-1）。

我国粮食消费需求大量增加，这一趋势短时间内不会改变。以下因素起决定性作用：一是随着人口的增加，我国将进入人口数量最多的时期，人口增长导致粮食刚性需求增加；二是随着我国城乡居民收入水平的快速提高，我国城乡居民的肉类、禽蛋、奶

类、水产品等产品消费水平将稳步增加，饲料粮需求将继续明显增加，粮食需求总量进一步增加；三是城镇化水平持续提高，将带动我国粮食消费总体水平的上升和消费结构的变化，第七次全国人口普查结果显示，我国城镇居民人口占总人口的 63%，城镇化率已经超过 50%，未来城镇的人口还有可能增加，对我国粮食供给水平提出了更高的要求；四是生物能源技术推广，使得粮食可以作为能源材料被使用，传统的粮食作物被赋予了能源属性，这使得市场对粮食的需要增加，能源化的粮食深加工需求在快速增加。

表 3-1　2019 年我国粮食产销缺口

单位：万吨

类别	产量	总消耗量	总消费量	损耗量	产销余缺
粮食	61 491.4	62 923.3	60 523.6	2 399.7	−1 431.9
水稻	21 140.5	20 901.7	20 066.1	835.6	238.8
小麦	13 362.4	12 643.5	12 349.4	294.1	718.9
玉米	26 095.8	27 921.9	26 723.5	1 198.4	−1 826.1
大豆	1 572.9	9 945.7	9 854.4	91.3	−8 372.8
其他	111.7	103.4	97.1	6.3	8.3

数据来源：FAOSTAT。

国家粮食和物资储备局在考虑经济、人口和消费结构变化等因素后测算，我国未来十年粮食消费增速趋缓，但粮食消费量将继续增加，2023 年将达 6.3 亿吨以上。到 2023 年，口粮、饲料粮、工业用粮的消费量分别为 27 750 万吨、22 500 万吨、11 500 万吨，种子用粮为 1 250 万吨左右。水稻、小麦、玉米、大豆消费量分别为 19 150 万吨、13 250 万吨、19 750 万吨、6 500 万吨左右。中国科学院农业政策研究中心研究表明，到 2035 年，我国粮食需求将达到 7.3 亿吨。其中，水稻净进口量将达到 164 万吨、小麦净进口量 43 万吨、玉米净进口量 5 036 万吨、大豆净进口量 8 928 万吨、油籽净进口量 98 万吨。2035 年自给率分别将是水稻 102%、小麦 100%、玉米 84%、大豆 17%、油籽 91%。

2. 粮食消费水平提高，消费结构发生变化

改革开放 41 年间，粮食总消费量增长 1.68 倍，年均增长 2.43%。其中，水稻消费量从 9 222.1 万吨增至 20 901.7 万吨，增长了 1.27 倍；小麦消费量从 6 000 万吨增至 12 643.5 万吨，增长了 1.11 倍；玉米消费量从 5 930.8 万吨增至 27 921.9 万吨，增长了 3.71 倍；大豆消费量从 864.7 万吨增至 9 945.7 万吨，增长了 10.50 倍（表 3-2）。

表 3-2　1978—2019 年中国粮食消费水平

单位：万吨

年份	粮食消费总量	水稻消费	小麦消费	玉米消费	大豆消费
1978	23 498.5	9 222.1	6 000.0	5 930.8	864.7
1979	24 662.7	9 505.9	6 323.1	6 457.4	874.7
1980	25 302.3	9 654.9	6 736.6	6 777.3	945.0
1981	25 568.6	9 783.2	7 280.6	6 333.1	1 035.4

（续）

年份	粮食消费总量	水稻消费	小麦消费	玉米消费	大豆消费
1982	27 540.2	10 960.0	7 811.6	6 507.6	1 076.4
1983	29 492.6	11 406.0	8 350.5	7 402.5	1 077.4
1984	30 298.9	11 565.9	8 839.9	7 606.0	1 044.7
1985	28 911.1	11 669.3	9 120.9	6 116.9	1 057.3
1986	29 251.3	11 622.4	9 409.1	6 325.8	1 152.8
1987	30 401.5	11 656.2	9 589.0	7 374.5	1 241.2
1988	30 548.0	11 631.6	9 690.6	7 577.4	1 211.3
1989	31 056.1	11 688.4	10 034.6	7 748.0	1 180.5
1990	33 014.5	11 978.3	10 455.0	8 844.7	1 168.2
1991	32 873.8	11 165.0	10 659.2	9 187.4	1 135.9
1992	33 333.3	11 368.8	11 037.6	8 986.6	1 207.6
1993	34 447.0	11 744.0	11 239.2	9 541.1	1 626.2
1994	35 327.2	11 763.3	11 241.4	10 215.2	1 748.6
1995	37 350.0	12 295.5	11 388.0	11 809.4	1 625.5
1996	38 377.7	12 487.2	11 348.1	12 601.9	1 799.4
1997	37 377.0	12 729.9	11 400.9	11 519.1	2 009.3
1998	37 687.2	12 865.3	11 394.7	11 729.5	2 028.3
1999	37 944.7	12 871.3	11 372.9	12 170.3	2 072.9
2000	37 921.4	12 869.2	11 301.6	12 312.7	2 701.2
2001	37 987.1	13 090.3	11 208.7	12 332.6	3 077.2
2002	38 135.5	13 016.9	10 990.2	12 766.1	3 155.4
2003	37 628.8	12 675.6	10 814.9	12 910.8	3 712.4
2004	37 488.1	12 344.9	10 526.4	13 433.6	3 952.5
2005	37 730.8	12 131.4	10 521.6	13 815.3	4 322.4
2006	38 346.5	12 489.5	10 592.1	14 114.0	4 576.7
2007	38 710.9	12 475.5	10 626.1	14 717.2	4 739.6
2008	40 391.9	12 881.0	10 564.1	16 070.6	5 036.7
2009	40 941.5	13 117.8	10 723.3	16 218.7	5 633.2
2010	50 073.4	19 404.1	11 260.8	18 291.3	7 048.9
2011	51 488.0	19 528.7	12 222.3	18 599.6	6 767.1
2012	52 719.5	19 771.0	12 700.3	18 981.4	7 710.8
2013	51 061.3	19 666.7	11 658.1	18 314.3	7 568.6
2014	50 972.2	19 756.3	11 851.7	17 332.7	8 248.7
2015	57 997.5	20 103.0	11 913.0	23 489.0	9 625.2
2016	60 084.3	20 224.7	12 016.4	26 004.5	9 534.3
2017	61 288.9	20 325.9	12 369.5	26 663.4	11 004.3
2018	62 753.9	20 663.7	12 722.9	27 666.4	11 000.3
2019	62 923.3	20 901.7	12 643.5	27 921.9	9 945.7

数据来源：FAOSTAT。

1961—2019 年，居民口粮从 6 158.4 万吨增长为 29 563.7 万吨；饲料用量从 1 809.7 万吨增长为 23 203.9 万吨；工业用粮从 6.4 万吨增长为 1 260.8 万吨；种子用粮分从 1 005.6 万吨增长为 1 282.9 万吨。近年来，居民口粮缓慢上升，年均增加 2.31%；饲料用量快速增加，年均增加速度达到 4.33%；工业用粮增加速度最慢，年均增长速度仅 0.38%；种子用粮变化不大，略有减少（表 3-3）。

表 3-3 1961—2019 年我国粮食结构消费量

单位：万吨

年份	总消费需求	居民口粮	饲料用粮	工业用粮	种子用粮
1961	9 682.4	6 158.4	1 809.7	6.4	1 005.6
1962	10 350.2	6 852.5	1 738.3	5.5	1 009.2
1963	11 804.6	7 644.3	2 225.0	5.5	1 044.3
1964	12 774.3	8 348.9	2 421.7	5.6	1 010.6
1965	14 561.2	9 109.7	2 518.5	5.9	1 043.1
1966	14 935.2	9 597.5	3 102.4	5.9	1 045.2
1967	15 102.6	9 612.7	3 287.3	6.7	1 017.2
1968	14 921.0	9 628.9	3 126.1	7.1	1 040.8
1969	14 843.3	9 607.9	3 061.6	8.4	1 070.9
1970	16 664.5	10 714.8	3 610.2	9.3	1 129.5
1971	17 378.3	11 118.5	3 851.6	9.8	1 131.7
1972	17 407.4	11 338.7	3 651.6	10.3	1 130.2
1973	18 594.3	11 796.0	4 270.0	11.8	1 143.9
1974	19 448.9	12 211.4	4 600.9	11.5	1 156.8
1975	20 387.3	12 721.0	4 977.1	12.8	1 179.9
1976	20 851.4	12 968.4	5 154.4	14.2	1 161.3
1977	21 217.0	13 210.3	5 273.9	15.4	1 169.1
1978	23 498.5	14 549.4	5 988.0	18.0	1 163.7
1979	24 662.7	15 052.8	6 512.6	20.5	1 136.4
1980	25 302.3	15 490.4	6 774.5	26.4	1 124.4
1981	25 568.6	16 030.7	6 445.3	32.7	1 109.7
1982	27 540.2	17 529.9	6 675.3	39.0	1 130.7
1983	29 492.6	18 516.5	7 431.5	51.8	1 110.6
1984	30 298.9	18 998.8	7 670.6	62.1	1 102.7
1985	28 911.1	19 140.8	6 264.1	82.6	1 148.1
1986	29 251.3	19 301.7	6 546.6	109.0	1 134.9
1987	30 401.5	19 299.4	6 593.9	146.0	1 138.4
1988	30 548.0	19 215.2	6 768.1	164.8	1 173.6
1989	31 056.1	19 544.5	6 666.5	160.6	1 191.4

（续）

年份	总消费需求	居民口粮	饲料用粮	工业用粮	种子用粮
1990	33 014.5	20 399.7	7 272.0	172.3	1 168.5
1991	32 873.8	19 600.5	8 101.3	205.9	1 191.5
1992	33 333.3	20 025.7	8 637.9	249.5	1 160.9
1993	34 447.0	20 566.2	9 333.4	292.3	1 197.9
1994	35 327.2	20 742.9	10 356.1	325.3	1 182.0
1995	37 350.0	21 095.8	10 819.1	363.8	1 235.9
1996	38 377.7	21 376.3	11 035.0	381.0	1 237.6
1997	37 377.0	21 220.2	10 953.7	430.6	1 207.2
1998	37 687.2	21 367.9	10 862.8	451.3	1 211.4
1999	37 944.7	21 246.3	11 257.2	472.9	1 209.0
2000	37 921.4	21 052.7	11 644.6	473.5	1 173.6
2001	37 987.1	20 942.3	11 756.6	488.7	1 163.3
2002	38 135.5	20 809.2	11 901.6	497.9	1 106.6
2003	37 628.8	20 554.3	11 724.9	506.7	1 152.7
2004	37 488.1	20 514.5	11 340.1	591.0	1 196.4
2005	37 730.8	20 554.7	11 554.6	646.2	1 078.3
2006	38 346.5	20 544.2	11 690.9	715.1	1 003.7
2007	38 710.9	20 394.7	12 018.4	747.3	1 010.7
2008	40 391.9	20 634.6	13 077.2	786.2	1 050.8
2009	40 941.5	20 451.0	13 601.7	812.8	1 091.3
2010	50 073.4	27 635.1	15 193.1	1 157.4	1 324.2
2011	51 488.0	28 071.3	15 864.0	1 276.0	1 307.3
2012	52 719.5	28 341.7	16 411.4	1 268.8	1 316.7
2013	51 061.3	28 123.3	15 141.9	1 338.4	1 251.8
2014	50 972.2	28 363.3	14 614.8	1 619.1	1 329.2
2015	57 997.5	28 895.1	18 855.4	1 577.5	1 367.2
2016	60 084.3	28 760.1	21 136.6	1 474.1	1 357.6
2017	61 288.9	29 090.7	21 936.3	1 449.9	1 344.9
2018	62 753.9	29 341.6	23 125.3	1 282.9	1 322.5
2019	62 923.3	29 563.7	23 203.9	1 260.8	1 282.9

数据来源：FAOSTAT。

在经济社会发展整体水平较低的时候，"吃饱"是优先需要解决的问题，但改革开放以来，随着体制机制的改革，人民收入增加，生活水平也有了显著提高，具体就表现在对于食物有了更高层次的需求，近十几年来我国粮食的消费结构发生了显著变化。在20世纪90年代中期前，口粮消费占粮食消费比重较大。到2019年时这一比重大幅下降，饲料用粮从22.03%提高到36.88%，工业用粮从0.52%提高到2%（表3-4）。

表 3 - 4　1961—2019 年我国粮食结构消费比重

单位：%

年份	总消费需求	居民口粮	饲料用粮	工业用粮	种子用粮	其余需求
1961	100	63.60	18.69	0.07	10.39	7.25
1962	100	66.21	16.79	0.05	9.75	7.20
1963	100	64.76	18.85	0.05	8.85	7.49
1964	100	65.36	18.96	0.04	7.91	7.73
1965	100	62.56	17.30	0.04	7.16	12.94
1966	100	64.26	20.77	0.04	7.00	7.93
1967	100	63.65	21.77	0.04	6.74	7.80
1968	100	64.53	20.95	0.05	6.98	7.49
1969	100	64.73	20.63	0.06	7.21	7.37
1970	100	64.30	21.66	0.06	6.78	7.20
1971	100	63.98	22.16	0.06	6.51	7.29
1972	100	65.14	20.98	0.06	6.49	7.33
1973	100	63.44	22.96	0.06	6.15	7.39
1974	100	62.79	23.66	0.06	5.95	7.54
1975	100	62.40	24.41	0.06	5.79	7.34
1976	100	62.19	24.72	0.07	5.57	7.45
1977	100	62.26	24.86	0.07	5.51	7.30
1978	100	61.92	25.48	0.08	4.95	7.57
1979	100	61.03	26.41	0.08	4.61	7.87
1980	100	61.22	26.77	0.10	4.44	7.47
1981	100	62.70	25.21	0.13	4.34	7.62
1982	100	63.65	24.24	0.14	4.11	7.86
1983	100	62.78	25.20	0.18	3.77	8.07
1984	100	62.70	25.32	0.20	3.64	8.14
1985	100	66.21	21.67	0.29	3.97	7.86
1986	100	65.99	22.38	0.37	3.88	7.38
1987	100	63.48	21.69	0.48	3.74	10.61
1988	100	62.90	22.16	0.54	3.84	10.56
1989	100	62.93	21.47	0.52	3.84	11.24
1990	100	61.79	22.03	0.52	3.54	12.12
1991	100	59.62	24.64	0.63	3.62	11.49
1992	100	60.08	25.91	0.75	3.48	9.78
1993	100	59.70	27.09	0.85	3.48	8.88
1994	100	58.72	29.31	0.92	3.35	7.70
1995	100	56.48	28.97	0.97	3.31	10.27
1996	100	55.70	28.75	0.99	3.22	11.34
1997	100	56.77	29.31	1.15	3.23	9.54

（续）

年份	总消费需求	居民口粮	饲料用粮	工业用粮	种子用粮	其余需求
1998	100	56.70	28.82	1.20	3.21	10.07
1999	100	55.99	29.67	1.25	3.19	9.90
2000	100	55.52	30.71	1.25	3.09	9.43
2001	100	55.13	30.95	1.29	3.06	9.57
2002	100	54.57	31.21	1.31	2.90	10.01
2003	100	54.62	31.16	1.35	3.06	9.81
2004	100	54.72	30.25	1.58	3.19	10.26
2005	100	54.48	30.62	1.71	2.86	10.33
2006	100	53.58	30.49	1.86	2.62	11.45
2007	100	52.68	31.05	1.93	2.61	11.73
2008	100	51.09	32.38	1.95	2.60	11.98
2009	100	49.95	33.22	1.99	2.67	12.17
2010	100	55.19	30.34	2.31	2.64	9.52
2011	100	54.52	30.81	2.48	2.54	9.65
2012	100	53.76	31.13	2.41	2.50	10.20
2013	100	55.08	29.65	2.62	2.45	10.20
2014	100	55.65	28.67	3.18	2.61	9.89
2015	100	49.82	32.51	2.72	2.36	12.59
2016	100	47.87	35.18	2.45	2.26	12.24
2017	100	47.46	35.79	2.37	2.19	12.19
2018	100	46.76	36.85	2.04	2.11	12.24
2019	100	46.98	36.88	2.00	2.04	12.10

数据来源：FAOSTAT。

粮食用途的变化引起粮食消费品种结构的变化。2000 年以前，水稻消费在 4 种作物中占比始终最高，但比重逐渐减少。随着人们对动物蛋白的需求增长，畜牧业快速发展，作为畜牧业饲料的重要组成部分，玉米和大豆的消费数量逐年增加，2000 年后玉米的年消费量就已超过同期水稻的消费量，大豆在食用油方面的重要作用也使得大豆的比重在逐年增加（表 3-5）。

表 3-5 主要作物占比

单位：%

年份	水稻消费	小麦消费	玉米消费	大豆消费	合计
1978	41.89	27.25	26.94	3.93	100
1980	40.04	27.94	28.11	3.92	100
1985	41.73	32.62	21.87	3.78	100
1990	36.92	32.22	27.26	3.60	100
1995	33.13	30.68	31.82	4.38	100

（续）

年份	水稻消费	小麦消费	玉米消费	大豆消费	合计
2000	32.84	28.84	31.42	6.89	100
2005	29.74	25.79	33.87	10.60	100
2010	34.65	20.11	32.66	12.59	100
2015	30.87	18.29	36.06	14.78	100
2019	29.27	17.70	39.10	13.93	100

数据来源：FAOSTAT.

3. 粮食供求不均衡，国际市场竞争力下降

新形势下我国的国家粮食安全主要是实施"以我为主、立足国内、确保产能、适度进口、科技支撑"的战略。即从国内的角度出发，考量我国所具有的粮食生产能力以及自然资源环境，在确保粮食生产的前提下，研判国际市场粮食的供求结构和市场价格，通过适度的进口来实现国内的粮食供求平衡，补充国内供给。近两年，由于国际粮食运费、保险费、关税、进口增值税累加后的到岸税后价不断增加，导致中国生产的粮食在国际市场上的售价提高，生产者利润减少的同时国际竞争力变弱，国内外粮价差不断增大，综合来看，中国粮食生产成本、销售价格及品质等方面都不具有优势，国际粮食市场在一定程度上冲击国内粮食种植，导致了中国从国际市场大量进口低价粮食，影响到未来国内粮食生产端供给稳定，主要表现为以下几个方面。

一是总体上国内粮食处于产不足需的局面。中华人民共和国成立初期，我国粮食对国际市场的依赖程度很低，但进入 21 世纪后，我国粮食的自我保障水平已经低于 95%，开始常年处于净进口状态。2001—2020 年粮食产量为 102.60 亿吨，净进口 2.86 亿吨，占产量的比重为 2.78%。21 世纪以来，我国粮食净进口数量逐年增加，从 2001 年的 162.00 万吨增加到 2020 年的 3 929.69 万吨，所占比重从 0.41% 提高到 6.36%（图 3 - 1）。

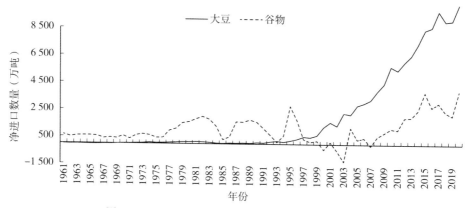

图 3 - 1 1961—2020 年我国谷物和大豆净进口数量

二是国内大豆长期处于供不应求的状态。我国是大豆故乡，也是大豆生产大国。1961—1995 年，我国大豆产量持续增加，1994 年达到历史巅峰 1 600.00 万吨，共计出

口 2 038.33 万吨大豆，是世界上重要的大豆出口国。但从 1994 年起，我国的大豆一直处于净进口状态，且净进口量呈增长趋势。

大豆是我国制作食用植物油的主要原材料。据海关统计，2012 年我国大豆和食用植物油分别进口 5 838.00 万吨和 960.20 万吨。根据大豆出油率推算得知，我国需要进口约 1.10 亿吨的大豆才能基本满足国内对植物油和大豆的需求。如若为满足这一需求我国则需要使用 8 亿亩以上的耕地进行大豆种植，相当于我国目前 43% 的农作物播种面积（图 3-2）。

图 3-2 1961—2020 年我国大豆产量和净进口量

三是国内玉米缺口存在扩大趋势。1961—1983 年，我国玉米基本处于净进口状态，但整体数量不大。在家庭联产承包责任制实行以后，我国玉米产量迅速提高，玉米开始由净进口转变为净出口。2003 年的净出口量高达 1 124.84 万吨。但随着我国畜牧业的发展，国内饲料粮需求不断增加，玉米出口量持续减少，到 2008 年再次转为净进口状态。近 10 年来我国玉米缺口加大的趋势表明，未来的玉米进口数量将会继续增加（图 3-3）。

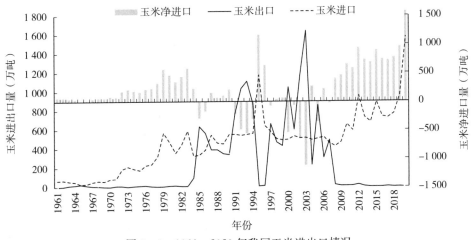

图 3-3 1961—2020 年我国玉米进出口情况

4. 小规模经营弊端显现，农业科技推广受限

我国人均耕地面积仅为 1.3 亩，居世界第 180 位，是典型的人多地少国家。在此基础上实施的家庭联产承包责任制，与我国初期较低的生产力水平相适应，有效促进了农业经营方式转变，极大地调动了农民生产积极性。但我国进入新的发展阶段后，农民过小的土地经营规模遭遇新问题，机械化水平低、地块破碎、难以实现规模效益等弊端显现，限制了我国农业生产率的提高，非常不利于传统农业向现代农业转变。此外农民受到自身文化水平的限制，对于应用新农业技术与成果往往力不从心。同时，小规模种植使得农民的土地大多零星分散，大型农机、栽培技术及病虫害防治技术难以发挥应有的作用，导致农业实际产出与预期仍有一定差距。在未来，小规模、分散化的经营模式仍不利于先进技术的推广和应用，也不利于科技成果的转化落地，这种情况将制约作物单产的提升，进而影响粮食的稳产增产。

（二）马铃薯主粮化对粮食安全的意义

1. 有助于缓解国内粮食安全的压力

未来受到资源约束和种植效益的影响，我国面临巨大的人口和资源压力。同时在粮食供给方面面临小麦和水稻两大口粮增产的空间变小，继续依靠三大主粮保障粮食安全压力大等问题。与小麦、水稻等粮食作物相比，马铃薯能在更加恶劣的自然条件下生长，实现比较稳定的产量。并且，同其他粮食作物相比，马铃薯全粉在常温条件下至少可储存 15 年，储存时间较长，适合做战略储备粮。通过推进马铃薯主粮化，减少三大主粮的储备，可以减少储备成本和不必要的浪费，这对保障国家粮食安全具有重要意义。

2. 有助于缓解三大主粮供给的压力

马铃薯相较于水稻、小麦、玉米来说，增产潜力巨大。与世界粮食生产相比，我国三大主粮的生产力，已明显高于世界平均水平，且目前耕地资源有限，在不能大幅扩大种植面积的条件下，三大主粮难以实现显著的增产；而我国马铃薯的单产水平远低于世界平均水平，具有巨大的增产空间，马铃薯的主粮化有助于缓解三大主粮供给压力，保障我国的粮食安全。

3. 有助于推动农业绿色发展

我国粮食连续多年高增长是以化肥等生产资料的大量消耗和自然资源的急剧透支为代价的，造成了土壤酸化板结、土地生产力降低、土壤污染严重等问题。相较三大主粮，马铃薯的水分利用效率高、养分需求少、病虫害防控要求低，化肥、农药及水资源消耗较少。一方面能够节约水资源、保护地力和减少污染，另一方面也能够节约农资支出和节省灌溉劳力，兼顾环境保护与收入保障，助力可持续的农业绿色发展。由此可见，推广种植马铃薯有利于破解农业发展瓶颈，是引领农业绿色发展的重要途径。

二、马铃薯在保障粮食安全中的作用

世界粮食市场价格波动，不确定性增加，严重威胁着各国粮食安全，对低收入国家更是如此。马铃薯对环境的适宜能力强，与其他粮食作物相比能较好地缓解资源约束的压力；同时，马铃薯营养价值较高，是三大主粮的有效补充，其重要作用体现在以下几个方面。

（一）马铃薯是低收入贫困人口重要的食物来源和收入来源

粮食安全是低收入国家面临的主要问题，在许多发展中国家中，马铃薯是贫困农户食物营养的主要来源，部分发展中国家政府倡导人们以马铃薯为主粮，如孟加拉国倡导人们用马铃薯代替稻米，过去在中国贫困地区的人们也曾依靠马铃薯维持生存，我国马铃薯种植面积70%以上分布在贫困地区，马铃薯的种植区域与我国贫困地区高度重合。马铃薯不仅可以帮助解决粮食不足的问题，而且还是许多小规模农户生产者的主要收入来源。

（二）马铃薯能够有效缓解贸易不确定性带来的影响

马铃薯的价格变化通常取决于当地的供求情况。联合国粮农组织实施调查发现，与水稻、小麦和玉米不同，马铃薯价格的涨幅远远低于谷物的涨幅，相比之下，马铃薯的国际市场价格更加稳定。因此，马铃薯被作为安全粮食大力推广，有助于减缓低收入国家受国际粮食价格上涨带来的风险。

（三）马铃薯种植能够节约农业资源

马铃薯富有营养，能够在气候干旱的条件下生长，生长周期短，能够与水稻、玉米和大豆进行间作，高度适应各种耕作制度，非常适合在土地有限而劳动力充裕的地方种植，能够缓解耕地资源紧缺的压力。过去，我国农业发展常常受到水资源匮乏的限制，为保证粮食生产，农业部门需要大幅提高单位产量的用水量。相比较而言，马铃薯每单位产量所消耗的生产用水比其他粮食作物少，即在有效用水方面更具优势，因此，适量增加马铃薯在民众膳食中的比重或将减轻淡水资源的压力。

（四）马铃薯能够丰富膳食营养

马铃薯食用方式多种多样，用途广泛，受到全世界的高度欢迎。新鲜马铃薯内大约含80%的水分和20%的干物质，其中淀粉占干物质的60%～80%，其蛋白含量比其他根茎作物的蛋白含量要高得多，脂肪含量较低，并且富含多种微量营养素。马铃薯是铁元素的重要来源，而其中高含量的维生素C可以促进人体对铁的吸收，也是B族维生素及钾、磷和镁等微量元素的良好来源，含有叶酸、泛酸和核黄素等，富含能够帮助老年人预防多种疾病的膳食纤维和抗氧化剂，是一种既能充饥又能补充营养的食物。在许多国家，随着生活水平提高，城市化的逐步推进，马铃薯的消费量呈现出不断上升的趋势。

三、马铃薯在解决我国粮食安全问题上的潜力

我国在目前粮食安全面临新挑战的情况下，正在进一步挖掘马铃薯在解决粮食安全危机方面的潜能，更好地发挥马铃薯各方面的潜力，促进我国马铃薯产业进一步提档升级，这将对保障我国粮食安全做出更大的贡献。

（一）增加粮食产能潜力

1. 马铃薯单产水平提升空间大

提高单产水平和扩大种植面积是增加作物产能的直接手段，马铃薯在这两个方面均具有较大的发挥空间。从单产来看（表3-6），我国三大主粮的平均单产已远超世界平均水平。相比之下，2020年我国马铃薯的单产水平为18.55吨/公顷，世界排名为84名，是世界平均水平的86.98%，和欧美马铃薯生产发达国家的差距更加明显。同时在全国7 000多万亩马铃薯种植面积中，绝大部分土地长期处于低产状态。马铃薯生产在种薯选育和生产方式上都有较大的改进空间。如果采用优新品种和先进栽培技术进行大面积的种植，我国马铃薯的单产水平至少可以提高一倍以上，单产水平有极大的提升空间。目前我国东北、西北等地区马铃薯高产示范田平均亩产可达到2.5～3吨，最高产量超过5吨。这说明在采用优良品种和高产栽培技术的条件下，我国马铃薯单产提高有很大潜力。如果我国目前马铃薯单产增加10%，全年即可增加马铃薯产量800万吨，按目前5∶1的折粮比，相当于400万人一年的粮食消耗量（按年人均消耗400千克粮食估算）。

表3-6　2020年中国三大主粮与马铃薯单产及世界排名

单位：吨/公顷

种类	中国	世界	中国/世界	排名
水稻	7.04	4.61	1.53	13
小麦	5.74	3.47	1.65	23
玉米	6.32	5.75	1.10	48
马铃薯	18.55	21.32	0.87	84

数据来源：FAOSTAT。

2. 马铃薯种植面积增长空间大

21世纪初期我国南方多个省份开始发展冬闲田种植马铃薯，取得良好经济效益，由此可以看出冬种马铃薯产业发展潜力巨大。以广西为例，2000年马铃薯种植面积只有20万亩，自开发马铃薯冬种技术后，面积迅速增长，2010年马铃薯种植面积达100万亩，平均亩产1 500千克，这一措施极大地提高了马铃薯的产量，且有一定的推广价值，仅广西全区就有1 000万亩冬闲田，发展潜力巨大。目前我国南方有冬闲田700万公顷左右，如其中350万公顷用来发展冬种植马铃薯，年产量约可增加7 000多万吨（1 500千克/亩），约相当于2亿人一年的粮食消耗量。

（二）资源利用潜力

1. 土地利用效率高

马铃薯是我国土地贫瘠、干旱地区的主要作物，种植区域主要位于西北、东北、西南地区，相比于其他粮食作物，马铃薯可种植的区域更加广泛。此外，由于马铃薯具有生长周期较短和适应性广的特点，适合与水稻进行轮作，也适合与玉米和大豆进行间作，可以在不与谷物粮食作物挤占耕地资源的情况下，提高耕地利用效率。

2. 水资源利用效率高

与小麦、水稻和玉米相比，马铃薯生产用水利用效率更高。当前，我国现有耕地面积中旱地占到 50% 以上，而后备耕地资源大多分布于气候干旱地区，此类地区更适宜种植马铃薯，而非其他粮作物。此外，与其他粮食作物相比，马铃薯可以进一步生产加工出更多富有营养的食物。每消耗 1 米^3 的水，马铃薯可产生 5 600 卡的膳食能量，而玉米、小麦分别为 3 860 卡和 2 300 卡。使用同样数量的水，马铃薯可产出蛋白质和钙含量分别是小麦的 2 倍、水稻的 4 倍。可见发展马铃薯生产将有利于减轻对水资源的压力。

（三）经济效益潜力

1. 种植比较收益高

从种植的成本收益来看（表 3-7 至表 3-9），2011—2020 年的 10 年间，三大主粮的亩均纯收益下降。同期，马铃薯的亩均纯收益上升。由此可以看出马铃薯种植的比较收益高于其他粮食产物，拥有更高的种植价值。

表 3-7　三大主粮与马铃薯每亩成本收益变化情况

单位：元

项目	2008		2009		2010		2011		2012	
	三大主粮	马铃薯	三大主粮	马铃薯	三大主粮	马铃薯	三大主粮	马铃薯	三大主粮	马铃薯
总产值	748.81	1 798.26	792.76	1 542.43	899.84	1 581.31	1 041.92	1 338.30	1 104.82	2 403.53
总成本	562.42	1 010.78	600.41	847.97	672.67	935.64	791.16	1 085.11	936.42	1 416.48
总收益	186.39	787.48	192.35	694.46	227.17	645.67	250.76	252.89	168.40	987.05
收益率（%）	24.30	43.80	24.30	45.00	25.20	40.80	19.70	18.90	15.20	41.10

表 3-8　1978—2020 年三大主粮每亩成本收益情况

年份	总产值（元）	总成本（元）	总收益（元）	成本利润率（%）
1978	56.05	58.23	−2.18	−3.73
1985	114.44	73.67	40.77	55.34
1988	159.06	106.11	52.95	49.90
1990	199.15	142.89	56.26	39.37
1991	188.26	153.93	34.33	22.30

（续）

年份	总产值（元）	总成本（元）	总收益（元）	成本利润率（%）
1992	207.79	163.79	44.00	26.86
1993	270.91	178.58	92.33	51.70
1994	430.10	239.37	190.73	79.68
1995	545.67	321.76	223.91	69.59
1996	544.37	388.70	155.67	40.05
1997	491.46	386.05	105.41	27.30
1998	463.14	383.85	79.29	20.66
1999	396.25	370.68	25.58	6.90
2000	352.96	356.18	−3.22	−0.89
2001	390.04	350.61	39.43	11.25
2002	375.26	370.40	4.86	1.31
2003	411.24	377.03	34.21	9.07
2004	591.95	395.45	196.50	49.69
2005	547.60	425.02	122.58	28.84
2006	599.86	444.90	154.96	34.83
2007	666.24	481.06	185.18	38.49
2008	748.81	562.42	186.39	33.14
2009	792.76	600.41	192.35	32.04
2010	899.84	672.67	227.17	33.77
2011	1 041.92	791.16	250.76	31.70
2012	1 104.82	936.42	168.40	17.98
2013	1 099.13	1 026.19	72.94	7.11
2014	1 193.35	1 068.57	124.78	11.68
2015	1 109.59	1 090.04	19.55	1.79
2016	1 013.34	1 093.62	−80.28	−7.34
2017	1 069.06	1 081.59	−12.53	−1.16
2018	1 008.18	1 093.77	−85.59	−7.83
2019	1 078.36	1 108.89	−30.53	−2.75
2020	1 166.73	1 119.59	47.14	4.21

表 3-9 2004—2020 年马铃薯每亩成本收益情况

年份	总产值（元）	总成本（元）	总收益（元）	成本利润率（%）
2004	1 141.08	596.75	544.33	91.22
2005	1 260.05	757.01	503.03	66.45
2006	1 343.40	771.30	572.10	74.17
2007	1 821.63	992.95	828.68	83.46

（续）

年份	总产值（元）	总成本（元）	总收益（元）	成本利润率（%）
2008	1 798.26	1 010.78	787.49	77.91
2009	1 542.43	847.97	694.46	81.90
2010	1 581.31	935.64	645.67	69.01
2011	1 346.66	1 092.90	253.76	23.22
2012	1 785.47	1 299.21	486.26	37.43
2013	2 247.40	1 440.09	807.31	56.06
2014	1 743.40	1 390.33	353.07	25.39
2015	1 794.37	1 392.26	402.11	28.88
2016	1 801.55	1 474.87	326.68	22.15
2017	1 762.91	1 477.40	285.51	19.32
2018	1 986.69	1 524.91	461.78	30.28
2019	2 493.78	1 812.07	681.71	37.62
2020	2 529.28	2 003.03	526.25	26.27

数据来源：《全国农产品收益资料汇编》，其中关于马铃薯成本收益数据2003年及以前的数据均为调查得来，分为不同地区的成本收益，没有全国统一的平均数据。

2. 加工产品附加值高

马铃薯加工产品及衍生产品类型丰富，加工产品附加值很高，主要有淀粉、粉条、变性淀粉等初级加工产品和薯片、薯条、薯粉、薯干等方便食品。马铃薯加工过程材料浪费率较低，除块茎外，粉渣、粉液、茎叶都可作为饲料或者肥料，可以说浑身都是宝。从长远来看，马铃薯加工开发空间巨大，可以吸收更多的主体参与并创造更多的收益。与世界上其他马铃薯大国相比，我国马铃薯加工有很大的增长空间。荷兰、比利时、美国等国家对马铃薯加工比例在50%以上，但我国加工比例较低，仅8%左右，由此可见，我国马铃薯行业产品附加值具有很大增长潜力。

（四）谷物替代潜力

马铃薯在我国粮菜兼用，在欧美许多地区则是主食，素有第二面包之称。这是由于马铃薯营养成分非常全面，富含淀粉、蛋白质、维生素C、维生素A和磷、钾、铁等微量元素，含有18种氨基酸，其中包括人体自身不能合成的8种必需氨基酸。148克马铃薯就能满足人体一般每天对维生素、矿物质等营养需求。所以每天只食用马铃薯和牛奶即能满足人体对营养和能量的全部需求，具有很高的营养价值（表3-10）。

表3-10　马铃薯与小麦、水稻和玉米主要营养成分比较（100克）

成分	马铃薯（鲜块茎）	小麦	水稻	玉米（鲜）
能量（千卡）	76.0	317.0	346.0	106.0
可食用部分（克）	94.0	100.0	100.0	75.0

（续）

成分	马铃薯（鲜块茎）	小麦	水稻	玉米（鲜）
碳水化合物（克）	17.2	75.2	77.9	22.8
蛋白质（克）	2.0	11.9	7.4	4.0
脂肪（克）	0.2	1.3	0.8	1.2
膳食纤维（克）	0.7	10.8	0.7	2.9
维生素 A（毫克）	5.0	0.0	0.0	0.0
维生素 C（毫克）	27.0	0.0	0.0	16.0
维生素 E（毫克）	0.3	1.8	0.5	46.0

（五）出口增长潜力

1. 马铃薯国际贸易相对平稳

2008 年全球爆发粮食危机，粮价飞涨，但是块茎作物的价格涨幅远低于谷物，这主要是由于马铃薯不是全球大宗商品，其全球交易量也仅为产量的 3% 左右，很难引起国际投机商的关注，规避了投机资本炒作的风险，因而具有更为稳定的价格。所以可以选择马铃薯贸易来降低国际市场风险，这尤其对膳食结构多样化程度低和高度依赖谷物进口的国家有重要意义。

2. 出口提升空间大

我国作为世界上最大的马铃薯生产国，马铃薯产量排名世界第一，可以通过发展马铃薯贸易为世界粮食安全贡献重要力量。目前国际马铃薯贸易主要集中在北美和西欧。荷兰、美国等出口产品主要是冷冻马铃薯和新鲜马铃薯，它们的出口额达 10 亿美元以上。我国虽为世界第一的马铃薯生产国，但出口比例很低。我国周边国家和地区均为马铃薯主要市场。由于存在地缘优势，我国马铃薯无论鲜薯还是加工产品在出口成本方面均有很大优势。近年来我国马铃薯出口呈现增长趋势。由于在国际贸易中对冷冻马铃薯产品和脱水马铃薯产品的需求增长，我国在贸易品种和区域上进一步拓展，对保障全球粮食安全做出了巨大贡献。

小土豆，大战略

马铃薯种植时空格局特征

本章运用探索性空间数据分析、标准距离、标准差椭圆模型和综合比较优势模型等方法，基于省域尺度和县域尺度分析了近年来中国马铃薯种植空间格局时空演变特征，为探索中国马铃薯种植空间格局演变机制奠定基础。

一、研究方法

（一）综合比较优势模型

马铃薯种植规模和单产水平是区域农业自然资源禀赋、社会经济基础条件、区位条件和市场需求等因素相互作用的结果。因此，选用相关地区的马铃薯种植面积和单产水平作为测量区域内马铃薯种植比较优势的因子，建立计算公式如（4.1）所示：

$$AAI_{ij} = \sqrt{EAI_{ij} \times SAI_{ij}} \tag{4.1}$$

式中：$SAI_{ij} = \dfrac{s_{ij}}{s_i} \Big/ \dfrac{s_j}{s}$，$EAI_{ij} = \dfrac{t_{ij}}{t_i} \Big/ \dfrac{t_j}{t}$。计算公式中的 i 和 j 分别代表 i 地区和 j 类作物；s_{ij} 和 s_j 分别代表 i 地区和 j 类粮食作物的种植面积，s_i 和 s 分别代表 i 地区和全国所有粮食作物种植面积；t_{ij} 和 t_j 分别代表 i 地区和全国 j 类粮食作物的单产，p_i 和 p 分别代表 i 地区和全国所有粮食作物的单产；SAI_{ij} 和 EAI_{ij} 分别代表 i 地区和 j 类作物的规模比较优势和效率比较优势。综合比较优势 AAI_{ij} 经过 SAI_{ij}（规模比较优势）与 EAI_{ij}（效率比较优势）的几何平均计算求得。如果 $SAI_{ij} > 1$，说明 i 地区在 j 种粮食作物生产上有规模优势，反之则缺乏规模优势；同理，若 $EAI_{ij} > 1$，说明 i 地区在 j 种粮食作物生产上有效率优势，反之则缺乏效率优势。

综合比较优势 AAI_{ij} 综合了作物生产的生产规模、效率因素，全面地反映某一地区某种粮食作物生产的比较优势水平。若 $AAI_{ij} > 1$，表明 i 地区 j 种粮食作物生产具有优势，其值越大，优势越强；反之若 $AAI_{ij} < 1$，表明 i 地区 j 种粮食作物生产不具有优势；若 $AAI_{ij} = 1$，则表示 i 地区 j 种粮食作物生产处于临界状态。

（二）标准距离

标准距离（Standard Distance，SD）是经典统计学的标准差在二维空间中的体现，以距离值来度量空间要素偏离重心的程度。通过标准距离分析反映中国马铃薯在种植空间上分布的重心和平均范围。在时间尺度上，通过辨析标准距离的重心与动态轨迹能够较好地突出中国马铃薯种植覆盖范围的时空变化过程。标准距离模型如（4.2）所示。

$$SD_w = \sqrt{\frac{\sum_{i=1}^{n} w_i(p_i - \bar{P}_w)^2}{\sum_{i=1}^{n} w_i} + \frac{\sum_{i=1}^{n} w_i(q_i - \bar{Q}_w)^2}{\sum_{i=1}^{n} w_i}} \quad (4.2)$$

式中：SD_w 为标准距离；p_i、q_i 为要素 i 的坐标；w_i 为要素 i 的权重；$(\bar{P}_w, \bar{Q}_w)$ 为加权重心；n 为所有要素数量。

（三）标准差椭圆模型

标准差椭圆模型是确定样本分布中心及样本扩散程度和方向的方法，可用于识别中国马铃薯种植的空间分布状态及传播方向。椭圆的长、短轴分别代表马铃薯种植空间分布的主、次趋势和分布方向，旋转角度代表马铃薯种植分布的主要方向，质心的变化代表中国马铃薯种植重心位置的变化。标准差椭圆运算如式（4.3）所示。

$$\begin{cases} SDE_m = \sqrt{\dfrac{\sum_{i=1}^{k}(m_i - \bar{M})^2}{k}} \\ SDE_n = \sqrt{\dfrac{\sum_{i=1}^{k}(n_i - \bar{N})^2}{k}} \\ \tan\theta = \dfrac{\frac{1}{2}\left[\left(\sum_{i=1}^{k}\bar{m}_i^2 - \sum_{i=1}^{k}\bar{n}_i^2\right) + \sqrt{\left(\sum_{i=1}^{k}\bar{m}_i^2 - \sum_{i=1}^{k}\bar{n}_i^2\right)^2 + 4\left(\sum_{i=1}^{k}\bar{m}_i\bar{n}_i\right)^2}\right]}{\sum_{i=1}^{k}\bar{m}_i\bar{n}_i} \end{cases} \quad (4.3)$$

式中：$\bar{M}$、$\bar{N}$ 分别是所有要素 i 的 m 坐标值和 n 坐标值的平均值，SDE_m、SDE_n 分别代表椭圆 m、n 轴长度，$\tan\theta$ 为质心椭圆偏转角度，m_i、n_i 为要素 i 的坐标与椭圆质心（M，N）的偏离值，k 为要素总量。

（四）探索性空间数据分析

探索性空间数据分析（Exploratory Spatial Data Analysis，ESDA）能够有效揭示空间分布特征，有助于了解研究对象在空间分布中的关联模式，区别出不同空间体制以及其他形势下可能存在的空间不稳定。ESDA 的主要分析方法主要有全局空间自相关（Global Spatial Autocorrelation，GSA）和局部空间自相关（Local Indicators of Spatial Association，LISA）两种。

1. 全局自相关

全局自相关测度指标计算公式如（4.4）所示：

$$I = \frac{\sum_{i=1}^{n} \sum_{j=1}^{n} \left[W_{ij}(x_i - \bar{x})(x_j - \bar{x}) \right]}{S^2 \sum_{i=1}^{n} \sum_{j=1}^{n} W_{ij}} \tag{4.4}$$

式中：n 表示研究对象的总数；x_i 和 x_j 分别代表 i 地区和 j 地区马铃薯播种面积；$\bar{x}$ 代表所有地区马铃薯播种面积的平均值；W_{ij} 代表空间权重值，当区域 i 与区域 j 相邻时为 1，反之则为 0；S^2 为样本方差，利用 Z 得分法进行检验，公式如（4.5）所示：

$$Z = \frac{I - E\,(I)}{\sqrt{var\,(I)}} \tag{4.5}$$

Moran's I 的取值范围为（−1, 1），当这一指数小于 0 时，表明地区间马铃薯播种面积存在空间有差异；当 I 大于 0 时，表明马铃薯播种面积存在空间集聚；I 为 0 时，则表明地区之间相互独立并呈现随机分布。

2. 局部自相关

LISA 统计指标计算公式如（4.6）所示：

$$I_i = \frac{(x_i - \bar{x})}{S_i^2} \sum_{j=1}^{n} \left[w_{ij}(x_j - \bar{x}) \right]$$
$$Z(I_i) = \frac{I_i - E(I_i)}{\sqrt{var(I_i)}} \tag{4.6}$$

式中：S_i 为对应于 x_i 和 x_j 的标准差，为标准化变量。在一定的显著水平下，若 I_i 显著为正且 Z_i 大于 0，则表明马铃薯播种面积高-高集聚；若 I_i 显著为正且 Z_i 小于 0，表明马铃薯播种面积低-低集聚；若 I_i 显著为负且 Z_i 大于 0，则马铃薯播种面积高-低集聚；若 I_i 显著为负且 Z_i 小于 0，则表明马铃薯播种面积低-高集聚。

（五）核密度分析

依据 Arc GIS 提供的核密度分析工具，核密度分析主要通过移动的栅格单位对空间范围内点要素的密集度进行分析，以探讨马铃薯种植区域的空间分布特征（冉钊等，2019），计算公式如下：

$$D(x_i, y_i) = \frac{1}{ur} \sum_{i=1}^{u} k\left(\frac{d}{r}\right) \tag{4.7}$$

式中：$D(x_i，y_i)$ 为空间位置（$x_i，y_i$）处的核密度值；r 为距离衰减阈值；u 为与位置（$x_i，y_i$）的距离小于等于 r 的要素点数；k 函数表示空间权重函数；d 表示当前要素点与（$x_i，y_i$）两点之间的欧氏距离。

（六）固定效应模型

为了研究中国马铃薯区域格局演变的影响因素，本章基于 2011—2018 年 14 个省的面板数据，构建区域格局演变影响因素的实证模型。通过对比混合 OLS、随机效应模型和固定效应模型的结果，从而判断出使用固定效应模型更合适。使用混合 OLS 方法的基本假设是核心控制变量不存在个体效应，而检验结果显示 10 个地区的 P 值在 10% 的水平下显著，基本能够证明存在个体效应，混合 OLS 模型不适用。随后对固定效应和随机效应进行比较，检验结果显示 P 值小于 0.01，拒绝随机效应模型，基本可以判断固定效应模型更加适用。因此本章使用固定效应模型，并且在证明个体效应和时间效应都较为显著的基础上，采用双向固定效应模型进行研究。实证计量模型如下（徐瑾等，2019；陈强，2010）：

$$Y = \beta_0 + \beta_1 x_{1it} + \beta_2 x_{2it} + \beta_3 x_{3it} + \beta_4 x_{4it} + \beta_5 x_{5it} + \mu_{it} + \phi_t + \varepsilon_{it} \tag{4.8}$$

式中：i 表示省份；t 表示年份；Y 表示总产量；β_0 为常数项；x_1 表示气候指数；x_2 表示用工数量；x_3 表示化肥费用；x_4 表示种子费用；x_5 表示脱毒种薯应用率；μ_t 用于控制地区固定效应；ϕ_t 用于控制时间固定效应；ε_{it} 表示误差项。

二、中国马铃薯种植区域比较优势分析

2015 年，四川播种面积和产量分别占全国的 14.45% 和 16.21%，贵州占比 12.85% 和 12.52%，甘肃占比 12.05% 和 11.87%。值得一提的是，青海、甘肃和宁夏近年来充分利用自然条件优势，大力发展马铃薯相关产业，播种面积占本省耕地面积比重居于全国前列，分别为 16.14%、15.72% 和 13.48%。马铃薯单产水平高于中国平均水平的有 16 个省份。单产水平最高的是山东，为 8.48 吨/公顷。总体来看，马铃薯生产潜力显现出逐渐释放的趋势（表 4-1）。

表 4-1　2015 年中国各省（区、市）马铃薯生产情况[①]

地区	马铃薯播种面积 （万公顷）	农作物总播种面积 （万公顷）	播种面积占比 （%）	产量 （万吨）	单产 （吨/公顷）
全国总计	551.82	16 637.38	3.32	1 897.22	3.44
贵州	70.92	554.22	12.80	237.62	3.35
甘肃	66.49	422.93	15.72	225.29	3.39
云南	55.81	718.56	7.77	170.46	3.05
内蒙古	51.22	756.79	6.77	146.32	2.86
四川	79.72	968.99	8.23	307.60	3.86
重庆	36.37	357.58	10.17	128.07	3.52
陕西	29.68	428.45	6.93	73.82	2.49
湖北	25.33	795.24	3.19	77.20	3.05
黑龙江	21.40	1 229.40	1.74	99.94	4.67
河北	17.83	873.98	2.04	58.32	3.27
宁夏	17.05	126.46	13.48	37.20	2.18
山西	16.71	376.77	4.44	29.83	1.79
山东	11.04	1 102.65	1.00	93.66	8.48

（续）

地区	马铃薯播种面积 （万公顷）	农作物总播种面积 （万公顷）	播种面积占比 （%）	产量 （万吨）	单产 （吨/公顷）
湖南	10.46	871.70	1.20	40.50	3.87
青海	9.01	55.84	16.14	34.76	3.86
福建	8.25	233.13	3.54	33.46	4.06
广西	7.31	613.47	1.19	30.32	4.15
吉林	6.69	567.91	1.18	55.89	8.35
浙江	6.33	229.06	2.76	25.56	4.04
河南	6.20	1 442.50	0.43	183.60	5.92
辽宁	5.86	421.99	1.39	34.21	5.84
广东	4.64	478.47	0.97	23.12	4.98
新疆	2.73	575.73	0.47	18.32	6.71
江西	1.19	557.91	0.21	7.06	5.93
安徽	0.72	895.05	0.08	1.68	2.33
西藏	0.10	25.28	0.40	0.66	6.60

注：①表内马铃薯产量和单产为折粮数据。

根据综合比较优势模型的计算结果（表4-2）可知，2015年中国马铃薯种植具有规模比较优势的省份（即 $SAI_{ij}>1$）有山西、内蒙古、浙江、福建、湖北、广西、重庆、四川、贵州、云南、陕西、甘肃、青海、宁夏；具有效率比较优势的省份（即 $EAI_{ij}>1$）有辽宁、吉林、黑龙江、福建、江西、山东、河南、湖南、广东、广西、重庆、四川、贵州、云南、西藏、陕西、甘肃、青海；具有综合比较优势的省份（即 $AAI_{ij}>1$）有山西、内蒙古、浙江、福建、山东、广东、广西、重庆、四川、贵州、云南、陕西、甘肃、青海、宁夏。从地理位置来看，这些具有规模优势和综合比较优势的省份主要集中在西北、西南和中东部地区。

从比较优势的发展趋势上看，1982—2015年，综合比较优势总体呈现上升趋势的省份有浙江、福建、山东、河南、广东、广西、重庆、四川、贵州、陕西、甘肃、青海、宁夏、云南，这些地区主要集中在西北、西南和中东部地区。综合比较优势总体呈现下降趋势的省份有山西、内蒙古、黑龙江、吉林、辽宁、安徽、湖北，这些地区主要集中在东北、华北和中部地区，说明这些地区在马铃薯种植方面的比较优势在不断下降。

三、中国马铃薯种植空间时序特征分析

（一）基于省域尺度的中国马铃薯种植空间格局时序分析

1995年以来，马铃薯在中国各省份种植变化情况不同，种植面积变化差异较为明显。近年来种植面积占比较大区域主要集中在东北、华北、西北和西南等地。

表 4 - 2　中国马铃薯主要省份比较优势及其变化情况

省份	SAI 1982年	SAI 1994年	SAI 2000年	SAI 2008年	SAI 2015年	EAI 1982年	EAI 1994年	EAI 2000年	EAI 2008年	EAI 2015年	AAI 1982年	AAI 1994年	AAI 2000年	AAI 2008年	AAI 2015年
河北	0.70	0.61	0.70	0.55	0.57	1.28	0.94	0.53	0.81	0.99	0.94	0.76	0.61	0.67	0.75
山西	2.97	2.50	2.32	1.35	1.04	1.52	1.35	1.24	0.97	0.96	2.12	1.84	1.70	1.15	1.00
内蒙古	2.92	2.09	3.35	2.96	1.84	2.00	1.21	1.54	1.11	0.92	2.41	1.59	2.27	1.82	1.30
辽宁	0.16	0.62	0.85	0.49	0.37	0.79	1.04	1.45	1.58	1.53	0.36	0.81	1.11	0.88	0.75
吉林	1.16	0.82	0.69	0.46	0.27	1.32	0.79	1.39	0.68	1.85	1.24	0.81	0.98	0.56	0.71
黑龙江	1.47	1.00	1.14	0.51	0.37	1.91	1.46	0.97	0.98	1.39	1.68	1.21	1.05	0.71	0.72
浙江	0.26	0.56	0.67	0.92	1.02	0.74	0.68	0.89	0.85	1.09	0.44	0.62	0.77	0.89	1.06
安徽	0.00	0.03	0.05	0.03	0.02	0.00	1.43	1.54	2.24	0.70	0.00	0.19	0.27	0.25	0.12
福建	0.00	1.02	1.11	1.19	1.42	0.00	0.90	1.06	1.11	1.17	0.00	0.96	1.09	1.15	1.29
江西	0.00	0.03	0.08	0.06	0.07	0.00	1.28	1.55	1.43	1.63	0.00	0.20	0.35	0.29	0.33
山东	0.00	0.18	0.36	0.38	0.52	0.00	1.73	1.92	2.02	2.15	0.00	0.56	0.83	0.88	1.06
河南	0.00	0.35	0.33	0.29	0.32	0.00	1.33	1.57	1.45	1.60	0.00	0.68	0.72	0.65	0.72
湖北	1.60	1.41	1.28	0.75	1.16	1.04	0.81	0.85	0.93	0.80	1.29	1.07	1.04	0.83	0.97
湖南	0.21	0.46	0.45	0.36	0.43	0.75	0.61	0.86	1.05	1.02	0.40	0.53	0.62	0.62	0.66
广东	0.08	0.35	0.37	0.53	0.69	0.71	1.17	1.19	1.46	1.47	0.24	0.64	0.66	0.88	1.01
广西	0.00	0.17	0.94	1.06	1.27	0.00	0.28	0.73	0.95	1.33	0.00	0.22	0.83	1.00	1.30
重庆			2.56	3.21	3.34			1.02	1.03	1.09			1.62	1.81	1.91
四川	2.17	1.92	1.02	0.99	2.54	0.93	1.28	0.94	1.94	1.15	1.42	1.57	0.98	1.38	1.71
贵州	3.66	4.15	3.48	4.75	4.68	0.84	1.01	1.08	1.02	1.41	1.75	2.05	1.93	2.20	2.57
云南	2.22	2.13	1.72	2.61	2.55	1.63	1.28	1.48	1.36	1.16	1.90	1.65	1.60	1.88	1.72
西藏	0.00	0.00	0.00	0.07	0.11	0.00	0.00	0.00	1.53	1.87	0.00	0.00	0.00	0.32	0.46
陕西	2.48	2.17	1.83	1.90	1.98	1.05	1.42	1.26	0.99	1.00	1.62	1.76	1.52	1.37	1.40
甘肃	4.06	3.65	3.42	5.61	4.79	1.06	1.22	1.50	1.61	1.32	2.07	2.11	2.27	3.00	2.51
青海	3.09	3.38	3.29	7.21	6.68	1.17	0.19	1.91	1.84	1.66	1.90	0.80	2.51	3.64	3.33
宁夏	0.00	2.11	2.17	6.47	4.55	0.00	1.11	1.12	0.74	0.72	0.00	1.53	1.56	2.19	1.81
新疆	0.24	0.27	0.35			1.52	1.67	1.44			0.60	0.67	0.71		

其中，从马铃薯种植优势区域来看，北方一季作区主要包括黑龙江、吉林和除辽东半岛以外的辽宁大部、河北北部、山西北部、内蒙古全部、陕西北部、宁夏、甘肃、青海和新疆北部地区。这一区域马铃薯种植面积占全国总种植面积的一半左右，是中国最大的马铃薯产区，也是主要的种薯和加工薯产地。主要特点是气候冷凉，月平均低温在$-8\sim2.8℃$，月平均最高温度为$24℃$；降水不稳定，年降水量分布不均，马铃薯全年生长期在$110\sim180$天，可栽种早、中、晚熟品种。

西南一二季混作区主要包括云南、贵州、四川、重庆、西藏等省份和湖南、湖北西部以及陕西省的安康市。这一区域马铃薯种植面积占全国总种植面积的39%左右。主要特点是年平均温度在$6\sim22℃$，年降水量为$500\sim1\,500$毫米，无霜期$150\sim350$天，能够形成随海拔高度而变化的立体种植周年供应生产格局。

南方冬作区主要包括湖南、广西、广东、福建、海南、台湾和江西南部、湖北东部等省份。这一区域马铃薯种植面积占全国总种植面积的7%左右，但近年来种植面积迅速扩大且有较大潜力。主要特点是无霜期长，全年无霜期可达$300\sim365$天；最低月平均气温与其他作区相比较高，为$12\sim16℃$；降水较多，年降水量为$1\,000\sim3\,000$毫米。该区域马铃薯的生长周期短，能够利用水稻等传统作物收获后的冬闲田种植马铃薯。

总体来看，马铃薯种植面积在近20年处于逐渐增加的趋势。其中，北方一季作区和西南一二季混作区作为传统马铃薯产区，种植面积一直较大。南方冬作区虽然种植面积占比不大，但近年来增种势头明显。

采用ArcMAP 10.0对中国马铃薯省域播种面积数据运用标准差椭圆模型进行处理，得出1982—2015年的中国马铃薯种植面积重心（标准差椭圆质心坐标）的移动轨迹。

1982—1994年，中国马铃薯种植重心在东经$109.73°$—$110.90°$和北纬$34.51°$—$35.58°$范围内移动，南北移动范围较大，向南移动$1.07°$，东西移动范围较小，向西移动$0.17°$，重心偏移距离为120.61千米。究其原因，主要是因为1982—1994年中国马铃薯种植发展在区域范围变化不明显，华北一季区和中原二季作区播种面积缓慢增加（表4-3）。

1994—2000年，中国马铃薯种植重心在东经$109.73°$—$111.12°$和北纬$34.51°$—$35.56°$范围内移动，向东北方向移动明显，向北移动$1.05°$，向东移动$1.39°$，重心偏移距离为143.00千米。究其原因，主要是因为中国马铃薯播种面积快速增长，东北一季区、华北一季区尤其是内蒙古和黑龙江的马铃薯播种面积迅速扩张（表4-3）。

2000—2008年，继向东北移动之后，中国马铃薯种植重心在2000—2008年又表现出加速向西、缓慢向南移动趋势，种植重心在东经$109.22°$—$111.12°$和北纬$34.91°$—$35.56°$范围内向西南方向偏移，向西移动$1.89°$，向南移动$0.65°$，重心偏移距离为210.22千米。究其原因，主要是因为中国马铃薯种植重新又向西偏移，东北一季区、华北一季区的东北三省、山西、河北播种面积持续下降，西北一季区和西南一二季混作区贵州、云南、甘肃、宁夏等地播种面积开始增长较快（表4-3）。

2008—2015年，中国马铃薯种植重心在东经$108.18°$—$109.22°$和北纬$33.44°$—

34.91°范围内移动，向西移动 1.04°，向南移动 1.47°，移动距离为 170.45 千米，出现了明显向西南移动的趋势。究其原因，主要是因为近几年西南一二季混作区马铃薯播种面积大幅度增加，四川、贵州、云南增长明显，并呈现出持续增加的趋势（表 4 - 3）。

表 4 - 3　1982—2015 年中国马铃薯播种面积椭圆重心偏移变化

时间	经度变化（°）	纬度变化（°）	偏移方向	偏移距离（千米）
1982—1994 年	−0.17	−1.07	西南	120.61
1994—2000 年	+1.39	+1.05	东北	143.00
2000—2008 年	−1.89	−0.65	西南	210.22
2008—2015 年	−1.04	−1.47	西南	170.45

　　根据以上分析，选取 1982 年、1994 年、2000 年、2008 年、2015 年 5 个时间节点，采用标准距离分析各个主要时间节点年份中国马铃薯的种植分布，得出标准距离值及其覆盖情况（表 4 - 4）。标准距离值由 1982 年的 10.94 千米缩短至 1994 年的 10.58 千米，2000 年又增长至 10.82 千米，之后 2008 年、2015 年分别减至 10.32 千米、9.82 千米，由此可见标准距离圆展布范围经历了"缩小—扩张—缩小"的趋势。这表明，1982—1994 年中国马铃薯的分布呈向内收缩形势，分布的广度不断收缩；1994—2000 年分布呈向外扩张形势，分布的广度不断拓展；2000 年之后马铃薯分布广度进一步收缩。同时，观测 5 个年份的标准距离，其圈层逐渐向西南移动，在一定程度上反映了 1982—2015 年中国马铃薯种植呈现出逐渐向西南紧缩的趋势。

表 4 - 4　中国马铃薯播种面积标准距离值和标准椭圆参数值

单位：千米

年份	标准距离	短轴	长轴	扁率	旋转角（°）
1982	10.94	5.79	14.35	0.60	54.11
1994	10.58	6.57	13.43	0.51	53.70
2000	10.82	6.80	13.71	0.50	50.72
2008	10.32	6.85	12.88	0.47	48.90
2015	9.82	7.04	11.97	0.41	50.50

　　参照中国马铃薯空间分布标准差椭圆及其参数值变化（表 4 - 4），1982—2015 年马铃薯种植的标准差椭圆的长轴均呈现西南-东北走向，且短轴一致为东南-西北，表明中国马铃薯主要分布趋向均为西南-东北轴，说明马铃薯布局在西南-东北走向比东南-西北分布更为集中。

　　5 个年度节点（表 4 - 4）马铃薯面积标准差椭圆的扁率逐渐减小，长轴变短，短轴增长，椭圆旋转角向西南偏转了 3.61°。5 个年度时间节点上中国马铃薯播种面积的扁率逐渐减小，可见随着时间推移马铃薯播种面积分布的方向性减弱。1982—2015 年中国马铃薯播种面积空间分布椭圆的长轴不断减少，2015 年较 1982 年减少了 2.38 千米；短轴不断增长，2015 年较 1982 年增加了 1.25 千米。短轴增长距离达到了长轴减少距离的 52.52%，显然，1982—2015 年中国马铃薯种植范围分布越来越广。总体而言，中国马铃薯播种面积的空间分布朝南北方向扩散。

同时，因椭圆南端的云南、贵州等地马铃薯播种面积扩张，椭圆偏转角由 1982 年的 54.11°偏转为 2015 年的 50.50°，椭圆向西南方向偏转了 3.61°，表明中国马铃薯种植有整体向西南方向扩展的趋势，这也与标准差椭圆的重心向西南移动、标准距离向西南偏移一致。值得一提的是，观察椭圆圈层变化，与 1982 年相比，2015 年的椭圆在西南部覆盖面增长、东北部覆盖面减少的状况最为明显，因而可判定马铃薯种植增长趋势最突出的是西南方向，减弱趋势最突出的方向是东北方向。

综上所述，从省域尺度来看，中国马铃薯空间格局的发展趋势总体呈现缓慢南移（1982—1994 年）、向东北移动（1994—2000 年）、向西移回（2000—2008 年）和向西南快速移动（2008—2015 年）。受区域马铃薯生产格局变化影响，中国马铃薯种植重心沿"西南-东北-西南"的轨迹移动，总体上呈现"由北向南、由东向西"的趋势。中国马铃薯种植区域逐步向西南一二季混作区和西北一季区集聚，集聚形态呈现阶段性持续增强的特征。

（二）基于县域尺度的中国马铃薯种植空间格局时序分析

借助 ArcMAP 10.0 对中国马铃薯县域播种面积数据运用标准差椭圆模型进行处理，得到 1983—2013 年的中国马铃薯播种面积重心（标准差椭圆质心坐标）的移动轨迹。从图 4-1 和表 4-5 可以看出，中国马铃薯种植重心大致经历了 3 个转移阶段。

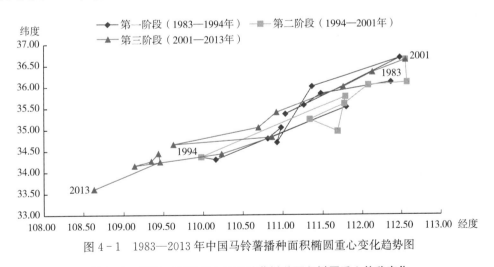

图 4-1　1983—2013 年中国马铃薯播种面积椭圆重心变化趋势图

表 4-5　1983—2013 年中国马铃薯播种面积椭圆重心偏移变化

阶段（时间）	经度变化（°）	纬度变化（°）	偏移方向	偏移距离（千米）
第一阶段（1983—1994 年）	−2.38	−1.75	西南	323.98
第二阶段（1994—2001 年）	+2.57	+2.27	东北	286.42
第三阶段（2001—2013 年）	−2.21	−4.46	西南	526.47

1. 向西南移动阶段（1983—1994 年）

这一阶段，中国马铃薯种植重心在东经 109.97°—112.47°和北纬 34.30°—36.67°范围内移动，东西移动范围较大，向西移动 2.38°，向南移动 1.75°，重心偏移距离为 323.98 千米。本阶段中国马铃薯种植发展向西部变化较为明显，其中，西北一季区播种面积稳步增加。

2. 向东北移动阶段（1994—2001 年）

这一阶段，中国马铃薯种植重心在东经 109.97°—112.57°和北纬 34.36°—36.63°范围内移动，向东北方向移动明显，向东移动 2.58°，向北移动 2.27°，重心偏移距离为 286.42 千米。本阶段中国马铃薯播种面积快速增长，东北一季区、华北一季区尤其是内蒙古中东部和黑龙江的马铃薯播种面积迅速扩张。

3. 再向西南移动阶段（2001—2013 年）

继续向东北移动之后，中国马铃薯种植重心在 2001—2013 年又表现出加速向西南移动的趋势，种植重心在东经 108.63°—112.55°和北纬 32.17°—36.63°范围内向西南方向偏移，向西移动 2.21°，向南移动 4.46°，重心偏移距离为 526.47 千米。本阶段中国马铃薯种植重新又向西南方向偏移，东北一季区和华北一季区的播种面积持续下降，西北一季区和西南一二季混作区播种面积大幅度增加，四川、贵州、云南增长明显，并呈现出持续增加的趋势。

根据以上阶段划分，选取 1983 年、1994 年、2001 年、2013 年 4 个时间节点作标准距离和标准差椭圆分析，以进一步探究马铃薯种植的标准距离值、覆盖范围及传播方向。

采用标准距离分析各个主要时间节点年份中国马铃薯的种植分布，得出其覆盖情况和标准距离参数值（表 4-6）。标准距离值由 1983 年的 9.86 千米缩短至 1994 年的 8.22 千米，2001 年又增长至 11.07 千米，之后 2013 年又减至 9.26 千米，由此可见标准距离圆展布范围经历了"缩小—扩张—缩小"的过程。这表明，1983—1994 年中国马铃薯的分布呈向内收缩形势，分布的广度不断收缩；1994—2001 年分布呈向外扩张形势，分布的广度不断拓展；2001 年之后马铃薯分布广度进一步收缩。同时，观测 4 个年份的标准距离，其圈层逐渐向西南移动，在一定程度上反映了 1983—2013 年中国马铃薯种植呈现出逐渐向西南紧缩的趋势。

表 4-6 中国马铃薯播种面积标准距离和标准椭圆参数值

单位：千米

年份	标准距离	短轴	长轴	扁率	旋转角（°）
1983	986.12	468.79	1 313.43	0.64	52.81
1994	821.58	574.41	1 009.97	0.43	51.11
2001	1 106.82	529.37	1 473.05	0.64	51.20
2013	905.16	604.95	1 128.13	0.20	52.07

参照中国马铃薯种植空间分布标准差椭圆及其参数值变化（表 4 - 6）情况，1983- 2013 年马铃薯种植的标准差椭圆的长轴均呈现西南-东北走向，且短轴一致为东南-西北，表明中国马铃薯主要分布趋向均为西南-东北轴，说明马铃薯布局在西南-东北走向比东南-西北分布更为集中。

4 个年度节点马铃薯面积标准差椭圆的扁率和长轴呈现"缩小—扩大—缩小"的发展趋势，短轴不断增加，椭圆旋转角向西南偏转了 0.74°。从中国马铃薯播种面积的扁率变化趋势来看，马铃薯播种面积分布的方向性呈现减弱—增强—减弱的趋势，播种区域不断增大。1983—2013 年中国马铃薯播种面积空间分布椭圆的长轴呈现减少—增加—减少的趋势，2013 年较 1983 年减少了 185.30 千米；短轴不断增长，2013 年较 1983 年增加了 136.16 千米。显然，1983—2013 年间中国马铃薯种植范围分布越来越广。中国马铃薯播种面积重心由山西省长治市向西南方向的四川省达州市移动了 505.07 千米。

同时，椭圆偏转角由 1983 年的 52.81°偏转为 2013 年的 52.07°，椭圆向西南方向偏转了 0.74°，表明中国马铃薯种植空间格局呈现整体向西南方向扩展的趋势，这也与标准差椭圆的重心向西南移动、标准距离向西南偏移一致。值得一提的是，观察椭圆圈层变化，与 1983 年相比，2013 年的椭圆在西南部覆盖面增长、东北部覆盖面减少的状况最为明显，因而可判定马铃薯种植增长趋势最突出的是西南方向，减弱趋势最突出的方向是东北方向。

综上，经过 40 年的发展，马铃薯县域播种面积重心经历了向西南移动（1983—1994 年）、向东北移动（1994—2001 年）和再向西南移动（2001—2013 年）3 个阶段。马铃薯种植呈现出由东向西和由北向南移动的趋势，主要表现为东北一季区和华北一季区等传统马铃薯种植区的播种面积下降，且占全国比重不断下降；西南一二季混作区和西北一季区的播种面积持续增加且占全国比重不断上升。与此同时，中国马铃薯种植还呈现出向西南方向集中的趋势。

四、中国马铃薯种植空间格局特征分析

采用 GeoDa 工具对 1983—2013 年中国马铃薯播种面积数据进行全局自相关和局部自相关分析，得到其 *Moran's I* 指数、*Z* 得分、*P* 值以及 LISA 集聚图。

（一）中国马铃薯种植区域全局自相关分析

为了进一步研究中国马铃薯的空间格局及其集聚程度变化，采用全局自相关指标分别对 1983—2013 年中国各县（市、区）马铃薯的播种面积数据进行分析（表 4 - 7）。

根据表 4 - 7 显示，1983—2013 年均通过 1% 的显著性检验，呈现地理集聚年份的 *Moran's I* 为正值。这说明，中国邻近县（市、区）的马铃薯播种面积之间呈现较为显著的相互影响关系，存在着高值区域与高值区域相邻、低值区域与低值区域相邻的情况。由此可知，马铃薯种植在中国县域空间范围呈现出相似值之间的地理集聚现象。

表 4-7　1983—2013 年马铃薯播种面积的 *Moran's I* 指数和 *Z* 得分

年份	*Moran's I*	*Z*	年份	*Moran's I*	*Z*
1983	0.306	30.524	1999	0.308	30.319
1984	0.291	28.597	2000	0.277	29.599
1985	0.328	32.507	2001	0.226	22.593
1986	0.350	36.470	2002	0.248	25.385
1987	0.108	14.360	2003	0.301	29.779
1988	0.297	29.863	2004	0.281	26.347
1989	0.283	27.518	2005	0.300	30.212
1990	0.340	33.956	2006	0.185	22.161
1991	0.344	33.593	2007	0.275	26.543
1992	0.240	24.348	2008	0.267	26.106
1993	0.297	28.544	2009	0.293	30.049
1994	0.314	29.682	2010	0.213	20.378
1995	0.331	33.791	2011	0.299	30.674
1996	0.275	29.513	2012	0.300	29.096
1997	0.331	32.521	2013	0.285	28.396
1998	0.312	30.923			

　　将显示马铃薯地理集聚的年份做折线图（图 4-2），可以看出，地理集聚现象呈现出 M 状阶段性变化，每一个阶段都经历了集聚程度"增强—减弱—增强—减弱"的反复波动过程，周期为 4～5 年。

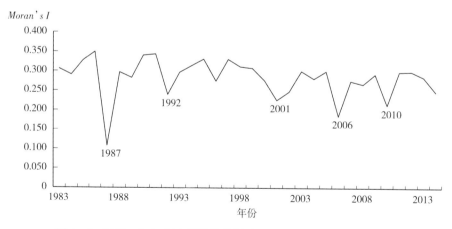

图 4-2　1983—2013 年中国马铃薯播种面积的 *Moran's I* 变化趋势

（二）中国马铃薯种植区域局部自相关分析

　　全局自相关分析的估计值是区域总体在空间上差异的平均值，难以说明局部空间的差异变量，因此需要引入局部自相关分析，对其局部特征进行探析。以 1983、1994、2001、2013 年度为阶段划分马铃薯种植的标准差椭圆重心移动和全局空间自相关程度。从总体上看，马铃薯种植在局部范围内呈现出明显的空间集聚性，表明中国马铃薯部分区域之间存在正向空间效应，即扩散效应。

从数量上看，大部分县域的空间关系并不显著，显著区域中呈现空间非同质性的县域数占比接近 80%，没有通过显著性检验的相邻县域间的相互联系比较微弱，在马铃薯种植过程中基本处于孤立发展状态。呈现空间相关关系的区域约占总数的不到 20%，其中，呈现空间正相关的区域数量以倒 V 形变化。1983 年，分别有 105 个和 273 个县（市、区）处于高-高和低-低集聚区，呈现正相关的县（市、区）数量占总数的 13.3%；2001 年，高-高集聚区数量虽减少为 99 个，但低-低集聚区数量增加至 391 个，占比上升到 17.2%；2013 年，呈现正相关的县（市、区）数量占比又降为 13.6%。尽管呈现空间异质性的县（市、区）数量远远小于呈现集聚状态的区县数，占全部县（市、区）数量的比例很小，且呈零星分布，但是这些地区在马铃薯种植上突显出的集聚和分散现象可以为进一步深入研究的典型案例选择提供借鉴和参考。

从空间角度看，总体表现为，1983 年中国马铃薯种植以北方一季作区和西南一二季混作区的部分地区为扩散中心，随着时间的推移，2013 年形成了以西北一季区、云贵川渝为主的西南一二季混作区和部分东北一季区为扩散中心的中国马铃薯种植空间格局。西南一二季混作区和东北一季区的高-高集聚区域由分散发展逐步转向集中发展，高-高集聚区明显向西南方向转移。西北一季区、华北一季区的高-高集聚区域呈现出集中-分散-集中的发展态势。同时，低-低集聚区域也呈现出分散到集中的趋势，具体表现为，中原二季作区由分散状态集中到东部沿海地区，南方冬作区数量明显减少，新疆的西北部地区和西藏的东部地区转移到中国西部地区的中部地带。究其原因，主要是由于西南一二季混作区马铃薯利润较高，且云贵高原地区自然条件丰富，可以保证周年生产和周年供应，导致当地农户种植马铃薯意愿愈发高涨。苏、沪、赣、粤地区马铃薯种植较少则主要是由于比较效益相对较低，且专门用于马铃薯生产的资金相对短缺，用于贮藏的设施建设和深加工技术相对滞后，加上种薯生产成本较高、调运难度较大，导致马铃薯产业发展受到一定程度的制约。

综上，在周期变化上，中国马铃薯种植呈现出周期性 M 状阶段性变化，每一个阶段都经历了集聚程度"增强—减弱—增强—减弱"的反复波动过程。在空间分布上，呈现出整体阶段性的正向空间依赖性，并逐步趋于稳定的空间依赖关系。在集聚形态上，呈现阶段性增强特征，并且呈现出持续增强的趋势。

（三）中国马铃薯核心种植区域格局演变

1990 年中国马铃薯种植格局整体呈现"单核心＋外围小中心"的分布特征。核心种植区域分布在城口、巫溪、巫山、云阳、开州、恩施等；"外围小中心"区域分布在绥化、齐齐哈尔、大同、乌兰察布、榆林、张家口、天水、定西、平凉等。

2000 年种植格局仍然呈现"单核心＋外围小中心"的分布特征，但随着乌兰察布、大同、张家口等地区核密度的增加，核心区域转移到了蒙中、晋北和冀西北；重庆、恩施、达州等地区核密度下降，由"核心区"变为"外围小中心区"。

2010 年种植格局呈"单核心＋外围小中心"分布，由于固原、定西和平凉等地区核密度逐渐增加，甘东南和宁南成为"核心区"；随着乌兰察布和张家口等地区核密度下降，蒙中、晋北和冀西北逐渐退出"核心区"；齐齐哈尔和绥化的核密度下降，黑西南逐渐退出"外围中心区"。

2016 年，马铃薯种植表现为"双核心＋外围小中心"的分布特征。近年来，毕节、昭通、曲靖、六盘水、宜宾、遵义等地区核密度不断增加，核心区域转移到云东北和贵西北。定西、平凉、白银、兰州、固原和中卫等地区核密度增加，成为第二个强核密度区域。绥化、张家口、大同、朔州、榆林等地区核密度逐渐下降。

综上，1990—2016 年，中国马铃薯种植格局整体呈现出由"单核心＋外围小中心"向"双核心＋外围小中心"演变的态势。1990—2016 年甘东南、宁南、云东北和贵西北马铃薯种植区域的核密度逐渐增加，蒙中、晋北、冀西北和黑西南逐渐下降。可能的原因是西南一些地区在气候、经济收益、生产技术和政策等方面具有相对优势。西南地区气候温和、水量丰富，马铃薯多分布于高原、丘陵，自然条件适合马铃薯生长，一些地区大规模发展冬季马铃薯，冬季马铃薯商品性和卖相普遍较好，具有明显的市场优势。西南地区马铃薯净利润高于其他粮食作物和油菜等，农户生产积极性高，大面积冬闲田为马铃薯规模种植提供了土地资源。当地推广的免耕覆盖稻草马铃薯栽培技术，简单易行且能够节约成本，农户认可度高。云南、贵州等地区为了脱贫致富相继出台马铃薯产业扶持政策（黄尧先等，2015；杨亚东，2018）。东北地区马铃薯的利润远低于水稻，农户生产积极性不高。西北地区气候冷凉，马铃薯种植气候适宜性较好。在华北地区近几年由于马铃薯连作，土传病害加重发生，加之冬季马铃薯一般 2 月份上市，调节鲜薯上市时间、增加市场供给的同时，对北方一些省份马铃薯销售造成一定冲击。

目前，中国马铃薯种植集中分布在四大热点区域，分别是以甘肃南部为核心的西北地区、以云贵川渝为核心的西南地区、以内蒙古中部为核心的华北地区和以黑龙江为核心的东北地区，整体由"单核心＋外围小中心"向"双核心＋外围小中心"演变。西北和西南地区核密度增加，逐渐发展为"核心区"。华北和东北地区核密度逐渐下降。

（四）中国马铃薯种植区域基本特征及发展方向

马铃薯种植区划遵循空间连续性原则和实用性原则。每个区域都是一个整体，不同区域之间具有明显差异性，而同一个区域内部具有相对一致性。马铃薯种植的适宜性主要由气候因素决定，也受土壤、地形地貌等自然因素的影响，通过叠置区划指标确定区域边界。同时也要兼顾马铃薯栽培方式和熟制等的实际生产情况，调整区域边界，确保区划方案的实用性。以县级行政区为单元，制定马铃薯种植区划方案，并进一步分析了各种植区的区域特征和未来发展方向。将全国划分东北及坝上区、西北区、华北及黄土高原区、长江中下游区、华南区、西南区、横断山区、青藏区共 8 个区。

1. 东北及坝上区

本区包括黑龙江、吉林、内蒙古包头和鄂尔多斯以东、辽宁锦州以东、河北张家口、山西大同和朔州。年均温度 5.77℃，年均降水量约 500 毫米，属于温带季风气候和温带大陆性气候，分布着东北平原、内蒙古高原、大兴安岭、小兴安岭和长白山。该区的森林资源和土地资源丰富，分布着黑土、黑钙土、栗钙土、暗棕壤等，土壤肥沃，氮、钾和有机质含量丰富，磷含量处于中等，东北平原地势平坦，农业生产以大宗农作物为主，规模化、机械化水平较高。黑龙江、吉林和辽宁实施马铃薯良种和农机购置补贴等政策给予马铃薯种植者补贴。内蒙古对标准化种植的农户和新型经营主体的马铃薯加工订单给予补贴，重点支持马铃薯育种、栽培、植保、大数据等领域研究。

该区域马铃薯种植基础良好，以露地种植为主，地膜覆盖种植模式的应用范围逐渐扩大，基本形成现代化马铃薯农机作业生产方式。规模化生产、脱毒种薯繁育、肥料施用等高产高效栽培技术水平较高。但近几年，该区域面临育种难度大、病虫害防控能力较弱、水肥和农药使用不当等问题。

马铃薯生育期为 5 月上旬至 9 月下旬，其中，锡林郭勒、呼伦贝尔和大兴安岭地区生育期相对较短，应在 6 月份播种，9 月上旬及时收获，避免低温冻害。内蒙古中部地区可适当推迟播期，缩短生育期的同时生殖生长期相对延长，有利于增产。该区域马铃薯生育期平均气温 18.15℃，最高气温 24.19℃，最低温 12.51℃。平均降水量约为 391 毫米，区内西部降水量较少，东部和南部降水较多。该区域主要病害有晚疫病、早疫病、疮痂病、黑痣病、黑胫病、环腐病等。主要防治措施为：栽培抗病品种；适当提早马铃薯的播种期，并选用早熟品种；加厚培土层，避免块茎露出地面；对感病品种植株进行早期喷药保护；做好窖藏工作，应在通风透光处，进行风晾；实行合理轮作，适当延长轮作周期有利于减轻疮痂病，尽量减少连作，避免化感物质产生的连作障碍。对于环腐病等贮藏病害，在收获、运输过程中，应避免块茎损伤；实行整薯播种，有利于防止种薯传播病害、提高产量。

发展方向：该区域以发展种薯、淀粉薯和鲜食用薯为主，在品种方面应以中熟或早中熟为主。黑龙江省是中国重要的种薯生产基地，克山县、嫩江县、讷河市是重要的种薯和商品薯基地。乌兰察布建立了较完善的脱毒种薯繁育体系，种薯和商品薯大量供应山东、广东、河南和福建等地区，该地气候冷凉、无霜期相对较长，干物质含量高，适宜种植淀粉薯。张家口坝上和坝下两大产区分别用于生产种薯和商品薯。

2. 西北区

本区包括甘肃、宁夏、新疆、内蒙古巴彦淖尔以西、陕西榆林等地区，以南部的阿尔金山脉和祁连山脉为分界线。气候类型以温带大陆性气候为主，年均温度 8.7℃，年均降水量约 210 毫米，光热资源较丰富，但水资源短缺，植被覆盖率较低，生态环境脆弱，节水灌溉技术可以发展节水农业，提高水资源利用率是近年来该地区研究的热点。本区分布着内蒙古高原、准噶尔盆地、塔里木盆地、阿尔泰山脉和天山山脉。沙漠和戈壁以风沙土为主，西部分布着棕钙土和棕漠土，东部分布着灰棕漠土，东南部分布着黄绵土和褐土。土壤肥力相对较低，钾含量较高，天山、昆仑山、阿尔泰山脉和陇中高原土壤的氮、磷和有机质含量较高。

该区域加大对种薯繁育和农机购置的财政支持以及对加工企业的信贷扶持力度，支持建设脱毒种薯繁育和贮藏体系，农业产业化专项资金支持马铃薯加工业发展精深加工。该区域是全国马铃薯主产区之一，马铃薯主要分布于甘东南、宁南和蒙中等地区，主要倡导节水栽培技术种植模式，采用滴灌和喷灌种植以及水肥一体化技术。

该区马铃薯的卖相较好，淀粉含量高，且耐贮运。区域内建立了良种繁育体系，处于领先全国的水平。近年来，马铃薯生产加工体系初具规模，培育了高淀粉含量品种，适用于马铃薯加工。但马铃薯产业发展过程中存在马铃薯种植标准化水平较低，农田基础设施薄弱，加工型品种少，精深加工技术欠缺等问题。

马铃薯生育期为 4 月下旬至 10 月上旬，生育期平均气温 17.28℃，最高温 24.73℃，最低温 11.54℃，平均降水 195 毫米，降水低值区和高温区基本均分布在新疆。甘南地区适当推迟播期有利于获取更多热量，实现增产，区内陕、宁、新、蒙、甘肃酒泉和武威等大陆性气候特征明显，且多戈壁沙地，夏季气温高，不宜种植。塔克拉玛干沙漠、格林沙漠和腾格里沙漠水温条件不适宜种植马铃薯，因此，在计算区域水温平均水平的过程中，剔除以上区域的数值。西北区主要的病害有晚疫病、早疫病、黑痣病、干腐病、疮痂病等。主要防治措施为：培育和种植抗病品种；适当早播，选用早熟品种；开展种薯质量检测工作，建立脱毒种薯繁育基地；提倡小整薯作种，不用切块薯。另外，该区域局部地区降水偏少，且研究表明东部降水呈下降趋势，极端最高、最低气温均呈上升趋势，加之春季蒸发量较大，容易发生春旱，应该推广旱作节水栽培技术。

发展方向：以发展淀粉薯、种薯和鲜食用薯为主，在品种方面应以中熟和早中熟品种为主。该区域分布着全国马铃薯主产区，甘肃定西是中国西北地区主要的种薯繁育基地，定西和宁南山区等地已建立了马铃薯良种繁育与推广体系，由于气候条件、科技水平等优势突出，适宜繁育种薯、种植高淀粉型马铃薯、优质菜用型马铃薯和加工专用型马铃薯。

3. 华北及黄土高原区

本区主要包括北京、天津、河北、山东、河南、山西朔州以南、陕西延安以南、辽宁锦州以西、安徽六安以北、江苏镇江以北、湖北襄阳和随州等地区。气候类型以温带季风气候为主，年均温度 13.28℃ 左右，年均降水量近 700 毫米。区内分布着华北平原、黄土高原和太行山脉，土壤类型以潮土、褐土、黄绵土等为主，土壤氮、磷有机质较丰富，钾含量整体较低，西部黄土高原植被覆盖率较低，土壤侵蚀严重，土壤肥力较低。该区域实施马铃薯脱毒种薯和农机购置补贴政策。

该区域马铃薯主要分布于冀北、陕南、陕北、鲁东南等地区。马铃薯种植模式多样，主要采用露地栽培、地膜覆盖等栽培模式，管理水平较高。但马铃薯产业发展水平区域差异较大，山区面临着机械化水平低的问题，河北和陕西等地存在品种结构单一、自然灾害和病虫害较严重，河南的加工业发展滞后等问题。

马铃薯生育期为 3 月下旬至 6 月上旬、8 月下旬或 9 月上旬至 11 月上旬。其中湖北和安徽在 3 月份最低温可达到 4℃以上，满足马铃薯种植的温度要求，可在 3 月上旬播种。其他地区最低温在 4 月上旬陆续上升至 4℃以上，应在 4 月以后播种。该区域生育期平均气温 16.06℃，最高气温 22.06℃，最低气温 11.31℃。平均降水量 350 毫米左右，降水量的空间分布较为均衡。主要的病害有早疫病、晚疫病、黑痣病、枯萎病、粉痂病、青枯病等。

主要防治措施为：采用无病种薯，建立无病种薯繁育体系；采用整薯播种；因地制宜筛选和种植抗病或耐病品种；实行轮作，合理间套作；适当调整播种期，提早春薯播种期，推迟秋薯播种期。另外，该区域马铃薯生育期整体降水偏少，干旱是影响马铃薯生长的主要因素之一，尤其是黄土高原地区降水少，耕作方式不合理，水分利用率较低，应大力推广旱作节水保墒栽培技术。

发展方向：本区以发展鲜食、加工和种用马铃薯为主，马铃薯生育期分为春秋两季，每季生育期较短，春季栽培应选用早熟高产品种。在河南马铃薯主要用途是菜用，以发展早熟鲜食马铃薯为主，山东、河北和辽宁等地区的农户拥有丰富的马铃薯种植经验，种植技术水平较高；靠近京津，具有明显的市场区位优势；且山东大量出口鲜薯、种薯，应以鲜食、加工和种用马铃薯为主。另外，作为山西马铃薯的主产区，岚县主产鲜食马铃薯，主要种植高产中晚熟鲜食品种，比如克新 1 号、冀张薯 8 号等。

4. 长江中下游区

本区包括浙江、安徽和江苏南部、湖南怀化和邵阳以东、江西赣州以北、湖北荆州、武汉、黄石和潜江等地。气候类型主要是亚热带季风气候，年平均气温 19℃左右，年平均降水量约 1 500 毫米。区内分布着长江中下游平原和江南丘陵，广泛分布着水稻土和红壤，土壤的氮、钾和有机质含量丰富。

该区域冬闲田资源丰富，湖南和江西等地冬季马铃薯的种植规模逐渐扩大，栽培模式以地膜覆盖栽培为主。由于冬季马铃薯上市的时候正值市场空白期，价格较高，经济收益高，农户积极性较好。但由于该区域以小农户种植为主，规模小，机械化水平低。长期依赖从北方调运的种薯，品种结构单一，种薯质量良莠不齐，阻碍了本区马铃薯产业的发展。

马铃薯生育期为 2 月下旬至 6 月上旬和 9 月下旬至 12 月上旬，生育期平均气温 18.89℃，最高温 20.83℃，最低气温 12.81℃，平均降水量为 857 毫米，基本能够满足马铃薯生长需要。主要病害有早疫病、晚疫病、六月病、黑胫病、炭疽病、病毒病、黑痣病、青枯病。主要防治措施为：选育抗病或耐病的高产稳产品种；加强对种薯的病毒检测，避免引入带病种薯。除此之外，在夏季和秋季长江中下游地区容易遭受旱灾。皖西和皖北、湘西南和浙北等地区旱灾多发，并且部分地区还属于极端干旱多发地。近年来，农业洪涝灾害发生总体呈增加趋势，且具有明显的区域差异性，浙皖赣交界处、赣中北、浙东沿海和江汉平原等地区是洪涝灾害高发区。因此，该区应加强洪涝和秋季干旱灾害风险管理，做好防灾减灾规划。

发展方向：本区主要发展鲜食、菜用和加工用马铃薯。相比华北春秋种植区，该区域水温条件较好，马铃薯生育期较长，目前江西和浙江的马铃薯以鲜食为主、菜用为主要用途，湖南马铃薯种植则以鲜食、饲料和加工品种为主。另外，由于夏季气温高，不适宜马铃薯种植，因此春季栽培应以早熟品种为主。

5. 华南区

本区主要包括福建、广东、广西、海南、云南普洱和西双版纳、江西赣州、湖南永州等地区。气候类型以亚热带季风气候和热带季风气候为主，年均温度21.70℃，年均降水量1 655毫米。区内分布着两广丘陵、浙闽丘陵和武夷山脉，土壤类型赤红壤、红壤和水稻土为主，土壤含有丰富的氮和有机质，钾含量处于中等水平。该区域地方政府发布文件，指导秋冬马铃薯生产。该区域内的两广地区主要发展冬作马铃薯，建立了冬季马铃薯免耕栽培技术体系，采用机械整地起垄、稻草覆盖、晚疫病防控等冬作马铃薯高产高效优质栽培技术，近年来广西还开始种植春种、秋种马铃薯，从冬季种植为主向周年种植转变。马铃薯产业发展存在着品种单一、种薯质量良莠不齐、生产成本不断增加、加工业发展滞后等问题。马铃薯生育期为10月下旬至次年5月上旬，海南、普洱、西双版纳4月份最高温达到29℃以上，为了避免高温影响产量，应在3月下旬收获。该区域生育期平均气温18.84℃，最高温22.19℃，最低温13.98℃，平均降水量591毫米。该区域主要病害有早疫病、晚疫病、青枯病、环腐病、疮痂病、黑胫病、病毒病、炭疽病。建议可采取以下防治措施：在当地建立种薯繁育基地，适度从北方引种栽培，同时建立种薯质量检测体系；引进、培育抗病品种；马铃薯生长期间注意排水，避免土壤湿度过大加重发病；做好窖藏工作，晾干后下窖。

发展方向：主要发展鲜食和菜用马铃薯，在品种方面，应选用抗病、高产的早熟和早中熟品种。近年来，华南区利用冬闲田大力发展冬作马铃薯，农户种植经验丰富，马铃薯品相较好，产量较高。广西马铃薯种植区域分为冬种、春种和秋种优势带，以鲜食、加工和出口为主，福建的马铃薯主要分为菜用、加工和饲用途径，广东应主要发展鲜食和菜用薯，该地区水温条件不适宜大规模繁育种薯，且贮藏问题尚未解决，不适宜大规模种植加工专用品种。

6. 西南区

本区包括贵州、重庆、云南中部和东部、四川盆地、湖南湘西和张家界、湖北恩施、宜昌和十堰等地。气候类型以亚热带季风气候为主，年均温度16.60℃，年均降水量1 127毫米。区内分布着四川盆地和云贵高原等，土壤类型以红壤、黄壤为主，四川盆地还分布着紫色土，除四川盆地，土壤氮和有机质含量丰富，钾含量整体较低，南部云贵高原可达到中等水平。由于这一区域分布着云贵高原，地形复杂，海拔高度差较大，一定程度上导致了气候的垂直地带性特征。黔西北、滇东、川南及横断山南段山地、川西南高原和整个滇北高原的气候垂直地带性均极显著。因此，区域内马铃薯生育期存在差异，但为了避免区域破碎化问题，本文根据气温和降水将其划分为周年种植区。马铃薯产业为当地脱贫攻坚做出重要贡献，贵州和云南等地方政府出台一系列政策，支持马铃薯产业发展。

该区域是我国马铃薯主产区之一。目前发展春种、秋种和冬种马铃薯，种植模式多种多样，栽培技术的集成度较高，典型的种植模式有地膜覆盖栽培、稻草覆盖免耕栽培和水肥一体化技术等。部分地区建立了良种繁育体系，脱毒种薯的应用率不断提高，马铃薯增产效果显著。马铃薯产业发展受以下因素的制约：品种结构单一，缺乏加工专用型品种；连作导致病虫害逐年加重；机械化水平低等。

区域内马铃薯生育期的平均气温 17.20℃，最高气温 20.62℃，最低气温 12.43℃。平均降水量 1 117 毫米，能够满足马铃薯生长需要。云南文山、楚雄、玉溪、大理、红河、临沧等地区全年水温条件均适宜种植马铃薯。而其他地区 1 月份气温低，一般不适宜种植马铃薯；区内湘、渝、鄂和四川成都以东地区 7 月、8 月份气温高，不适宜种植。该区域主要病害有晚疫病、早疫病、青枯病、粉痂病、病毒病、疮痂病、黑痣病、黑胫病、环腐病等。主要防治措施为：建立无病留种田；选用抗病高产品种；精选种薯，建立健全良种繁育体系；实行种薯播种，防止病害传播。研究表明，西南地区的气象灾害主要是干旱，其次是洪涝灾害，低温、干旱、风雹、洪涝是农业生产的主要气象灾害，而且，近年来干旱灾害发展具有面积增大和频率提高的趋势，云南西南、东南部，以及四川盆地西部易受洪涝灾害影响，应该提高地区预测和应对低温冻害等气象灾害的能力，完善水利设施建设，加大科技自主创新能力。

发展方向：主要发展鲜食、加工和种用马铃薯。在品种方面应选用抗逆性较好的早熟、早中熟和中晚熟品种。该区域是中国马铃薯主产区，目前云南种植的大部分品种在晚疫病抗性方面表现良好，而且以中晚熟品种和鲜食品种为主；贵州西部、西北部和中部主要种植中熟或中晚熟品种，用于种薯、饲用和加工专用，东南部以早、中熟鲜食和菜用为主，北部和东北部则以早、中熟鲜食和蔬菜型品种为主，四川东北部以种薯和兼用型马铃薯为主。

7. 横断山区

本区包括怒江、四川阿坝藏族羌族自治州和甘孜藏族自治州东部、凉山彝族自治州和丽江西部等。气候类型以高原高山气候为主，年均温度 9.30℃，年均降水量 809 毫米。区内地形以横断山脉为主，土壤类型以黑毡土、草毡土和暗棕壤为主，土壤氮、磷、钾和有机质含量较高，处于丰富水平。马铃薯生育期为 4 月下旬至 10 月上旬，生育期平均气温 13.90℃，最高温 21.15℃，最低温 9.66℃，平均降水量 916 毫米。区内多山地，气候冷凉，马铃薯生育期较长，广泛分布着马铃薯供给区。该区域主要病害和自然灾害与西南区相似。

发展方向：主要发展鲜食、加工和种用马铃薯。该区域高寒山区无霜期较短，马铃薯一年一熟，应选用中晚熟、休眠期较长且耐贮藏的品种。

8. 青藏区

本区包括青海、西藏、四川甘孜藏族自治州等，大致以昆仑山、阿尔金山、祁连山和横断山脉为界。气候类型以高原高山气候为主，年均温度 3.90℃，年均降水量 469 毫米。区内地形以高原和盆地为主，东部的土壤类型以寒冻土和草毡土为主，西部的藏北高原则分布着寒钙土，该区域土壤钾含量较高，东南部地区氮、磷、钾和有机质均较为丰富。马铃薯已发展成为带动农村经济发展和农民增收的重要产业，部分地区形成了小规模的产业链，但是产业链的推动力弱，发展速度缓慢。一些种植户依然采用传统的种植方式，高产高效栽培技术研究少，且推广难度大。另外，该区域马铃薯种植追求高产与保护生态屏障、发展绿色生产之间存在矛盾。马铃薯生育期为 6 月上旬至 9 月上旬，生育期平均气温 13.01℃，最高气温 20.06℃，最低温大约 7.90℃，平均降水量 300 毫米，降水空间差异较大。青藏高原雪山区年均气温－1.93℃，且有研究表明在藏北、青南全年积雪日数达 60 天以上，夏季积雪日数大值区分布在青海与西藏的交汇处，与积雪区的范围大致一致。从水温条件来看，该区域不适宜种植马铃薯。

发展方向：主要发展鲜食、加工和种用马铃薯。该区域马铃薯生育期较短，且适宜种植的范围较小，应选用早熟或早中熟高产品种。

五、中国马铃薯种植区划空间差异分析

马铃薯生产由气候条件决定，受其他自然因素和经济因素的影响，本节构建了中国马铃薯种植区划指标体系，从自然因素和经济因素中选取 11 个指标，分别代表水温条件、土壤肥力状况、地形地貌、马铃薯空间集聚度和政策因素，进一步分析了各项指标的时空分布情况，为制定马铃薯种植区划方案奠定基础。

（一）指标构建原则与分析方法

主导因素原则：马铃薯种植受多种因素的影响。在诸多影响因素中，往往有几个因素占主导地位，在马铃薯生产中起决定性作用，而有的因素担任调节或协同的角色。

地域差异性：马铃薯区划指标应充分考虑并尊重水温、土壤和地貌等自然条件地域分异规律和社会经济地域分异规律，各项指标表现出明显的空间差异性。

相对稳定性：是指区划指标在一定历史时期内保持相对稳定性，所代表的自然条件或社会经济环境在一定时期内保持相对稳定，避免大幅度波动或频繁变动的指标。选取相对稳定的区划指标能够最大限度地避免偶然因素对区划结果的影响。

数据可获得性：是指能够获取区划指标；缺乏数据支持的，用意义等同的指标代替。

本研究绘制区划指标分布图主要使用克里金插值法，也称为空间自协方差最佳插值法，以变异函数理论和结构分析为基础，适用于存在空间相关性的区域化变量，假设都是空间相关性且所有随机误差都具有二阶平稳性。其表达式为：

$$\hat{Z}_0 = \sum_{i=0}^{n} \lambda_i Z_i \tag{4.9}$$

式中：$\hat{Z}_0$ 是点（x_0，y_0）处的插值估计值，即 $Z_0 = Z(x_0$，$y_0)$。这里的 λ_0 是权重系数，是空间上所有已知观测点的数据加权求和来估计差值点的值。但权重系数不是距离的倒数，而是一组最佳系数，它们能够满足点（x_0，y_0）处的插值估计值与真实值的差最小，同时满足无偏估计的条件：$E = (\hat{Z}_0 - Z_0) = 0$。

（二）区划指标体系

综合考虑自然因素和经济因素，构建了中国马铃薯种植区划指标体系，共选取 11 个指标，分别代表水温条件、土壤肥力状况、地形地貌和马铃薯空间集聚度，其中起主导作用的指标为平均气温 4～29℃、最低气温≥4℃、最高气温≤29℃、全氮含量、全磷含量、全钾含量、有机质含量，降水量、地形地貌、马铃薯种植核密度和政策支持力度为辅助指标（表 4 - 8）。

表 4 - 8　马铃薯种植区划指标体系

指标类型	指示特征	具体指标	指标性质
自然因素	水温条件	最低气温≥4（℃）	主要指标
		最高气温≤29（℃）	主要指标
		平均气温 4～29（℃）	主要指标
		降水量（mm）	辅助指标
	土壤肥力状况	全氮含量（%）	主要指标
		全磷含量（%）	主要指标
		全钾含量（%）	主要指标
		有机质含量（%）	主要指标
	地形地貌	地形地貌类型	辅助指标
经济因素	空间集聚度	核密度	辅助指标
	政策因素	政策支持力度	辅助指标

（三）区划指标的空间差异分析

使用 1989—2019 年全国气象监测站观测日值数据集，包括最高气温、平均气温、最低气温、降水量，数据来源于国家气象局。全国土壤全氮、全磷、全钾和有机质的含量，数据来源于中国土壤数据库。2016 年县级马铃薯种植面积数据，数据来源于国家马铃薯产业技术体系。

1. 水温条件

气温与马铃薯的生长发育密切相关，对生育期具有决定性作用。马铃薯是喜温凉作物，不同生育阶段对温度的要求存在差异，一般而言，温度超过 4℃即可发芽，花期最适宜的温度为 15～17℃，块茎膨大期为 17～19℃，超过 29℃块茎就会停止生长，因为温度过高会影响植株正常发育，进而导致减产。因此，选取最低气温大于 4℃、最高气温小于 29℃、平均气温 4～29℃作为主要指标，主要用于划分马铃薯生育期。

根据 1989—2019 年最低气温分布情况，1月上旬至4月上旬，中国高温区基本分布在东南部，包括云、贵、渝、粤、闽、琼、桂、湘、赣、鄂、豫、皖、鲁和四川东部，1月份是全年温度最低的月份，为 -35～22℃。4月下旬开始，高温区域逐渐向西北、华北和东北延伸，其中，塔克拉玛干沙漠、内蒙古西部和宁夏北部的沙地以及新疆准噶尔盆地增温速度较快，7月、8月温度最高，为 0.3～28℃。9月上旬开始，西北和东北地区气温逐渐下降，成为低温区。青海、西藏和四川西部几乎全年都处于低温状态。

根据 1989—2019 年各月份平均最高温变化情况，中国最高气温1月上旬至3月下旬为 -0.65～26.58℃，其中，1月上旬气温最低，-20.23～26.58℃，高温区主要分布在云、桂、粤、琼等。4月上旬开始，新、蒙、陕、冀等气温不断上升，5月下旬至8月上旬，中国高温区广泛分布在西北、华北、华中、华南等地区，7月下旬温度达到全年最大值，为 15.98～35.35℃。北方地区的温度从8月下旬开始逐渐下降，成为低温区。青南和藏北地区全年属于低温区。

根据平均气温分布情况，秋冬两季高温区主要分布在云、桂、粤、闽、琼等地区。其中，12月下旬和1月平均气温为 -28～23℃，低于其他月份。4—7月全国平均气温不断上升，7月下旬达到最大值，为 0.04～32.80℃。高温区从东南地区向华北、西北和东北地区延伸。从9月上旬开始高温区明显向东南地区缩减。

降水是影响马铃薯生长发育的重要因素，水分不足会影响马铃薯块茎的增长量，导致减产。该指标是辅助指标。根据降水时空分布情况，中国年均降水量大约 860 毫米，降水集中在夏季的几个月份，占比 48% 左右。而冬季的降水相对较少，大约占比 8%。降水高值区在 11—12 月和上半年，主要集中于浙、闽、湘、粤、桂、琼等地区，7月上旬降水高值区分布在云、贵、桂、粤、琼和长江流域。7月下旬至9月下旬则分布在四川盆地、东部和南部沿海地区。10月份范围缩减至云、贵、渝、琼等地区。全国大部分地区的降水量自3月下旬开始呈逐渐增加的趋势，进入9月份则逐渐减少。中国降水时空分布不均衡，大致呈现夏季多、冬季少，由东南向西北递减的规律。

2. 土壤肥力

中国土壤类型多样，土壤生物和养分具有明显的地域差异性。本研究把土壤全氮、全磷、全钾和有机质含量作为主要指标，对土壤肥力进行分析，这对于根据各区域土壤肥力丰歉程度进行合理施肥，提高肥料资源利用效率，增加马铃薯产量，改善品质具有重要意义（陈明玮等，2014）。

马铃薯土壤有机质、全氮、全磷、全钾和有机质含量分级根据中国第二次土壤普查制定的养分分级标准（表 4-9）。中国东北和南方地区土壤全氮含量较高，主要包括东北平原、云贵高原、山东丘陵、东南丘陵、长江中下游平原、长白山脉、大兴安岭和横断山脉；华北平原和藏北高原全氮含量处于中等水平；而西北地区分布着大面积的沙漠和戈壁，土壤全氮含量整体偏低。从土壤全磷含量分布情况来看，东北和华北地区含量较高，包括三江平原、松嫩平原、大兴安岭、小兴安岭、长白山脉、华北平原、山东丘陵、横断山脉和陇中高原土壤，而四川盆地、云贵高原、东南丘陵、塔里木盆地和内蒙古的戈壁、沙地等地区含量低。土壤全钾丰富区广泛分布在东北和西部地区，主要包括东北平原、大兴安岭、长白山脉、青藏高原、柴达木盆地、横断山脉和河西走廊等地；云贵高原西南部、长江中下游平原、两广丘陵和江南丘陵等属于中等和丰富区混合区域；而华北平原、四川盆地和云贵高原东北部则属于全钾缺乏区。土壤有机质含量丰富区主要分布在东北、东南和西南地区，包括东北平原、云贵高原、山东丘陵、东南丘陵、江南丘陵、大兴安岭、长白山脉、横断山脉等；汾渭平原和汉水谷地属于中等区，有机质缺乏地区广泛分布在西北地区，还包括华北平原、黄土高原和四川盆地等。

表 4 - 9　土壤养分等级表

养分（克/千克）	很丰富	丰富	中等	缺乏	很缺	极缺
全氮	>2.0	1.5～2.0	1.0～1.5	0.75～1.0	0.5～0.75	<0.5
全磷	>1.0	0.8～1.0	0.6～0.8	0.4～0.6	0.2～0.4	<0.2
全钾	>25	20～25	15～20	10～15	5～10	<5
有机质	>40	30～40	20～30	10～20	6～10	<6

数据来源：中国第二次土壤普查制定的养分分级标准。

3. 地形地貌

地貌是构成自然环境的基本要素之一。地形地貌影响着一个区域的气候、土壤、植被、水文等要素分布与变化，决定了自然环境的分异（李炳元等，2013），是马铃薯种植适宜性的重要影响因素。不同类型地形区马铃薯种植品种、熟制和栽培方式均存在明显差异。本研究把地形地貌类型作为辅助指标。中国地貌类型和地貌组合复杂，且具有明显的区域差异性。在我国东部地区，东北部地貌类型主要为平原低山丘陵，东南部地貌类型主要为低山丘陵平原。中部分布着华北-内蒙东中山高原、西南中低山高原盆地。西部分布着青藏高原高山极高山盆地谷地、西北高中山盆地（程维明等，2019）。

4. 空间集聚度

本研究将马铃薯空间集聚度作为辅助指标。中国马铃薯种植集中分布在四大热点区域：以甘肃南部为核心的西北地区、以云贵川渝为核心的西南地区、以内蒙古中部为核心的华北地区和以黑龙江为核心的东北地区。本研究以空间连续性为基本原则，保持马铃薯核心区的完整性。

5. 政策因素

马铃薯鼓励政策能够为布局的优化创造良好的外部环境，是影响马铃薯种植的时空布局的催化性因素。政府通过出台各项补贴扶持政策，使农户种植马铃薯的积极性大幅提高，从而扩大种植规模。本研究把政策支持力度作为辅助指标。

马铃薯种植空间格局演变机制

本章通过定量分析气候变化、技术进步、比较收益和政策扶持等主要指标，辨识中国马铃薯种植空间格局演变的驱动因素，从完全不可控要素、完全可控要素和部分可控要素 3 个方面构建中国马铃薯种植空间格局演变动力机制。

一、中国马铃薯种植空间格局演变影响因素

（一）影响因素辨识

1. 气候变化

马铃薯与种植地域自然条件的适宜性是其种植格局变化的基本原因。由于种植业对自然资源的依赖程度较高，降水、光照、温度和自然灾害等不同条件会对马铃薯不同区域的种植潜力造成显著影响，马铃薯耐旱、耐贫瘠，是半干旱区适宜种植的特色优势高产作物（赵鸿等，2013）。中国气候自 20 世纪初就呈现高于全球平均值的变暖趋势，升温速率为每 100 年升高 0.9～1.5℃，且在中国体现出明显的区域和季节特征（第三次气候变化国家评估报告编写委员会，2015）。由于马铃薯适合在较为冷凉的环境下生长，因此气候变暖造成马铃薯生产适宜区发生变化，主要是最适宜、适宜和不适宜种植区面积缩小，次适宜区和可种植区面积扩大（姚玉璧等，2016；邓振镛等，2010）。气候变暖除了带来区域间的变化外，也提高了马铃薯适宜种植区的海拔高度，平均上升了100～200 米，在西北地区高度上限已达到 3 000 米（肖国举等，2015）。同样，气候变化使得陇中、宁夏中南部、固原中南部和彭阳大部地区可种植面积迅速扩大（王鹤龄等，2012；苗百岭，2015）。本章选取降水量、日照时数、平均气温、成灾面积作为影响中国马铃薯区域分布的主要气候因素，探索气候因素对马铃薯种植区域分布的影响。

2. 技术进步

技术要素的集聚是中国马铃薯区域分布的重要推动力。一方面，技术创新提高了马铃薯作物的地域适应性，原有的马铃薯不适宜种植区域种植面积大幅增加。广西等地利用稻草覆盖免耕栽培技术和稻草包芯高产栽培技术，在冬闲田上开展冬季和早春马铃薯生产，播种面积从 2009 年的几乎没有迅速发展到 2015 年的 7.31 万公顷。另一方面，农业科技的研发与推广提升了耕地综合使用效益，提高了马铃薯的单产，进而促进了生

产效益的增加。西北旱区探索出了马铃薯全膜覆盖垄作集雨沟播栽培技术模式，通过试验推广，将有限的天然降水集流到垄沟，使天然降水的利用率达到 60%～75%，有效克服了干旱日益严重、雨季推迟等不利气候因素的影响。广东、福建、广西等省份利用稻草覆盖免耕栽培技术和稻草包芯高产栽培技术，在冬闲田上开展冬季和早春马铃薯种植，有效缓解了土壤排水不畅且黏性较重、易生冻害和种植季节短等不利影响，单产普遍比翻耕种植提高 20%～30%。广东惠州和福建漳州等地于 20 世纪 90 年代开始推广稻草覆盖包芯种植技术，从每年 10 月下旬晚稻收获后开始播种，到第二年的 2 月份收获，比传统耕作方式增收 40% 以上。主要选取科普专职人员数量、科研经费支出、机械化水平作为影响中国马铃薯区域分布主要技术因素，探索技术因素对马铃薯种植区域分布的影响。

3. 比较收益

马铃薯成本收益比较优势的变化是其种植格局变化的根本因素。以东北地区的黑龙江为例（表 5 - 1），2014 年，该地区马铃薯每千克净利润仅为 0.09 元，远低于种植粳稻 0.62 元/千克的收益，且种植粳稻的成本利润率为马铃薯的 2.36 倍；而在西南一二季混作区，以重庆为例，2014 年马铃薯平均净利润高达 1.56 元/千克，远高于同为倒茬作物的油菜的－4.39 元/千克的收益，成本利润率达到了 3.58 倍，具有明显的经济效益优势。此外，南方冬作区在水稻等作物收获后利用大量冬闲田增种一季冬马铃薯（Mi J，2012），既能充分利用耕地资源，又能缓解冬春季农村剩余劳动力就业压力，增加农户收入，而且冬种马铃薯的上市时间一般为 1—4 月，正好是我国新鲜马铃薯市场的空档期，种植收益较高。

表 5 - 1 2014 年部分地区每亩马铃薯与其替代作物成本收益对比情况

项目	单位	黑龙江		重庆	
		粳稻	马铃薯	马铃薯	油菜
主产品产量	千克	527.56	1 427.74	1 219.70	107.75
产值合计	元	1 647.20	1 298.00	3 597.17	612.36
总成本	元	1 320.28	1 174.62	1 691.85	1 085.32
生产成本	元	852.68	890.97	1 339.32	995.12
土地成本	元	467.60	283.65	352.53	90.20
净利润	元	326.92	123.38	1 905.32	－472.96
现金成本	元	976.46	685.97	789.04	125.53
现金收益	元	670.74	612.03	2 808.13	486.83
成本利润率	%	24.76	10.50	112.62	－43.58

数据来源：《全国农产品成本收益资料汇编 2015》。

注：1. 各地区马铃薯成本收益数据来源于 2016 年 11 月的调查，并经作者整理得出；2. 各地区除马铃薯以外其他作物收益均指现金收益。

经济因素是影响农户种植行为选择的主要因素之一。比较效益是指与其他经济活动在投入产出、生产收益之间的相互比较，是衡量农业生产收益的重要标准。根据《全国农产品成本收益资料汇编（2002—2016）》分析，2001—2015 年，全国马铃薯每亩投入总成本和每亩生产成本总体上均呈现上升趋势，但部分地区种植净利润则呈现较大波动（表 5-1），如重庆马铃薯种植的成本利润率（成本利润率＝净利润/成本费用总额×100％）在 2003 年和 2010 年出现了两次较为明显的波峰，分别为 210.9％和 185.32％。此外，与马铃薯生长季相似的替代作物，如北方的玉米和南方的油菜，也会影响马铃薯农户的种植意愿。结合以上分析，在比较效益部分选取总成本、净利润、50 千克出售价格、单位面积产量、成本利润率（成本利润率＝净利润/成本费用总额×100％）等指标进行分析，探索比较效益对马铃薯种植的影响。选取每亩总成本、每亩净利润、替代作物价格（北方地区玉米、南方地区油菜的每 50 千克主产品平均出售价格）作为影响中国马铃薯区域分布的主要经济因素，探索经济因素对马铃薯种植区域分布的影响。

（1）生产总成本。 生产总成本是指直接生产过程中为生产该产品而投入的各项实物、现金和劳动力的成本，测算的是在生产该产品过程中，除了土地外其他资源的消耗。

近年来，马铃薯生产总成本呈上升趋势。根据《全国农产品成本收益资料汇编（2002—2016）》资料显示，2001—2015 年，全国马铃薯每亩投入总成本和每亩生产成本总体上均呈现上升趋势。由于区域经济发展水平不同，技术投入差异较大，马铃薯亩均生产投入也存在较大区域差异。因此着重分析黑龙江和重庆两地的每亩总成本差异与马铃薯生产的相关关系。

黑龙江省主要种植马铃薯和粳稻，且近年来粳稻种植面积扩增，从图 5-1 可以看出，黑龙江马铃薯与粳稻每亩总成本变化可以分为两个阶段：第一阶段是 2001—2008 年，马铃薯和粳稻的投入成本均呈现上升趋势，且马铃薯亩均投入成本高于粳稻；第二阶段是 2009—2015 年，粳稻每亩成本均略高于马铃薯，主要是由于 2009 年马铃薯每亩总成本下降为 761.61 元，而粳稻每亩成本上升为 819.77 元，首次超过马铃薯成本。这主要是由于该地区马铃薯生产投入成本，包括资金和劳动力投入减少；而对粳稻的化肥、农药等投入增加，导致总成本上升。

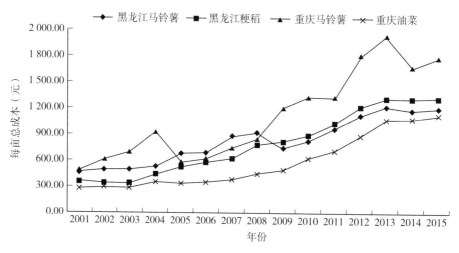

图 5-1　2001—2015 年黑龙江和重庆两地相应作物每亩总成本

　　重庆地区主要种植马铃薯和油菜。与黑龙江不同，重庆市的马铃薯生产成本虽呈现波动上升的趋势，但一直是高于油菜的种植成本。值得提出的是，2005—2013 年重庆马铃薯生产成本呈现急速攀升态势，连续创下历史新高。

　　(2) 每亩净利润。由图 5-2 可以看出，黑龙江马铃薯与粳稻每亩净利润变化一直呈现此消彼长的态势，且有明显的阶段性。第一阶段是 2001—2010 年，马铃薯净利润大于粳稻，2010 年两者净利润较为接近，马铃薯为 604.78 元，粳稻为 451.04 元。第二阶段是 2011—2015 年，马铃薯和粳稻的净利润相差甚微，到 2015 年马铃薯净利润为304.07 元，粳稻为 260.24 元，仅相差 43.83 元。总的来说，黑龙江地区种植马铃薯和粳稻获得的经济效益差距逐渐缩小，马铃薯种植净收益优势不明显。

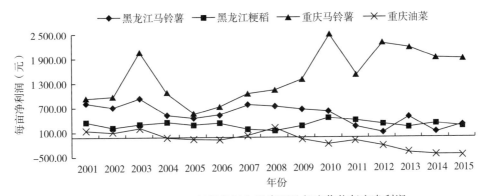

图 5-2　2001—2015 年黑龙江和重庆两地相应作物每亩净利润

　　在现有生产技术水平和市场价格下，重庆马铃薯的净利润远高于油菜，即农民在种植马铃薯能够获得较大的经济效益。从图 5-2 可以看出，重庆的马铃薯净利润由 2001年的 915.72 元上升到 2013 年的 1 900.57 元，平均每年增长 11.95%，增长过程中表现出较大波动，其中在 2010 年净利润达到最大值 2 490.13 元。这说明，重庆市马铃薯种植获得的净利润在现有条件下依然有上升空间，给农户带来经济效益。相反，农户种植油菜时获得的经济效益逐年下降，甚至出现负值。2001—2008 年油菜净利润在零值上下波动，2009—2015 年油菜净利润逐年下滑，到 2015 年已低至 −479.80 元。种植油菜不但得不到利润，反而要投入更多。由此看来，重庆地区种植马铃薯的经济效益要高于油菜，优势明显。

　　(3) 成本利润率。根据图 5-3 所示，从整体上看，2001—2015 年黑龙江的马铃薯和粳稻成本利润率呈现相似的波动下降趋势，到 2015 年马铃薯和粳稻的成本利润率已分别低至 25.59% 和 19.68%。分阶段看，2001—2010 年黑龙江马铃薯成本利润率高于粳稻成本利润率，但 2011—2015 年粳稻的年平均成本利润率略高于马铃薯，分别为24.90% 和 21.36%。这说明在黑龙江马铃薯和粳稻的成本补偿能力逐渐变弱，且马铃薯种植相较于粳稻并没有收益优势。在重庆市，2001—2015 年马铃薯成本利润率呈现波动状态，出现了两次较为明显的波峰，分别出现在 2003 年和 2010 年，达到 210.9%和 185.32%，这主要是由于该年份成本的增加滞后于价格的提升，致使成本利润率水平上升。重庆市油菜成本利润率大致呈现倒 V 形分布,最高点出现在 2008 年,为 40.87%;除 2007 年和 2008 年外,成本利润率均为负值,且近几年成本利润率持续下降,且远低于马铃薯的成本利润率。

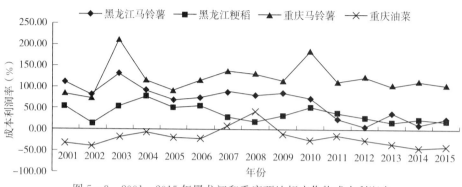

图 5-3　2001—2015 年黑龙江和重庆两地相应作物成本利润率

综合来讲,重庆马铃薯成本利润率要高于黑龙江马铃薯成本收益率,并且差距在逐步拉大,说明在西南地区的重庆,每单位成本获得的利润要高于东北地区的黑龙江,马铃薯种植收益相对具有优势。

(4) 每 50 千克平均出售价格。种植收益对农产品出售价格较为敏感,而且农户往往以农产品价格为基础进行种植决策,从而影响下一年甚至若干年的种植规模,所以,农产品价格对农作物生产有重要调节作用,影响其生产空间格局。图 5-4 显示了黑龙江和重庆马铃薯、粳稻和油菜的出售价格(以 50 千克为单位)变化,结果表明,黑龙江粳稻出售价格逐年稳步上升,从 2001 年的 56.00 元上升至 2015 年的 153.26 元,而黑龙江马铃薯出售价格却一直在 42.60 元上下徘徊。重庆油菜价格在 2001—2015 年波动上升,尤其是 2009—2015 年价格稳定上升,而重庆马铃薯出售价格始终低于油菜价格,在 2001—2015 年虽有上升但增幅较小。由此可见,黑龙江省马铃薯出售价格远低于粳稻出售价格,重庆马铃薯出售价格也远低于油菜出售价格,也就是说在黑龙江和重庆地区,马铃薯在出售价格上并不占优势。

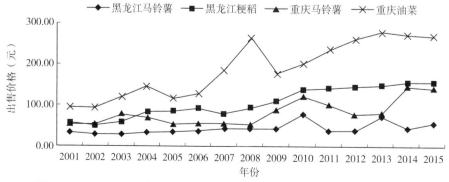

图 5-4　2001—2015 年黑龙江和重庆两地相应作物每 50 千克平均出售价格

由以上分析可知，黑龙江省马铃薯种植总成本逐年上涨，其中种子、化肥、劳动及土地等成本增加是推动农产品生产成本上涨的主要因素。黑龙江省马铃薯净利润下降；成本利润率下降幅度很大，严重影响了薯农种薯意愿。重庆市马铃薯种植总成本虽呈现上升趋势，但其净利润也波动上升，成本利润率表现为稳定波动；马铃薯价格波动上升，这些积极因素引导农户增加马铃薯种植规模的决策，以致重庆市马铃薯种植呈现空间集聚状态。

(5) 单产。马铃薯生产技术得到了较快发展，优良品种研发、脱毒种薯推广和优质高产配套栽培技术等创新科技普及推广使得马铃薯产业开发深入推进，对提高马铃薯单产水平作出重要贡献。

单产是促进粮食种植收益提高的第一位因素，提升单产也是促进农民增收的有效手段之一。从单产变化图（图5-5）可以看出，粳稻和油菜单产变化幅度很小，而马铃薯单产波动较大，说明马铃薯的种植收益受单产影响较大。从地区上看，黑龙江马铃薯单产稳中有降，每亩产量从2001年的1 604.34千克下降到2015年的1 321.88千克。这似乎不符合经济技术发展实际，但事实上，马铃薯种植费工费力，且收益不高甚至无收益，黑龙江地区农户种植马铃薯意愿日渐下降，且怠于管理，以致单产水平降低。重庆市马铃薯单产稳中有升，尤其是2012年和2013年，分别达到2 709.61千克、2 618.79千克，远高于同时期黑龙江马铃薯单产水平。这说明，重庆马铃薯单产有增长的潜力和能力，同时带动了种植收益的增加。

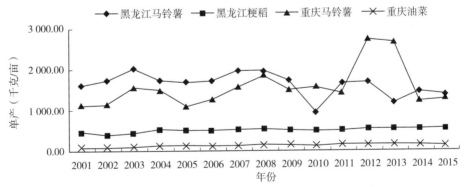

图5-5 2001—2015年黑龙江和重庆两地相应作物单产水平

以单位面积净利润（UANP）作为被解释变量，选取每50千克主产品平均出售价格（PRI）、每亩产量（OPM）、每亩物质与服务费用（MSC）、每亩人工成本（LBC）、每亩土地成本（LC）作为解释变量，对黑龙江马铃薯、粳稻和重庆马铃薯、油菜进行主成分回归分析，通过回归系数解释收益变化原因。多元回归模型为：

$$UANP_t = \alpha_0 + \alpha_1 PRI_t + \alpha_2 OPM_t + \alpha_3 MSC_t + \alpha_4 LBC_t + \alpha_5 LC_t + \mu \quad (5.1)$$

其中，$\alpha_j = (1, 2, 3, 4, 5)$为偏回归系数，实际表明各变量的单位面积边际收益，表明在其他变量数值不变的情况下，每当所对应的变量变动一个单位，单位面积净利润的平均变动量，t表示年份，μ表示误差项。

运用 SPSS 23.0 对（5.1）进行多元回归分析，黑龙江马铃薯、黑龙江粳稻、重庆马铃薯和重庆油菜的 KMO 统计量值分别为 0.695、0.703、0.877、0.783，表明因子模型值得尝试。同时 Bartlett 球形检验结果显著，说明各因子指标之间存在多重共线性，适合进行主成分分析。

表 5-2 结果显示，黑龙江马铃薯的前 2 个、黑龙江粳稻的前 1 个、重庆马铃薯的前 2 个和重庆油菜的前 2 个主成分的累计贡献率分别为 91.99%、91.37%、90.38%、92.90%，即所选取的主成分分别包含了原有 5 个变量的 91.99%、91.37%、90.38%、92.90%，因此，分别确定各自主成分替代原有变量进行回归分析。

表 5-2　2001—2015 年相应作物的主成分得分系数载荷矩阵

指标	黑龙江马铃薯		黑龙江粳稻	重庆马铃薯		重庆油菜	
	F1	F2	F1	F1	F2	F1	F2
特征值	3.622	0.978	4.569	3.364	1.155	4.041	0.604
贡献率	72.437	19.558	91.373	67.272	23.102	80.814	12.086
累积贡献率	72.437	91.994	91.373	67.272	90.375	80.814	92.900
PRI	0.855	−0.433	0.977	0.729	−0.654	0.954	0.024
OPM	−0.740	0.618	0.849	0.598	0.760	0.775	0.614
MSC	0.828	0.500	0.982	0.839	0.335	0.910	−0.351
LBC	0.899	0.393	0.977	0.942	−0.135	0.928	−0.302
LC	0.922	0.066	0.987	0.940	−0.140	0.917	0.110

主成分得分的测算结果显示，黑龙江马铃薯的每 50 千克主产品平均出售价格（PRI）、每亩物质与服务费用（MSC）、每亩人工成本（LBC）、每亩土地成本（LC）对第一主成分和单产在第二主成分上有较高载荷，这些指标基本反映了马铃薯生产市场信息，说明市场因素对马铃薯生产起到了重要作用，良好的效益将有利于马铃薯种植生产；这些指标基本反映了马铃薯生产效益信息，这说明市场信息与马铃薯生产紧密相关，比较效益高有助于马铃薯生产的扩大，反之则会抑制其发展；机械化水平、成灾面积、政策在第三主成分上有较高载荷，这些指标基本反映了马铃薯生产外部支撑信息，这充分说明为马铃薯生产提供的技术条件、环境条件和政策条件影响力较强；单产、总成本在第四主成分上有较高载荷，这些指标基本反映了马铃薯生产过程中直接投入产出信息，表明能直接为农户所感受到的成本投入和总量产出对生产决策起到了关键性作用，影响马铃薯种植扩张。

根据主成分得分系数，将黑龙江马铃薯、黑龙江粳稻、重庆马铃薯、重庆油菜的所选主成分分别表示为各自变量的线性组合。

$$Z_i = \beta_{i1} STDPRI + \beta_{i2} STDOPM + \beta_{i3} STDMSC + \beta_{i4} STDLBC + \beta_{i5} STDLC$$

$$(5.2)$$

其中，β_{it}（$t=1，2，3，4，5$）为第 i 个主成分的第 t 个分量。STD 表示变量为标

准指标变量。

$$STDX_i = (X_i - \overline{X})/S \qquad (5.3)$$

其中，X_i（$i=1$，2，3，4，5）分别为变量 PRI、OPM、MSC、LBC、LC，$\overline{X}$ 为变量 X_i 的均值，S 为变量 X_i 的标准差。

根据主成分得分系数计算 2001—2015 年黑龙江马铃薯、黑龙江粳稻、重庆马铃薯、重庆油菜的每 50 千克主产品平均出售价格（PRI）、每亩产量（OPM）、每亩物质与服务费用（MSC）、每亩人工成本（LBC）、每亩土地成本（LC）的主成分标准化值，作为新变量进行主成分回归分析，得到新的多元回归方程，将（5.2）、（5.3）分别代入，得到原自变量的回归方程。

表 5 - 3　2001—2015 年相应作物的主成分回归分析指标

回归系数	黑龙江马铃薯	黑龙江粳稻	重庆马铃薯	重庆油菜
α_1	0.137 736 514	0.056 644 170	0.643 358 700	−0.568 950
α_2	−0.075 813 019	0.046 852 453	−0.653 085 039	2.226 496
α_3	−0.641 854 607	0.017 197 609	0.040 227 850	−3.064 570
α_4	−0.786 470 601	0.022 464 885	0.089 191 824	−0.274 180
α_5	−0.412 931 775	0.013 646 775	0.098 241 553	−0.635 140

由表 5 - 3 可知，①α_1 表明黑龙江马铃薯、黑龙江粳稻、重庆马铃薯、重庆油菜每提高一个单位的 50 千克出售价格，可分别提高其每亩净利润 13.77 元、5.66 元、64.34 元、−56.90 元，在黑龙江种植马铃薯的边际收益比种植粳稻高 8.11%，在重庆种植马铃薯比种植油菜的边际收益高 121.23%，出售价格的快速上涨导致重庆马铃薯种植收益不断增加。②α_2 表明黑龙江马铃薯、黑龙江粳稻、重庆马铃薯、重庆油菜的亩均单产每提高 100 千克，可使每亩净利润增加 −7.58 元、4.69 元、−65.31 元、222.65 元，在黑龙江种植马铃薯的边际收益比种植粳稻低 12.27%，在重庆种植马铃薯比种植油菜的边际收益低 287.96%，单产水平的提高是马铃薯比较收益不断增加的原因之一。③α_3 表明黑龙江马铃薯、黑龙江粳稻、重庆马铃薯、重庆油菜的每亩物质与服务费用每增加 100 元，可使每亩净利润增加 − 64.19 元、1.72 元、4.02 元、−306.46 元，在黑龙江种植马铃薯的边际收益比种植粳稻低 65.91%，在重庆种植马铃薯比种植油菜的边际收益高 310.48%，物质与服务费用的增加对黑龙江马铃薯的种植收益起到了较大抑制作用，反之在市场空间充裕的重庆，通过增加物质与服务费用的投入会增加收益。④α_4 表明黑龙江马铃薯、黑龙江粳稻、重庆马铃薯、重庆油菜的每亩人工成本每增加 100 元，可使每亩净利润增加 −78.65 元、2.25 元、8.92 元、−27.42元，在黑龙江种植马铃薯的边际收益比种植粳稻低 80.89%，在重庆种植马铃薯比种植油菜的边际收益高 36.34%，人工成本的增加对黑龙江马铃薯的种植收益起到了较大抑制作用。⑤α_5 表明黑龙江马铃薯、黑龙江粳稻、重庆马铃薯、重庆油菜的每亩土地成本每增加 100 元，可使每亩净利润增加 −41.29 元、1.36 元、9.82 元、−63.51 元，在

黑龙江种植马铃薯的边际收益比种粳稻低 42.66％，在重庆种植马铃薯比种植油菜的边际收益高 73.34％，土地成本的增加对黑龙江马铃薯的种植收益起到了较大抑制作用。

由以上分析可知，每亩产量、每亩物质与服务费用、每亩人工成本、每亩土地成本的单位面积边际收益是黑龙江省马铃薯低于粳稻的主要原因，而每 50 千克主产品平均出售价格、每亩物质与服务费用、每亩人工成本、每亩土地成本的单位面积边际收益是重庆市马铃薯高于油菜的主要原因。故选取每亩总成本、每亩净利润、替代作物价格作为经济因素的主要指标。

4. 政策扶持

马铃薯种植相关鼓励政策的推出，直接推动了中国马铃薯种植格局的明显变化。在西北一季区和西南一二季作区，马铃薯产业被作为是干旱半干旱地区和贫困山区脱贫致富的重要产业和优势产业，各级政府先后制定马铃薯产业发展的优惠政策。包括原种生产、种薯贮藏、质量体系、灾害补贴和初级加工等，政策体系基本实现了产前、产中和产后的全面覆盖，直接激发了农户的种植热情。本节从省、市、县三级政策推行情况，选取政策虚拟变量作为影响中国马铃薯区域分布的主要政策因素，探索政策因素对马铃薯种植区域分布的影响。

马铃薯相关推动政策的出台是其种植格局变化的主导原因。在西南地区，马铃薯产业被作为重点优势产业培育，如贵州围绕马铃薯产业建设出台了《贵州省人民政府关于推进马铃薯产业发展的意见》等为代表的一系列马铃薯产业支持政策措施，"十二五"期间，贵州累计投入马铃薯财政扶贫资金 3.16 亿元。云南出台了《云南省马铃薯产业发展总体规划》和《云南省马铃薯产业优势区域布局实施规划》，以引导产业发展。2015 年，云南仅宣威和曲靖两地就补贴马铃薯良种生产就超过 1 000 万元。

随着中国马铃薯商品化程度的提高，马铃薯种植集约化、规模化、专业化和产业化程度的增强，影响中国马铃薯种植空间格局演变的因素也日趋复杂化和多元化。自然资源禀赋通常被认为是影响马铃薯空间格局演变的首要因素，但农产品差异化、规模经济、空间外部性等因素对马铃薯空间格局的影响逐步显现并日益突出。就目前中国马铃薯空间格局的时空特征和变化趋势来看，比较效益是导致东北和西南地区马铃薯播种面积"此消彼长"的关键性因素。地方政府结合自然资源禀赋的相对优势出台马铃薯相关扶持政策，成为影响西北和西南地区马铃薯播种面积空间集聚的催化性因素。马铃薯生产技术的不断进步增加了南方冬闲田种植作物的选择范围，成为东南地区马铃薯播种面积不断增大的推动性因素。此外，气候变化使马铃薯适宜种植区域面积扩大，增大了西北地区的种植潜力，成为空间格局演变的基础性因素。

（二）指标体系构建

通过上述分析、走访调研和梳理相关文献（杨亚东，2018），确立了中国马铃薯空间格局影响因素评价指标模型。主成分分析变量指标选取及说明如表 5 - 4 所示，以全国各省市马铃薯生产水平作为因变量，用马铃薯种植面积（y）来表示。自变量包含 4 个一级和 11 个二级指标。

表 5 - 4　主成分分析变量指标选取及说明

一级指标	二级指标	单位	数据处理	数据来源
气候因素 （1～4）	1 生长季降水量	毫米	研究区域气象站点相关 数据计算得出	国家气象信息中心标准气象站
	2 生长季日照时数	小时		
	3 生长季平均气温	℃		
	4 马铃薯成灾面积	公顷	相关调研数据计算得出	国家马铃薯产业技术体系相关调研数据；2016 年各省（自治区、直辖市）统计年鉴
技术因素 （5～7）	5 科普专职人员数量	人		《中国科技统计年鉴 2016》
	6 科研经费支出	万元		
	7 马铃薯机械化水平		相关调研数据计算得出	国家马铃薯产业技术体系相关调研数据
经济因素 （8～10）	8 每亩总成本	元		《全国农产品成本收益汇编 2015》；国家马铃薯产业技术体系相关调研数据
	9 每亩净利润	元		
	10 替代作物价格	元	北方地区的玉米和南方地区的油菜	
政策因素 （11）	11 政策	虚拟变量 （没有＝0，有＝1）		对应省、市、县、乡各级政府部门是否有推动马铃薯种植的相关扶持政策的虚拟变量

（三）研究方法

主成分回归分析（Principle Component Regression，PCR）方法可以通过数据综合处理，将多个指标减少为一个或几个能够反映原来多个指标所代表的绝大部分信息的综合指标，在互不相关的前提下避免原始指标的重复性，以便于进一步的计算、分析和评价。依据准则设定提取其中特征值大于 1、对解释原始数据方差信息大于 85％贡献率的主成分予以保留，并测算出综合得分。

（四）数据来源

本研究采用的数据资料主要有 4 个来源：①《全国农产品成本收益资料汇编》中各省（自治区、直辖市）的马铃薯生产成本收益数据；②国家马铃薯产业技术体系调研数据；③国家气象信息中心的研究区域气象站点数据；④全国各省（自治区、直辖市）政策性文件。

（五）定量分析

为了定量分析马铃薯种植区域分布的影响因素，在充分考虑影响因素的重要性、指标的完整性和数据的可得性等方面的前提下，从气候、技术、经济和政策 4 个方面选取指标，利用全国 16 省市相关数据进行主成分分析，以客观反映各指标影响作用。

标准化处理能够很好地消除原始数据的量纲影响，KMO 统计量和 Bartlett 球形检验能反映变量间存在的相关性，只有存在相关性的指标才适合进行主成分分析。根据对 11 个影响因素指标进行检验，KMO 统计量的值为 0.577，Bartlett 球形检验 $P<0.05$，表明选取的指标存在相关性，可以进行下一步分析。

借助 SPSS 23.0 软件对数据进行主成分分析，依据特征根大于 1、累计方差贡献率大于 80% 的原则选取主成分。结果如表 5-5 所示，选取特征值分别为 4.83、2.95、2.12 和 1.34 的 4 个主成分 F1、F2、F3 和 F4，选取的主成分累积贡献率已超过 80%，可以较好反映指标所包含的信息，且主成分之间互不相关。因此，采用这 4 个新变量来代替原有的 11 个变量。

表 5-5 主成分的特征值和贡献率

主成分	特征值	贡献率	累计贡献率
F1	4.829	34.493	34.493
F2	2.947	21.048	55.541
F3	2.122	15.154	70.695
F4	1.341	9.581	80.276

从主成分载荷矩阵（表 5-6）可以看出，马铃薯生长季的降水量、日照时数、平均气温和成灾面积在 F1 上的载荷较高，这些指标代表了马铃薯生产的自然条件，这充分说明自然资源条件对马铃薯的生产起到了重要作用，良好的自然条件有利于马铃薯种植生产；机械化水平和政策在 F2 上有较高载荷，这些指标代表了马铃薯生产的外部信息，这说明马铃薯生产的技术条件、环境条件和政策条件影响力较强；科普专职人员数量、科研经费内部支出在 F3 上有较高载荷，这些指标代表了马铃薯生产过程中科技投入信息，表明科技投入能够直接影响马铃薯农户的生产决策，是影响区域马铃薯分布的关键因素。每亩总成本、每亩净利润和替代作物价格在 F4 上有较高载荷，这些指标代表了马铃薯生产效益信息，这说明市场信息与马铃薯生产紧密相关，比较效益高有助于马铃薯生产的扩大，反之则会抑制其发展。

表 5-6 主成分载荷矩阵

指标	自然信息	外部信息	科技信息	收益信息
生长季降水量	0.717	−0.054	−0.194	−0.337
生长季日照时数	−0.675	−0.152	0.459	0.433
生长季平均气温	0.869	−0.143	−0.229	0.234
成灾面积	−0.595	0.520	0.499	0.085
科研经费内部支出	0.552	−0.406	0.542	0.029

（续）

指标	自然信息	外部信息	科技信息	收益信息
科普专职人员数量	0.520	0.027	0.539	0.265
机械化水平	0.004	0.853	0.205	0.209
每亩总成本	0.522	0.209	0.333	0.651
净利润	0.534	−0.031	0.036	−0.735
替代作物价格	0.404	0.629	−0.284	−0.505
政策	−0.587	−0.844	−0.453	0.686

通过计算主成分载荷矩阵中的数据得到主成分表达系数，将系数与标准化后的数据相乘，得到 4 个主成分的得分。最后以 4 个主成分所对应的贡献率与各个主成分得分相乘并求和计算主成分综合得分模型：

$$F1 = 0.326X_1 - 0.307X_2 + 0.395X_3 - 0.271X_4 + 0.251X_5 + 0.237X_6 + 0.002X_7 + 0.238X_8 + 0.243X_9 + 0.184X_{10} - 0.267X_{11}$$

$$F2 = -0.031X_1 - 0.09X_2 - 0.083X_3 + 0.303X_4 - 0.237X_5 + 0.016X_6 + 0.497X_7 + 0.122X_8 - 0.018X_9 + 0.366X_{10} - 0.492X_{11}$$

$$F3 = -0.133X_1 + 0.315X_2 - 0.157X_3 + 0.343X_4 + 0.372X_5 + 0.370X_6 + 0.141X_7 + 0.229X_8 + 0.025X_9 - 0.195X_{10} - 0.311X_{11}$$

$$F4 = -0.291X_1 + 0.374X_2 + 0.202X_3 + 0.073X_4 + 0.025X_5 + 0.229X_6 + 0.180X_7 + 0.562X_8 - 0.635X_9 - 0.436X_{10} + 0.592X_{11}$$

$$F = \frac{\lambda_1}{\lambda_1 + \lambda_2 + \lambda_3 + \lambda_4}F1 + \frac{\lambda_2}{\lambda_1 + \lambda_2 + \lambda_3 + \lambda_4}F2 + \frac{\lambda_3}{\lambda_1 + \lambda_2 + \lambda_3 + \lambda_4}F3 + \frac{\lambda_4}{\lambda_1 + \lambda_2 + \lambda_3 + \lambda_4}F4$$
$$= 0.43F1 + 0.262F2 + 0.189F3 + 0.119F4$$

各信息综合得分及其排名见表 5 - 7。

表 5 - 7　各省（自治区、直辖市）主成分得分

省份	自然信息	排名	外部信息	排名	科技信息	排名	收益信息	排名	总得分	排名
河北	−0.31	12	0.30	8	−0.40	11	0.76	12	0.35	11
山西	−1.32	16	−0.40	16	−1.04	14	0.22	15	−2.55	16
内蒙古	0.76	3	1.00	2	1.54	2	1.19	8	4.50	2
辽宁	−0.05	10	0.26	10	−0.93	12	0.97	10	0.25	12
黑龙江	0.65	4	−0.08	14	−1.80	16	0.74	13	−0.49	13
山东	1.41	1	3.19	1	1.29	4	5.07	1	10.95	1
湖北	0.57	5	−0.29	15	−0.19	10	1.73	4	1.82	9
重庆	0.46	6	0.97	3	0.03	8	1.78	3	3.24	6
四川	0.23	8	0.88	5	0.96	5	1.23	7	3.30	5
贵州	−0.18	11	0.90	4	0.73	6	1.17	9	2.64	8

（续）

省份	自然信息	排名	外部信息	排名	科技信息	排名	收益信息	排名	总得分	排名
云南	0.38	7	−0.02	13	1.52	3	1.23	6	3.12	7
陕西	−0.97	14	0.11	12	−0.15	9	1.48	5	0.46	10
甘肃	0.19	9	0.65	6	1.74	1	0.90	11	3.49	4
宁夏	0.82	2	0.44	7	0.48	7	2.17	2	3.91	3
青海	−1.22	15	0.17	11	−1.11	15	0.17	16	−1.99	15
新疆	−0.81	13	0.29	9	−1.03	13	0.64	14	−0.91	14

由于本研究选用的是影响因素指标，因此表 5 - 7 所示排名表示的是各地区马铃薯影响信息综合得分。根据计算结果可知，自然信息得分最高的省份是山东、宁夏、内蒙古、黑龙江。究其原因，这些省份在马铃薯生长季的气温、日照和降水相对更加适宜马铃薯生产，且自然灾害较少；外部信息得分最高的省份是山东、内蒙古、重庆、贵州，由于近年来山东马铃薯上市期较早，价格较其他作物更具优势，农户在收益较高的预期激励下也增加了机械化方面的投入，部分西北一季区与西南一二级混作区将马铃薯作为重要的民生作物，政府更加注重制定优惠政策引导产业发展；科技信息得分最高的省份是甘肃、内蒙古、云南，由于西北一季区和西南一二季混作区广泛推广集雨沟播、地膜覆盖、高垄双行、稻草包芯等栽培技术模式，提高了天然降水的利用率，扩大了可耕种的区域范围；收益信息得分最高的省份是山东、宁夏、重庆，以山东为代表的中原二季作区每年鲜薯上市时间最早，起到了引导市场价格年度走向的关键作用，宁夏等北方一季作区则是面积最大的种薯、鲜薯产销区域，价格能够平衡全年的马铃薯走势，以重庆为代表的西南一二季混作区的马铃薯价格售价相对较高。

四个信息的综合加权得分表示各省份影响信息的整体水平，综合得分排名靠前的是近年来马铃薯生产呈上升趋势的山东、内蒙古、宁夏、甘肃等地区。值得注意的是，由于较高的种植收益和冬闲田的充分利用，四川、重庆、云南、贵州等西南一二季混作区的马铃薯生产呈现良好发展势头，加之马铃薯增产潜力较大、用途较为广泛，这些地区在农业结构调整过程中，也将马铃薯产业列为发展区域经济和解决贫困地区农户脱贫致富的重要措施。

将 δ 设为 0，利用 SPSS 23.0 软件对标准化后的数据进行斜交旋转，将指标负载的绝对值与对应主成分信息的贡献率相乘，得到各影响因素指标的得分和排名（表 5 - 8）。

由表 5 - 8 可以看出，对中国马铃薯产生重要影响因素的绝对值从高到低排列依次为：生长季降水量（0.38）、生长季日照时数（0.38）、生长季平均气温（0.37）、替代作物价格（0.23）、每亩总成本（0.22）、净利润（0.17）、科研经费内部支出（0.13）、科普专职人员数量（0.12）、机械化水平（0.11）、成灾面积（0.11）和政策（0.08）。显然，自然条件是马铃薯种植的首要决定因素，种植效益是马铃薯种植的主要决定因素，科技水平的提升能够在一定程度上克服自然环境的不适应性，提升种植效率。值得说明的是，成灾面积和政策的得分排名靠后并不能说明这两个因素的影响作用弱，主要是因为在因素选取时成灾面积是按照相关地区调研数据进行测算的，只能在一定程度上说明马铃薯受灾情况。同时，政策因素在一定时期确实能够起到促进种植的作用，但是从产业的长远发展来看，资源配置还应当遵循市场规律。

表 5-8　中国马铃薯生产影响因素排名

评价指标	F1	F2	F3	F4	对应主成分贡献率	显著影响因素得分	排名
生长季降水量	0.949	-0.190	0.169	0.078	40.396	0.383 392	1
生长季日照时数	-0.945	0.222	-0.051	0.005	40.396	-0.381 69	2
生长季平均气温	0.905	-0.201	0.189	0.104	40.396	0.365 755	3
成灾面积	-0.358	0.062	-0.100	0.837	13.280	0.111 123	10
科研经费内部支出	-0.095	-0.133	0.946	-0.025	13.632	0.129	7
科普专职人员数量	0.281	0.336	0.044	0.908	13.280	0.120 535	8
机械化水平	0.641	0.055	0.823	0.157	13.632	0.112 151	9
每亩总成本	0.300	-0.967	0.190	-0.207	23.239	-0.224 75	5
净利润	0.713	-0.746	0.128	-0.020	23.239	-0.173 38	6
替代作物价格	0.085	-0.986	-0.007	-0.134	23.239	-0.229 21	4
政策	0.489	0.059	0.325	0.633	13.280	0.084 115	11

二、中国马铃薯种植空间格局演变动力机制

根据上文中国马铃薯种植空间格局演变因素指标体系中各指标对种植空间格局的影响，以中国马铃薯种植空间格局作为目标系统，通过梳理各指标与目标系统的关系，可知中国马铃薯种植空间格局演变动力机制主要受完全不可控、完全可控和部分可控要素的综合作用。其中，生长季降水量、生长季日照时数、生长季平均气温和马铃薯成灾面积是完全不可控要素的构成要素；科研经费内部支出、科普专职人员数量、机械化水平和政策是完全可控要素的构成要素；每亩净利润、每亩总成本和替代作物价格以效益为表现形式构成了部分可控要素。三个方面相互影响，通过循环作用渗透于中国马铃薯种植空间格局演变动力机制之中，构成了动力机制系统之间的约束平衡，推动中国马铃薯种植空间格局演变，最终形成中国马铃薯种植空间格局演变动力机制。

（一）完全不可控要素

完全不可控要素（表 5-9）主要包括气候和自然灾害等在内的自然要素。自然条件的适宜程度是农业生产的基础条件，降水量、土壤条件、光照强度和难以预测的自然灾害直接决定了不同地区的马铃薯种植情况，进而影响中国马铃薯种植空间格局的形成。在前文分析中，马铃薯种植受到生长季的降水量、气温、光照条件和自然灾害等要素的影响，这些要素在种植过程中难以控制，其不确定性对马铃薯种植会产生较大影

响。马铃薯生产易受气候、自然灾害等灾害影响，如广西浦北县受强冷空气影响，出现连续霜冻天气，造成了全县 500 亩马铃薯受到了不同程度的冻害。

表 5-9　完全不可控要素构成

系统构成	要素构成	备　注
完全不可控系统	生长季降水量 生长季日照时数 生长季平均气温	马铃薯生长季的降水量、光照和平均气温等基本要素属于开放性生态系统的重要构成，因此，其在马铃薯种植中属于不可控要素，为根本性要素
	马铃薯成灾面积	马铃薯成灾主要受到干旱、降水量过大、气温过高、冰冻灾害及由此引发的各类病虫害

（二）完全可控要素

完全可控要素（表 5-10）主要包括科技进步和政策要素。科技进步通过提高资源的利用效率、降低生产投入成本、避免资产折旧带来的成本损失等促进区域马铃薯种植面积增加，进而推动了马铃薯种植空间格局演变。马铃薯种植扶持政策通过直接补贴和间接补贴等方式，提升农户马铃薯种植收益，带动区域间不同品种的种植空间格局变化。同时，政策也能通过间接影响作用于科技要素，提升作物种植的科学技术水平，增加不同区域的作物种植适宜程度。在前文分析中，马铃薯种植受到科研经费内部支出、科普专职人员数量、机械化水平和政策的影响，这些要素在种植过程中完全可控，能够通过增加或减少相应要素水平，促进要素流动性和集聚性，进而对马铃薯种植的区域分布产生影响。

表 5-10　完全可控要素构成

系统构成	要素构成	备　注
完全可控要素	科研经费内部支出 科普专职人员数量 机械化水平	科研经费和科研人员投入是技术进步的基础要素构成，而马铃薯种植机械化水平的提升是技术成果转化的重要体现
	政策	政策对技术进步起到了引导激励、支持保障的作用

（三）部分可控要素

部分可控要素（表 5-11）主要包括每亩净利润、每亩总成本和替代作物价格等与市场环节中种植收益密切相关的要素。市场环节中的种植收益对马铃薯种植空间集聚的影响主要集中在供需关系方面。由前文分析可知，在马铃薯供给环节，农户种植行为主要受到种植成本、净利润和替代作物价格等因素的直接影响。从需求环节来看，马铃薯消费主要受到替代作物价格的影响。一方面，农户可以通过控制或减少投入等方式降低马铃薯或其生产替代作物的生产成本；另一方面，农户难以通过个体控制整体市场环节，导致净利润和消费替代作物价格成为掣肘农户种植意愿的主要因素。总体来看，这些要素在马铃薯种植空间格局演变中总体表现为部分可控，农户在马铃薯市场供需博弈中，通过引导市场要素的流动，进而对马铃薯种植空间格局分布产生影响。

表 5 - 11　部分可控要素构成

系统构成	要素构成	备　　注
部分可控要素	每亩净利润 每亩总成本 替代作物价格	需求交叉弹性直接影响马铃薯的市场供需结构，进而影响价格影响收益，反向作用于种植成本

（四）动力机制

中国马铃薯种植空间格局的形成与要素的集聚或分离有着密切的关系。从理论来看，马铃薯种植空间格局的理论基础包括资源禀赋、要素集聚、生态可持续等，其空间格局的形成需要较长的孕育周期。从实际情况来看，区域范围内的资源禀赋、生态约束、产业基础促进了空间格局的形成。结合完全不可控、完全可控和部分可控三类要素分析，中国马铃薯种植空间格局的变化伴随着要素的流动和资源的集聚或分散，即以此得出中国马铃薯种植空间格局发展过程中不同要素各自承担的不同角色，进而根据各变化过程中产生的波及效应、集聚效应及社会效应，衍生出整体的种植空间格局分布。因此，从中国马铃薯种植空间格局演变动力机制来看，在资源禀赋和各类要素推动下，完全不可控要素、完全可控要素和部分可控要素是中国马铃薯种植空间格局演变动力机制的主要构成要素。

以降水量、平均气温、日照时数和成灾面积等构成的完全不可控要素作为基本的生产条件，为生产成本、净利润和替代作物价格等构成的部分可控要素提供了资源禀赋。完全不可控要素对科技进步和政策实施等完全可控要素的影响主要表现在生态约束和要素制约。其中，以东北一季区为例，该地区依托其雄厚的资源禀赋优势，生长季的降水量、平均气温和日照时数等气候因素为马铃薯种植提供了较为优越的生态基础，对降低单位种植成本有直接影响，结合当地主要替代种植作物水稻价格的间接影响，最终影响马铃薯单位种植比较收益。

就部分可控要素而言，马铃薯种植成本、亩均净利润、替代品价格等要素通过田间生产、市场资源配置，对完全不可控要素中的降水量、平均气温、日照时数和成灾面积等要素在生态承载力约束下起到了循环利用的作用。部分可控要素对以政策和技术进步为核心的完全可控要素，在生产及市场活动中，为技术创新提供了发展方向，也为技术成果转化提供了载体，进而起到了降本提质增效等促进作用。以南方冬作区为例，广东省、福建省等地凭借其完善的市场体系，依托国内国际两个市场，辐射带动马铃薯上中下游之间的产业联系，高效转化早熟高产高效技术、晚疫病综合防治技术和稻—稻—薯水旱轮作、稻草覆盖、平衡施肥等技术。

完全可控要素中，由科研经费内部支出、科普专职人员数量、机械化水平等要素构成的技术进步及政策支持，通过优化马铃薯产区光、气、水、热等气候因素的科技投入，最小化马铃薯种植中的旱涝寒热及由此引发的各类病虫害；通过种薯和机械购置补贴、科技投入等扶持政策，极大地增加了马铃薯种植的科技含量，提高了马铃薯种植收益。以滕州市、胶州市为代表的中原二季作区为例，该地区通过多层次、多样式的地膜覆盖解决马铃薯种植过程中保温保墒的难题，通过撒施化学药剂综合治理病虫害、防治晚疫病等；通过应用脱毒种薯和农机具补贴激活当地马铃薯市场，并随着冷库贮藏能力的提高，对降低当地马铃薯市场波动起到稳定器的作用，进而保障了农户种植收益。

综上所述，中国马铃薯种植空间格局在以气候条件为主的完全不可控要素、以市场为主的部分可控要素和以科技政策为主的完全可控要素的共同作用下，通过基于种植禀赋条件、生态约束的自然资源投入，基于市场行为的要素循环流动、科技政策转化，基于制度与技术创新的政策扶持、环境改造，共同形成了中国马铃薯种植空间格局演变的动力机制（图5-6）。

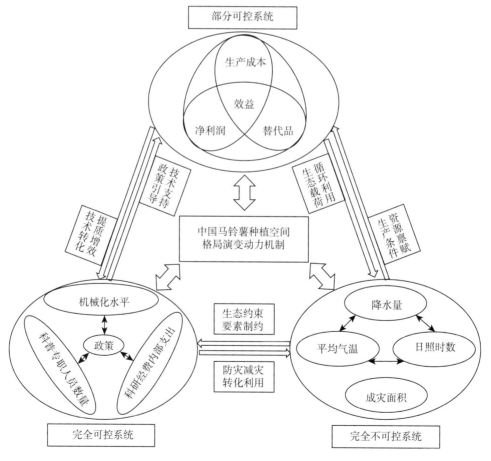

图5-6　中国马铃薯种植空间格局演变动力机制示意

三、中国马铃薯种植空间格局演变内生机制

本章运用综合计划行为理论、条件价值评估法和多元线性回归模型，基于1 261个中国马铃薯调研农户分析影响种植意愿的主要因素。按照若干个体决策决定群体决策，进而影响区域空间格局的逻辑设定，构建中国马铃薯种植空间格局演变内生机制。

（一）理论框架与研究假设

1. 理论框架

本章以条件价值评估法（Contingent Valuation Method，CVM）为基础，构建中国马铃薯种植主体行为意愿影响因素及内生机制分析模型。通过分析马铃薯农户种植意愿的影响因素、影响方向和影响强度，进而分析中国马铃薯种植空间格局演变内生机制。种植主体行为意愿影响因素分析模型的概念框架如图5-7所示。

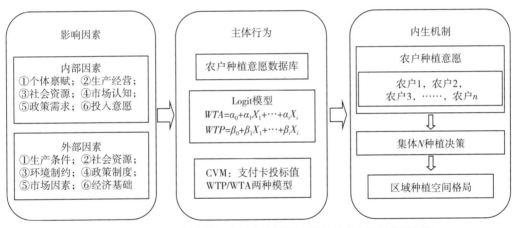

图5-7　中国马铃薯种植主体行为意愿影响因素及内生机制分析框架

2. 研究假设

根据理论框架分析对影响因素的预期判断，结合计划行为理论（Theory of Planned Behavior，TPB），种植主体行为意愿是由行为意向间接决定，行为意向由个人态度、外在主观范式和行为控制决定。人格、智商、经验、教育背景等个人禀赋通过影响农户种植意向而间接影响农户种植意愿、外在主观范式和行为控制，进而影响农户行为。政策以信息、经验等方式影响主体行为。本部分基于计划行为理论，从构建模型的角度科学选择并系统设置特征变量，初步构建种植主体行为意愿影响因素评价指标体系，并假设农户技术应用意愿受到以下因素影响：

H_1：农户个人禀赋特征决定其马铃薯种植行为的选择；

H_2：农户对于马铃薯等农作物的认知直接决定其种植意愿；

H_3：农户从事对马铃薯种植的目标期望直接影响种植意愿；

H₄：农户对于马铃薯种植的期望报酬直接影响其种植意愿；

H₅：农户经济来源和家庭收入结构直接影响种植意愿；

H₆：农户对于政策的感知和意识直接影响种植意愿；

H₇：农户对于市场的认知程度直接影响种植意愿；

H₈：社会资源的丰富与否直接影响农户马铃薯种植意愿；

H₉：接受并参与技术培训和学习直接影响农户马铃薯种植意愿。

（二）研究基础

1. 调研样本选取

（1）调研区域选取。 调研区域的选取以中国马铃薯种植集中分布区作为重点，共计160个县（市、区），其中东北一季区24个、华北一季区26个、西北一季区20个、中原二季作区15个、西南一二季混作区65个、南方冬作区10个（表5-12）。

表5-12　调研县（市、区）名单一览表

对应马铃薯 生产区域	数量 （个）	县（市、区）名称
东北一季区	24	扎兰屯市、阿荣旗、牙克石市、莫力达瓦达斡尔族自治旗、海拉尔区、长岭县、洮北区、农安县、镇赉县、九台区、敦化市、汪清县、梨树县、扶余市、公主岭市、绥中县、新民市、本溪满族自治县、昌图县、五大连池市、呼玛县、加格达奇区、宁安市、望奎县
华北一季区	26	建平县、张北县、沽源县、康保县、尚义县、围场县、左云县、天镇县、浑源县、广灵县、阳高县、武川县、和林县、清水河县、固阳县、达茂旗、商都县、四子王旗、兴和县、察哈尔右翼后旗、凉城县、榆阳区、定边县、靖边县、子洲县、清涧县
西北一季区	20	安定区、通渭县、临洮县、渭源县、岷县、武山县、甘谷县、秦州区、清水县、庄浪县、湟中县、大通回族土族自治县、互助土族自治县、民和回族土族自治县、乐都区、原州区、西吉县、泾源县、隆德县、海原县
中原二季作区	15	界首市、阜南县、临泉县、蒙城县、怀远县、滕州市、胶州市、平度市、肥城市、安丘市、睢阳区、新野县、荥阳市、栾川县、通许县
西南一二季混作区	65	保康县、随县、襄州区、枣阳市、谷城县、恩施市、利川市、巴东县、咸丰县、来凤县、武鸣县、平南县、浦北县、港南区、雁山区、石柱县、武隆区、巫溪县、云阳县、开州区、金堂县、双流区、青白江区、大邑县、彭州市、昭觉县、布拖县、会理县、越西县、盐源县、七星关区、织金县、大方县、威宁县、赫章县、惠水县、长顺县、三都县、黄平县、瓮安县、西秀区、普定县、镇宁布依族苗族自治县、关岭布依族苗族自治县、盘州市、古城区、玉龙县、宁蒗县、永胜县、华坪县、宣威市、会泽县、富源县、沾益区、马龙县、芒市、盈江县、陇川县、龙陵县、腾冲市、昭阳区、鲁甸县、巧家县、镇雄县、彝良县
南方冬作区	10	惠东县、恩平市、电白区、开平市、阳东区、龙海市、上杭县、霞浦县、长乐区、南安市

（2）调研对象选取。调研对象选取主要依据调研县马铃薯种植区域分布，按照东、南、西、北、中五个方位，随机选取 5 个乡（镇、街道）的 5~10 个农户。

本研究调研时间为 2016 年 12 月至 2017 年 12 月，调研时间基准点是 2016 年，调研主要内容涉及农户 2016—2017 年马铃薯及其相关替代作物的种植情况。在调研形成的 1 314 份调查问卷中有 53 份不合格，有效率为 96.0%，不合格问卷产生的主要原因：一是调研对象在回答问题过程中反复征询他人意见，自己不能清楚表达导致答案受到质疑；二是调研对象年龄较大，没有实际参与农业生产导致回答情况与实际情况不符。有效调查问卷数量符合预先样本容量整体要求。

2. 研究方法

本章采用目标抽样（Focal Animal Sampling，FAS）与分层抽样（Stratified Random Sampling，SRS）相结合的方法，基于中国马铃薯种植格局演变趋势得出的典型变化区域进行探索性研究，为从微观层面研究马铃薯种植个体决策打下基础。按照有限时间内精度最高的原则，用简单随机抽样（取 $P=0.5$ 计算）计算需要样本量 600~1 067 份。建立二元计量经济模型：

$$Y_i = X_i\beta + \mu_i \tag{5.4}$$

式中，Y_i 代表观测值是 0 和 1 的行为意愿自变量，X_i 为因变量，包括调研对象（农户）和种植意愿的属性。由于（5.4）具有方差异质性等问题，需建立随机效用二元选择模型：

$$Y_i^* = X_i\beta + \mu_i^* \tag{5.5}$$

式中，Y_i^*、X_i、β、μ_i^* 分别为方程的被解释变量、解释变量、待估计参数和随机干扰项。

根据 Logit 模型（Logistic Regression，LR）中的最大似然估计法（Maximum Likelihood Estimate，MLE），假设随机变量服从逻辑概率分布，调查获得的 n 例观察对象彼此独立，其自变量为 $X_i=(X_1^i，X_2^i，\cdots，X_p^i)$，因变量为 Y_i（0~1 变量），$i=1$，2，$\cdots$，n。对于第 i 个体，给定 X_i 时，出现观察结果 Y_i（0 或 1）的概率为：

$$P(Y_i \mid X_i) = \left[\frac{1}{1+e^{-(\beta_0+\beta_1 x_1^i+\cdots\cdots\beta_p x_p^i)}}\right]^{Y_i}\left[\frac{e^{-(\beta_0+\beta_1 x_1^i+\cdots\cdots\beta_p x_p^i)}}{1+e^{-(\beta_0+\beta_1 x_1^i+\cdots\cdots\beta_p x_p^i)}}\right]^{1-Y_i} \tag{5.6}$$

若 $Y_i=1$，概率值就是第一个中括号内数值；若 $Y_i=0$，概率值就是第二个中括号内数值。

对于 n 个独立个体，给定自变量 X_i 时，出现当前观察结果 $Y_i(i=1$，2，$\cdots$，$n)$ 的概率为上述 n 个概率的乘积表达式如下：

$$P(Y_1 Y_2 \cdots\cdots Y_n \mid X_1 X_2 \cdots\cdots X_n) = \prod_{i=1}^{n}\left[\frac{1}{1+e^{-(\beta_0+\beta_1 x_1^i+\cdots\cdots\beta_p x_p^i)}}\right]^{Y_i}\left[\frac{e^{-(\beta_0+\beta_1 x_1^i+\cdots\cdots\beta_p x_p^i)}}{1+e^{-(\beta_0+\beta_1 x_1^i+\cdots\cdots\beta_p x_p^i)}}\right]^{1-Y_i}$$

$$\tag{5.7}$$

根据模型求解 β_0，β_1，β_2，$\cdots$，β_p，使似然函数 L 或其对数 $\ln L$ 达到最大，这样得到的解记为 b_0，b_1，b_2，$\cdots$，b_p 为参数 β_0，β_1，β_2，$\cdots$，β_p 的最大似然估计值。

将模型（5.6）取对数进行变换得到 Logit 回归模型：

$$Logit(P_i) = \ln\left(\frac{1}{1-p}\right)\beta_0 + \beta_1 x_{1i} + \beta_2 x_{2i} + \cdots\cdots\beta_p x_{pi} + \mu \qquad (5.8)$$

式中，被解释变量 Y 表示农户是否愿意支付马铃薯种植费用；X_i（$i=1, 2, \cdots,$ n）为解释变量（影响因素）；P_i 是农户支付愿意（或受偿意愿）选择概率；β_0 为常数项（截距）；β_0，β_1，β_2，$\cdots$，β_p 表示回归系数；μ 为随机误差项；p 为解释变量的个数；n 为所调查样本容量。

3. 变量选择与定义赋值

解释变量共分 5 组（表 5-13），分别是：①个体禀赋特征变量，包括是否为户主、性别、年龄、受教育程度和务农时间；②生产经营特征变量，包括家庭总人口、人均年收入、在家务农比率、人均农业纯收入、耕地面积、马铃薯种植面积以及各项生产成本费用等；③社会资源特征变量，包括信息来源途径、遇到生产问题是否求助别人和他人意见是否采纳；④市场认知特征变量，包括对市场关注、关注生产替代作物、关注消费替代作物等；⑤政策需求变量，包括作物种植补贴、种薯购置补贴、农膜补贴政策、相关技术培训、保险补贴政策等。

表 5-13　解释变量的描述性分析

变量	变量定义及说明	平均值	标准差	预期方向
户主 X_1	0＝不是，1＝是	0.68	0.469	＋/－
性别 X_2	0＝女，1＝男	0.62	0.487	＋/－
年龄 X_3（岁）	1≤35，2＝36～50，3＝51～60，4≥60	3.56	1.059	＋/－
受教育程度 X_4	1＝小学及以下，2＝初中，3＝高中，4＝大专及以上	2.12	0.846	＋
务农时间 X_5（年）	1＝1，2＝1.1～3，3＝3.1～6，4＝6.1～9，5＝9.1～12	3.02	1.035	－
家庭总人口 X_6（人）	家庭人口数	6.73	1.548	＋/－
人均年收入 X_7（万元）	1≤0.3，2＝0.31～0.6，3＝0.61～0.9，4≥0.91	2.13	1.379	＋/－
在家务农比率 X_8	1≤20%，2＝21%～40%，3＝41%～60%，4≥61%	1.96	0.958	－
人均农业纯收入 X_9（元）	1≤1 000，2＝1 001～2 000，3＝2 001～3 000，4＞3 000	2.38	0.963	＋
耕地面积 X_{10}（亩）	家庭实际耕地面积	197.38	646.391	＋
马铃薯种植面积 X_{11}（亩）	1≤10，2＝10.1～50，3＝50.1～100，4≥100	103.64	271.100	＋
亩生产成本 X_{12}（元）	马铃薯每亩种植总成本	2 345.70	1 294.130	
亩分项成本 $X_{13\sim19}$（元）	种薯、化肥、农家肥、农膜、农药、机械、灌溉成本费用	—	—	＋/－
亩人工成本 X_{20}（元）	每亩人工成本（折算）	629.79	307.580	＋
亩土地成本 X_{21}（元）	每亩土地成本（折算）	333.21	254.730	＋
亩销售收入 X_{22}（元）	每亩马铃薯销售收入	2 420.81	1 736.200	
信息来源途径 X_{23}	0＝不是亲朋和村民，1＝来源于亲朋和周边村民	0.33	0.272	＋
问题求助别人 X_{24}	0＝不求助于周边人，1＝主要求助于亲朋和周边村民	0.51	0.400	＋
他人意见采纳 X_{25}	0＝不采纳，1＝采纳	0.52	0.408	＋
市场关注 X_{26}	0＝不关注，1＝关注	0.81	0.389	＋
关注生产替代作物 X_{27}	0＝不关注，1＝关注	0.84	0.336	

（续）

变量	变量定义及说明	平均值	标准差	预期方向
关注消费替代作物 X_{28}	0＝不关注，1＝关注	0.72	0.447	
作物种植补贴 X_{29}	0＝不关注，1＝关注	0.73	0.334	＋
种薯购置补贴 X_{30}	0＝不关注，1＝关注	0.74	0.299	＋
农膜补贴政策 X_{31}	0＝不关注，1＝关注	0.59	0.384	＋
相关技术培训 X_{32}	0＝没参加过，1＝参加过	0.86	0.238	＋/－
保险补贴政策 X_{33}	0＝不关注，1＝关注	0.66	0.200	＋

注："＋"代表正向作用，"－"代表负向作用，"＋/－"代表可能为正也可能为负。

（三）种植意愿统计分析

1. 描述性统计分析

运用 SPSS 23.0 和 Excel 统计软件对 1 261 份问卷进行描述性统计分析，主要包括：个体禀赋、生产经营、社会资源、市场认知、政策需求、投入意愿这 6 个特征变量。

（1）个体禀赋特征。 调研对象个体禀赋特征主要包括是否为户主、性别、受教育程度、家庭总人口数、家庭外出务工人数、家庭人均年收入等指标（表 5 - 14）。调研对象中，本人是户主的数量为 927 人，占调研对象总数的 73.5%，其中男性户主有 895 人，符合当前男性户主仍是农村家庭生产经营活动的主要决策者现状，其接受问卷调查使得回答更具有可靠性。50 岁以上的中老年人占调研对象总数的 68.7%，35 岁以下青年人只占 6.2%，调研对象总体年龄结构偏大，说明现阶段农户种植行为主体以中老年人为主，年轻人则更多流向城郊。但在调研过程中，农户普遍反映近年来青壮年劳动力返乡创业已经呈现逐步上升趋势。调研对象每年从事农业劳动的时间累计不超过 3 个月的占样本总数的 83.4%，时间的缩短说明农业科技极大带动了农业生产力的提高。由于调研对象涉及家庭农场等新型农业经营主体，调研对象户均耕地面积较大，为 90.52 亩，家庭耕地面积 10 亩以下的占调研农户总量的 31.4%。农业亩均纯收入在 1 000 元以下的调研对象占 59.1%。

表 5 - 14 被调查者及其家庭基本情况

项目	类别	北方一季作区			中原二季作区	南方冬作区	西南一二季混作区
		东北一季区	华北一季区	西北一季区			
性别	男	158	161	159	162	158	164
	女	52	43	52	59	48	45
年龄	≤35	11	12	12	19	11	13
	36～50	48	53	55	54	57	50
	≥51	151	139	144	148	138	146

（续）

项目	类别	北方一季作区			中原二季作区	南方冬作区	西南一二季混作区
		东北一季区	华北一季区	西北一季区			
受教育程度	小学及以下	18	15	18	16	19	25
	初中	48	41	59	46	51	48
	高中	101	111	103	112	89	95
	大专及以上	43	37	31	47	47	41
外出务工人数	≤1	38	37	41	45	37	45
	≥2	172	167	170	176	169	164
家庭人口总数	≤2	53	55	66	33	36	48
	3~5	112	106	102	131	127	113
	≥6	45	43	43	57	43	48
人均年收入（元）	≤3 000	36	25	37	31	25	53
	3 001~6 000	89	73	86	66	75	64
	6 001~9 000	33	42	36	44	41	66
	≥9 001	52	64	52	80	65	26

注：2016 年农村居民人均可支配收入 12 363 元，2016 年贫困标准约为 3 000 元。

（2）生产经营特征。 生产经营特征主要包括亩均物质与服务费用、人工成本和土地成本等。调研对象种植马铃薯的生产成本主要包括种薯、化肥、农药、农膜、机械、排灌等 11 项。各项成本费用均值占总生产成本费用的比例由高到低依次为：种薯成本占 21.11%、家庭用工折价成本占 15.81%、土地（折价）成本占 14.21%、化肥成本占 11.39%、用工成本占 11.05%、机械作业成本占 4.67%、农家肥成本占 4.28%、农药成本占 2.33%，其余费用占 4.10%。此外，汇总 1 261 户调研对象及马铃薯生产成本情况可知，调研对象家庭平均总人口 6.73 人，在家务农劳动力 3.43 人，每亩平均生产成本为 1 065.4 元，每亩平均收益为 1 512.80 元。调研中，农户普遍反映马铃薯市场行情不明朗，种植平均收益波动显著且呈现下降趋势，说明马铃薯乃至初级农产品的减贫扶贫功能呈现弱化趋势。

（3）社会资源特征。 社会资源特征主要包括信息来源和是否积极采纳他人生产建议。信息来源途径共分为 6 种，分别是村镇宣传、电视新闻、周边村民、亲戚朋友、电脑网络和报纸书刊。具有 3 个及以上的信息来源途径代表信息来源渠道丰富，否则认为不丰富。是否积极采纳他人生产建议的对象包括农技工作人员、周围邻居、村干部、亲戚朋友及不求助别人共 5 类。对于别人提供的生产建议或意见是否会采纳分为大多数会采纳、可能会采纳、不太会采纳、肯定不采纳 4 个等级。调研情况显示，68% 左右的调研对象信息来源不丰富，67% 愿意积极采纳他人生产建议，52.4% 对于他人生产建议一定会采纳，20.7%不太会或根本不采纳他人生产建议。调研结果表明，研究区域内调研对象思想偏于保守，社会资源不丰富，遇到市场问题不太愿意求助他人。

（4）市场认知特征。种植主体对市场情况的认知特征主要通过根据何种原因决定下一季是否有马铃薯的种植计划。种植主体的种植意愿除了受到马铃薯的直接经济收益影响以外，还会受到生产替代和消费替代方面作物的本季收益影响，从而作用于下一季的种植计划。从生产角度来看，马铃薯鲜薯的主要种植替代作物是可以与马铃薯同季生产的作物，北方主要是小麦和玉米，南方主要是水稻和油菜，马铃薯生产替代作物通过影响农户种植决策从而影响马铃薯的播种面积和产量，进而决定当季的马铃薯种植收益。从消费角度来看，马铃薯鲜薯的主要种植替代作物是能够与马铃薯同季上市销售的蔬菜。在不以马铃薯为主要粮食作物的冷凉地区，按照马铃薯的传统鲜食方法，马铃薯主要与大白菜、番茄、茄子、黄瓜等互为替代作物。马铃薯消费替代作物通过其销售价格影响马铃薯的消费和生产，从而作用于农户的马铃薯意愿。关注生产替代产品的占81.5%，不关注的占18.5%。种植主体认为马铃薯市场行情不好的人数占40.5%，认为行情走势比较平稳的占59.5%。由此可见，不同规模、不同生产区域的农户对于市场行情的关注程度不同，但是仍有大部分农民对于市场行情关注不多，市场本身的复杂性也不容易被普通农户探明，说明在现阶段农户的市场意识相对缺乏，增强市场引导在一定程度上仍然任重道远。

（5）政策需求特征。为摸清农户对于相关政策的期望和偏好，问卷设计了关于政策重要性排序性的多选问题。调研对象根据自身认知将五项惠农政策按照重要程度不同进行排序。研究采用SPSS 23.0统计软件中的多选项分类法，惠农政策排序分别为种植补贴、种薯补贴、农膜补贴、技术培训和保险政策。农户最为认可的是可以带来直接受益的种植补贴，但也有较多农户反映，从长远来看，直接的种植补贴不利于马铃薯市场化发展，不如将种植补贴转化为种薯、农药等农资补贴。此外，增加保险政策也受到广大农户的大力支持。

（6）投入意愿特征。

①确定支付卡投标值范围。种植马铃薯亩均直接投入成本为465.5元，其中亩均种薯成本46.2元、化肥成本158.9元、农药成本22.1元、灌溉成本36.3元、机械成本为202元，各项生产成本费用所占的比例为种薯费用占9.9%、化肥费用占34.1%、机械费用占43.4%、灌溉费用占7.8%、农药费用占4.7%。机械成本费用在实际种植过程中成本占比较大，由播种、铺膜、中耕、喷药、收获、深耕深松、运输和折旧等8项费用构成。

本研究通过核心估值问题设计，探寻农户对于种薯、肥料、人工和机械等费用的支付意愿（Willingness to Pay，WTP）和受偿意愿（Willingness to Accept，WTA）。由于马铃薯种薯、肥料、人工和机械等成本较高，所以相应费用的支付意愿成了解马铃薯种植意愿的重要指标，由于农户的马铃薯种植支付意愿小于受偿意愿，故确定不同的投标值范围（表5-15）。

表 5-15 马铃薯种植意愿调查的支付意愿和受偿意愿投标值范围

项目	1	2	3	4	5	6	7	8
WTP	≤200	201~300	301~400	401~500	501~600	601~700	701~800	≥801
WTA	≤100	101~150	151~200	201~250	251~300	301~350	351~400	≥401

②WTP 与 WTA 的样本均值。选择确定度小于或等于"5"的都认为是"不太愿意"，934 个调研对象表示"非常愿意"支付种薯、肥料、人工和机械费用（$WTP>0$），占有效问卷的 77.32%；22.68% 表示"不太愿意"（$WTP=0$）。调研对象支付意愿的分布出现两个峰值，分别是 31.9% 的小于等于 200 元和 37.8% 的 31~40 元，总体支付意愿均值为 48.3 元/亩。1 183 个调研对象有受偿意愿，只有 78 个调研对象持否定态度。受偿意愿投标值范围最高的是占 33.3% 的 151~200 元，其次为 17.5% 的 351~400 元，样本总体的受偿意愿均值为 271.3 元/亩。

2. 单因素统计分析

（1）变量选择与定义赋值。将原有的解释变量进行筛选、补充并重新定义赋值，以满足计量统计分析的要求。主要变化情况有：①变量的个数由 33 个减少为 16 个，剔除户主、性别、年龄、家庭总人口等 17 个不显著的影响因子，增加 4 个新变量。②文化程度按照"小学以下、小学、初中、高中、大专及以上"5 个等级换算成"受教育年限"，依此定义为"3、6、9、12、15（年）"。③将调研的分组统计变量进行进一步处理，通过平方计算的方法，获得新的劳动时间变量。变量定义赋值及描述统计如表 5-16 所示。

表 5-16 变量定义赋值及描述统计

变量类别	变量名称	变量解释及定义	平均值	标准差	先验判断
个体禀赋	Y	下一季种植意愿：0=不愿意；1=愿意	0.86	0.345	
	教育程度	小学以下=3，小学=6，初中=9，高中=12，大专及以上=15	8.63	3.720	+
	劳动时间	劳动时间分组等级的平方	9.12	8.457	-
	劳动力占比	劳动力占家庭总人口的比例（%）	0.55	0.254	-
生产经营	实际耕地面积	实际耕地面积	197.38	646.391	+
	马铃薯种植面积	马铃薯种植面积	67.08	270.290	+
	马铃薯单产水平	马铃薯单产水平（千克/公顷）	2 138.36	759.830	+
	马铃薯出售价格	马铃薯出售价格（元/千克）	1.59	0.844	+
	马铃薯灾害影响程度	马铃薯灾害影响程度（%）	13.73	15.043	-
	家庭马铃薯年食用量	家庭马铃薯年食用量（千克）	169.50	1 688.343	+/-
	家庭马铃薯年饲用量	家庭马铃薯年饲用量（千克）	939.15	3 264.982	+/-
	每亩种薯成本	每亩种薯成本（元/公顷）	456.05	265.081	+/-

（续）

变量 类别	变量名称	变量解释及定义	平均值	标准差	先验 判断
生产经营	每亩化肥成本	每亩化肥成本（元/公顷）	235.30	159.228	+/-
	每亩农家肥成本	每亩农家肥成本（元/公顷）	80.69	137.628	+/-
	每亩农药成本	每亩农药成本（元/公顷）	47.95	47.748	+/-
	每亩补贴收入	每亩补贴收入（元/公顷）	78.48	538.536	+
社会资源	信息来源是否丰富	信息来源是否丰富（0=不丰富，1=丰富）	0.33	0.272	+
市场认知	是否关注替代作物市场信息	是否关注替代作物市场信息（0=否，1=是）	0.81	0.389	+/-

注：变量赋值参照《全国农产品成本收益资料汇编》相关数据。

（2）主要影响因素与种植意愿的关系。 分析单一解释变量与因变量（支付意愿）的比例关系（表 5-17）可知：

①调研对象的受教育程度大多为初中和高中，种植马铃薯的意愿随着文化程度的提高而提高，51 岁以上调研对象种植意愿比例最高。

②调研对象家庭人均年收入在 3 001～6 000 元占比最大，为总人数的 35.92%。除了部分从事马铃薯经营的家庭农场、合作社等规模农户，其他调研对象的收入增加与减少对其马铃薯种植意愿并无显著影响，说明低收入家庭并不愿意将过多的成本投入到预见性相对较低的农业生产中，一般收入家庭的主要增收方式也与马铃薯种植关系不大。家庭外出务工人数越多、从事农业生产活动人数越多的，越倾向于马铃薯的种植选择。

③调研对象与社会接触越广泛，马铃薯的种植意愿比例就越低。习惯向亲友求助生产方面问题的调研对象，种植意愿也相对较弱。愿意采纳亲友所提建议的农户的种植意愿要低于不愿采纳亲友建议的农户。农户的主观判断能力和遇到困难解决问题的能力，决定了农户的种植意愿。

④调研对象对市场信息比较关注或非常关注的，其马铃薯种植意愿较高，认为生产替代作物市场信息对马铃薯种植影响不大的农户种植意愿也比较积极。究其原因，更多是源于马铃薯的生物特性使其在一些冷凉贫困地区的主食替代作用较弱。

⑤调研对象不需要种薯和农膜补贴的，其不愿意种植的比例也远远高于愿意种植的比例，说明这部分调研对象对现行补贴政策比较了解，宁愿将种植马铃薯较高的机会成本用于其他生产经营行为。然而，当调研对象能够获得补贴则大多表示愿意种植马铃薯，说明政策的激励作用效果很显著，这也从侧面部分印证了当前中国农业对补贴和保护的依赖程度较高（蔡昉等，2016）。

根据描述性统计分析可知，绝大多数调研对象都愿意接受马铃薯相关补贴费用（作物种植、种薯购置、农膜、相关技术培训和保险等补贴），并有非常强烈的意愿参与相关补贴政策项目的实施。因此，本研究不对单一解释变量与受偿意愿关系进行分析。

表 5-17 单一解释变量与因变量（WTP）的比例关系

特征变量		特征描述	不愿意		愿意	
			频数（人）	比例（%）	频数（人）	比例（%）
个体经营	受教育程度	小学	13	11.71	98	8.52
		初中	25	22.52	268	23.30
		高中	47	42.34	569	49.48
		大专及以上	26	23.42	215	18.70
	年龄（岁）	≤35	16	13.01	62	5.45
		36~50	31	25.20	286	25.13
		≥51	76	61.79	790	69.42
生产经营	人均年收入（元/年）	≤3 000	7	7.87	200	17.06
		3 001~6 000	28	31.46	425	36.26
		6 001~9 000	33	37.08	229	19.54
		≥9 001	21	23.60	318	27.13
	外出务工人数	≤1	35	22.88	208	18.77
		≥2	118	77.12	900	81.23
社会资源	信息来源渠道丰富	不丰富	127	22.60	304	43.49
		丰富	435	77.40	395	56.51
	遇到问题求助亲朋友邻	不是	146	39.25	443	49.83
		是	226	60.75	446	50.17
市场认知	关注市场信息	不关注	12	7.27	437	39.87
		关注	153	92.73	659	60.13
	关注生产替代作物信息	不关注	35	29.66	191	16.71
		关注	83	70.34	952	83.29
	关注消费替代作物信息	不关注	19	28.79	332	27.78
		关注	47	71.21	863	72.22
政策需求	作物种植补贴	不需要	0	0.00	35	2.97
		需要	83	100.00	1 143	77.03
	种薯购置补贴	不需要	43	32.54	76	6.67
		需要	78	67.46	1 064	93.33
	农膜补贴政策	不需要	34	34.34	106	9.12
		需要	65	65.66	1 056	90.88
	相关技术培训	不需要	72	46.45	324	29.29
		需要	83	53.55	782	70.71
	保险补贴政策	不需要	26	32.91	479	40.52
		需要	53	67.09	703	59.48

（3）主要影响因素分组的平均支付意愿水平与平均受偿意愿水平。调研获得的 1 261 份有效问卷中，7.38% 的调研对象表示如果可以提高收益也仍然"不太愿意"种植马铃薯（$WTP=0$），92.62% 表达了数额不等的支付意愿（$WTP>0$），全部样本的支付意愿均值为 968.73 元/亩。运用 SPSS 23.0 统计软件分析影响支付意愿大小的因素和支付意愿水平，男性调研对象的支付意愿更接近平均水平，年龄在 36～50 岁的调研对象支付意愿随着年龄增长相应增加，51 岁以上年龄段的中老年人支付意愿水平最接近于平均水平。初中及高中文化水平的调研对象支付意愿水平接近于平均水平；耕地面积在 10.1～50 亩的调研对象支付意愿更接近于平均水平。35.9% 的农户支付意愿最为强烈，这部分农户人均年收入为 3 001～6 000 元/年。此外，作物种植补贴、种薯购置补贴、农膜补贴政策 3 个政策需求选项与支付意愿水平呈显著正相关关系，即凡是支持作物种植补贴、种薯购置补贴和农膜补贴政策的调研对象，其支付意愿更接近于样本总体水平。

（4）主要影响因素分组的平均受偿意愿水平。如前所述，调研对象对于种植费用受偿意愿的调查有 1 130 份问卷回答愿意接受补贴，总体受偿意愿均值为 69.04 元/亩。调研对象的个体禀赋特征与受偿意愿水平没有显著相关关系，但耕地面积越大则受偿意愿相对越高，农业纯收入在 801～1 200 元区间的受偿意愿水平最接近总体水平。

3. 多元回归统计分析

采用 Eviews 7.0 统计分析软件，以下一季种植意愿为被解释变量，使用准极大似然估计（Quasi-maximum likelihood estimation，QML）方法解释变量参数，对 1 261 份有效样本进行回归分析，进行回归分析和相关检验。

（1）模型整体显著性检验。模型的整体显著性 LR 值为 106.29 较大，LR 检验统计量对应概率值为 0，模型具有统计意义，R^2 的似然比率指数为 23.7%，拟合精度较高。25 个解释变量有 13 个通过了显著性检验，分别是教育程度、耕地面积、马铃薯种植面积、马铃薯出售价格、家庭马铃薯年饲用量、每亩种薯成本、每亩农药成本、每亩机械成本、每亩土地流转费用、每亩土地折租价格、每亩补贴收入、信息来源渠道多样、比较关注替代作物市场信息，这些变量都对种植意愿有着不同强度的影响，各个变量的影响方向与先验判断基本一致。而从事耕种的劳动时间、劳动力占家庭总人口的比例、马铃薯单产水平、马铃薯灾害情况、家庭马铃薯年食用量、每亩化肥成本、每亩农家肥成本、每亩农膜成本、每亩畜力成本、每亩固定资产折旧、每亩家庭用工折价和每亩雇工费用则没有通过显著性检验。

（2）回归结果显著性报告。基于表 5-18 回归结果显示：

①个体禀赋变量分析。教育程度对支付意愿产生正向影响，说明随着教育程度的增加，能够更加理性地看待马铃薯种植所能够带来收益的多寡是和投入的多少呈现正向相关关系的。

②生产经营变量分析。能够对支付意愿产生正向影响的生产经营变量分别是马铃薯出售价格（0.048）和每亩补贴收入（0.001）；能够对支付意愿产生负向影响的生产经营变量是每亩种薯成本（-0.555）、每亩自营土地折租（-0.021）、每亩流转费用

（-0.015）、每亩农药成本（-0.008）、每亩机械成本（-0.003）和家庭马铃薯年饲用量。说明成本投入或机会成本越高，农户就可能选择其他更有利于自身增收的生产方式。种薯和每亩自营土地折租成本越高，相应的支付意愿越低。饲用功能可替代性较强，家庭马铃薯饲用量越大，其种植其他作物用以饲用的可能性就越大。

③社会资源变量分析。信息来源是否丰富对支付意愿产生负向影响。信息来源越丰富的农户其知识水平可能越高，对于种植作物的考虑可能更加多元化，马铃薯作为众多作物的一种，种植意愿分散后可能性就会降低。

④市场认知变量分析。是否关注替代作物市场信息对支付意愿产生负向影响。由于近年来马铃薯种植呈现不断发展趋势，关注市场信息的农户对种植马铃薯持谨慎态度，所以关注替代作物信息对马铃薯的支付意愿表现出负向影响。

表 5-18　基于 Logit 模型的农户支付意愿影响因素回归分析

变量	系数	标准误差	Z 值	概率
C	0.646 626	0.843 980	0.766 163	0.443 6
教育程度	0.170 751*	0.129 589	1.317 633	0.087 6
劳动时间	-0.025 372	0.166 445	-0.152 438	0.878 8
劳动力占比	-0.001 042	0.001 326	-0.785 392	0.232 2
实际耕地面积	5.94E-05*	3.21E-05	1.853 718	0.063 8
马铃薯种植面积	-0.000 494*	0.000 289	1.707 491	0.087 7
马铃薯单产水平	0.000 289	0.000 320	0.903 080	0.366 5
马铃薯出售价格	0.048 380***	0.008 715	-5.551 445	0.000 1
马铃薯灾害影响程度	-2.75E-05	4.66E-05	-0.590 158	0.555 1
家庭马铃薯年食用量	-6.57E-07	5.97E-07	-1.100 950	0.170 9
家庭马铃薯年饲用量	-9.41E-05***	3.43E-05	-2.744 414	0.006 1
每亩种薯成本	-0.554 543**	0.239 938	2.311 188	0.020 8
每亩化肥成本	0.001 292	0.002 178	0.593 235	0.553 0
每亩农家肥成本	0.001 012	0.005 206	0.194 329	0.845 9
每亩农药成本	-0.007 873**	0.003 826	2.057 505	0.039 6
每亩农膜成本	-0.186 831	0.230 302	-0.811 241	0.417 2
每亩机械成本	-0.003 017***	0.001 106	-2.727 597	0.006 4
每亩畜力成本	-0.000 460	0.000 963	-0.478 157	0.632 5
每亩固定资产折旧	0.003 414	0.003 979	0.858 158	0.390 8
每亩家庭用工折价	0.007 104	0.009 506	0.747 369	0.454 8
每亩雇工费用	0.000 384	0.001 996	0.192 481	0.847 4
每亩流转费用	-0.014 769*	0.009 294	1.589 058	0.092 0
每亩自营土地折租	-0.020 729***	0.006 816	3.041 211	0.002 4
每亩补贴收入	0.001 069*	0.000 606	-1.762 902	0.077 9
信息来源是否丰富	-0.001 435***	0.000 542	-2.645 543	0.008 2
是否关注替代作物市场信息	-0.001 109*	0.000 649	-1.707 601	0.087 7
麦克法登（McFadden）R^2	0.237 489	似然比（LR statistic）	106.290 1	
可决系数 P	0.000 000	总样本数	1 261	

注：***、**、*分别表示在 1%、5% 和 10% 显著性水平上通过检验。

⑤受偿意愿影响因素分析。本研究以农户是否愿意支付马铃薯种植费用为被解释变量进行回归分析，由于被解释变量中有 93.54% 的农户愿意接受补贴，只有极少数农户因各自原因不愿意接受补贴，所以回归分析没有筛选出显著性影响因子。所以，可以认为受偿意愿的产生完全是由农户的主观意识所决定的，不受种植行为意向相关因素的作用驱使。

（3）典型区域的比对分析。 由表 5-19 可以看出，不同马铃薯主要种植区域的影响因素不同。华北一季区的亩产、马铃薯种植面积、马铃薯总产量显著影响种植意愿。东北一季区的家庭人口数、灾害影响程度、平均出售价格、亩补贴收入、亩化肥费、亩农药费用显著影响种植意愿。西北一季区的家庭人口数、灾害影响程度、亩补贴收入、亩农膜费用、亩畜力费、亩雇工费用、农户总出售数量、亩补贴收入、亩农膜费、亩排灌费、亩雇工费用显著影响种植意愿。中原二季作区的亩雇工费用、家庭人口数、耕地面积、灾害影响程度、亩机械作业费显著影响种植意愿。西南一二季混作区的马铃薯种植面积、马铃薯总产量、亩产、耕地面积、灾害影响程度、家庭年饲用量、平均出售价格、农户总出售数量、亩补贴收入、亩农药费用、亩固定资产折旧、亩管理费、亩销售费、亩流转地租金显著影响种植意愿。南方冬作区的马铃薯种植面积、马铃薯总产量、亩产、灾害影响程度、平均出售价格、每亩种薯费用、每亩农家肥费、每亩农药费用、每亩机械作业费、家庭用工折价显著影响种植意愿。

由此可见，虽然不同马铃薯主要种植区域的影响因素不同，但几乎所有因素都与生产经营特征显著相关。即生产经营特征引起了马铃薯种植主体行为的显著变化，从而影响中国马铃薯种植空间格局形成集聚或离散态势。

表 5-19　主要种植区的马铃薯农户种植意愿影响因素回归分析

地区	R^2 值	变量	系数	标准误差	T 值	概率
华北一季区	0.402 076	亩产 N_1	1.073 587	0.393 274	2.729 871	0.012 2
		马铃薯种植面积 N_2	10.299 48	6.061 388	1.699 196	0.089 3
		马铃薯总产量 N_3	−13.073 9	7.076 081	−1.847 62	0.030 9
东北一季区	0.412 059	家庭人口数 NE_1	0.295 067	0.172 725	1.708 304	0.091 6
		灾害影响程度 NE_2	0.108 777	0.065 393	1.663 436	0.040 6
		平均出售价格 NE_3	0.493 204	0.224 395	2.197 931	0.031 2
		亩补贴收入 NE_4	0.081 584	0.040 057	2.036 711	0.045 4
		亩化肥费 NE_5	−0.188 14	0.131 175	−1.434 23	0.092 2
		亩农药费用 NE_6	0.148 709	0.089 666	1.658 482	0.081 2
西北一季区	0.375 82	家庭人口数 NW_1	0.277 396	0.129 186	2.147 264	0.035 1
		灾害影响程度 NW_2	−0.086 82	0.039 617	−2.191 4	0.031 4
		亩补贴收入 NW_3	0.106 97	0.064 736	1.652 402	0.102 8
		亩农膜费用 NW_4	−0.049 14	0.022 068	−2.226 86	0.029 1

（续）

地区	R^2 值	变量	系数	标准误差	T 值	概率
西北一季区	0.375 82	亩畜力费 NW_5	0.060 927	0.045 872	1.328 173	0.188 3
		亩雇工费用 NW_6	−0.055 22	0.023 923	−2.308 23	0.023 9
		农户总出售数量 NW_7	−0.037 87	0.024 107	−1.570 97	0.120 2
		亩补贴收入 NW_8	0.060 143	0.037 761	1.592 722	0.115 2
		亩农膜费用 NW_9	−0.032 02	0.018 044	−1.774 46	0.079 8
		亩排灌费 NW_{10}	−0.056 31	0.037 867	−1.487	0.141 0
		亩雇工费用 NW_{11}	−0.046 8	0.018 569	−2.520 12	0.013 7
中原二季作区	0.721 328	亩雇工费用 CP_1	−0.071 7	0.028 032	−2.557 94	0.021 1
		家庭人口数 CP_2	−0.374 23	0.228 869	−1.635 12	0.121 5
		耕地面积 CP_3	0.202 066	0.136 913	1.475 872	0.159 4
		灾害影响程度 CP_4	−0.099 09	0.071 918	−1.377 87	0.187 2
		亩机械作业费 CP_5	−0.067 45	0.043 167	−1.562 62	0.137 7
西南一二季混作区	0.431 905	马铃薯种植面积 SW_1	0.171 661	0.069 126	2.483 293	0.014 4
		马铃薯总产量 SW_2	−0.053 58	0.016 902	−3.170 27	0.001 9
		亩产 SW_3	0.161 603	0.055 179	2.928 721	0.004 1
		耕地面积 SW_4	−0.159 09	0.070 37	−2.260 79	0.025 5
		灾害影响程度 SW_5	−0.109 51	0.030 326	−3.611 29	0.000 4
		家庭年饲用量 SW_6	0.017 957	0.012 959	1.385 705	0.168 4
		平均出售价格 SW_7	0.368 699	0.097 505	3.781 313	0.000 2
		农户总出售数量 SW_8	−0.029 41	0.020 044	−1.467 23	0.144 8
		亩补贴收入 SW_9	0.027 914	0.011 064	2.522 915	0.012 9
		亩农药费用 SW_{10}	−0.048 36	0.016 023	−3.017 97	0.003 1
		亩固定资产折旧 SW_{11}	0.061 004	0.022 979	2.654 83	0.009 0
		亩管理费 SW_{12}	−0.121 55	0.040 103	−3.030 89	0.003 0
		亩销售费 SW_{13}	−0.091 9	0.024 478	−3.754 24	0.000 3
		亩流转地租金 SW_{14}	0.029 916	0.013 935	2.146 814	0.033 8
南方冬作区	0.717 589	马铃薯种植面积 S_1	1.208 738	0.513 073	2.355 88	0.021 5
		马铃薯总产量 S_2	−1.231 88	0.545 327	−2.258 98	0.027 2
		亩产 S_3	0.773 949	0.548 097	1.412 066	0.162 7
		灾害影响程度 S_4	−0.062 77	0.029 932	−2.096 98	0.039 9
		平均出售价格 S_5	0.189 459	0.092 191	2.055 074	0.043 9
		每亩种薯费用 S_6	0.296 22	0.143 239	2.068 017	0.042 6
		每亩农家肥费 S_7	−0.052 85	0.023 992	−2.202 67	0.031 2
		每亩农药费用 S_8	0.112 519	0.047 386	2.374 511	0.020 5
		每亩机械作业费 S_9	−0.085 13	0.026 647	−3.194 85	0.002 2
		家庭用工折价 S_{10}	0.042 143	0.021 782	1.934 747	0.057 4

综上所述，随着马铃薯商品化程度的提高，马铃薯生产集约化、规模化、专业化和产业化程度的增强，影响马铃薯农户种植意愿的因素也日趋复杂化和多元化。生产经营特征作为首要因素，但这个单一因素难以完全解释其在现实中的演变特征。在中国农业领域市场化改革不断深入、农业国际化进程不断推进的宏观背景下，其他如农产品差异化、规模经济、空间外部性等因素对马铃薯空间格局的影响逐步显现并日益突出。从当前中国马铃薯种植空间格局的时空特征和变化趋势来看，应当综合考虑气候变化、比较效益、科技进步和政策等因素对马铃薯空间格局演变的影响。

（四）农户种植意愿与区域空间格局的关系

个体决策影响群体决策，群体决策影响整体马铃薯种植空间格局变化。个体决策受到个体禀赋特征、生产经营特征、社会资源特征、市场认知特征等因素的影响。个体禀赋特征在对农户种植意愿产生影响过程中，主要考虑了农户受教育程度、劳动力占比等因素对其的影响。生产经营特征在对农户种植意愿产生影响过程中，主要考虑了马铃薯种植成本、市场价格和受灾情况等因素对其的影响。社会资源特征在对农户种植意愿产生影响过程中，信息来源的丰富程度起到了决定性作用。市场认知特征在对农户种植意愿产生影响过程中，主要考虑了农户是否关注替代作物市场信息。政策需求主要由作物种植补贴、种薯购置补贴、农膜补贴政策、相关技术培训和保险补贴政策等要素构成。

假设无数个体决策决定群体决策，进而影响区域马铃薯种植空间格局。参照前文里中国马铃薯空间格局特征及其演变分析中可知，2013 年，中国马铃薯种植空间格局表现为西北一季区、云贵川渝为主的西南一二季混作区、中原二季作区、部分东北一季区及部分南方二季作区分布的空间格局特征。就中国马铃薯空间格局动态演变特征而言，1983—2013 年，中国马铃薯种植空间格局逐渐向西南紧缩。1983—1994 年中国马铃薯的分布呈向内收缩形势，分布的广度不断收缩；1994—2001 年分布呈向外扩张形势，分布的广度不断拓展；2001 年之后马铃薯分布广度进一步收缩。从县域尺度下中国马铃薯种植空间格局演变可分为 3 个阶段：即向西南移动阶段（1983—1994 年），中国马铃薯种植发展向西部变化较为明显，其中，西北一季区播种面积稳步增加；向东北移动阶段（1994—2001 年），中国马铃薯播种面积快速增长，东北一季区、华北一季区尤其是内蒙古中东部和黑龙江的马铃薯播种面积迅速扩张；再向西南移动阶段（2001—2013 年），中国马铃薯种植重新又向西南方向偏移，东北一季区和华北一季区的播种面积持续下降，西北一季区和西南一二季混作区播种面积大幅度增加，四川、贵州、云南增长明显，并呈现出持续增加的趋势。

通过对北方一季作区、西南一二季混作区、南方冬作区和中原二季作区共计 160 个县（市、区）1 261 个马铃薯农户种植意愿基线调查可知，农户马铃薯种植意愿中生产经营特征是多个马铃薯种植区空间格局形成的共同因素。相比而言，个体禀赋特征仅在西北一季区和东北一季区马铃薯空间格局具有一定影响。因此，从马铃薯种植格局内生影响来看，个体农户种植意愿在很大程度上影响区域马铃薯种植决策和空间分布，进而影响全国尺度下马铃薯种植空间格局演变。

（五）中国马铃薯种植空间格局演变内生机制分析

中国马铃薯种植空间格局演变内生机制以农户个体决策为中心，通过市场信息、成本收益、种植约束的种植决策影响，基于农户个体禀赋、市场参与和生产条件对群体决策的传导机制，在市场、产业、种植等维度上作用于区域马铃薯种植空间格局的形成及演变，最终导致中国马铃薯种植空间格局内源性驱动。

在分析中国马铃薯种植空间格局演变内生机制形成过程中，首先要明确从个体农户到区域马铃薯种植业发展的目标、定位、环境和条件。具体而言，根据中国马铃薯种植分布情况，马铃薯种植是在生存、收益、发展等阶梯性需求下衍生出不同地区马铃薯种植目标即保基本需求、促规模种植、提产业竞争。根据不同地区的马铃薯种植定位要求，综合考虑不同地区的水土气生等自然资源条件，结合各自主体功能定位和现有生产技术条件，在东北一季区因地制宜扩规模、强基建；在华北一季区加强节水作业，促进商品化；在西北一季区发展旱作节水种植，加强病虫害防控；在西南一二季混作区和南方冬作区，利用冬闲田开展高效复合种植，加强晚疫病防控。

中国马铃薯种植环境主要包括生态环境、地缘环境、产业环境、市场环境、政策环境、创新技术环境等。其中，生态环境主要决定了马铃薯种植的基本条件，从高寒地区到沿海地区，从盆地、平原、丘陵、山地到高原，从干旱地区、湿润地区到降水不均地区，均可开展不同规模、耕作模式的马铃薯种植。从地缘环境上看，马铃薯种植优势区域主要分布在东北一季区、华北一季区、西北一季区、中原二季作区、西南一二季混作区和南方冬作区。从产业环境上看，马铃薯加工业在我国起步较晚，导致产业链较短，加工能力较弱，在一定程度上抑制了马铃薯种植的投入产出效应。就其市场环境而言，以市场消费为导向，大力推进大众型、区域性、休闲类马铃薯产品开发，如马铃薯馒头、面条、煎饼、薯片、薯条等。从政策环境来看，各级政府将马铃薯产业视为重点脱贫致富产业，从初级加工、种薯贮藏、原种生产、质量体系和灾害补贴等环节予以政策扶持。从创新技术环境来看，科技创新和技术推广是中国马铃薯种植空间格局向西南方向集聚的重要因素，尤其是西南一二季混作区和南方冬作区的稻草包芯等技术应用，充分利用了南方地区广大面积的冬闲田。

中国马铃薯种植条件主要包括农户是否具备生产能力和生产资料、组织条件（大户、合作社、经纪人的劳动分工）和流通条件。从生产能力和生产资料来看，主要是指农户家庭中是否具有足够的劳动力、市场参与度、生产资料投入（种薯、化肥、地膜、农药、农机具等）。从组织条件来看，主要是指农户种植规模、产业经营主体构成和产业分工等。最后，种植、采收、运输、贮藏、加工、销售等构成了马铃薯种植格局内生驱动的流通条件。

基于农户马铃薯种植行为，农户对于马铃薯市场信息的可获得性与完备性直接决定当地市场信息传递效率，而市场信息传递效率损失将造成市场失灵，进而阻碍市场资源的合理配置与流动。因此，农户对于市场信息的掌握情况是导致市场资源空间分布非匀质性及定向有序流动的内因。结合农户市场参与程度、市场信息来源、市场信息咨询、市场关注程度（针对生产替代作物和消费替代作物）与中国马铃薯种植空间格局分布，南方冬作区市场化程度较高，农户的市场参与程度较高，且掌握的市场信息比较丰富，农户通过掌握市场信息决定马铃薯种植，从而形成了区域马铃薯市场集聚。

成本收益是马铃薯种植决策的决定性因素。就农户个体禀赋特征及生产经营特征而言，务农时间、家庭总人口、人均年收入、在家务农比率、人均农业纯收入、耕地面积和马铃薯种植面积、亩生产成本、亩分项成本、亩人工成本、亩土地成本、亩销售收入等直接影响农户当季马铃薯种植成本收益率。然而，较高的马铃薯种植收益将吸引大量的相关产业投入要素进行下一季马铃薯种植，扩大种植规模，形成区域马铃薯种植业增长极。此外，农户在下一季马铃薯种植决策中，在马铃薯种植增长极的辐射带动下，进一步促进马铃薯种植精细化分工，加强产业间合作，并随着产业要素的流动形成区域马铃薯产业集聚态势。

鉴于马铃薯种植过程中面临的生态适宜性约束，种植条件主要受到光气水热等气候条件的影响，同时结合马铃薯替代种植作物和替代消费作物（如水稻）的比较优势，农户在马铃薯种植决策中将采取传统跟随型、市场选择型的决策方案。根据中国马铃薯种植优势产区动态趋势来看，部分冷凉、贫困地区的农户因为自然条件选择马铃薯种植，因为马铃薯的比较优势更强，如西北一季区的西海固地区，生态条件难以适应其他作物种植，且市场条件不完备，因而，该地区成为中国马铃薯主要种植集聚区。

综上所述，中国马铃薯种植空间格局演变内生机制的形成与马铃薯产业发展战略目标、产业定位、发展环境、种植条件息息相关（图 5-8）。中国马铃薯种植农户根据当地种植生态适宜性及其自身市场参与程度和个体资源禀赋，将采取基于种植约束、成本

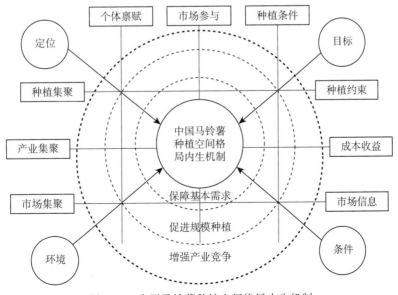

图 5-8　中国马铃薯种植空间格局内生机制

收益和市场信息的种植方案选择。由本研究假设可知,区域农户种植决策的无限复制将产生一定程度的种植集聚、产业集聚和市场集聚。因此,中国马铃薯种植空间格局演变内生机制是由区域内多个农户决策与长期种植实践累积而形成的产业内主体间相互制约、协调、促进的可持续发展型内在联系。从中国马铃薯种植空间格局演变内生效应来看,其内生演变机制对发挥马铃薯种植集聚在保障基本需求、促进规模种植和增强产业竞争3个方面起到了积极作用。

第六章

马铃薯主粮化战略举措

保障国家粮食安全是发展现代农业的首要任务。立足我国资源禀赋和粮食供求形势，顺应居民消费升级的新趋势，树立大食物观，全方位、多途径开发食物资源，积极推进马铃薯产业开发，意义十分重大。2015 年中央政府提出推进马铃薯主粮化，根据习近平总书记关于"十三五"规划制定的系列讲话精神、"十三五"规划纲要和《中国制造 2025》等原则，为保障我国粮食安全，推进农业供给侧结构性改革，转变农业生产经营方式，提升马铃薯产业化发展的质量、水平和效益，促进稳粮增收，2016 年 2月 2 日，农业部发布《农业部关于推进马铃薯产业开发的指导意见》，指出了"十三五"期间马铃薯产业开发的重要意义，提出马铃薯产业开发的具体思路、原则，并制定了具体产业发展目标。2017 年 11 月，为更好地发挥马铃薯主粮化战略的重要作用，农业部发布了《关于推进马铃薯产业开发的指导意见》，提出系列保障举措。

一、推进马铃薯主粮化的保障措施

（一）促进政府做好协调指导工作，强化政策扶持力度

以农业农村部关于马铃薯生产的统筹布局为基础，提高产业治理水平，梯次推进工作。以资源禀赋为前提，以重点省份为联动，协调、推动区域性中心城市落实措施，强化指导，鼓励企业跨区域整合，发挥区域优势。政策方面，加大对马铃薯生产的投入，加强对马铃薯产业的金融保障，积极探索支持马铃薯产业发展的信贷和保险基金，实行优惠利率，加大对马铃薯主粮产业的信贷支持力度。政府扶持政策方面，严格落实马铃薯生产支持保护补贴、农机购置补贴等政策，完善支持小企业发展的财税优惠政策，鼓励各地对马铃薯加工企业的用地、电、水、气等，实行最优惠价格。

（二）提高自主创新能力，加大科研和绿色技术投入

马铃薯耐寒、耐旱、耐贫瘠，适应性广，产量高，是三大主粮作物之外的重要补充。要促进马铃薯产业高质量发展，需要提高自主创新能力，加大科研和绿色技术投入。一是培育优良品种，加快马铃薯种质资源引进，开发利用优异种质资源，推进育种创新研发，进行品种改良。同时，重点发展与马铃薯生产过程需要使用到的先进装备，

提高种植过程信息收集、智能管理决策和精准农田服务及精深加工能力。二是建设科研平台，多种渠道加大马铃薯加工生产科技制造投入，支持加大马铃薯领域国家重大科研基础研究平台、工作站的建设力度，营造培育吸引专业人才的环境和条件，加强马铃薯加工领域的国际交流与合作，大力推动马铃薯加工企业建设，建立科技创新平台和研发基地。研发马铃薯加工工艺和设备，提升科技创新对马铃薯产业发展的驱动能力，更加注重生产加工环保、低耗能及废弃物低排放，增强绿色精益制造能力，保障马铃薯原料的品质和营养的有效保存，采用环保高效的马铃薯清洁生产、加工、处理技术，推进资源高效循环利用。三是推动协同创新。引导马铃薯加工科研平台开展技术协作，联合攻关，支持科研机构、高等院校和企业建立产业协同关系，推进建立"产学研推用"协同创新机制。强化项目实施，鼓励农产品加工领军企业，开发建立品牌市场，增强市场竞争力，打造一批国内马铃薯加工龙头企业。

（三）加强经营主体间的有序合作，共同促进产业链各主体协同发展

一是在生产方面鼓励各地马铃薯种植、加工企业加强合作，建立原料稳定供应平台，优化产业链上下游合资、合作体系，稳固加强行业组织结构，提高产业集中度，共同促进产业链上下游各企业协同发展，推动产销双方建立长期稳定的购销关系。二是加强信息服务平台建设，进而加强产销数据的监测统计和预警。三是科学指导马铃薯跨区域流通，建立囊括马铃薯生产、加工、运输、储存、销售等环节的全程物流体系，采用直销式、合作式、托管式、订单式等多种产销衔接方式，形成马铃薯原料、初加工、深加工产品在线供应链平台，加快马铃薯产地加工配送、包装仓储等基础设施建设，促进产销衔接和市场流通，增强对市场波动的应对和调控能力，保障马铃薯产业增产增效。

（四）加强质量安全控制标准体系，建设合理的管理制度加以监管

首先，加强马铃薯原种和良种生产，建立健全马铃薯脱毒种薯的全产业链生产推广体系，完善生产与质量控制体系。其次，在马铃薯生产加工方面，加快推进马铃薯加工企业质量体系建设，实施马铃薯产品质量追溯制度，严格执行国家和行业标准，对马铃薯相关企业生产质量安全建设工作进行培训和辅导，提高马铃薯行业安全管理水平。加强中小企业质量管理，引导企业建立诚信管理制度，加快马铃薯相关企业诚信体系建设，吸引社会资源向诚信企业倾斜。除此之外，应加快制定符合适应于当前我国国情和国际局势的马铃薯主粮产品标准体系，为马铃薯加工产业发展提供支撑。

（五）满足马铃薯不同需求，加强宣传引导

一方面，挖掘马铃薯能为人体提供的营养物质，对其进行进一步的评价鉴定，能够使宣传马铃薯及其主粮产品更有科学依据，能够更好地满足不同群体的需求。另一方面充分发挥行业引导组织作用，利用广播、电视、网络、报纸、图书等形式，加大在主流媒体和新兴媒体上的宣传力度，向公众普及马铃薯营养知识、推广主粮产品。举办富有

特色的马铃薯节、马铃薯营养活动周、产品交易会和营养餐计划推广等活动；举办马铃薯产业开发成就展和制作技术培训，展示马铃薯发展取得的经验和成效，吸引社会力量积极参与马铃薯产业开发，引导居民消费主食产品，引导马铃薯企业建设品牌文化，传导品牌消费理念，引导马铃薯行业的持续健康发展。

二、促进马铃薯产业化的发展方式

（一）对马铃薯产业各环节进行补贴扶持

国家有关部门加强对马铃薯产业发展的政策支持力度，为马铃薯主粮化发展创造有利的政策环境。由于我国马铃薯相关行业受到的政策补贴相对较少，在国际市场上没有价格竞争优势。应扩大马铃薯脱毒种薯原种生产补贴，扩大马铃薯生产示范园区建设规模，加大马铃薯种植业扶持补贴力度，提高新鲜马铃薯的产量，保障加工原料持续供给。可借鉴欧洲国家给予马铃薯普惠扶持政策，对马铃薯产业的种植、加工、销售等环节进行补贴，特别是在贫困地区，实施重点扶持和贷款贴息支持，助推马铃薯产业化持续稳定发展。

（二）对马铃薯鲜薯实行最低保护价收购

马铃薯产量受到总体经济形势及天气情况等多种因素影响，从 2014 年秋以来，我国各地马铃薯价格持续偏低，每斤价格一度跌破 0.2 元。从市场情况看，马铃薯产地价格没有好转迹象，薯农面临巨大亏损，直接导致继续种植的积极性下降。如果实施最低保护价收购政策，便能保护薯农的种植积极性。因此，建议对马铃薯像其他主粮作物一样，实行最低保护价收购政策。

（三）对马铃薯鲜薯及其加工制品收储进行扶持

新鲜马铃薯的最长储存时间为 8 个月，如果储藏环境条件合适，马铃薯全粉可储藏 30 年，淀粉可储藏 70 年，大大长于其他粮食作物。但考虑到马铃薯加工收储企业经营收购原料、存储、加工需要较高的资金成本，国家应采取政策措施重点扶持马铃薯加工企业，对淀粉、全粉采取最低价收储保护政策，避免马铃薯市场价格行情大起大落。

（四）加大对马铃薯及其产业的财政和金融的辅佐

政府部门积极发挥顶层设计和引导作用，集约有用资源、集中大小项目力量，加大财政投入，改善马铃薯生产条件，扶持育繁推、产加销一体化大型龙头企业。提倡金融机构对符合国家产业政策及贷款条件的马铃薯加工项目和企业技术提供信贷支持，同时对实力强、资信好、效益佳的企业优先安排贷款，增加授信额度；对符合条件的马铃薯产业企业在银行间债券市场拓宽融资渠道，募集更多生产经营资金。

（五）严格马铃薯加工产品质量安全监管

按照修订的《食品安全法》，遵照食品安全管理理念，深入开展食用品安全专项整治，全面清理生产过程中使用非法添加物和滥用食品添加剂等非法行为，加快建立健全产品流通追溯体系建设。加快提升马铃薯产品质量安全检测能力，采用先进加工方法、在线检测装置、智能生产和检测等。相关部门承担马铃薯相关产品安全监管责任，建立从生产、加工、流通到消费各环节的协同合作机制，完善产品质量安全保障体系，使马铃薯产品质量达到国际先进水平。

（六）加大对马铃薯产业科技创新和技术改造的支持

加大科技研发投入力度，加强马铃薯技术开发。利用基础研究，支持一批马铃薯关键技术和设备的研发，促进自主知识产权技术的开发和保护；推动组建马铃薯加工工程实验室建设；引导和推动符合市场需求和产业发展需要的马铃薯加工企业建立科技创新平台和研发基地，鼓励成立研究开发中心和产业技术创新战略联盟，联合多方力量培育科技人员。

调定位，稳安全

第七章

马铃薯主粮化战略的现实解析

马铃薯主粮化开发，是深入贯彻中央关于促进农业调结构、转方式、可持续发展的重要举措，是在新形势下对粮食安全措施及农民持续增收的积极探索，是新形势下保障国家粮食安全、促进农民持续增收的重要方式，是由初级产品生产向产业化系列制成品开发的重大转变，是食物由温饱消费向营养健康消费转变的有益探索。

目前，马铃薯主粮化已成为必然的选择。一是马铃薯营养全面，脂肪含量低，蛋白质含量高。推进马铃薯主粮化能够满足人民吃饱、吃好、吃得健康的食品需求。二是推进马铃薯主粮化能够符合国家种植结构优化与农业资源开发的需要。目前，国家农业发展面临着水土资源日益紧缺，生态环境逐步恶化的严峻形势，特别是在生态环境脆弱的地区，尤其要注意改变农业种植经营方法，优化农业结构。种植马铃薯具有节水、节肥的特点，适合作为三大主粮的主要替代作物。三是推进马铃薯主粮化能够更好地适应城乡居民快节奏生活的新转变。马铃薯易于加工成方便食品和半成品，具有良好的风味和丰富的营养价值，备受百姓喜爱。

一、马铃薯的今天：由蔬菜向主粮华丽转身

马铃薯一直被视为是一种再普通不过的蔬菜，是北方居民家庭的冬储菜，和白菜、萝卜、大葱并称为"四大件"。2015 年年初我国启动马铃薯主粮化战略，马铃薯成为继水稻、小麦、玉米后的第四大主粮品种。马铃薯主粮化，实际上是餐桌上一次不大不小的革命，它对于健康营养引领食品消费、实现粮食结构多元化，提高国家粮食产能、保障国家粮食安全具有重大意义。

（一）马铃薯主粮化使粮食产能增加了安全保障系数

1. 对确保粮食安全是一大利好

马铃薯早已经成为世界第四大主粮作物。在发达国家，人均马铃薯消费量达 80 千克/年，而我国居民人均马铃薯消费量仅为 14 千克/年。我国仅有小部分地区将马铃薯作为补充口粮，其他地区均把马铃薯视作蔬菜食用。马铃薯主粮化战略是降低我国粮食安全隐患，破解三大主粮增产后劲不足的重要举措，通过激发马铃薯的市场需求，调控

市场价格，是新形势下保障国家粮食安全、保障农民持续稳定增收的积极探索。推动形成马铃薯与三大主粮协调发展的新格局，需要积极转变观念，创新思维，共同推进马铃薯主粮化开发。

2. 满足城乡居民吃饱、吃好、吃健康的新需求

近些年来，社会对马铃薯营养价值的认知不断加深，一定程度上满足了城乡居民吃饱、吃好、吃健康的新需求。首先，马铃薯耐寒、耐旱、耐瘠薄，适应性广，从南到北、从高海拔到低海拔的大部区域都能种植，生产节水、节地、节肥、省药效果好，可作为农业结构调整的主要替代作物，适应了农业可持续发展和结构调整的新要求，并且近几年我国马铃薯的种植面积、单产水平、总产量和主粮化产品消费量均有显著的提升。其次，就马铃薯的营养而言，它的营养丰富，含有人体必需的碳水化合物、蛋白质、维生素、膳食纤维等全部七大类营养物质，与谷类相比，马铃薯热量更低，饱腹感强，有利于减少脂肪摄入，可预防肥胖及肥胖引起的各种慢性病。马铃薯还是典型的高钾低钠食物，钾的含量是大米的十倍以上，对于稳定血压有一定的帮助。此外，马铃薯是高膳食纤维食物，但口感却比杂粮要好，可以降低血清胆固醇及预防结石，可以满足大家吃饱吃好吃得健康的需求。我国近几年马铃薯的种植面积、单产水平、总产量与主粮化产品消费量均有了较大幅度的提高，反映出马铃薯由副食消费向主食消费转变的趋势，马铃薯逐渐成为百姓餐桌上的可口主食。

（二）马铃薯主粮化是健康营养引领食品消费的必然选择

1. 有利于改善城乡居民的膳食结构

推进马铃薯主粮化，顺应了人民增强体质健康的愿望，有利于改善城乡居民膳食结构。应顺势推进马铃薯主粮化，继续挖掘马铃薯生产潜力，减轻我国农业资源环境压力，促进我国农业实现可持续发展。但与此同时，马铃薯主粮化对我国绝大部分居民来说是一次巨大的餐桌革命行动，尤其是对将马铃薯视为蔬菜的居民，马铃薯主粮产品与过去习惯的主食有差异，难以在短时间内接受，但马铃薯与三个主粮相比，有其独具的优势，将马铃薯纳入生活中主粮的选项，有利于改善城乡居民的膳食结构。

2. 有助于建立新型食品生产消费模式

马铃薯主粮化是完成马铃薯由副食消费向主食消费转变、由原料产品向一系列产业化制成品转变、由温饱食物向营养健康食物转变，用马铃薯加工成满足国人消费习惯的主食类产品，这与过去马铃薯直接食用或加工为薯条、薯片、淀粉食用有所不同，如何在最大程度地保留马铃薯营养物质的同时优化口感，对加工生产提出了新要求，马铃薯主粮产品进入市场同样需要做好宣传推广，让更多的人接受马铃薯主粮产品，这一系列的新挑战有助于建立新型食品生产消费模式。

二、马铃薯的明天：精深加工重任在肩前景利好

我国马铃薯产业已经完全由单纯的农产品生产和初级加工产品消费跨入到规模种

植、精细加工、健康消费的现阶段。具体表现为：栽培面积逐年扩大、产品结构不断优化、产业集中度逐步提升，技术水平不断提高、质量体系区域趋于完善，加工产业体系已基本形成，具备了科学种植、精深加工再上新台阶的基础条件。在发展机遇的同时，也遭到了诸多挑战，这需要我们从实际出发，设立发展目标，确定发展任务，明晰好的发展方向。

（一）发展基础条件良好

我国实施马铃薯主粮化战略以来，取得了明显的成效，目前一些公司已经开始生产马铃薯粉、石磨粉，也有部分产品投放市场。随着马铃薯产业各环节顺应主粮化战略的要求，马铃薯主粮化发展战略也已步入正轨。马铃薯产业以加工业为引领，带动了我国农业转方式、调结构、惠民生、拉内需的转变，加速了现代农业的发展。已涌现的科学研究成果充分反映了农业科技进步与技术创新在促进经济发展方式转变的过程中起到的重要支撑与引领作用。

1. 栽培面积逐年扩大，生产加工产业体系已形成

进入 21 世纪，我国马铃薯种植业平稳发展，种植面积和总产量逐年增长。变性淀粉、全粉、薯片加工企业数量明显增加，淀粉、变性淀粉、全粉等是我国食品、造纸、纺织、医药、化工等行业中的重要原材料。它们作为工业原材料，促进了这些行业的快速发展。2020 年，我国马铃薯种植面积有 4 656 千公顷，总产量 1 798.3 万吨，单产为 3 862.3 千克/公顷，其中专用薯的种植量约占 6.5%，基本能够满足了我国城乡居民的日常生活与马铃薯加工所需的原材料供给。全国规模以上马铃薯加工企业达到 150 余家，马铃薯加工利用加工量达到 1 400 万吨，马铃薯淀粉产量达到 90 万吨。

2. 自主创新能力不断加强，产业集中度逐步提升

优化马铃薯行业主产区及其周边地区区域布局，发展马铃薯淀粉和全粉加工，发展高附加值的薯片、薯条等马铃薯加工产品。鼓励马铃薯产业的跨区域整合，建立健全原材料供给与产业链上下游的协作体系，优化与完善行业组织结构，加速淘汰落后产能，提升产业集中度，推动马铃薯企业信息化的集成应用。从而进一步优化马铃薯加工产品结构，提升马铃薯主粮产品的加工量及精深加工产品比例。我国马铃薯加工业经过结构调整，培育了一批自主创新能力强，又具有较强竞争优势的骨干企业。截至 2020 年，马铃薯加工企业中，已经拥有研发中心的企业占总数的 60% 以上，此外，企业进行产品研发的投入占销售收入的比重也提高到了 1% 以上。规模化马铃薯加工企业数量在 2015 年的 200 家基础上，不断增长，其中包含 1～2 个有较强的竞争力、销售收入在 50 亿元以上的马铃薯加工骨干企业；30 余家销售收入为 3 亿～6 亿元的马铃薯加工企业。同时，产业集群快速发展，目前已形成了 3～6 个分工合作、优势互补、销售收入达 10 亿～60 亿元的马铃薯产业集群。

3. 质量体系趋于完善，节能减排显现成效

由于食品加工重大科技研究项目的启动与实施，马铃薯相关技术的研究得到了越来

越多的重视，研究结果有效提升了马铃薯淀粉的提取率与节水率，并在马铃薯生产应用与技术开发等关键领域努力实现突破。目前，我国研发的马铃薯变性淀粉品种已经增至30余种，马铃薯的加工产出率与副产品利用率均有所提高，相关的加工机械与生产水平也得到了不断提高。同时，居民对食品质量安全日益重视。随着《食品安全法》的颁布实施，马铃薯加工业食品安全要求逐渐提高，产品质量也随之提升。越来越多的马铃薯加工企业通过质量管理体系认证，落实节能减排工作，减少污染物排放。

（二）发展机遇和挑战困难并存

在《国家粮食安全中长期发展规划纲要（2008—2020年）》中明确指出，要把马铃薯列为保障国家粮食安全的重点作物，并且对马铃薯加工业的发展提出了新要求。伴随着国家马铃薯主粮化战略全面推进，马铃薯产业发展机遇扑面而来。但随着外部环境的变化和马铃薯产业的发展，马铃薯生产、加工、销售等环节上面临着许多发展机遇、巨大挑战和困难。

1. 发展机遇

一是目前我国已全面建成小康社会，实现了中国现代化建设的阶段性目标。全社会的消费需求和消费市场随着工业技术的发展、城镇化率的提高、生活水平的改善不断提质升级，进一步刺激了马铃薯精深加工高附加值产品的生产。此外，由于马铃薯加工形成的变性淀粉、全粉等都是天然的高分子化合物，营养安全，符合大众需求，拥有较大的市场潜力。

二是随着经济全球化的深入，马铃薯加工企业的国际化发展也迎来了新的契机。一方面，发达国家的马铃薯生产技术、设备与新产品等在中国市场内的推广更加顺畅；另一方面，发展中国家和新兴市场打开了我国马铃薯加工业国际市场，迎来了国际交流与合作的新局面。与亚太、拉美和非洲等地区相比，我国的马铃薯资源条件、产业条件独具优势，拥有良好的发展前景。

三是科学技术的发展，为下一步马铃薯产业的转型和升级打下了坚实的基础。信息技术、自动控制技术、生物技术等新兴技术的推广与应用，将会进一步提升马铃薯育种、种植、储运、加工、清洁生产等多个领域的技术水平，为马铃薯加工业的可持续发展提供技术支持。

2. 面临挑战

一是保障原材料正常供应的压力加大。我国的马铃薯总产量虽然位居全球第一，但目前仍存在较大的提升空间，存在诸多问题亟待解决。主要表现在：脱毒种薯应用率低度轻、农户自留种单产水平低，为保障马铃薯加工所需原材料的稳定供应，相关生产环节受到了极大的挑战；同时，马铃薯的生产环境差，田间种植和收后储存缺乏合理的管理，由于设备落后，在收获、运输与储藏过程中，常常引起马铃薯出现伤痕、腐烂等情况，造成了严重经济损失；此外，薯种原料短缺，品质参差不齐，种植者小规模种植、分散经营与规模化生产、市场化运作矛盾突出，产业基础薄弱，使得马铃薯加工原材料的持续、稳定供给问题愈发严重。随着目前马铃薯加工业的快速发展，马铃薯加工原料需求不断增大，原料供应压力也随之增大。

二是产业结构不合理。其主要表现为：初级加工产品所占比重较大，而深加工产品如主副食食品、休闲食品、高附加值产品等与人们日常生活息息相关的产品产量仍需提升；具有先进设备的同时，还能够实现规模化生产的加工企业数量较少，落后产能目前仍然占有较大的比例；副产物的研究开发尚且处于起步阶段，现代化、规模化的加工企业占比小；信息化水平低下，循环经济产业链暂时没有形成，与工业化融合不够，均影响马铃薯加工业的健康发展。高附加值产品与外国存在差距需扩大，高端装备的制造业和生产性服务业滞后，副产物研究开发仍需大力发展。

三是企业创新能力差。我国马铃薯加工技术研发和自主创新能力相对薄弱，专业人才与团队的能力较弱，许多加工机械制作技术水平与国外都还存在较大差距。目前，发达国家加工企业对科技研发的投入占总销售收入的 2.5%～4%，而我国加工企业的投入相对较少，仅有 0.74%，远低于发达国家的平均水平。随着市场需求、新产品、新技术的不断增加，我国企业面临着日益增大的市场竞争压力，必须强化其自身的自主创新能力。

3. 存在问题

一是种植方面。健康无病、优质高产的马铃薯新品种缺乏，特别是适合各类加工方式的对口品种十分缺乏，核心种薯繁育体系不健全；种植区域分布在东北、西北、西南等地区，土壤条件、气候条件比较复杂，特别是西南的山地区域，大型的农业生产机械无法开展工作，规模化种植受到一定程度限制；病害防治还没有建立起完善的防治体系，马铃薯高品质、高产量生产还无法完全保证。

二是流通方面。我国 90% 以上马铃薯是作为蔬菜鲜食的，所以对马铃薯的鲜贮、鲜食、鲜运、鲜销的要求很高。随着近年来食品结构调整，新兴马铃薯制品多样化兴起开发带动了马铃薯深加工业的发展，但对于马铃薯加工产品，还存在经济效益不够高、社会影响不够广、辐射力度不够强等问题。

三是品种方面。缺乏合格的马铃薯加工专用型品种。由于我国多年的育种工作目标有所偏离，存在"重产量轻品质"的问题，所以导致了专用加工马铃薯品种的缺乏，长期依靠国外引进加工品种，造成外汇的大量损失。

四是贮藏技术方面。自动化控制设备的不先进、不完善，原始贮藏技术不科学等问题，导致马铃薯贮藏常常引发烂窖、发芽和低温还原糖含量增加等情况，这些问题严重影响了马铃薯的品质及利用价值。

五是加工水平方面。由多酚氧化酶引起的酶促褐变，以及由美拉德反应引起的非酶促褐变严重损害了马铃薯加工产品的品质，高温油炸容易引起产品的变色、变味以及产生对人体有害的物质。目前加工设备仍严重依赖进口。

六是管理水平方面。管理手段不全面，使产、供、销三大环节严重脱节，如果原料丰产得不到及时转化，将会导致马铃薯原料霉烂或被用作廉价饲料，也会使资源潜力发挥不充分。

七是饮食习惯方面。中国人不会立刻将马铃薯转化成为三餐之一。煮和蒸是中国人的饮食文化，让马铃薯立刻成为三餐之一确实存在一定的困难。早在马铃薯引入中国时，人们就没有习惯将块状的马铃薯纳为主食一列，而是继续保持以颗粒状或粉末状食物作为主食。所以在当时，马铃薯并没有很成功地成为我们的主食。

（三）发展目标、发展任务和发展行业

随着我国农副产品加工业和食品工业的发展，马铃薯加工业作为新兴行业逐渐兴起，加工量和产值也逐年增加。自进入 21 世纪，马铃薯加工业迅猛发展，为促进"三农"与相关产业的发展、扩大就业、改善与提升居民生活质量做出了十分重要的贡献，马铃薯加工业步入了新发展阶段。

1. 发展目标

争取通过 5 年的努力，加强马铃薯的原料供应，提升供应能力与质量，以满足我国马铃薯加工业的品质要求，完善马铃薯储运体系建设，提高资源利用率，使进行主粮化的马铃薯，其种植面积、单产水平、总产量与加工产品在马铃薯总消费量与马铃薯加工产品总消费量中的比重均有显著进步。继续保持马铃薯加工业的增长活力，优化升级推动消费，强化食品安全体系建设，确保马铃薯食品安全有所保障。在此基础上，逐步实现马铃薯生产的品种专用化、种植区域化、生产机械化、经营产业化与产品主食化，提高马铃薯生产过程中的节能减排综合利用水平，实现马铃薯生产的科学可持续发展。此外，满足马铃薯绿色消费需求，开拓更大市场空间，增强马铃薯产业企业自主创新能力，推动产业迈向中高端水平。进一步扩大马铃薯产业集群效应，聚集创新活力，打造马铃薯同谷物二者有序协调发展的新格局。

2. 发展任务

一是促进马铃薯种植业的种薯脱毒化、品种专业化、种植规模化、生产机械化、管理数字化，以确保专用薯的种植面积与单产持续增长。优化马铃薯的科学培育方法，培育出更多优质、高产、多抗性的马铃薯品种，同时配套高产高效的技术模式，通过构建稳定的种薯繁育体系与种植基地，实现马铃薯种植业的品种专业化、种植规模化、种薯脱毒化、生产机械化、管理数字化。

二是加强对马铃薯的生产补贴、规模化经营模式与高产示范工作的支持力度，大力推广并应用脱毒种薯与配套的高产优质栽培技术。推进马铃薯加工企业通过发展"公司＋基地"模式，构建稳定的种薯繁育体系与种植基地，同薯农形成良好的合作关系，从而逐步实现马铃薯的产业化运作。应用信息技术来整合各类生产服务信息资源，带动生产模式和组织方式进行变革，进而形成马铃薯产业发展的新形态。

三是加大研发力度，创新发展马铃薯各个产业链环节的发展方向。扩大产品的应用范围，提高初加工企业的技术与品质水平，实现绿色生产；驱动深加工企业开发更多的新产品，引导消费升级。

四是优化行业区域。在大中城市及其周边地区，发展具有高附加值的产品。鼓励跨区域整合发展的模式，充分利用与发挥各区域优势。在此基础上，构建并完善马铃薯产业链的上下游协作机制与原料稳定供应体系。优化产业组织结构，加速淘汰落后产能，提升产业的集中度，促进企业的集成应用。优化加工产品的结构，提升马铃薯的加工能力，增加马铃薯精深加工产品在所有加工与未加工马铃薯中的占比，推动拥有高附加值和高技术含量的新型产品的应用推广。

3. 创新体系建设

一是继续深化马铃薯高附加值产品加工的关键技术研究，包括满足不同食品加工工艺的马铃薯食用变性淀粉生产技术；开发和推广马铃薯主粮化食品；马铃薯方便化加工工艺的研究与应用；健康薯类产品的研制与应用；高膳食纤维等附加值产品的综合利用技术；马铃薯加工产品研发中心、加工工程实验室的组建。

二是完善马铃薯加工产品的高效综合利用。通过建设马铃薯产业化示范区，包括对加工副产物的综合利用技术，对马铃薯渣变成饲料等低成本副产物的综合利用技术的产业化技术示范，对生产线技术的改造等。其中，生产线技术改造主要通过更新工艺设备，使单位增加值耗能减少，从而实现加工生产效益的有效提升。

三是建设马铃薯应用型人才的培养基地，主要由重点高校、科研院所以及马铃薯加工企业组成，通过培育 2～3 所马铃薯加工的专用人才培养基地，为马铃薯产业培养输送应用型人才。

4. 主食产品与加工行业

（1）马铃薯主食产品种类。 马铃薯主食主要包括马铃薯馒头、面包、面条、米粉、复配米、冲调羹系列产品，饼干、蛋糕、莜面系列产品，油条、胡辣汤等，是以优质的小麦粉和马铃薯全粉为主要制作原料，采用新型降黏技术、发酵工艺、优化搅拌等多种方法加工制作。突破马铃薯加工产品中存在的技术难题，无须添加剂，最大限度保持原料的营养价值与风味。马铃薯食品富含蛋白质、维生素、膳食纤维、人体必需氨基酸，营养均衡，脂肪含量低，易于消化吸收，适合不同人群（如高血压、糖尿病等）食用。

（2）马铃薯加工面粉。 马铃薯加工面粉主要包括马铃薯馒头/面包自发粉、面条复配粉、莜面系列产品复配粉等。通过研究不同添加比例的马铃薯全粉、蛋白粉、精制小麦粉、有机莜麦面为主要原料的马铃薯加工面粉最佳配比，来确定马铃薯全粉的适宜添加量及不同比例对马铃薯加工面粉的产品品质的影响。采用无添加剂工艺，研发马铃薯自发粉产品、家用小型马铃薯面条、马铃薯莜面系列产品。对不同的产品进行探讨，制定对应的家庭烹调方法，优化与创新家庭烹饪制作工艺，给出最佳制作方案以进一步提高家庭制作马铃薯产品加工食用的便利性。

（3）马铃薯加工行业。 马铃薯加工行业主要包括马铃薯淀粉、全粉加工业，冷冻薯条、薯片等加工业与新型产品加工业。为确保马铃薯全粉与淀粉等原材料的安全、稳定供应，鼓励企业引入订单式农业模式，提高原材料的供应保障能力。在满足多元化消费需求的同时，加大产业化装备研发力度，快速淘汰落后产能，提升自主化装备水平。开发高端同低端产品、终端同半成品相结合的加工产品结构，从而满足不同层次与各领域群体的需要。注重培育一批技术具有较强竞争力的骨干企业，提高产业集中度以及品牌知名度。

第八章

马铃薯主粮化战略的定位困境

马铃薯具有营养全面、耐寒、耐旱、耐贫瘠、经济价值较高等优势条件，是我国膳食结构中的重要组成部分。2015年，中国正式提出马铃薯"主粮化"战略，马铃薯成为继水稻、小麦、玉米之后的头号非谷物食品和第四大主粮作物的呼声日渐提升（王秀丽等，2020）。未来一段时期，随着人口结构变化和消费结构升级，中国粮食需求仍将持续刚性增长态势（仇焕广等，2022）。面对国内农业资源环境约束增加、种粮比较收益持续走低，以及当前国际农产品供应链受阻甚至断链风险加大、粮食供求不确定性增加等问题，如何满足不断增长的粮食消费需求，保障国家粮食有效供给，是推进农业农村现代化的首要任务。

马铃薯主粮化对于中国粮食安全保障和农业现代化发展具有现实意义（陈萌山等，2015）。2006年农业部发布《农业部关于加快马铃薯产业发展的意见》，为我国的马铃薯产业发展奠定了政策基础。2008年出台《马铃薯优势区域布局规划（2008—2015年)》，提出中国马铃薯产业中长期发展目标。2010年"两会"提出确立马铃薯主粮地位、保障粮食安全、促进增产的有效提案。2015年马铃薯主粮化战略研讨会建议将马铃薯定义为继三大主粮产品后的第四大主粮作物，并在政策基础上给予相应扶持。2016年，农业部下发了《关于推进马铃薯产业开发的指导意见》，意见指出坚持更进一步地推动马铃薯主粮化产业的发展并以此来推进我国农业经济转型升级，提出了马铃薯主粮化产业发展的目标。

中国马铃薯种植面积从1991年的287.93万公顷增加到2021年的545.61万公顷，位居世界首位。马铃薯产区70%以上在我国集中连片分布。2015年以后马铃薯种植面积重心逐渐向西南移动，云南、贵州、四川马铃薯种植面积增长明显（Wang et al.，2018；Su et al.，2019）。甘肃、宁夏、内蒙古等地将马铃薯产业与其他产业融合，使得马铃薯种植业由解决农民基本温饱的区域产业提升为繁荣城乡经济发展的县域特色优势产业，加快了马铃薯主粮化进程（仲乃琴等，2019；白丽等，2019）。当前，马铃薯主食化产品的产业性开发已经具备一定市场体量，但其在满足食物基本需求层面的定位仍然比较模糊。

将马铃薯嵌入食物安全的边际贡献，能够细化产业发展目标，重塑马铃薯产业定位。本书基于整体食物安全观的战略考量，从嵌入理论视角建构马铃薯嵌入国家食物供给体系的理论逻辑与战略框架，探讨不同嵌入层次下马铃薯种植空间格局演化机制和多维路径下马铃薯的战略定位，以期为丰富国家食物供给体系战略提供参考。

一、理论建构与战略框架

嵌入理论已经形成了较为完整的理论体系，一般而言，可以从环境嵌入、组织间嵌入、双边关系嵌入等与宏观战略体系建立复杂网络，开展结构与关系嵌入性可行性分析（张等文等，2020；Cai et al.，2021）。研究马铃薯嵌入国家食物供给体系品种结构与经济关系，需嵌入社会、文化、认知等要素，以反映国家食物供给的外部环境以及马铃薯定位的嵌入性作用。马铃薯种植空间布局嵌入国家食物供给体系的过程是多尺度、跨要素、地域性等复杂维度的融合，涉及整体食物安全保障与机制、文化等社会性相关背景。农户、企业、政府等关系结构影响马铃薯嵌入的稳定性和可行性，需要在原有粮食安全框架基础上整合相关政策、法规、经营模式、生态兼容性等，进一步细化嵌入的要素构成和演进过程。

（一）嵌入理论与粮食安全战略框架的衔接

在社会嵌入理论中，认知嵌入、制度嵌入和结构嵌入涵盖生态、人文、政策、经济等跨部门要素（陈仕华等，2011），包含空间格局与经济性的关系、生态适应性与食物供给保障的关系、双碳约束与粮食产能的关系、贸易市场与本土衔接的关系等若干方面。在安全尺度层面，粮食安全既是保障底线，也是安全管理红线，表现在马铃薯自身生物特性对粮食保供的贡献及种植空间分布的网络嵌入和地域嵌入。在食物结构尺度层面，马铃薯粮菜兼用，且产量基数大、投入强度低、生态适宜性强，除了鲜薯、全粉等储藏尚有技术提升空间之外，是小麦、玉米、水稻等口粮的理想补充替代选项，是食物安全结构框架的重要补充内容。在食物产品尺度层面，马铃薯与玉米、小麦、水稻在区域分布上均有交集，产业嵌入门槛相对较低，生产资料跨业兼容度相对较高，是马铃薯嵌入整体食物安全框架、破局当前定位困境的重要因素。另一方面，国家食物供给体系是以粮食保供为目标的多元战略结合，马铃薯在种植、加工、储运流通等环节与其他口粮具有高度的互补性，易于实现战略兼容。马铃薯主粮化战略作为粮食安全战略的重要支撑，理论上能够成为夯实粮食安全压舱石、丰富国家食物供给体系的有效路径。

从马铃薯的种植空间格局与食物保障功能来看，马铃薯能够通过结构嵌入、制度嵌入、认知嵌入等形式嵌入国家粮食安全战略和国家食物供给体系，如在粮食品类上实现结构性嵌入，在食品加工淀粉复配环节、马铃薯系列主食产品等实现产品嵌入和产业链嵌入。马铃薯主粮化战略包含主食化产品开发和产业链附加值提升，待其嵌入整体食物供给体系后，粮食安全战略框架会在新的场域下重新整合，必然出现马铃薯在国家食物供给体系的定位扰动。一般情况下，马铃薯及其功能性食品、淀粉等在食物供给结构嵌入中能够扮演重要角色，粮菜兼用的认知嵌入也是重构国家食物供给体系框架的重要支点（图 8-1）。

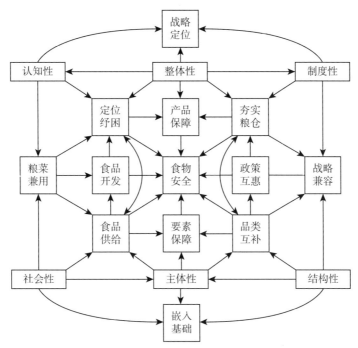

图 8-1 马铃薯嵌入粮食安全战略框架的衔接逻辑

（二）结构嵌入与粮食安全战略框架

产品贡献是马铃薯嵌入国家食物供给体系的关键因素，产品结构和产业链的结构嵌入能够凸显国家食物供给体系中马铃薯的贡献份额和嵌入水平。传统粮食安全战略中的水稻、小麦、玉米战略定位清晰，但保障机制的路径依赖现象较为显著。相较于传统的三大主粮，马铃薯环境适应性更强，生态韧性更优，稳产性较高，节水、节肥、减药等特性与农业绿色生态发展高度同频，有助于形成互补性较高的国家食物供给战略（Paul et al.，2016）。尤其在面临突发公共事件风险、气候不定等挑战的情况下，稳产、流通成为食物供给保障的关键，在特定区域内开展马铃薯替代种植，能极大程度提高农业可持续发展能力（Qin et al.，2018；Gao et al.，2019）。

从产出效率来看，正常年份下马铃薯单产水平远高于主粮作物，根据 2016—2021 年《全国农产品成本收益资料汇编》数据分析得知，2015—2020 年全国三大主粮每亩平均产量为 465.30 千克，且呈现波动递减的趋势。其中，稻谷平均亩产为 484.61 千克，小麦平均亩产为 417.25 千克，玉米平均亩产为 494.03 千克。马铃薯同期平均亩产为 1 845.79 千克，并呈现逐年递增的趋势，其中 2020 年马铃薯单产达到 2 484.59 千克，高于三大主粮作物平均单产水平 4 倍以上。从耕地利用率来看，马铃薯因其高产特性所需耕地面积低于传统主粮，同时在南方冬闲田种植马铃薯也可作为嵌入食物供给战略的重要举措和依据（Lu et al.，2021；Liu et al.，2021）。从成本收益来看，2015—

2020 年全国马铃薯平均成本利润率为 25.38％，且长期较为平稳，而三大主粮作物成本利润率仅为 1.79％，马铃薯的成本利润率稳定高出三大传统主粮 24 个百分点。从食品价值来看，马铃薯营养价值丰富，不仅涵盖了大米、小麦、玉米等我国传统主粮所含有的碳水化合物、蛋白质、膳食纤维等营养，还富含维生素 C、维生素 B_1、钾等蔬菜和水果的营养成分。近年来，从终端食品生产来看，马铃薯淀粉作为常用的复配面粉材料，已成为小麦加工食品的重要补充原料。粮食安全保障能力是国家食物供给体系战略框架的重要议题，马铃薯对整体食物安全战略的结构嵌入是重构粮食安全战略的重要方面。马铃薯较高的产出效率、利用效率、成本收益和食品价值等特性，既能为结构嵌入国家食物供给体系打牢坚实基础，也能为未来应对更多粮食安全不确定性因素提供备选策略。

（三）制度嵌入与粮食安全战略框架

嵌入理论应用到经济理论分析的初衷是为了解释经济与非经济的制度讨论，尤其涉及经济整体、社会组织在经济活动中如何置于相应制度框架之内进行决策（Zukin and Di Maggio，1990）。在马铃薯嵌入食物供给体系框架的制度分析中，制度嵌入是构成食物供给体系框架合规性的首要保证。制度嵌入的过程是制度各方主体间的互动双赢，更是嵌入机制和制度安排的关联闭环。马铃薯嵌入食物供给体系框架不仅是粮食安全战略的政策创新，也是国家安全战略的制度创新。自 1982 年以来，中央 1 号文件长期以"农"为核心，以"粮"为主题。马铃薯作为传统主粮外的第四大粮食作物，既是被嵌入粮食安全战略框架的客体，又是主动嵌入食物供给体系框架的主体。应当首先打通制度嵌入，为马铃薯提级升格至食物供给体系框架内营造普遍认同。

马铃薯主粮化战略嵌入食物供给体系框架能够实现粮食产业链的交汇融合，使得传统的粮食安全边界得以外延，创新中国特色食物供给体系。同时，马铃薯嵌入传统主粮作物能够发挥独有的粮菜兼用、应对突发事件的保供优势。加之马铃薯种植空间格局基本能够保障全周期供应，对市场供需起到平衡器、稳压阀的作用，能够体现马铃薯嵌入的制度机制及传导链条的完整性。马铃薯嵌入的制度衔接并非割裂的制度安排，而是依托整体食物供给体系框架，建立纾解马铃薯定位困境、制度嵌入食物供给体系战略框架的合理性依据。

（四）认知嵌入与粮食安全战略框架

嵌入理论应用于经济现象的分析以社会认知为基础，针对企业行为在认知嵌入作用下对企业绩效的影响是其较为经典的研究范式（陈仕华和李维安，2011；吴小节等，2017）。马铃薯与食物供给体系框架存在天然的结构嵌入、特色的制度嵌入，还存在基于资源优化、对象管理等认知嵌入的内在关联。如种植约束、成本收益和政策支持会影响有限区域内的农户产生趋同决策，从而形成马铃薯不同区域不同尺度的种植集聚、产业集聚与市场集聚，进而影响马铃薯种植空间格局变化（杨亚东等，2022）。从历史来看，马铃薯是清朝以来部分地区赈济平民灾荒的救命粮和赖以为生的主粮，其稳产高产性使马铃薯成为战争时期民食军需的重要保障（谢从华等，2021）。在市场经济规则下，马铃薯的战略地位尚欠足够的战略认识，社会性受到较大制约，也是导致马铃薯在当前难以增加民众认知的重要因素。

偏好认知对食物消费的影响较大，随着居民消费异质性的凸显，以马铃薯为主要原料的食品能否被认可和接受，是马铃薯嵌入食物供给体系的关键要素。马铃薯加工制品多为薯条、薯片等，马铃薯面条、馒头、烧饼等主食加工制品的市场认知度仍然较低，亟待加大认知层面嵌入食物供给体系框架。因此，马铃薯不仅应从结构方面顺应嵌入食物供给体系战略框架，也应通过认知嵌入减少马铃薯嵌入食物供给体系的特定性情景问题，特别是与当地的种植习惯、人文、生态、市场、政策等建立社会联系，为其制度嵌入建立合理的参考依据和更广泛的认同支撑。

二、嵌入要素：总体布局与嵌入机制

马铃薯的生态适宜性强、总体分布广，依据区域自然资源禀赋、种植规模大小和马铃薯产业比较优势等条件，我国马铃薯主要种植区域包括南方冬作区、北方一季作区、西南一二季混作区和中原二季作区等。其中，种植收益、政策扶持、技术创新和气候变化等因素的融合作用对种植格局的嵌入影响较大（杨亚东等，2017），基于结构、制度和认知嵌入等，对马铃薯嵌入食物供给体系框架战略开展动力机制分析。

（一）布局影响因素

"天帮忙、人努力、政策好"是马铃薯种植布局调整及战略嵌入的机制体现，按照完全不可控要素、部分可控要素和完全可控要素的三分法对其进行识别。其中，完全不可控要素主要包括气候和灾害等自然要素。自然条件的适宜程度是农业生产的基础条件，降水量、土壤条件、光照强度和难以预测的自然灾害等，直接决定了不同地区的马铃薯种植空间格局形成。成灾面积、气候变化、地质灾害等自然条件难以控制，其不确定性会对马铃薯种植产生较大影响。完全可控要素主要包括科技进步和政策要素。科技进步通过提高资源的利用效率、降低生产投入成本、避免资产折旧带来的成本损失等促进区域马铃薯种植空间格局的演变。马铃薯种植扶持政策通过直接补贴和间接补贴等方式，提升农户马铃薯种植收益，带动区域间不同品种的种植空间格局变化。同时，政策也能通过间接作用于科技要素，提升作物种植的科学技术水平，增加不同区域的作物种植适宜程度。部分可控要素主要包括每亩净利润、每亩总成本和替代作物价格等市场环节涉及供需关系的要素。总体来看，这些方面对马铃薯种植空间布局及嵌入粮食安全战略均产生不同程度的影响。

（二）嵌入动力机制

马铃薯种植格局伴随要素流动、资源集聚或分散嵌入食物供给体系框架，完全不可控要素、完全可控要素和部分可控要素以制约机理影响马铃薯整体嵌入机制。由降水量、平均气温、日照时数和成灾面积等构成的完全不可控要素作为基本的生产条件，为生产成本、净利润和替代作物价格等构成的部分可控要素提供了资源禀赋。完全不可控要素对科技进步和政策实施等完全可控要素的影响主要表现在生态约束和要素制约。以东北一季区为例，该地区依托其雄厚的资源禀赋优势，生长季的降水量、平均气温和日照时数等气候因素为马铃薯种植提供了较为优越的生态基础，对降低单位种植成本有直接影响。完全不可控因素较好解释了马铃薯嵌入食物供给体系框架的直接动力。

就部分可控要素而言，成本投入、亩均净利润、价格波动等要素通过田间生产、市场资源配置，对完全不可控要素中的降水量、平均气温、日照时数和成灾面积等要素在生态承载力约束下起到循环作用。部分可控要素对以政策和技术进步为核心的完全可控要素，在生产及市场活动中，为技术创新提供了发展方向，也为技术成果转化提供了载体，进而起到了降本提质增效等促进作用。以南方冬作区为例，广东省、福建省等地凭借其完善的市场体系，依托国内国际两个市场，辐射带动马铃薯上中下游之间的产业联系，高效转化早熟高产高效技术、晚疫病综合防治技术和稻-薯水旱轮作、稻草覆盖、平衡施肥等技术。因此，部分可控要素能够较好地将马铃薯升维到制度层面，与食物供给体系框架进行制度性嵌入，实现制度安排、政策部署、产业管理的紧密嵌入。

完全可控要素中，由科研经费内部支出、科普专职人员数量、机械化水平等要素构成的技术进步及政策支持，通过马铃薯产区光气水热等气候因素的科技投入，最小化马铃薯种植中的旱涝寒热及由此引发的各类病毒病害；通过种薯和机械购置补贴、科技投入等扶持政策，极大地提高了马铃薯种植的科技含量，提高了马铃薯种植收益。以滕州市、胶州市为代表的中原二季作区为例，该地区通过多层次、多样式的地膜覆盖解决马铃薯种植过程中保温保墒的难题，通过撒施化学药剂综合治理虫害、防治晚疫病等；通过种薯和农机具补贴激活当地马铃薯市场，并随着冷库贮藏能力的提高，降低当地马铃薯市场波动，进而保障了农户种植收益。科技支撑与政策支持较好地将马铃薯的经济性、稳产性与种植传统进行结合，夯实马铃薯从认知层面嵌入食物供给体系战略框架。

三、嵌入治理：马铃薯丰富国家食物供给体系战略的实现路径

马铃薯在经济学中常被界定为吉芬商品，但现实中越来越多的反事实现象超越了需求弹性对马铃薯商品属性的界定，反映了准吉芬商品的特点（Salmensuu，2021）。如城镇居民在应对新冠肺炎疫情持续、共治过程中出现的囤菜事件，凸显出马铃薯的粮菜兼备属性对稳市托市的作用。此外，受到马铃薯季节性、区域性供需周期的影响，市场时滞效应也在间接地影响全国蔬菜市场供需价格。如山东地区马铃薯种植农户市场参与度较高，市场交易信息量大、渠道广，对市场价格、季节错峰上市敏感度高；广东及福建地区兼顾国内外两大市场、马铃薯产业基础好、菜粮流通覆盖度广。通过政府、新型

经营主体和农户等各层面的协调改善，马铃薯将对突出区域特色种植资源禀赋、丰富居民餐桌、充实保供能力起到重要作用。

（一）嵌入治理原则

1. 发挥区域比较优势

生态约束是影响农作物生长的决定性因素。中国幅员辽阔，光气水热等自然资源在空间分布上具有天然差异。理论上马铃薯可在全国范围内种植，但鉴于中国幅员辽阔、气候多样、地理特征各异，马铃薯种植适宜区和主产区主要集中在东北地区的黑龙江、吉林、内蒙古东部、辽宁西部和北部地区；西北地区的甘肃、宁夏、陕西西北部及青海东部地区、华北地区的内蒙古中西部及河北、内蒙古坝上地区（Wang et al.，2021；He et al.，2017）。因此，应当着眼于区域经济发展和产业结构优化的需要，明确不同区域的主导产业优先顺序，依托种植大户、家庭农场、集体合作社和龙头企业等新型农业经营主体，集聚地方科研院所和高校的研发力量，以生产、加工、科研、基地、物流配套服务等工程建设为载体，把握马铃薯产业发展战略高地，找准定位，做好顶层设计，逐步推进。通过综合分析各地不同基础情况，结合当地产业基础与产业结构布局，有机统筹区域资源分配与产业协作分工，提升产业内利益相关主体的市场参与度。

2. 树立绿色种植意识

绿色环保是新时期农业发展的重要方向和目标。推动中国马铃薯种植空间格局发展，做强马铃薯产业，关键是要处理好绿水青山和金山银山的关系。一方面，要明确绿水青山就是金山银山，通过提高马铃薯种植主体的绿色生产意识，规范生产行为，有效引导控水、控肥、控药行为，提高农资投入品利用效率，发展无公害、绿色、有机马铃薯，提升马铃薯品质，走绿色、健康、可持续的马铃薯产业发展道路。另一方面，针对马铃薯连坐土传病害问题较为严重、工业废料排污超标等问题，既要加大科研力度，积极探索切实易行的污水处理技术，加大技术推广力度。同时从政策引导、资金支持等方面加大帮扶力度，积极帮助企业和农户提升各个环节的科技含量。

3. 增强科技转化效能

农业科技是推进农业农村现代化的决定性力量。马铃薯技术推广涵盖遗传育种、栽培生理、病虫防治、机械装备、土壤肥料等领域，支撑了马铃薯产前研发、种植、收获、贮藏、加工、运输以及销售等产业链环节。因此，从技术方面，开展适用于不同区域的大型机械和小型马铃薯机械全程机械化生产装备及配套高产栽培技术研究，加快推广轻简化栽培技术和机械化种植技术。从管理方面，加快马铃薯主产区专业合作组织和种植大户的培育，改变一家一户分散种植的生产格局。针对灌溉、肥料、农药费用较高的问题，发展简单易行且节水增效的新型灌溉方式，提高农资投入品利用效率。从产业融合方面，坚持以提升科技含量为核心，走集群发展的产业兴盛之路。通过推进马铃薯一二三产业融合发展，包括从良种繁育、种薯外销到机械化、标准化生产，从引进培育龙头企业到全面推进产学研结合，从仓储物流体系的稳步构建到公用品牌的成功打造，在具有比较优势的地区实现马铃薯产业集群发展。

4. 提升产业竞争能力

全产业链是提升产业核心优势的重要抓手，有助于提升产业核心竞争能力。随着产品消费结构不断丰富，居民对于营养和饮食多元化的需求愈发强烈，应当坚持市场导向，不断调整马铃薯产品结构，进一步挖掘市场需求潜力。加强饮食营养、健康消费观念引导。加快培育多元化经营主体，提高市场主体核心竞争力。相比小农户分散生产，新型农业经营主体及多样化的合作经营模式在新技术采用、机械化生产、绿色化种植、规模化发展、稳定的销售渠道等方面具有明显的优势，有利于土地、劳动、资本、技术等生产要素的有效融合，推动农业产业化经营。应采取针对性政策举措，培育和扶持种植大户、家庭农场、集体合作社和龙头企业等新型农业经营主体，发展相配套的产业服务主体，推动马铃薯标准化、专业化、规模化发展，激活各类人才到马铃薯领域创新创业。

（二）嵌入治理的实现路径

1. 开拓国内外市场，提升马铃薯产业竞争力（图8-2）

马铃薯经济半径能较好地结合国内国际两个市场，最大化地利用马铃薯种植生态适宜性的特点，如新疆、广西、黑龙江等地区，马铃薯边境贸易将成为马铃薯农户种植意愿新的增长点，辐射东北亚、东南亚、南亚、中亚、东欧等"一带一路"沿线国家，有助于进一步丰富中国马铃薯种植格局，提高马铃薯供给能力。发挥山东、广东、福建等地区市场化优势，延伸马铃薯产业链，挖掘马铃薯精深加工附加值。通过优化马铃薯产业结构，开展鲜薯精深加工，开发薯片、薯条等加工制品，对冲马铃薯收获高峰期市场供求波动，增强马铃薯农户市场抗风险能力，提高区域马铃薯产业竞争力。开发多级马铃薯市场，鼓励马铃薯进驻农产品期货市场，防止生产、决策、销售之间的时滞效应。开发马铃薯面包、面条、馒头等加工产品，拓展市场目标人群，将以往军人、学生、农民工等主要消费人群向大众消费转型，培养稳定、健全的马铃薯市场体系，增强国内马铃薯绝对供给能力，提升马铃薯产业竞争力。同时，在新疆、黑龙江、广西、云南等地处边陲的中国马铃薯种植区域，发挥边境贸易基础优势，拓展中亚、东北亚、南亚、东南亚等"一带一路"沿线国家市场，通过放开放活相关政策、推动边民互市贸易等方式，进一步促进边境贸易便利化，激活马铃薯边境贸易市场。强化马铃薯"预备粮""准口粮""选择粮"的战略定位，抓住"一带一路"倡议契机，充分利用国内国外两种市场资源，协调国内国际两个市场的供需关系，发挥各自比较优势，在东北一季区建立"北出口、南调运"的有限发展区和种用、鲜食用马铃薯战略储备区；在西南一二季混作区和南方冬作区建立覆盖"东盟"、向南出口和辐射秦岭-淮河以南地区的鲜薯和种薯为主导的马铃薯生产优势区；在新疆等西北地区发展面向中亚、辐射"一带一路"西线国家的马铃薯种植优势区。

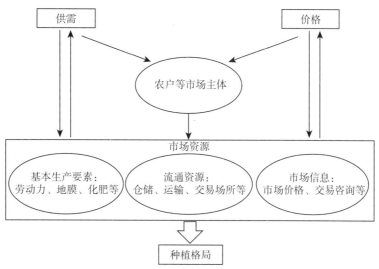

图 8-2　基于市场机制的治理路径

2. 落实藏粮于技战略，促进马铃薯技术成果高效转化（图 8-3）

科技研发和技术推广在生产、加工、储藏、销售等马铃薯全产业链运行中始终处于支配地位，应当充分发挥科技成果市场化对产前研发、种植及产后价值链延伸的关联驱动作用。加强由国家、省、市、县、乡共建的五位一体技术推广体系，保障科研人员、企业、农户等利益相关主体目标利益一致化。在马铃薯种植主产区，建立辐射区域、技术、市场等的科技推广示范基地。将技术推广与产业发展相结合，通过延长产业链，在种植区域发挥减贫增收功能。在西南一二季混作区和南方冬作区加强晚疫病防控，选育专用品种，推广新型高效种植模式，推行实用配套增产技术；在中原二季作区研究鲜食专用品种配套栽培技术，选育和推广抗病专用型和适合外销型品种，研究建立规模化、标准化和机械化生产模式。建立技术推广体系保障机制，通过不断调整政策安排，促进马铃薯种植技术成果高效转化。

充分利用现代信息技术，建设马铃薯病虫害物联网实时监测预警系统平台。在田间建立病虫害监测预警系统，依据结果指导薯农科学防治，适时采用农业防治、生物防治、物理防治和化学防治等技术手段，合理选择农药类型，避免盲目施药，造成水体和土壤污染。另外，还应重视对马铃薯新发病虫害的研究，探究其成因和发生规律，开发推广

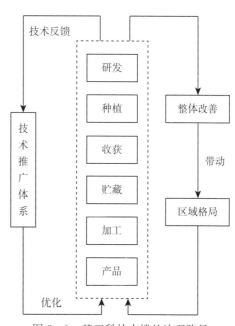

图 8-3　基于科技支撑的治理路径

病虫害调查监测技术和理化诱控技术防控虫害。在干旱半干旱地区和马铃薯春季种植区推广地膜覆盖技术，该项技术具有较好的增温保湿作用，能够为马铃薯生长发育提供有利条件，进而提高产量。考虑到地膜残留对土壤和作物生产的不利影响，建议采用可降解地膜等方式。马铃薯冬作区应采用地膜覆盖和秸秆覆盖等栽培方式，有利于活化土壤养分，增温保墒、抑制杂草。

3. 优化提升种质资源，培育改良马铃薯新品种

近年来，西北区马铃薯加工业发展较快，淀粉薯的需求量增大，但由于马铃薯种质资源改良和野生资源开发与利用的研究进展滞后于其他主产国，派生品种数量逐渐增加，马铃薯品种逐渐丧失遗传多样性，导致育种工作难以取得突破性进展。此外，马铃薯长期以鲜食为主要消费方式，马铃薯种植以高产、鲜食的中晚熟品种为主，高淀粉含量的品种较为缺乏。所以，亟须培育早中熟鲜薯、加工专用型品种。东北及坝上地区和华北及黄土高原区北部受晚疫病、土传病害等影响，遭受经济损失，当前种植的品种针对这些病害的抗性较弱，一旦感染病毒，极易导致马铃薯种性退化。马铃薯育种工作首先应确立育种目标，及时并有针对性地开展育种工作。马铃薯种植条件具有区域差异性且市场消费需求呈现多元化特征，应鼓励科研机构与生产企业加快品种的引进和筛选，选育聚合多种性状、优质专用型品种，包括耐贮运鲜食品种、早熟鲜食、鲜薯出口品种以及适应各区域自然条件的加工专用型品种。其次，重视马铃薯种质资源的搜集与改良，逐步提高育种技术水平，创造具有多种优良性状和抗病性的种质资源，进而培育新的优良品种。

粮食安全观的多维价值

一、新常态下我国粮食产能多维分析

粮食安全问题是世界性全局问题。党的十八大以来，中央领导集体高度重视新形势下的粮食安全与保障问题，并提出"以我为主、立足国内、确保产能、适度进口、科技支撑"的粮食安全战略，突出强调"确保谷物基本自给、口粮绝对安全"的战略底线。新常态下，为推动这一战略实施，本章从时空布局、经济属性、作用地位、矛盾索解、类型层面、产品加工等维度对粮食产量进行分析。

（一）从时空格局看粮食生产的分布

近年来，我国粮食生产格局发生了嬗变，侧面反映了我国粮食生产发展的历史性成就，但同时也存在一些亟待解决的隐藏问题。

1. 南北粮食主产区互换

当前，我国南北粮食生产出现了历史性的转变。过去，我国鱼米之乡江南地区一直是大米主产区，但现今已成为大米主销区，"南粮北调"已转变为"北粮南调"。目前，东北地区已经成为我国最大商品粮基地。在全国的总体战略规划中，东北不仅是中国的重工业基地，同时也是国家的大粮仓。从总量上来看，东北地区粮食商品率较高，粮食生产潜力巨大，发展势头强劲，在我国粮食生产中占有重要地位。可以预见，在未来一旦发生粮食安全事故，就需要从东北地区往外调更多的粮食。据国家统计局公布数据，2021 年黑龙江省粮食作物种植面积达到 21 826.95 万亩，占全国的 12.37%；粮食产量较上年增加 65.34 亿斤，占全国增量的 24.47%；粮食生产喜获"十八连丰"，粮食产量连续 11 年位居全国第一。在我国粮食生产重心北移的态势下，无论从商品粮生产还是粮食增产潜力来看，东北地区无疑将是"重中之重"。

当前东北"黑土地"粮食生产战略地位日益凸显，但其质量状况也随着增粮增产压力加大每况愈下，水资源短缺、水土流失和土壤肥力退化等现象更加严重。粮食"北粮南移"的格局加剧了我国水土资源在粮食生产空间分布不匹配的矛盾，对我国的粮食安全构成威胁。东北地区水利设施不配套、灌溉率较低、耕地退化等问题，造成粮食单产不高、总产不稳的严重问题。尤其值得注意的是，东北黑土地之下是一层成土母质，没有任何有机质存在，若按照这种不可持续的开发方式，黑土地会愈加贫瘠甚至消失直至不复存在。黑土地土层变薄、有机质减少、肥力下降，严重威胁着东北农业的可持续发展，进而威胁国家粮食安全。黑龙江省近年来加大了对"耕地大熊猫"的保护力度，不断提高粮食综合产量。按照不同的土壤类型和温度区，创新打造了以翻埋、免耕等为主的黑土地保护"龙江模式"，与以水稻秸秆翻埋、旋耕和原茬打浆还田为主的"三江模式"，对黑土地开展因地制宜的保护。

2. 农机化水平整体提升

改革开放以来，我国农业机械化耕种水平大幅提升，2004年《中华人民共和国农业机械化促进法》正式实施，购机补贴资金政策开始启动，极大地拉动农机化推进。从装备水平上看，高性能、大功率的田间作业动力机械和配套机具增加，全国农机总动力明显增加；从作业水平上看，全国农作物耕、种、收综合机械化水平均有提高，小麦生产基本实现机械化，水稻、玉米生产的机械化快速推进，林果业、畜牧业、农产品加工业、渔业以及设施农业等领域的机械化全面发展；从制造水平上看，我国农机装备产业企业总数超过8 000家，农业机械科研创新与生产能力不断提升；从服务水平上看，我国农机服务产业化进程不断加快，农机大户、农机合作社等新型农机服务组织体系建设愈加完善，农机生产、销售、作业、维修四大市场发展迅速，我国农业机械化加快向全程全面高质高效转型升级。

但仍存在着一些不足之处，主要表现在以下四个方面：

一是农机生产的科技创新能力不足。我国的农业机械化研究起步较晚，基础研究较为薄弱，存在机艺结合不密切、极度缺乏科技成果创新、许多核心技术依赖进口、部分基础理论与关键技术研究仍处在工业化初级阶段的现象。发展中仍有许多薄弱环节与不足之处急需改进，尤其是具有高水平配置的大型农机设备基本被外资品牌所占领，农机发展受制于人的局面并没有根本性的改变。国内农机企业的创新能力较差，没有真正发挥出对产业创新发展的主体作用，产学研用推相对分离，结合不紧密，科研成果转化的效果不明显。同时，科技诚信制度和权益保障机制的功能无法完全发挥，许多知识产权保护政策的制定无法有效保护创新者的辛勤成果，致使科技工作者的创新意识未能完全作用。此外，我国农机产品的生产还存在着"重设计、轻测试"、质量标准不健全、缺少工程化验证等问题。

二是部分农机设备的有效供应不足。我国农机生产存在着产能过剩和断档式缺口并存的现象。农机中多数质量较低，中、高档产品数量较少，机械的适应性和可靠性还需进一步提升，机械生产中环境保护的压力较大。一些行业和部分产品还存在着"无好机用""无机可用"等问题，这也是造成一些薄弱环节、行业与地区机械化程度低的主要原因。"供不适需"的矛盾逐渐显现，传统农机和大宗农机产品产能过剩，需求逐渐下滑；不同效用的机械"卖难"程度不一；新兴产品、空白领域的农机往往"供不足需"，整体发展速度有所减缓。因此，农机产业结构亟须调整，农机生产研发需紧追时代脚步，按需生产，及时发现现有农机不足，并尽快做出调整，加以改进。

三是农机农艺结合不紧密。一些产业品种的播种、栽培技术、农业管理、养殖方式、产后加工、农田改造、配套设施等都有"宜机化"的现象，也就是农业生产的各大结构中都需要依靠机械提升效率。但当前，我国农业生产存在品种、种养方式与机械化生产不相适应的问题，严重影响了我国农机的研制、推广与应用，限制了农业生产的效率和效益的进一步提升。已有的自动化生产系统或一体化设施，因成本过高或技术太复杂，尚不能适应大规模农业生产的要求。

四是辅助农机的基础设施建设相对落后。在很多地区，尤其是山地、高原地区，由于田块分布较小、高差大，机耕路少，种植管理较为分散，往往造成农机"作业难""下田难"，出现"有机难用"等问题。一些已经建成的高标准农田，多数还没有满足"宜机化"的条件，如有些地区未进行机耕下地坡度的设计，机耕道与田块的高差大于60厘米，农用机械难以顺利进入田地；有些农田排水系统设计不合理，排水渠较田块高，造成了雨水在雨季不能很好地排出，从而严重影响了农作物的生长。同时，农机具库地建设较为困难，多数项目难以落实，虽然国家相关单位已多次下发相关通知文件，明确了粮食规模化生产应具备晾晒场、储藏场、烘干塔、农机农资仓库等相关配套设施，划分农业设施用地，但部分地区没有落实。直至目前，我国农机产品依然存在着"存放难""保养难""维修难"等问题。

3. 粮食产能安全受到制约，粮食产能提升任重道远

我国政府高度重视国家粮食安全问题，一方面划定18亿亩耕地红线，另一方面调动农民生产积极性，以确保中国人把饭碗牢牢端在自己手中，实现粮食总产量"十八连丰"，成功解决了世界近20%的人口吃饭问题。但在此情况下，中国粮食的进口量长期有增无减，粮食消费量越来越大。如果粮食生产不足，或遭遇国际粮食市场危机，很可能会引起粮价大幅度上涨，甚至引发国际冲突。粮食生产、出口"双增长"倒逼，提高粮食产能迫在眉睫。

2021年，我国谷物的自给率保持在97%。全球粮食年贸易量是我国年粮食消费量的2/3；全球大米贸易量相当于我国大米消费量的1/4。从品种看，粮食生产结构总体不平衡，玉米产需基本平衡，小麦、水稻供求偏紧，大豆缺口较大。从影响因素分析看，饲料用粮和工业用粮的加速加量增长，直接影响我国饮食消费结构，口粮消费越来越少，对肉蛋奶等产品的需求增多。从区域分工布局来看，国家粮食流通体制改革，长三角、珠三角等地区优良耕地资源被大量圈占，卸下了粮食主产任务，导致我国粮食产量减少和耕地数量减少，我国原本划定的13个粮食主产区当中，目前只有黑龙江、吉林、内蒙古、河南、安徽等5个省份可以稳定输出粮食，而辽宁、湖北、四川已经成为缺粮省份。从耕地资源来看，我国农地数量和质量双降低。城市化、工业化建设占用了部分耕地资源，且化肥、农药在使用过程中存在过度投入的情况，导致部分农地污染，地力下降。

（二）从作用地位维度上看粮食产能安全的本质特征

在任何时候，每个国家都应当保有相当数量的粮食储备，都应当致力于提高粮食的

生产能力。它涉及生产安全、资源安全、贮藏安全、调运安全、加工安全、供应安全等内容。同时，由于事关全人类，粮食安全更是一个国际性观念，它始于联合国粮农组织召开的第一次世界粮食首脑会议。我国现阶段的粮食安全已不再仅仅是满足人们吃得饱的口粮需求，而是要使大家吃得更安全、更健康，既吃饱吃好，又吃得营养。20世纪70年代发生的世界性范围内的粮食危机，造成了粮食供给的大幅度短缺，一度给人们带来恐慌。在这个背景下，联合国粮农组织于1974年11月第一次世界粮食首脑会议上首次提出"粮食安全"问题。随后在1983年4月，联合国粮农组织总干事爱德华·萨乌马提出了一个新的粮食安全概念，即粮食安全的终极目的是保证每个人随时都可以买到并且有能力支付人们所必需的食品。而在1996年11月召开的第二次世界粮食首脑会议上，粮食安全的概念再次得到了新的表述：只有当任何人在任何时候，都能够在物质与经济上获得足够、安全并且富有营养的粮食，来满足其积极与健康的生活的食物需要与偏好时，才真正地实现了粮食安全。由此可见，粮食安全这一概念的内涵是随着社会的进步和经济的发展不断更新，但其核心内容一直围绕着保证所有人都有权利得到基本的安全、营养的粮食这一主题，它的含义包括：确保粮食供给满足人们基本需求，且人们的购买力形成的是有效需求，能保证供求平衡且健康卫生，具有持续性、稳定性。

提出国家粮食安全新战略意义重大。粮食安全这根弦，在任何时候都不可松懈。要坚持"以我为主、立足国内、确保产能、适度进口、科技支撑"的国家粮食安全战略。这是中央根据全局、着眼长远的一项重要战略要求，它充分反映了党和国家对国情与现代化建设方向的高度把握。解决十几亿人民的粮食问题，历来是国家治理的重中之重。因此，我们不能忘记历史，不能盲目乐观，更不能今日吃得饱便忘记了昨日的饥饿；如果不能实现年年粮食产量的连续增加，未来粮食安全就可能面临困难和压力。目前，粮食保障的根基还不牢固，保障粮食安全的任务还很繁重，任何时候都不能掉以轻心。粮食生产气可鼓而不可泄，"十八连丰"后一定要避免发生粮食产量滑坡。基于此，实施国家粮食安全战略工程，是完全必要的。

1. 加深领会国家粮食安全新战略的新表述

一是要把握战略立足点。保障国家粮食安全，就是要坚持以我为主、立足国内。中国人的饭碗无论任何时候，都要牢牢端在自己的手上，十几亿的中国人，不能依靠别人，买饭吃、找饭吃来生活，更不能依靠国际市场粮食贸易来保证我国的粮食安全。否则，我国人民的基本温饱问题将置于被动的地位上。所以，一定要坚持以我为主、立足国内。当然，立足国内，并不代表着全部粮食都要实现完全自给，我们中国人的饭碗应该主要装中国粮，在此基础上，充分利用两种资源、两个市场，适度扩大进口产额，严控进口规模与速度，以免对国内生产造成严重的冲击，减少农产品进口对国内农民增收与国内市场造成的影响。

二是要理解战略的出发点。首先应坚定坚持抓好粮食生产不动摇的决心，明确保障国家粮食安全的优先顺序，要始终把粮食生产放在第一位，保证粮食基本自给，确保口粮绝对安全。因为对保障国家粮食安全有这样的战略出发点与定位，各界相关人士更能够意识到自己身上的重担，不应随意减弱承担一国粮食安全的义务与责任，更不应将其错误地理解为可以使国内的粮食生产得到片刻放松。要保证国家粮食安全的优先次序，就应该合理地分配资源，集中力量先将每一环中最基本、最重要的部分保住。

三是要抓住战略的着力点。应加强技术支持，保证农产品生产能力。虽然目前我国已经达成了"十八连丰"的目标，但是粮食生产在很大程度上依然要看天吃饭，粮食生产的稳定性与可控性还不够强。要想稳定粮食发展，关键在于粮食综合生产能力的提高。为达到这一目标，必须做好耕地保护，完善相关政策、强化科技支持力度，加强农田水利设施建设，改善农业生产设备，不断提高粮食产量、劳动生产率、资源利用率与科技贡献率等，提升粮食产能，坚持走依靠科技进步、提高单产的内生式发展道路。

四是要坚守战略支撑点。守住粮食自给和耕地保有安全线，坚决达到"谷物基本自给、口粮绝对安全"的国家粮食安全保障硬指标、硬约束。

2. 深刻理解国家粮食安全新战略的新内涵

一是新战略调整了粮食安全的内涵和界定。中央提出国家粮食安全新战略，将粮食安全放在首位，更多是从中长期考虑。当前，我国粮食供应有保障，库存非常充足，市场也基本稳定，尽管隐含粮食不安全的因素，但不存在整体的全面的粮食危机问题，这是一个基本判断。但有一个事实不容忽视，我国目前正处于由中等收入向高等收入国家迈进的过程中，在此期间，城市化进程也在由低水平向更高的水平进步。在未来，居民的粮食需求将持续增加。但在粮食供应方面，我国目前的粮食产量已突破 6 亿吨，要想继续扩大生产，将会遇到更多的困难因素。中央新的粮食安全战略是从中国未来的粮食供需格局、农业资源的承载力和政策的持续性与稳定性等方面协调做出的综合性的重要决定。

中共十八届三中全会有两个重要的结论："让市场在资源配置中起决定性作用""构建开放型经济新体制。"即市场化程度更高，对外开放程度更高，要在这个大视野的背景下思考粮食安全战略。

新战略保持了政策连续性、稳定性，既"立足国内"，又体现了创新性。如"保"的范围有所收缩，明确提出把最基本最重要的保住："谷物基本自给、口粮绝对安全"，这体现了实事求是、科学发展、与时俱进的精神；此外，对于"保"提出了更高的要求，提出了从单纯强调数量安全转向数量与质量并重，更加注重粮食的品质和质量，坚持当前长远兼顾；"保"的途径有变化，首次将"适度进口"视为粮食安全战略的重要组成部分，这是重大突破；"保"的责任也有调整，明确提出中央和地方要共同负责，中央承担首要责任。这有利于形成完善的全国统一的粮食市场。

二是"谷物基本自给、口粮绝对安全"主要靠市场推动运作。我国在入世时争取到的农业保护措施并不多，在 WTO 规则约束下，虽然可以运用一定的关税配额管理和"黄箱"政策，但很有限。未来中国谷物和口粮的自给率究竟达到多少，归根结底，还要看国内和国外的生产成本与价格的对比。实践证明，政府要推动和影响市场，关键是管控国内粮食生产成本持续上升的趋势。中国只有依靠农业基础设施的不断更新、科技的不断进步以及创新生产管理体制、提高农业经营规模等方式，提高产能，控制国内农业生产成本上涨速度。

三是"立足国内、适度出口"的落实途径。"立足国内"的核心就是确保粮食产能。体现在保护耕地红线、加强农田基础设施建设、发挥科技支撑作用、推动农业机械化进程、发展规模经营、保障主产区抓粮积极性上。我国有约 1.49 亿亩耕地位于东北、西北地区的林区及草原、河流湖泊最高洪水位控制线范围、25°以上陡坡，其中部分耕地面临退耕还林、还草、还湿。有关调查表明，我国中度、重度污染耕地约在 5 000 万亩，已经决定开展农业资源休养生息试点，将"有毒"的产能退出来，补充一部分"健康"产能。"适度进口"是大势所趋，实际上，进口粮食就等同于进口耕地、淡水资源，不应简单地排斥。2010 年，我国进口的大豆和食用植物油相当于在国外使用了 7.6 亿亩播种面积，为当年国内农作物播种面积的 32%。目前全球谷物年贸易量约 4.81 亿吨，已经形成相对稳定的流向。中国作为新进入者，突然加大购买量，会引起国际粮价上涨。中国要给国际市场稳定预期，否则世界上的粮食生产国也很难针对中国需求做出长期的安排。

（三）从矛盾索解维度上看粮食产能安全的过程要求

我国能够保持连续多年的粮食产量增长，背后付出的是土地资源和产能严重透支的代价，如果要在目前较高的初始点上继续保持良好的发展劲头，将会遇到许多的困难与挑战，所面对的环境将会更加恶劣。专家分析，粮食等农产品所出现的"天花板（价格冒顶）"、"地板"（成本挤压）、"黄线（补贴临界）"、"红灯（环境透支）"等问题越来越突出，迫使我们不得不将粮食安全，尤其是口粮安全作为国家安全决策中的重要议题，进行高度的重视与充分的讨论。农业需求的刚性增长和资源的紧缩同时存在，导致了粮食等农产品的供需情况长期位于紧平衡的状态；我国农产品供需总量均衡和结构短缺并存，致使我国农业供需缺口持续扩大的结构性矛盾仍将持续；由于生产成本的提高和相对效益的降低这两种现象同时存在，必然会影响到基层干部"重农抓粮"的工作积极性；在农村劳动力结构不平衡和目前多数家庭生产规模较小的情况下，"谁来种地"的问题会越来越严重；我国农业设施老化，气象灾害、生物灾害等自然灾害的频繁发生，严重影响了我国粮食安全的顺利开展。上述"并存"突出体现了资源环境的制约与农业市场需求中的矛盾、农业劳动力结构性短缺同现代化生产管理需求之间的矛盾等方面的问题。因此，要解决粮食和其他农业生产过程中所出现的各种问题，只靠农业农村等相关部门强调生产、紧抓粮食安全是很难做到的，必须跳出就粮食论粮食、就农业谈农业的惯性思维，使之成为关乎国民经济建设与发展的全局性议题，获得全社会的关注和支持。

（四）从类型层面维度上看粮食产能安全的表现形式

随着政治、经济、社会、生态环境的变化和非传统因素的突发，我国粮食安全类型、层面的划分开始趋于多元化、复杂化。不断增强粮食生产能力，与以往强调产量增长明显不同，这意味着粮食安全的表现形式更体现在产能的质量竞争力上。

首先，从粮食安全类型进行划分粮食产能安全面临的问题。一是市场性粮食安全问题。即指生产者对粮食价格的反应而诱致的粮食安全问题。如整体性比较效益低所导致的粮食安全问题、阶段性低物价所引起的粮食安全问题，以及大资本投机性干预导致的粮食安全问题，都是市场性的粮食安全问题。二是能力性粮食安全问题。生产能力大小对粮食安全的影响，以及生产能力是否具有解决粮食安全及其相关问题的能力而产生的粮食安全问题。一个国家，若是保有稳定充足的耕地面积和一定的存量，就能减少粮食安全带来的风险。三是灾害性粮食安全问题。这是一种由自然灾害引起的粮食产量下降、农作物绝收等粮食安全的问题。四是"人造性"粮食安全问题。即指该类粮食安全问题的发生，不是因为食物不足，而是因为社会心理恐慌与公众言语的夸大所"制造"的。

其次，从粮食生产安全层面来细化粮食产量安全问题。一是产品层面的粮食安全。粮食种植成本不断上涨，但每年的粮食补贴优惠力度，幅度都很小，无法做到与时俱进。二是资源层面的粮食安全。拥有粮食高产的能力要比收获高产粮食更为重要，收获"鱼"的同时应该注意学习和保护"渔"，粮食高产不应该以牺牲资源为代价。三是生态层面的粮食安全。生态环境下的粮食安全问题更为重要，在此方面，我们也应该承担更多的责任，去保护好生态环境。四是消费层面的粮食安全。例如食品消费中存在自然损耗大、流通损耗大、加工损耗大、变性损耗大等问题。我国的粮食安全是指产品安全、资源安全与生态安全三位一体的粮食安全。因此，我们在探讨粮食安全问题时不应该只停留在产品层面上，应该拓展到资源、生态和消费等层面上。与此相比可以发现，在产品层次上的粮食安全更容易观察和调整，而在生态层次上的粮食安全难以观察和调整，在资源层面上的粮食安全处于两者之中。

（五）从产品加工维度上看粮食产能安全的水平

新中国成立后的很长时期，由于粮食产能不稳定，以粮食为主体的农产品加工始终处于解决温饱的低水平。改革开放以后，粮食产能得以提升，农产品加工有了长足进步，进入 21 世纪以来驶入产能提升的快车道。到 2014 年，我国大口径规模以上农业加工企业实现了超 23 万亿元的主营业务收入，并已成为我国国民经济的重要支柱产业。目前，我国农业生产已进入新的发展阶段，国民经济发展进入常态化，农业生产加工也出现了新的特点与变化：

1. 营业收入增速换挡，行业发展潜力巨大

21 世纪以来，我国规模以上农产品加工企业主营业务收入始终保持两位数的增长，直至 2014 年经济增长速度下降至个位数，为 8.2%，近几年一直保持个位数的增长速率。2020 年受新冠肺炎疫情影响，规模以上农产品加工业实现营业收入同比下降 1.7%，首次出现负增长。但随着疫情防控措施和政策逐步落实，企业复工复产不断推

进，生产秩序逐步恢复，2021 年再次实现正向增长，达到 12.1% 的增长速率。这些现象与产业发展的规律相吻合，也与宏观环境的变化相吻合。我国目前已进入工业化中期阶段，城镇化率达 63.9%，居民对农产品加工产品的需求量很大，然而加工产值与农业产值的比值、农产品加工转化率，尤其是深加工转化率等指标都与世界先进水平相差甚远，这说明现阶段农产品加工业仍具有巨大的发展空间。

2. 投资总量逆势增长，骨干企业加速崛起

近年来，农产品加工业的固定资产投资增长速度超过了社会固定资产投资和规模工业固定资产投资的增长速度，农产品加工行业的骨干企业也逐渐显现出来。目前，农业农村部已累计认定了七批共 2 089 家农业产业化国家重点龙头企业，筛选认定原则强调"联农带农、示范引领"。以经营业绩、带动农户数等为主要指标，优中选优，对脱贫地区推荐的企业优先支持。

3. 空间布局加快集聚，中西部后发优势显现

近年来，粮食加工、植物油加工、肉类加工等农产品加工业重点行业的整合力度持续加大，大型龙头加工企业产能快速扩充，行业集中度明显提升。例如，从面粉行业看，现阶段面粉行业排名前三的五得利、益海嘉里、中粮集团的加工总量约占全国面粉总加工量的 30%，而三家企业在 2019 年又都纷纷宣布未来五年内进一步扩产，五得利拟扩产至 8 万吨/天，益海嘉里、中粮计划扩产至 5 万吨/天，面粉行业三大企业目标是未来产能占到全国的 70% 以上。从植物油加工行业看，2019 年中粮日产能增加 1.3 万吨；益海嘉里公司在黑龙江、山东、河南、广东等地新建大型油脂加工项目，植物油加工行业整合进一步加快。

2020 年，各地依托当地资源优势，搭建园区等平台，初步形成了各具特色的农产品加工业集聚区和产业带，促进了加工业集聚发展。一方面，向加工园区聚集。在全国范围内，先后建立了 1 600 多个农产品加工园区，统一规范的生产经营，保证了用地、用水、用电等公共服务，节省了基础设施的投资和其他费用。另一方面，向特色产品加工区聚集。当地依靠原材料、文化资源，打造具有地域特色的农产品加工业集聚区。山东、内蒙古等 10 个畜禽养殖大省，肉类加工企业主营业务收入占全国 60%。湖南辣味、河南冷冻食品、四川豆制品等行业影响力持续提高。

中西部地区出现了后发优势。在过去的十多年里，我国中部、西部的交通状况得到了极大的改善，借助原料资源的优势，农产品加工产业发展迅速，其主营业务收入在全国的占比分别增长 13.7 个百分点和 4.5 个百分点。

4. 经营理念加快转变，融合发展程度加深

当前，面对激烈市场竞争，更多的农产品加工企业开始重视创新能力建设，进行产品研发和新技术采用，积极拓展产品种类、创新业态模式以进一步抢占市场，逐步助推企业走上了精深型、绿色型或规模型的发展路径，取得了良好成效。企业通过实施优质农产品基地建设、科研开发、生产加工、营销服务一体化等经营模式，使农产品加工业与相关行业融合发展程度加深。这主要体现在三个方面：一是农产品加工业与原材料的

生产相结合。大部分规模以上的农产品加工业都设立了加工原材料的生产基地，从而在源头控制农产品的质量。二是与研究单位进行整合。规模以上的农业生产企业与科研机构的密切合作，科技投入逐年递增。三是融入电子商务。农产品网上销售的模式，促使电商企业争先恐后地占领市场高地，新的营销手段层出不穷。通过与互联网电商的整合，可以减少中间费用、扩展市场半径、增加运营效率。如2019年天猫平台的基地直供、拼多多"新品牌"计划、快手等社交平台的网红直播带货等新零售模式快速发展，为农产品加工业生产和销售带来深刻变化。

5. 新兴行业与传统行业共同发展，出现新的经济增长点

随着时代的发展，人们的生活节奏逐步加快，饮食消费习惯的改变使农产品加工行业也出现了新的转折。一是主食加工业（包括方便食品制造业）的发展较加工业平均速度要快很多；二是焙烤、糖果等营养健康的休闲类食品加工业飞速发展；三是具有保健功能的食品加工产业发展飞速，如食用菌，成为新的消费热点；四是农产品加工子行业及其相关行业的收入增长较快。2014年，米面加工、蛋品加工、营养与健康食品制造、速冻食品制造四大产业的主要业务的营业收入增长均在15%以上。新兴行业与传统行业中的新增长点同样为加工业的发展带来了强劲的推动力，也是挖掘加工业发展潜力的重要领域。

6. 在经济社会发展中的地位提升，稳增长惠民生作用凸显

农产品加工企业具有产业联系度高，行业覆盖面广，增值潜力大的特点，因为其一端连接农业与农民，一端连接工业和居民，是国民经济中具有基础性、支柱性与战略性的产业。近10年来，我国农业生产总量占全国工业总产值的比重一直保持在16%，税收收入占全国经济总量的10%。目前，农产品加工对农业生产的比值从2010年的1.7∶1上升到了2020年的2.4∶1，这对农业生产发展和现代农业的发展起到了很大的促进作用。加工企业每年消耗的原材料粮比全国粮食政策性储备高出2倍有余，有效地减轻了农产品的市场需求压力。农业加工是一个劳动密集型的行业，在激发农民的生产热情、提高农民收入方面起到了很大的作用。2012年以来，我国农业规模加工企业除有大量的季节性劳动力需求外，年就业人口持续超过2 500万，近10年来年均增长4.4%。

7. 外资进入步伐加快，民族加工企业受到冲击

内需旺盛，是我国农产品加工产业持续高速发展的基本因素，也是吸引外资进入中国的重要因素。近年来，在我国的粮油、畜产品、食品饮料等行业，外资在一定程度上掌握了国内的市场主导权力。外资的进入对我国农业产业的发展起到了一定的促进作用，但同时对我国农业生产的影响也是巨大的。农业生产是关系到国家和人民生活的大事，要根据国际惯例，制定并健全外商投资准入的激励和限制目录，加强对外资货物的跟踪、监督，促进国有企业发展壮大，防范外资垄断，确保农产品加工行业的安全和食品安全。

（六）从国际粮情维度上看粮食产能安全的竞争态势

粮食作为大宗商品具有很强的金融属性。近些年，一些知名跨国粮食企业集团开始进入我国粮食市场，造成了国内粮食市场主体竞争的不对称，它们在关键粮食物流节点布局已形成产业链条，这种竞争犹如一场没有硝烟的战争。

我国粮食安全深受世界经济大环境的影响。我国始终坚持粮食供给实现基本自给的原则，但是由于农业生产效率下降及有效耕种面积的缩小等诸多现实问题使得我国不得不转向国际粮食市场。在粮食贸易中，我国的粮食进口依赖程度比较高，因此，在国际环境下，粮食安全的脆弱性更大，更容易受到国际形势的影响。

在国际市场中，其他国家出于政治经济等多方考虑而推行的相关策略可能会对我国粮食安全造成较大影响。在自然灾害问题或经济危机袭扰下，我国的粮食进口必然产生波动，给我国粮食供给带来障碍。粮食作为大宗商品，具有很强的金融属性，其最终定价将容易受到国际资金和货币市场的影响，这就造成粮食价格的最终确定受国际资本和货币市场的强烈影响，而国际能源价格的波动对食品的价格也能够产生一定的影响。

我国粮食"走出去"尚有一定难度。跨国粮食企业集团进入我国粮食市场的负面影响越来越大。国际粮企，尤其是 ABCD 集团，霸占了世界七成以上的农产品贸易，他们通过广泛收购国内的粮食公司，让国内的民营与国有的粮食公司难以与其抗衡，从而导致了各大粮商之间的发展不平衡。跨国公司在区域粮食市场中占据了很大的市场份额，在区域粮食收购、销售市场中具有一定的话语权；国际粮食企业在粮食生产的关键环节进行了布局，形成了较为完整的粮食生产网络。相较于跨国企业的轻松进入，国内的食品企业在"走出去"的过程中，虽持续提升对外的投资力度，但行进过程却也并不顺利甚至日渐艰难。面对开放的市场、国际经济环境的变化以及日益复杂的不确定因素，确保粮食安全，既是我国关系国计民生的大事，也是获得良好国际环境的重要保障。

二、马铃薯主粮化战略嵌入粮食安全战略的定位分析

百年变局和世纪疫情交织背景下，粮食安全问题始终是全球关注的焦点，无论在任何发展背景下其战略意义都不容挑战。与此同时，随着城乡人口结构变化和居民膳食结构转型升级，发展阶段的变化为不断丰富食物供给体系的战略内容提供了可能，也为粮食安全问题转为动态变化、愈久弥新的话题研究提供了机遇。本书将传统的食物供给体系框架置于嵌入理论的改进空间，通过丰富其约束条件与范围边界，进一步拓展了食物供给体系的研究视角，丰富食物供给体系战略的研究对象，形成上接粮食安全框架、中连马铃薯定位纾困、下通政策反馈的嵌入式食物供给体系。

第一，新时期粮食安全形势倒逼战略思考，应扩展传统粮食的界定尺度，嵌入新时期食物供给体系战略框架，全方位、多途径开发食物资源。马铃薯在我国农业种植历史

中做出了基本性温饱贡献，同时因其种植适宜范围广、间作轮作适应性强、节水减肥稳产性能好的优势，在守稳粮食安全大局、调节粮食种植结构上具有天然价值属性。因此，马铃薯在融入粮食安全战略层面，应主动嵌入战略框架、动态优化马铃薯布局、纾解定位之困，成为新时期应对粮食安全战略的准口粮、替代粮、粮菜兼用粮、食品加工调剂粮。

第二，构建制度嵌入、结构嵌入、认知嵌入的嵌入食物供给体系战略框架。嵌入理论涉及社会、经济、文化、政策等方面，而粮食安全战略问题不仅仅是保障粮食供给，还更多地反映出社会、制度、认知等方面的契合度。以制度嵌入、结构嵌入、认知嵌入等三个层面搭建马铃薯嵌入食物供给体系战略框架，进一步丰富了粮食安全压舱石的内涵，系统地将食物供给体系框架与马铃薯种植、开发、餐桌消费等进行嵌入式分析，验证了马铃薯对粮食安全的边际贡献。

第三，审慎马铃薯嵌入粮食安全战略框架，倒逼马铃薯布局，明确马铃薯在粮食压舱石中的定位。党的十八大以来，粮食安全战略始终处于重中之重的地位。根据嵌入理论对食物供给体系战略框架的阐释，马铃薯合理布局及科学定位受到粮食安全战略提级扩容的驱动，多维辨识马铃薯在食物供给体系中的贡献不仅能在现有基础上提升马铃薯布局优化的政策支持，还能对马铃薯产业链延伸，在下游环节增加复配粮食产品开发，打破马铃薯吉芬商品标签具有重要的作用。

当前中国粮食生产持续向好，供给充裕，连续 7 年高位稳定在 1.3 万亿斤以上。但从历史经验看，粮食生产处于高位平台期的时候，发生周期性波动的可能性也在增加。近年来，粮食单产水平的提高有效补充了播种面积连年下降的缺口。未来在不产生高效技术进步的前提下，粮食单产能力增长空间有限。面对日益增长的粮食消费，供求长期处于紧平衡的态势短期内难以改变，甚至可能会更加突出。从我国粮食安全形势及战略需求来看，应当逐步拓展食物资源保障途径，全方位、多途径开发食物资源，树立食物供给体系保障框架。马铃薯种植分布范围广、生态适宜性强、耐寒耐旱耐贫瘠、产品开发替代潜力大，保障食物供给的战略核心在于耕地质量、生态成本、科技进步、贸易安全、数量保障、供给质量等，两者高度契合。有效发挥马铃薯在食物供给体系中的效用，需要对标马铃薯在嵌入食物供给体系框架中的新定位、新功能、新角色，调整原有种植空间布局和产业融合发展路径，通过完善政策支持，形成自上而下的制度合力。制度的多元嵌入、粮食的结构性嵌入以及属性的认知嵌入构成了马铃薯丰富国家食物供给体系战略框架的理论衔接。本书从马铃薯定位层面，提出嵌入食物供给体系战略框架的基础内涵、动力机制及嵌入性治理路径，但针对马铃薯破解定位之困，还需要在经济、政策、习惯、技术支持等领域嵌入中完成马铃薯定位的国家战略呼应，尤其在马铃薯吉芬商品之辩中明确其商品属性、改变市场弹性的传统假设。

不可否认，马铃薯在粮食作物中有其自身的特性，适应性强、供应稳定，但不如传统口粮易储存、加工的特点是马铃薯的短板。近年来，马铃薯面条、馒头、预制菜等加工制品的不断涌现正是马铃薯主动入市、参与主粮产业链分工、嵌入餐桌消费的重要体现，也是检验马铃薯主食产品对市场需求是否能够打破吉芬商品属性的短期性调整。本书基于马铃薯产业后端的结构嵌入、认知嵌入及全程的制度嵌入，发现马铃薯定位纾困的根源恰恰是马铃薯嵌入食物供给体系战略的"最后一公里"问题。同时，随着马铃薯定位之困的层层剥离，前向波及马铃薯全产业链布局、后向波及马铃薯产品的粮食安全保障体系，影响着食物供给体系战略的治理路径与边际贡献。此外，粮食安全问题应始终坚持社会性的首要地位，马铃薯在我国西部地区还承担着助困增收、产业振兴的角色。因此，未来研究马铃薯在粮食安全中的定位及边际贡献，还应进一步扩展社会嵌入理论的范围，在防范过度嵌入的基础上，明确马铃薯嵌入食物供给体系战略的精细化理论架构、阶段步骤及实现愿景等，为充分挖掘马铃薯的边际价值、夯实粮食安全压舱石、丰富食物供给体系理论提供参考。

第十章

国家粮食安全观形成因子

一、粮食供给主要影响因素

将自然再生产与社会再生产进行有机地融合，其结果便是粮食生产。因此，粮食生产的能力大小会受到社会、经济、气候、地形、土壤等多种因素的影响。粮食生产所利用的资源多样，其中包括了光照、降水和土地资源；所投入的生产资源丰富，包括畜力、机械等固定资产，也包括饲料、肥料、种子、电力、农药、农膜等流动资产，以及技术和劳动力等社会投入，同时还会受到社会大环境等其他因素的影响。

(一) 资源要素

水资源、可耕地面积、农业生态环境等要素对我国的粮食产量有重要影响，其往往直接作用于粮食生产。而确保粮食生产的最根本条件便是资源要素，其在对产量的影响中起决定作用。粮食生产能力的提高，基本条件是要农业用水供给充足。不断改善水资源质量，确保人均水资源持有量，提高水资源利用率及其有效性，保障粮食生产的水资源需求。耕地的作用不仅是支持粮食生产，更是作为一个整体能为国家食物安全提供保障。增强粮食综合生产能力的前提是提高土地利用率和土地生产率。为更好地营造农业生态环境，使农业资源具有适度的生态容量，我们要维护现有的农业自然资源的生态力，并重新恢复部分丧失生态功能的农业资源的生态能力。

1. 耕地资源

《基本农田保护条例》中明确规定：凡经国务院批准占用的基本农田，应划补数量和质量相当的基本农田。但部分地区在大量占用优质农田后，为追求经济发展而补充灌溉条件较差、质量较低的耕地，且不少为坡耕地。目前我国耕地资源存在以下问题：一是耕地数量总体减少。自 2007 年 7 月 1 日起，国家开展第二次全国土地调查，并以 2009 年 12 月 31 日为标准时点汇总二次调查数据。数据显示，全国耕地面积 20.308 亿亩。2018 年 9 月，国务院统一部署开展第三次全国土地调查，结果显示，截至 2019 年 12 月 31 日，我国耕地面积共 19.179 亿亩。短短 10 年间已减少近 1.129 亿亩耕地，耕地数量总体减少。二是优质耕地资源稀缺。当前全国受污染的耕地在 1 000 万公顷左右，固体废弃物堆存占地和毁田 13 万公顷，污水灌溉污染耕地 217 万公顷，合计约占耕地面积的 10% 以上。中国目前有 67% 左右的耕地为中低产田。酸雨发生面积比 20 世纪 80 年代增加 1 倍多，约占国土面积的 40%。三是占优补劣问题突出。2001—2009 年，全国占补耕地约 209 万公顷，至 2015 年增加至 400 多万公顷。占用的熟耕地与新开垦耕地相比，一般来说相差 2~3 个地力等级，间接影响粮食生产能力 600 万吨以上。

2. 水资源

中国是贫乏水资源的国家之一，人均淡水占有量不足世界平均水平的 1/4，水资源总量为 28 400 亿米^3。耕地仅为世界平均水平的一半，每公顷水资源 2.25 万米^3 左右。季节分布和水资源地域分布非常不均，北方地区人口比重为 40%，耕地所占比重为 64%，而水资源总量却仅为 6%。一是总量短缺。全国水资源总量 1997—2011 年减少了 4 867 亿米^3。同期，全国总用水量增加了 514 亿米^3。正常情况下全国农业年缺水总量为 400 亿米^3 左右。二是与其他行业的用水矛盾加剧。工业用水量 1997—2011 年增加了 339 亿米^3，占总用水量的比重上升了 4%，生活用水量增加了 260 亿米^3，占总用水量的比重上升了 3%。同期，农业用水量减少了 200 亿米^3，占全国总用水量的比例下降了 9%。三是实际灌溉面积的比重下降。全国农田有效灌溉面积 2000—2011 年增加了 540 万公顷。由于水源紧缺等原因，实际灌溉面积增加了 200 万公顷，占有效灌溉面积的比重下降了 5%，旱涝保收面积增加了 100 万公顷，占有效灌溉面积的比重下降了 2%。

3. 自然灾害

由于全球气候变暖，近年来中国气候变化波动明显，导致了突发性极端天气的多发频发，还增加了灾害发生的不确定性，严重加大了农业生产压力。2004 年、2005 年、2006 年、2007 年、2008 年因自然灾害损失粮食分别达 3 050 万吨、3 450 万吨、4 470 万吨、5 395 万吨、4 925 万吨，2009 年和 2010 年均达到了 5 000 万吨以上，2018 年、2019 年、2020 年、2021 年因自然灾害造成农作物受灾面积分别达 2 081.43 万公顷、1 925.69 万公顷、1 995.77 万公顷、1 173.90 万公顷，其中 2018—2020 年每年因自然灾害造成的粮食绝收面积均在 250 万公顷以上，粮食损失总体呈逐年上升趋势。与此同时，病虫害发生也愈加严重。一方面是因为气候变暖有利于农业害虫安全越冬，菌源基数、越冬虫源增加，起始发育时间提前，发育期缩短，发育速度加快，繁殖能力增强，虫害迁飞危害范围扩大、越冬界限北移；同时还解除了低温对于某些病虫害范围分布的限制，扩大了害虫的严重发生区和适生区，使中国的主要粮食作物的病虫害发生面积扩大，频率增加，危害加重。另一方面是因为耕作和栽培方式的变化，加剧了本地病虫害的发生；跨区域的联合收割导致了病虫跨区域蔓延加快；品种种植单一化导致了自然控害能力减弱，常发性病虫害面积扩大，次生性病虫害逐年加重。

（二）科技要素

科学技术是我国粮食生产规模不断扩大、粮食产量保持持续稳定的关键因素。其中，农业技术研究、农业科研成果转化与农业科技推广是农业科技要素的三个主要方向。在这些因素中，农业科技研究对粮食产能具有决定影响。农业科研成果的转化成为了目前影响我国科技成果转化率的重要因素。而农业科技推广指在粮食生产过程中，有效地普及和掌握农业科技，应用范围非常广泛。此外，化学和生物技术的应用对提高粮食生产也具有十分重要的意义，有的技术能增强作物抗旱、抗涝、抗虫害、抗倒伏的能力，从而间接提高单产；有的技术能直接提高单产。推广和应用物理与机械技术，同样可以有效地提高粮食产量，降低人力成本与劳动强度。

1. 育种技术

中国的粮食育种技术已达到世界先进水平，特别是小麦和水稻。比如在小麦育种的技术领域，据统计显示，新中国成立以来小麦的品种已更新了数次，每次更新小麦产量都能增加 10％以上。1978 年，中国自主研发的春小麦品种单产达到 15 300 千克/公顷，1999 年，中国冬小麦品种单产达到 11 595 千克/公顷。在黄淮海平原推广的产品多数单产一般可超过 7 500 千克/公顷，而且不少品种具有单产高达 9 000 千克以上的产量潜力，大面积单产已达到 6 000 千克/公顷左右。近几年来推广的泰山 23、兰考 18 等超高产品种都具有单产 11 250 千克/公顷左右的产量潜力。

"十三五"期间我国小麦播种面积累计减少 1 980 万亩，但我国小麦总产稳定在 1.3 亿吨以上，其中依靠育种科技进步带来的单产提高做出了重要贡献。我国小麦商品化率约为 76.5％，生产用种的种子质量合格率稳定在 98％以上。每一次主导品种的出现都带来一批新品种更换旧品种的生产技术进步。随着育种科技发展，新品种更新换代速度明显加快。例如小麦面积最大的河南省，从 1949 年广泛种植农家品种到 2018 年大面积推广百农 207，已完成了 11 次更新换代，主导品种的产量潜力从 43.6 千克/亩提高到 540.0 千克/亩，株高从 120～130 厘米降到约 75 厘米，千粒重从 35 克左右提高到 45～50 克。近年来，国家小麦良种联合攻关在优质专用、耐旱节水、抗赤霉病和养分高效利用的小麦品种选育工作已显现成效。2019 年开展了黄淮麦区主要强筋小麦品种鉴评活动，其中新麦 26、济麦 44、师栾 02－1 等品种的品质评价指标超过美麦 DNS 和加麦 2 号，与加西硬红春 2 号相当，成为我国小麦品质改良的创新标杆。在产量方面，高产品种烟农 1212 连续 6 年小面积亩产均超过 800 千克。

2. 栽培技术

近年来栽培技术的推广和应用对促进粮食效益和单产的提高发挥了重要的作用。例如，利用机械技术把作物秸秆直接或间接转化为肥料，可有效地改善土壤理化性状，增加土壤的有机质含量，培肥地力。经检测，连续 2～3 年实施秸秆还田技术的土地，土壤的速效钾含量可提高 25％～30％，有机质含量能增加 0.06％～0.10％，土壤抗御干旱的能力明显提高，小麦增产幅度为 5％～12％，含氮量能增加 1.06％～1.15％。

3. 测土配方施肥

测土配方施肥即是国际上通称的平衡施肥，这项技术是联合国在全世界推行的先进农业技术，也是我国一直着力实施的农业项目。2005 年起，由于测土配方施肥技术在中国的全面应用，通过对土壤含量的测量了解和掌握土壤供肥性能、土壤肥力的变化状况，合理配置肥料资源，从而提高肥料利用率，减少了农民生产成本，增加了农民的经济效益。中央和地方财政给予补贴，让农民能够免费获得测土配方施肥的技术专业服务。国家在测土配方施肥实施的前7年，中央财政累计投入资金总计57亿元，项目县（场、单位）达到了2 498个，基本涵盖了所有农业县（场），实现了由无到有、从小到大、由试点到"全方位覆盖"的历史性跨越。到2022年，我国加快集成推广化肥农药减量增效的绿色高效技术模式，测土配方施肥技术得到大面积推广应用，肥料、饲料、农药等投入品的有效利用率显著提高。三大粮食作物化肥农药利用率均达40%以上，使用量连续多年负增长；全国畜禽粪污综合利用率达76%，实现由"治"到"用"转变；秸秆综合利用率达87.6%，农用为主、多元利用格局基本形成，实现了农业节本增效，科技创新驱动农业高效健康发展能力不断增强。

（三）生产要素

生产要素主要有可移动物质、不可移动物质与劳动力三大方面。其中，我国的粮食综合生产能力最关键的要素就是农业劳动力的能动因素。农业劳动力的素质高低对粮食产能有很大的影响。可移动物质涵盖了化肥、杀虫剂、除草剂、种子、农机等多方物质。而不可移动物质则是指各种农业基础的设施水平，这将直接关乎粮食的抗风险能力。如果农业生产过程中出现投入不足或资金欠缺等情况，将直接制约可移动物质要素如化肥、农药、种子、机械等的量与质的改变，从而进一步制约粮食综合产能的提高。当剩余的环境条件都基本相同且不再改变或同步变化时，如果有足够的资本，那么其他的因素就会有更好的品质和更多的数量；反之，亦然。

1. 劳动力投入

劳动力是粮食生产中最积极、最活跃的因素。随着非农业部门和非种植业产业中就业机会的增加，农业劳动力逐年移向非农劳动力，对粮食生产发展造成了直接的负面影响。1993—2003年，非农劳动力年均增加360多万；2003—2008年，年均增加近700万。截至2021年，全国仅有不到1.8亿人从事第一产业，目前全国仍有约2.93亿农民外出务工经商，且大多为青壮年劳动力。留乡务农的劳动力中大多是中老年和妇女，平均年龄达到45周岁，农业劳动力素质呈现下降趋势。同时三种粮食平均投入的劳动力逐年递减，由1978—2012年每公顷499.5工日减少至91.7工日，下降了81.7%。但是由于技术和生产方式的进步，劳动工日的逐年降低没有对农业产生不良影响，反而带来了生产率的逐年提高。

2. 物质投入

物质投入主要指农机、化肥、种子、排灌等方面的费用投入，中国的粮食生产中化肥投入最高，增长幅度最大，机械作业的投入增长幅度次之，排灌投入和种子投入稳中略升，促进了粮食单产的提高。

化肥具有培肥土壤、改进品质、增加作物产量、发挥良种增产潜力的积极作用，是中国粮食生产过程中不可缺少的生产要素。平衡施肥技术既能提高农产品品质，又能提高作物产量。从总体趋势来看，粮食化肥用量变化不大，1978—2012 年，从 228 千克/公顷上升到 348.3 千克/公顷，粮食生产的化肥投入量逐渐稳定。

机耕、机割、机械灌溉等农业机械设备的使用能够大大提高粮食的生产效率。自 1980 年以来，粮食生产的机械化水平不断提高，1981—2013 年上升了 40％，目前我国的农业生产已步入了一个以机械化为主的新时期，各主要的粮食作物生产机械化水平都在 80％以上。随着农业劳动力的转移，农业用工成本随之加大。农民在种植粮食时会选择用机械替代劳动用工或雇佣周边农民来保证粮食种植收益的最大化，这有助于提高农业机械的劳动生产率。1978—2020 年，粮食生产机械作业费年均增长 13.2％，总共增长了近 183 倍。粮食生产机械化水平提高，粮食单产也随之提高。

（四）政策要素

政策条件是保障、控制与引导粮食生产的重要手段。其中主要涵盖农业生产政策、农业社会化服务管理、财政政策与管理体制等方面。财政政策是指政府通过特定的制度安排，保证粮食生产的正常运行和更多的资本持续投入。粮食产能建设的投入水平由财政制度直接决定。农业社会化服务管理多样，体现在产前、产中、产后三个阶段，包括农业社会服务机构提供农业生产资料信息、粮食市场需求信息、气象信息以及生产技术信息等。组织管理体制则是指各级政府之间的相互协调、有效配合，从而为粮食生产提供更加完善的工作机制。

二、粮食需求主要影响因素

粮食消费包括饲用消费、工业消费、种子消费、口粮消费等，其中口粮消费占绝大成分。它主要受人口总量、人均收入变化和城乡人口结构等因素影响。一般而言，人口增加会引发口粮消费量的上升，假如收入结构和人口的城乡数量同时发生了变化，那么这种情况就会更加复杂。现实生活中，城镇居民的口粮消费量是小于农村居民的，所以如果城镇人口增加的幅度大于农村增加的幅度，口粮消费的总量就会减少；这种因为人口结构变化所引起的口粮消费的减少，可消除人口总量增加对口粮消费的影响作用。随着居民收入的提高，居民口粮消费有可能会减少。最近几年来，我国粮食的饲用消费增长幅度比较大，粮食总消费的份额也在不断提升。同时随着居民对畜产品需求的增加，饲料粮的需求量也在不断加大，其增加幅度一定程度上取决于饲料报酬率的提高程度。在饲料报酬比率不断增长的背景下，对畜产品需求的增加幅度大于对饲料需求的增加幅度。工业消费增长也比较明显，主要是酿酒消费，随着酒类消费量的提高而显著提高。

（一）经济发展

研究发现，经济增长对粮食消费的影响在不同阶段有不同特征。当居民人均收入处于低水平时，为解决温饱问题会推动粮食消费量增加，其主要表现在人均粮食消费量的增长；当居民人均收入处于中等水平时，动物性食品消费比重提高，人均粮食消费量将呈现波动式变化最后趋于稳定，表现为人均粮食消费量的不断减少；人均收入处于高水平时，食物消费结构相对稳定，人口增长决定了粮食消费量的增长。目前，中国正处于第二阶段，经济增长使得人均粮食消费量下降和消费结构调整。

经济的快速发展促进了城镇化加快建设，提高了人民的生活水平。随着居民收入的提升，人们对口粮的需求量也随之下降。但高品质粮食的需求却呈增加趋势，对粮食制品在质量和数量上的要求也更高了，居民的粮食消费结构和水平不断提高。

（二）人口增长

1992—1998 年，中国粮食消费呈刚性增长。中国人口增长了 6.5%，年均增长 1.1%；而同期粮食消费增长了 6.0%，年均增长 1.0%；同期粮食直接消费量增长了 5.6%，年均增长 0.9%。中国粮食消费与人口增长呈正相关。但 1998 年后，中国人口增长率低于 1%，且逐年下降，此后中国的粮食消费量开始逐渐减少。截至 2019 年，中国人口数量已突破 14 亿，人口的刚性增长将直接推动粮食消费量的长期增长。

（三）收入水平

收入水平的提高使粮食消费呈下降趋势，自改革开放以来，人均粮食消费呈先上升后下降的趋势。随着居民收入水平的增加，食品消费结构也随之发生了改变，主食消费减少，副食消费增加。人均消费从 1997 年以后下降，2019 年人均下降了 99.21 千克左右，人均粮食消费量减少，消费总量减少的幅度大于人口增长所带来的增加的幅度，从而使得粮食直接消费呈下降趋势。当收入水平较低时，收入增长使粮食消费量增加。城市粮食消费收入弹性为 0.10 时，收入每增长 1% 粮食消费也随之增加 0.1%，而农村居民的粮食消费收入弹性为 0.19。但这种影响不是唯一不变的，会随着城乡居民收入的变化而变化，且粮食消费收入弹性会下降直至变为负值，亚洲一些发展较快的国家目前已经出现了这种情况。

（四）加工业发展

随着中国对粮食加工业重视程度的不断提高，粮食加工产品结构不断调整，品种更加丰富，产品质量不断提高。各种粮食加工企业根据市场需求，从档次、质量、功能、品种以及包装等方面适应居民生活水平的提高和消费层次的不断升级创新。随着粮食加工技术水平的提升，高新技术也在粮食加工业中被推广应用，企业技术水平有了大幅度提高。技术的推广与应用进一步推动粮食加工业的发展，这对粮食的品质和数量也提出了更高的要求，从而改变了居民的消费结构和粮食消费量。

（五）城市化进程

由于城乡居民膳食结构存在明显差异，所以城市化发展对粮食消费具有很大影响。

2020 年，中国农村居民人均粮食消费量约为城镇居民的 1.4 倍。副食品消费方面，农村居民消费明显低于城镇居民。尽管增加副食消费会造成粮食间接消费有所增加，但由于直接消费的减少量大于间接消费增加量，因此中国消费总量减少。自改革开放以来，中国的城市化进程加快，城市化率自 1978 年到 2019 年，年均增长 1.15%。2020 年，中国常住人口城镇化率达到 63.89%。随着中国城镇化建设发展，城市化率将会进一步提高，粮食消费将呈下降趋势。但这种趋势不会持续发展，因为随着收入水平提高，差别会逐渐变小直至完全消失，粮食消费量缓慢趋于稳定。

（六）农村市场发育

研究表明，随着农村市场发育的日益完善，粮食消费逐渐呈下降趋势。在价格和收入水平一定的条件下，市场发育水平与新鲜食品的消费量显著相关，市场发育程度每提高 10%，农民自产粮食将下降 1%，蔬菜消费将下降 12.1%，而以市场购买为主的肉类产品提高 3%、水果提高 2.1%、其他食品消费提高 1.9%。随着农村消费市场的发展和完善，更多的商品通过电商物流进入乡村，但仍存在部分偏远地区受到自然环境的限制，获取商品的难度增加，进而导致了获得商品的交易成本提高，消费决策将受到限制，即便收入有所增长，但是也不能完全按自己所希望的商品数量和品种进行消费。据数据显示，中国农民的货币化收入程度已经达到约 84%，但主食消费中自给自足份额高达 87%，外购的仅占 13%。随着农村市场的日趋完善，将会促进农村居民的消费方式转变，增加食物的消费，减少粮食产品的消费量。因此，随着农村市场发育日趋完善，粮食消费量也会进一步降低。

优方案，树新观

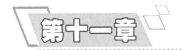

多情景粮食安全模拟

国土空间土地利用结构变化后，其空间形态是由在不同的情景下各类用地、三生用地的数量变化特征与国土空间格局构成的。本章综合性地分析了土地变化的驱动力及相关构成因素，并根据"三生"功能评估，设定了各种情景的变化规律，采用 DLS 模型，分别对均衡发展情况、粮食安全与生态优先策略下的国土空间格局特征进行了仿真模拟，以小见大地预测分析中国粮食生产、消费和贸易的未来发展趋势。

一、中国粮食中长期供求趋势

中国粮食供给和需求主要受到人均收入、市场价格、人口变化、要素投入、受灾率、净进口量、库存量等因素影响，运用一般均衡模型（CGE）对中国未来 10 年粮食供求形势进行模拟，预测分析中国粮食生产、消费和贸易的未来发展趋势。

（一）模型介绍

CGE 模型已经广泛应用到市场行为、政府政策作用和经济发展，可用于研究贸易交流政策、投资风险、经济发展及结构性的改变、发展战略、收入分配等经济管理问题，服务于国家制定经济计划和经济政策，对经济结构调整起到重要作用。CGE 模型具有很强的耦合能力，结合政策变量，可应用于多部门的一般宏观经济决策。

本模型分为生产、消费、贸易与价格等四个模块，不同的模块具有不同的特点。首先，生产模块的特点：①各要素之间具有不完全替代性；②产品市场与要素市场两大市场间存在完全竞争关系；③生产规模报酬保持不变。消费模块的特点：①采用 STONE_GEARY 效用函数代表效用，且追求效用最大化；②边际储蓄倾向不变；③界定了复合商品的概念，在需求、生产、贸易中都表现为复合商品。贸易模块的特点：①在进口方面，采取了小国假定；②资金在各国间自由流通；③进口的供应采取 Amington 假设；④国际物价属于外生变量；⑤出口同进口一致，同样采取小国假设。价格模块的特点：①在充分竞争的环境下，形成的市场价格才有效；②生产者的价格相互对应着各生产部门，属于一对一的关系；③生产者的价格加上交通费和税费，与消费者的价格相等。

（二）未来中国粮食产业发展趋势判断

在需求方面，中国未来的人口增长速度会逐步减缓，城市和农村的食品消费结构也会更加合理，人们对口粮的需求也会有所减少，而由于饲料和工业的发展，对粮食的生产将会产生双重的推动作用，因此，粮食的需求量还会呈现持续增加的态势。在口粮消费方面，中国目前已经成功度过了口粮的快速下降期，随着人口数的翻升、居民人均收入水平的不断提升与农村富余劳动力的转移，中国口粮消费虽然会继续下降，但未来下降的速度将会趋于缓慢。饲料需求方面，随着动物食品需求的刚性增长和养殖业结构的调整，预计未来 10 年饲料粮供求缺口将进一步扩大。工业需求方面，我国主粮品种的供需格局将继续维持在一个紧张的协调水平，以确保今后一段时间的粮食安全供给，预计未来中国粮食工业消费增长速度将难以保持高速增长。

在农业生产的环境条件方面，由于耕地土壤和农田用水的限制，中国目前的粮食生产规模与发展空间很小。随着中国工业化、城镇化与现代化进程的不断加速，对农业资源的竞争压力也越来越大，即使现阶段中国实施了全球最为严格的耕地资源保护制度，加之退耕还林、还草项目的目标也基本实现，耕地衰退的速度相较于以前也更加缓慢，但毫无疑问，由于城市化和工业化的持续推进，未来的耕地将继续减少。同时，从环境基础上说，由于中国人均水资源短缺，水污染问题突出，使我国的农业生产和发展面临着越来越严峻的水资源短缺问题。以上的污染问题导致耕地面积和水资源更加严重地制约了我国粮食生产的发展。又因为粮食的单产提高主要取决于农业基础设施建设及技术进步的贡献，未来中国粮食单产提高仍有较大空间。目前中国粮食单产水平与世界先进国家仍有较大差距，以小麦为例，中国小麦平均单产为前 10 位国家平均单产水平的 72%（据 FAO 数据测算），中国各地小麦生产不均衡，省份之间差异很大，河南省、山东省、河北省、安徽省、江苏省为我国小麦主产地区，其单产明显高于四川省、湖北省。未来中国小麦单产的提高，一方面依赖地膜覆盖、规范化种植等生产条件的改善，另一方面要依靠节水栽培、优质育种栽培等科技的推广。

（三）模拟结果

本研究利用 CGE 模型对未来 10 年中国粮食产业发展进行趋势预测。结果显示，按照目前现有趋势，由于中国城市化进程的加快以及国家扩大内需政策的实施，2014—2023 年中国粮食消费量将持续增长，预计 2023 年将达 84 082 万吨，而产量将达 69 295 万吨；贸易方面，中国粮食出口量将达到 171 万吨，粮食进口量将达到 14 956 万吨。从预测结果来看，未来中国粮食需求量会逐年增长，粮食安全压力巨大（表 11 - 1 至表 11 - 5）。

表 11-1 2014—2023 年中国粮食供求预测

单位：万吨

年份	产量	进口	出口	总消费
2014	61 046	8 685	128	69 523
2015	62 584	8 921	137	71 299
2016	63 533	9 586	138	72 976
2017	64 565	10 248	143	74 677
2018	65 336	11 006	145	76 199
2019	66 190	11 716	152	77 756
2020	67 064	12 380	161	79 285
2021	67 844	13 195	168	80 873
2022	68 480	14 161	170	82 474
2023	69 295	14 956	171	84 082

表 11-2 2014—2023 年中国稻谷供求预测

单位：万吨

项目	2014 年	2015 年	2016 年	2017 年	2018 年	2019 年	2020 年	2021 年	2022 年	2023 年
生产量	20 306	20 161	20 023	19 983	19 936	20 071	20 209	20 276	20 343	20 414
进口量	319	319	323	324	326	327	329	330	333	334
期初库存	8 882	10 160	11 110	11 819	12 369	12 751	13 133	13 516	13 900	14 282
总供给	29 506	30 640	31 456	32 126	32 631	33 150	33 670	34 121	34 576	35 031
总需求	29 506	30 641	31 456	32 126	32 631	33 150	33 670	34 121	34 576	35 031
消费量	19 690	19 876	19 980	20 096	20 220	20 356	20 491	20 559	20 627	20 697
口粮消费	17 023	17 166	17 230	17 300	17 380	17 461	17 550	17 577	17 610	17 647
饲料消费	1 369	1 424	1 476	1 526	1 576	1 624	1 666	1 701	1 733	1 761
工业消费	1 121	1 096	1 073	1 056	1 039	1 031	1 026	1 019	1 013	1 007
其他消费	177	190	201	214	226	239	250	261	271	281
出口量	56	56	57	59	60	61	63	63	64	66
期末库存	9 760	10 710	11 419	11 971	12 351	12 733	13 116	13 500	13 884	14 269
库存变化	878	550	309	153	—18	—19	—17	—16	—16	—14

表 11-3 2014—2023 年中国小麦供求预测

单位：万吨

项目	2014 年	2015 年	2016 年	2017 年	2018 年	2019 年	2020 年	2021 年	2022 年	2023 年
生产量	12 228	12 288	12 349	12 410	12 469	12 520	12 572	12 610	12 647	12 685
进口量	350	310	268	252	238	260	275	286	298	310
期初库存	9 661	10 073	10 407	10 683	10 929	11 136	11 331	11 513	11 699	11 893
总供给	22 239	22 672	23 023	23 345	23 636	23 916	24 178	24 409	24 644	24 889
总需求	22 239	22 672	23 023	23 345	23 636	23 916	24 178	24 409	24 644	24 889
消费量	12 136	12 234	12 310	12 386	12 470	12 555	12 635	12 680	12 721	12 757

（续）

项目	2014 年	2015 年	2016 年	2017 年	2018 年	2019 年	2020 年	2021 年	2022 年	2023 年
口粮消费	8 325	8 357	8 371	8 388	8 412	8 440	8 467	8 464	8 461	8 457
饲料消费	1 405	1 438	1 485	1 527	1 585	1 636	1 665	1 700	1 728	1 749
工业消费	1 350	1 383	1 400	1 421	1 425	1 435	1 461	1 475	1 490	1 510
种子用量	569	571	571	568	568	566	565	565	565	565
损耗	487	485	483	481	480	478	477	476	476	477
出口量	30	30	30	30	30	30	30	30	30	30
期末库存	10 073	10 407	10 683	10 929	11 136	11 331	11 513	11 699	11 893	12 101
库存变化	412	334	276	246	207	194	182	186	195	208

表 11 - 4　2014—2023 年中国玉米供求预测

单位：万吨

项目	2014 年	2015 年	2016 年	2017 年	2018 年	2019 年	2020 年	2021 年	2022 年	2023 年
生产量	21 774	22 007	22 655	22 994	23 308	23 588	23 863	24 146	24 422	24 692
进口量	450	280	283	401	311	733	1 002	1 037	1 036	1 200
期初库存	5 852	7 645	8 414	9 164	9 696	9 634	9 462	9 121	8 572	7 851
总供给	28 076	29 932	31 352	32 560	33 315	33 955	34 328	34 304	34 029	33 742
总需求	28 076	29 932	31 352	32 560	33 315	33 955	34 328	34 304	34 029	33 742
消费量	20 421	21 508	22 178	22 855	23 674	24 487	25 202	25 728	26 174	26 533
口粮消费	714	714	712	710	708	707	706	702	699	696
饲料消费	12 580	13 056	13 334	13 630	14 078	14 532	14 947	15 255	15 537	15 767
工业消费	6 150	6 785	7 173	7 551	7 918	8 274	8 570	8 785	8 948	9 074
其他消费	977	953	959	965	970	975	979	985	990	996
出口量	10	10	10	8	8	5	5	5	5	5
期末库存	7 645	8 414	9 164	9 696	9 634	9 462	9 121	8 572	7 851	7 204
库存变化	1 793	769	750	532	−63	−171	−341	−550	−721	−647

表 11 - 5　2014—2023 年中国大豆供求预测

单位：万吨

项目	2014 年	2015 年	2016 年	2017 年	2018 年	2019 年	2020 年	2021 年	2022 年	2023 年
生产量	1 543	1 575	1 607	1 640	1 679	1 717	1 752	1 788	1 822	1 860
进口量	6 757	6 844	6 993	7 068	7 221	7 343	7 490	7 647	7 804	7 983
期初库存	514	567	590	584	560	557	556	553	551	546
总供给	8 814	8 986	9 190	9 292	9 460	9 616	9 798	9 988	10 177	10 389
总需求	8 814	8 986	9 190	9 292	9 460	9 616	9 798	9 988	10 177	10 389
消费量	8 218	8 366	8 575	8 700	8 872	9 029	9 213	9 406	9 600	9 814
出口量	30	31	31	31	31	31	31	31	31	31
期末库存	566	589	584	561	557	556	554	551	546	544

注：由于在模型测算中产品分类为油料，即得出的结果是油料产品的供求预测，此表根据大豆在油料产品中所占的比重进行折算后所得结果，主要指标为产量按照 1/3 比重，进口量按照 95% 比重进行折算。

（四）测算结果的对比分析

影响中国粮食供求的因素较多、机制复杂，如果对粮食中长期供求形势进行详尽的评估，简单依赖经验判断难度很大，市场分析模型的开发在一定程度上解决了这一问题。目前关于中国粮食中长期供求的预测主要有以下几种方法：

1. 全球农产品中长期供求预测模型

目前，全球涉及多国、多产品的农产品中长期供求预测模型主要包括联合国粮农组织（FAO）同经济与合作发展组织（OECD）共同研发的 AGLINK-COSIMO 模型，美国食品与农业政策研究所（FAPRI）开发的 FAPRI 模型以及美国普渡大学开发的动态 GTAP 模型等。

AGLINK-COSIMO 模型是由 OECD 和 FAO 联合开发的多国、多产品动态局部均衡模型（Multimarket and Region Partial Equilibrium Model），涉及 55 个国家和地区、18 个品种，2007 年以后考虑到生物质能源对农产品市场的影响日益加剧，又将生物乙醇及生物柴油纳入数据库中。

该模型主要用来分析重点农产品生产国、消费国和贸易国的生产、需求和贸易情况，并对重点农产品价格进行预测。

模型中整合了 OECD 的农业政策数据库，生产者转移和消费者转移政策对农产品生产、消费和贸易的影响机制，根据不同的假设条件进行相应的政策模拟。FAO-OECD 政策设定中主要以成员、非成员专家的问卷调查结果为依据，预测结果见表 11-6。

表 11-6　OECD-FAO 中国粮食供需预测

单位：千吨、千克

品种	年份	产量	进口	出口	消费	食用	人均消费量	缺口
小麦	2010—2012	117 720	2 100	303	118 758	82 833	61.5	1 038
	2022	127 106	2 784	239	129 391	82 156	59	2 285
大米	2010—2012	137 990	1 656	365	130 595	—	77.8	−7 395
	2022	136 574	1 494	304	140 127	—	76.6	3 553
粗粮	2010—2012	200 681	5 370	141	200 711	122 372	11.2	30
	2022	256 811	13 238	110	270 120	176 413	13.9	13 309

资料来源：OECD-FAO 农业展望（2013—2022）。

FAPRI 模型是由密苏里州立大学和艾奥瓦州立大学共同开发的多国别、多产品动态局部均衡模型，包括谷物、油籽、畜产品、乳制品、糖料及生物质能源几个子模块，并将不同农产品价格和政策进行了连接。该模型主要用于研究政策变化对农产品产量、价格和贸易的影响，其对美国国内农业产业的分析有所侧重。美国食品与农业政策研究所每年发布 10 年的基线预测，并对宏观经济、农业政策进行模拟，模拟方案最后由政府和产业专家进行审查。FAPRI 中国小麦、玉米供需预测见表 11-7、

表 11 - 8。

表 11 - 7 FAPRI 中国小麦供需预测

单位：万吨

年份	产量	食用和其他	饲料	总消费	缺口	净进口量
2014	12 326.2	10 442.4	1 867.2	12 309.6	−16.6	92.6
2015	12 377.6	10 483.4	1 922.8	12 406.2	28.6	105.5
2016	12 476.6	10 545.9	1 974.1	12 520.0	43.4	119.5
2017	12 526.5	10 576.5	2 027.3	12 603.8	77.3	133.4
2018	12 561.5	10 588.6	2 076.1	12 664.7	103.2	147.5
2019	12 649.3	10 632.7	2 125.5	12 758.2	108.9	163.1
2020	12 704.9	10 670.9	2 174.3	12 845.2	140.3	178.4
2021	12 748.6	10 691.0	2 225.6	12 916.6	168.0	193.6

资料来源：FAPRI，http：//www.fapri.iastate.edu/models/cropinsurance.aspx。

表 11 - 8 FAPRI 中国玉米供需预测

年份	播种面积（千公顷）	单产（吨/公顷）	产量（千吨）	期初库存（千吨）	国内供给（千吨）	饲用消费（千吨）	食用和其他（千吨）	期末库存（千吨）	国内消费（千吨）
2014	34 496	5.82	200 900	46 468	247 368	139 262	60 070	50 372	249 704
2015	34 621	5.93	205 395	50 372	255 768	144 677	61 195	52 370	258 242
2016	35 107	6.02	211 449	52 370	263 819	150 634	60 867	54 957	266 457
2017	35 357	6.11	216 005	54 957	270 962	155 572	61 839	56 332	273 743
2018	35 763	6.20	221 725	56 332	278 057	160 684	62 385	57 927	280 996
2019	36 164	6.29	227 331	57 927	285 258	165 740	63 141	59 478	288 358
2020	36 573	6.36	232 604	59 478	292 082	170 717	63 818	60 809	295 344
2021	36 895	6.43	237 097	60 809	297 906	175 167	64 701	61 446	301 314

资料来源：FAPRI，http：//www.fapri.iastate.edu/models/cropinsurance.aspx。

动态的全球贸易分析（GTAP）模型是以新古典经济学的基本原理为基础，建立的一个多国多部门的综合平衡模型。在 GTAP 模型的架构中，首先构建了一种能够详细描述各国（地区）生产、消费、政府支出等行为的子模型，并借助国际商贸合作网络，将这些子模型结合起来，形成多国、多部门的综合平衡模型。基于其框架之下，可以考察不同国家的生产、商品价格、要素供求、要素报酬、贸易、GDP 和社会福利水平等因素受政策波动的变动。但 GTAP 模型对于农产品的分类比较粗，无法预测具体粮食品种的中长期供求形势。

2. 国内粮食供求预测方法比较

对国内农产品进行长期供求预测主要包括两种方法，一是趋势法，根据历史数据，结合未来宏观经济、要素禀赋、政策等因素的变化预测中长期农产品供需形势。此方法对分析者的现实把握能力要求较高，如姜长云结合未来人口变化、收入变化、偏好变动以及生产技术的升级等方面因素对未来中国主要农产品的供需形势进行合理预测。另一种方法是经济模型法，该方法首先利用农产品供需、价格、政策等的历史数据，结合市场均衡理论，建立与现实相结合的农产品市场模型，再根据未来一系列假设进行中长期预测。近几年，我国的农业专家建立了适合中国农业市场发展的长期预测模式，并将其划分为局部的区域平衡模型和广义的一般平衡模型。

黄季焜等人利用中国的农业生产历史资料，建立了中国农业政策预测的模型——CAPSiM 模型。这是中国研究人员在建立中国农业局部平衡模型的第一次尝试，主要目的是分析和预测中国主要农产品的供给、需求、贸易，以及各种政策与外部因素对中国农产品的生产、消费、贸易、价格、市场等方面的影响。CAPSiM 模型的研究对象是中国，没有将全球农产品生产国、消费国和贸易国的农业状况进行分析，也没有考虑到中国地区间的不同。

其基准方案的模拟结果为：中国粮食需求增长在未来 10 年将显著高于供给并持续增加，粮食自给率不断降低。在现有的农业生产资源、政策、技术增长和需求变化的条件下，由于需求增长速度显著高于生产，中国粮食自给率将不断下降，未来 10 年中国大米不仅保持完全自给，而且还略有出口。中国大米自给率将保持在 102% 左右。小麦自给率虽然将有所下降，但依然保持较高水平的自给率。但中国玉米自给率将显著下降，自给率将下降到 91%。大豆供需缺口将进一步加大，预计自给率降到 18%。

此外，以往研究采用 ARMA 模型对中国粮食总体供求趋势进行了预测，ARMA 模型是通过 AR（P）与 MA（Q）的有效结合与搭配进行预测的，它的基本思路是把预测物体随时间变化而产生的时间序列信息作为一种随机序列，并利用一种数学模型对其进行近似描述，每当识别到该模型时，便通过收集与计算时间序列数据中的过去值与现在值对未来值进行预测。

本章将综合运用全球农业生态区划模型、多源数据融合模型和自回归滑动平均模型，基于生态适宜性视角，模拟在主粮化、延续性和极端型三种情景下的中国马铃薯种植空间格局分布情况并分析其布局优先序。

二、研究方法、数据说明与情景设置

（一）研究方法

1. 全球农业生态区划模型

全球农业生态区划（Global Agro-Ecological Zone，GAEZ）模型由国际应用系统分析研究所（International Institute for Applied Systems Analysis，IIASA）与联合国粮农组织（FAO）联合共同开发的空间分析系统，是在较早的农业生态区划模型（Agro-Ecological Zone，AEZ）模型基础上通过优化要素和更新数据进行研发的最新版本（IIASA，2012），主要通过对土地资源总量的调查，评价生物物理极限，评估土地产量潜力，对土地资源配置进行合理的完善与优化，是对气候条件与农作物相关变化关系表达最好的模型之一（孙致陆和李先德，2017；王兴华等，2017）。本章通过综合考虑光照、温度、降水等气候因子，叠加马铃薯生产技术、土壤、地形和耕地等限制因素，计算不同模拟情景下的对应栅格数据中的马铃薯适宜种植潜力。最终的粮食生产潜力如式（11.1）所示：

$$yield_t = yield_r \cdot (1-I) + yield_i \cdot I \qquad (11.1)$$

式中，$yield_t$ 是粮食总生产潜力，$yield_r$ 和 $yield_i$ 分别是雨养和灌溉条件下的粮食生产潜力；I 是灌溉面积与总耕地面积的比率，即灌溉率。

建立作物适宜性的计算程序（图11-1）包括以下模块：①气候资料分析；②作物的农业气候评价和计算；③气候制约导致的农业减产；④土壤评价以及土壤和地形限制导致的减产；⑤集成①至④的结果到作物的栅格单元数据库；⑥估算耕地在不同水分吸收情景的比率及作物的种植面积、产量与单产；⑦对潜在与实际产量进行量化并计算其差值。

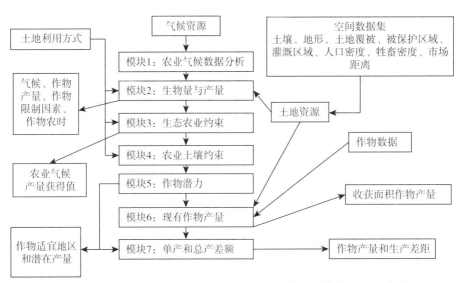

图11-1 GAEZ模型总体结构、数据集成和模块（模块1~7）关系

2. 多源数据融合模型

多源数据融合模型是在耕地输入产品一致性的基础上，以耕地面积统计数据为参考，计算不同区域耕地产品和统计数据的耕地面积差异，建立不同区域自适应的打分表，得到初步融合结果（图11-2）。然后利用多级统计数据，对初步融合数据进行自适应校正。建立相应规则，将多级校正结果整合，得到最后的耕地数据融合结果，以此确定研究对象的最佳组合（Lu等，2017）。

3. 自回归滑动平均模型

自回归滑动平均模型（Auto-Regressive and Moving Average Model，ARMA）是

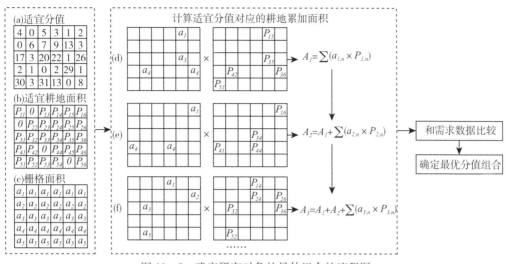

图 11-2 确定研究对象的最佳组合的流程图

以自回归模型（Auto Regressive Model，简称 AR 模型）与滑动平均模型（Moving Average Model，简称 MA 模型）为基础的"混合"构成模型，主要进行时间序列的相关研究。如果时间序列 Y_t 满足：

$$Y_t = \beta_0 + \beta_1 Y_{t-1} + \beta_2 Y_{t-2} + \cdots + \beta_p Y_{t-p} + \varepsilon_t + \partial_1 \varepsilon_{t-1} + \partial_2 \varepsilon_{t-2} + \cdots + \partial_q \varepsilon_{t-q}$$

$$(11.2)$$

则称时间序列 Y_t 为服从（p，q）阶自回归滑动平均混合模型。

（二）数据说明

1. 全球农业生态区划模型数据库

GAEZ 模型数据库包括 5 大方面：①土地与水资源（涵盖土壤资源、土地覆盖情况、地形资源、土地受保护状况等）。其中，土地适宜区域分类包括最适宜区（适宜指数 SI＝8 501～10 000，下同）、次适宜区（7 001～8 500）、适宜区（5 501～7 000）、较适宜区（4 001～5 500）、中度适宜区（2 501～4 000）、基本适宜区（1 001～2 500）、勉强适宜区（1～1 000）和不适宜区（≤1）等；②7 种农业气候资源观测指标数据（平均气温、日照百分率、昼夜温差、10 米高度风速、雨天天数、相对湿度和降水量）；③依照过往数据、目前标准与未来气候条件的预估情况，以及可选择的 3 类投入/管理水平下的 280 种作物/土地的利用方式，形成的生态区与主要农作物的潜在单产；④农作物的产量和单产水平；⑤农作物的单产和产量差距。

综合以上情况，利用 GAEZ 方法并结合 FAO 统计数据库数据分析中国马铃薯种植发展潜力，分析过程中各个参数的设定如下。

（1）作物类型（Crop）。按照作物类型，本研究选定根茎类中的马铃薯作为研究对象，并对适宜种植地区进行了栅格化处理，进而得到马铃薯适宜种植地区的分布。

（2）水供给（Water supply）。由于我国农业基础设施相对不甚完善，农田灌溉设施难以覆盖所有农田，自然降水仍然是大部分耕地依靠的主要水分来源。本章选定雨养的水供给状态，并对适宜种植地区进行了数据化处理，进而得到马铃薯适宜种植地区的分布。

（3）二氧化碳施肥效应（CO_2 fertilization）。在可见光的照射下，作物通过自身光合作用将二氧化碳与水通过生化作用转化为有机物，并运用其进行能量的储存，从而在自身新陈代谢中通过其他生化反应，再次利用这部分生成的有机物进行生长发育。因此，较高的二氧化碳浓度对植株生长的促进作用与施肥的影响相同，在进行光合作用时，叶片也会相应增加气孔对碳的吸入或减少水的消耗。为了能够聚焦马铃薯适宜地区分布的分析，本研究在分析过程中均选定了不存在二氧化碳施肥效应。

（4）时期（Time period）。GAEZ 模型对时期的设定分为历史时期（Historical）、基准时期（Base-line）和未来时期（Future）。而未来时期涵盖了 3 个时期的平均气候条件，是依据 4 种大气的循环模型（General Circulation Models，GCM）进行模拟得到的，分别是 2020s（2011—2040 年）、2050s（2041—2070 年）和 2080s（2071—2100 年）。本研究立足于对近期和中远期的中国马铃薯种植适宜分布区域进行分析，选定 2020s（近期，2011—2040 年）和 2050s（中远期，2041—2070 年）进行分析比较。

（5）土地覆盖类型（Land cover class）。GAEZ v3.0 方法依照土地覆盖状况的不同将土地分成 11 种类型[①]，为了更加广泛的结合马铃薯生长适宜性进行区域分析，本研究选定耕作用地来进行分析。

2. **耕地空间分布数据**

耕地空间分布数据来自 2010 年中国 1∶25 万土地覆盖遥感调查与监测数据。该数据库能够比较系统地反映中国陆地区域和近海岛屿的土地覆盖状况及其 20 世纪 80 年代以来的变化情况。该数据库在全国 1∶10 万土地利用数据和遥感分类数据的基础上，采用全数字作业方式完成了覆盖全国陆地区域的多时相 1∶100 万比例尺土地利用现状数据集。数据内容涵盖了农田、草地、森林、湿地、荒漠、聚落等 6 个一级类型与 25 个二级类型。存储形式以栅格数据为主，表示每个栅格内的耕地面积占整个栅格面积（1 千米×1 千米）的百分比。本章借助 ArcMAP 10.0 工具，从耕地空间分布数据中提取 GAEZ 数据库中马铃薯适宜分布区域数据，用于模拟近期（2011—2040 年）和中远期（2041—2070 年）的马铃薯种植适宜区域分布。

3. **统计数据**

中国马铃薯的生产数据和消费数据（表 11 - 9）分别来源于相关年份的中国农业统计资料和 FAO 统计数据库。

---

① 分别是耕地、草地与林地、森林、建筑用地、荒地、内陆水体、灌溉耕作用地、雨养耕作用地、大面积草地、大面积森林和全部土地。

表 11 - 9　本章相关统计数据来源一览表

数据指标	单位	数据来源
平均气温	℃	
昼夜温差	℃	
日照百分率	%	
10 米高度风速	米/秒	CRU CL 2.0 和 CRU TS 2.1 (Climate Research Unit of University of East Anglia)
相对湿度	%	
雨天天数	天	
降水量	毫米	
气候变化模拟		CGCM2 (Canadian General Circulation Model)
土壤数据		Harmonized World Soil Database (HWSD) version 1.1
高程数据及派生地形坡度与坡向数据		The Shuttle Radar Topography Mission (SRTM)
土地覆盖情况数据		Global Land Cover (GLC) 2000； IFPRI Agricultural Extent Database； The Global Forest Resources Assessment 2000 and 2005； Digital Global Map of Irrigated Areas (GMIA)； 2010 年中国 1∶25 万土地覆盖遥感调查与监测数据
统计数据		中国农业统计资料和联合国粮食及农业组织统计数据库

(三) 不同种植布局下的情景设置

以当前马铃薯种植投入程度为基点，针对一定时期内马铃薯种植相关要素的投入程度差异，模拟持续性高投入、基期种植投入及低投入三种状态下马铃薯种植空间布局。三种投入程度以科技、政策、生产资料、田间管理等要素持续性投入为界定指标，提出了马铃薯高投入-高集中的主粮化情景、基期马铃薯种植的市场化情景及粗放投入-全面分布的极端化情景。

1. 主粮化情景

该情景下，马铃薯种植效率高、产业波及效应强，在市场需求基本稳定的前提下，较高的单产能力导致了马铃薯种植范围收窄，主要集中在马铃薯生态适宜性地区。在近期（2020s，2011—2040 年）和中远期（2050s，2041—2070 年）两个时期，假设中国的马铃薯种植技术、中间投入水平能够得到大幅提高，种植管理水平能够得到较大提升，农业体系主要以市场为导向，以商业生产作为管理目标，以改良高产品种为基础，全过程基本实现完全机械化操作，成为劳动力密度低、劳动强度低的劳动模式，将营养素、除虫防病和杂草控制等做到最优配置，耕地质量始终保持较好状态。

2. 市场化情景

该情景下，马铃薯种植范围受生态约束、技术进步、市场资源传导效率的影响，向优势产区集中；生产效率与当前马铃薯种植有相似的发展趋势。在近期（2020s，

2011—2040 年）和中远期（2050s，2041—2070 年）两个时期，假设中国的马铃薯种植技术、中间投入水平能够得到稳步提高，在种植管理能够不断改善的前提下，农业体系是计划与市场的有机统一结合，以维持粮食安全和商业销售作为管理目标，品种持续改良，实现部分机械化取代劳动力的中等劳动密集型劳动模式，使用部分化肥和农药用于除虫防病和杂草控制，对于耕地采取一定的休耕轮作等保护措施。

3. 极端化情景

该情景下，马铃薯种植效率低、生产范围广，以缓解一定时期内持续性国有储备口粮供需失衡造成的区域性居民食物摄入不足。在近期（2020s，2011—2040 年）和中远期（2050s，2041—2070 年）两个时期，假设中国出现大范围的自然灾害、动植物疫病、社会动荡甚至战争，或由于气候变化和能源价格持续走高引起种植和运输成本升高以及期货市场的投机交易等可能导致较大区域范围的粮食危机，并且在短期内难以通过调配等手段满足人们日常基本食物需求的前提下，农业生产通过采用传统的劳动密集型的种植技术和管理方式，以满足日常生计为导向，栽培品种的使用基于传统方式，难以通过化肥、农药等对马铃薯进行增产和病虫害防治。

三、中国马铃薯生产潜力预测

（一）需求变化趋势分析

为更加准确地预测马铃薯的中长期需求，参考多种方式对中国马铃薯未来生产潜力进行测算（胡小平和郭晓慧，2010；李志强，2012；吕捷，2013；向晶，2013；杨军，2013；顾国达和尹靖华，2014；米健，2015；周振亚，2015）。首先对 1961—2013 年的中国马铃薯消费结构变化趋势进行分析。

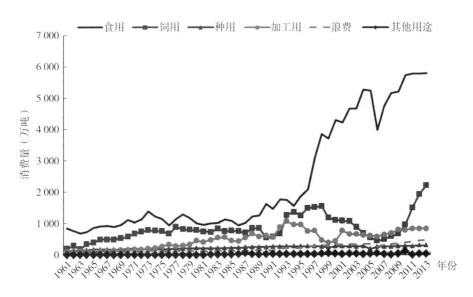

图 11-3　1961—2013 年马铃薯主要消费用途及消费量

如图 11-3 所示，1961—2013 年，马铃薯总消费量从 2 550 万吨增加到了 8 820 万吨，不同用途的消费占比不同，且随时间变化而呈现较为明显的变化，最为显著的是食用消费，从 1961 年的 845.5 万吨增长到 2013 年的 5 773.2 万吨。从不同时间段来看，马铃薯的消费增长呈现不同趋势：1961—1991 年，马铃薯消费呈现平稳增长趋势；1992—2002 年，马铃薯消费进入快速增长区间，从 1992 年的 3 775 万吨增长到 2002 年的 7 025 万吨，总消费量增长了近 1 倍；2003—2011 年，又进入了平稳增长期，马铃薯消费增长率略有下降，总量稳步提升。

从马铃薯主要消费结构（图 11-4）来看，消费量的 95% 集中在食用（包括菜用和主食）、饲用、种用和加工用，损耗、浪费和其他用途基本维持在 5%。

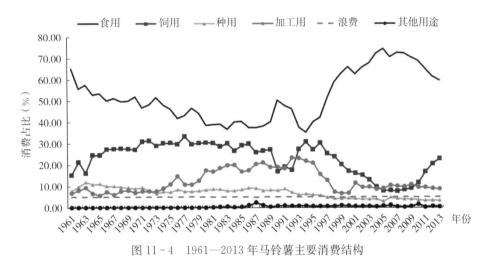

图 11-4　1961—2013 年马铃薯主要消费结构

从时间趋势上看，1982—1997 年，食用是马铃薯的第一大消费用途，比例始终维持在 40% 左右，排名第二的是占比 30% 左右的饲料，加工的比例维持在 20% 左右，种用约为 8%；1997—2013 年，马铃薯的消费结构发生了明显变化，食用比例从 40% 左右快速增加到 70% 左右，并稳定在 65%～70% 的水平，饲用比例快速下降到 10% 左右，加工用比例从 20% 下降到 10% 左右，种用比例从 8% 下降到约 5%。1961—2013 年，马铃薯的主要消费方式是作为主食和菜用。1961—1997 年，马铃薯食用量稳步攀升；1998—2004 年，马铃薯消费呈现快速增长趋势；2005—2013 年，又呈现稳定增长的趋势。

1961—2013 年，马铃薯饲料、加工、种子等三种消费用量（图 11-5）在波动中呈现总量稳定的趋势。1977 年后，饲料消费多年稳定平均为 925 万吨。加工用马铃薯则在稳步提升至 500 万～1 000 万吨后基本稳定。种用消费一直比较稳定，维持在 265 万吨左右。2009 年开始，马铃薯饲用消费呈现快速上升趋势。

（二）模型构建及测算

马铃薯生产潜力预测中假定马铃薯需求与供给始终处于市场出清状态，因此，采用

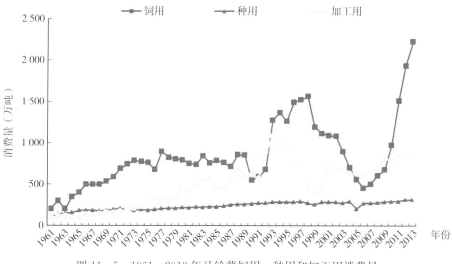

图 11-5 1961—2013 年马铃薯饲用、种用和加工用消费量

传统时间序列分析和移动平均（ARMA）模型相结合的方式，对马铃薯近期和中长期的总消费（需求）量建立时间序列模型。对 1961—2013 年马铃薯总消费量数据进行自相关和偏自相关分析，确定 ARMA 模型的阶数，对序列采用一阶差分。马铃薯总消费量的时间序列模型为：

$$c_t - c_{t-1} = \alpha + \beta t^{1/2} + \delta AR(2) + \mu MA(2) + \varepsilon \qquad (11.3)$$

式中，c_t 为第 t 年的马铃薯消费量，t 为时间趋势，$AR(2)$ 和 $MA(2)$ 是由自相关和偏相关分析得到的移动平均模型的阶数。采用 Eviews 分析软件对马铃薯 1961—2013 年的总消费量进行分析，回归结果如表 11-10 所示。

表 11-10 中国马铃薯消费总量的时间序列分析

变量	系数	标准误差	t 值	概率
$AR(2)$	0.29	0.38	7.61	0.00
$MA(2)$	0.52	0.56	0.91	0.13
$t^{1/2}$	1.77	0.80	22.19	0.00
R^2	0.75	DW（德奥-沃森检验）		0.57

如表 11-10 所示，时间趋势项 t 的系数非常显著，模型残差不存在一阶序列相关。模型通过各种检验，总体效果良好。为分析模型对现有数据的拟合效果，保证数据的准确性，采用 ARMA 模型对 1961—2013 的马铃薯总消费量进行模拟，结果显示，实际值和拟合值比较接近，平均误差为 11.3%，模型拟合效果良好。采用 ARMA 模型对 2020 年和 2050 年的中国马铃薯消费总量（表 11-11）进行预测，到 2020s，中国马铃薯在市场化情景、主粮化情景和极端性情景的总消费量分别为 9 783.38 万吨、10 382.06 万吨和 10 935.99 万吨；到 2050s，中国马铃薯在市场化情景、主粮化情景和

极端性情景的总消费量分别为 11 489.93 万吨、12 597.81 万吨和 14 813.54 万吨。

表 11 - 11　不同情景下中国马铃薯总消费量

单位：万吨

年份	市场化情景	主粮化情景	极端化情景
近期（2020s，2011—2040 年）	9 783.38	10 382.06	10 935.99
中远期（2050s，2041—2070 年）	11 489.93	12 597.81	14 813.54

　　基于上述参数设定，利用 GAEZ 模型测算得到中国马铃薯在近期（2011—2040 年）和 2050s 的高、中、低投入方式的 3 组潜在单产数据，结合《中国农业统计资料 2016》中的马铃薯实际单产数据，分别按照不同适宜度计算得到中国马铃薯在市场化情景、主粮化情景和极端性情景的单产差距，根据单产差距数据，将其平均数据差值计算成为 1 千米×1 千米的数据网格，每个网格为一个数据单元。在全国 1：10 万土地利用数据和遥感分类数据的基础上，对中国耕地覆盖数据进行了 1 千米×1 千米网格差值，使之与前述网格在地理坐标上相互对应。在考虑地形对差值结果的影响下，将适宜性分布数据与中国耕地覆盖数据进行叠加，结合《中国统计年鉴 2016》中国各省马铃薯实际种植面积数据，计算得到中国各省马铃薯种植适宜性分布面积差值和潜在发展适宜区域分布。

　　需要指出的是，GAEZ 模型根据实际投入水平的不同，将土地类型、投入情况和土地以耕种程度分为不同情况。例如，大型农用机械不适于在坡耕地进行操作，因此即便在投入水平较高的情况下也难以取得高产，所以耕地适宜程度会较低；而平原地区适于使用大型农用机械进行操作，因此产量会随着投入水平提高而增加，体现出的作物生产潜力也会较高。

表 11 - 12　不同情景下中国马铃薯不同适宜区的生产潜力

区域分类	市场化情景			主粮化情景			极端化情景		
	单产（吨/公顷）	2020s（万吨）	2050s（万吨）	单产（吨/公顷）	2020s（万吨）	2050s（万吨）	单产（吨/公顷）	2020s（万吨）	2050s（万吨）
最适宜区	47.17	—	—	63.83	10.21	—	22.35	64.06	—
次适宜区	33.69	1 623.41	698.71	49.10	3 548.42	1 629.25	17.19	573.17	440.80
适宜区	24.07	4 664.22	2 557.59	37.77	8 852.46	5 705.43	15.47	2 194.71	1 561.13
较适宜区	17.19	8 432.13	4 797.40	29.05	19 236.82	13 236.97	10.83	4 924.38	3 227.19
中度适宜区	13.75	16 282.51	13 241.15	22.35	36 747.25	31 916.07	7.58	8 409.18	6 836.14
基本适宜区	11.00	33 844.03	31 552.50	17.19	31 880.76	28 794.31	5.31	13 332.28	12 435.98
勉强适宜区	8.80	6 196.86	5 915.45	15.47	1 667.91	15 658.07	3.71	4 236.02	3 530.03
不适宜区	0	0	0	0	0	0	0	0	0

　　根据表 11 - 12 可知，从总体上看，在不同模拟情景下，中国马铃薯在不同适宜区

域内的生产潜力在 2.80 亿～11.69 亿吨，生产潜力约为 2015 年实际产量的 2.96～12.33 倍，生产潜力巨大。从不同模拟情景来看，无论何种情景，近期（2020s，2011—2040 年）的生产潜力均大于中远期（2050s，2041—2070 年）。究其原因，可能是由于不断的农业投入，使得土地肥力降低，可生产潜力下降。另一方面可能由于气候变暖导致马铃薯生产潜力减小，同时气候变化导致的生产不确定性加大，也在一定程度上遏制了马铃薯种植潜力。

四、不同情景下中国马铃薯适宜种植区域模拟分析

在气候变化和二氧化碳施肥效应等背景的影响下，对农作物进行适宜性评价是促进气候和土地资源的合理配置的关键问题（杜国明等，2016；卜坤等，2017）。

中国是马铃薯生产大国，但单产水平长期落后于荷兰、美国等马铃薯生产强国。品种质量差、科技应用不足、田间管理水平低等都是主要原因，但马铃薯生长的自然适宜性是决定马铃薯单产水平的至关重要的因素，这是因为作物生长的自然环境对其生理和物候进程有很大影响，因此，环境条件在相关研究中是不可忽略的因子（Schoppach等，2017）。已有相关文献表明，马铃薯生长适宜性主要集中于根据不同自然因素例如气候、土壤和地形将全国划分为不同适宜种植区域，并没有在空间上准确地规划出马铃薯生长的适宜区域。因此，一些专家将遥感和GIS技术引入了马铃薯生长适宜地区的研究中，以弥补上述研究中的不足（Messing等，2003），虽然这些尝试对指导地区马铃薯种植很有意义，但仍缺乏全国空间范围内明确的适宜性分布范围，根据不同技术和生产投入的程度不同也缺乏相应研究，这对判断不同地区马铃薯种植适宜性非常重要。

因此，本节基于上述原因，综合考虑生产技术、土壤、地形和耕地等因素限制因素，通过全球农业生态区划模型对近期（2011—2040 年）和中远期（2041—2070 年）的中国马铃薯生态适宜性的年代际响应，计算得出主粮化情景、市场化情景和极端化情景下的中国马铃薯不同等级的生产潜力适宜区域，将之转化为 1 千米×1 千米的栅格。通过主粮化情景、市场化情景和极端化情景下的中国马铃薯需求总量预测和单产能力变化，运用多源数据融合模型，计算马铃薯适宜耕地累加面积，并和预测数据进行比较，直到二者比较接近为止，以此确定不同情景下中国马铃薯生态适宜格局的最佳组合。对各生态适宜区马铃薯种植面积优先序及其分布进行模拟及预测，进而汇总计算得到中国马铃薯种植潜在发展适宜区域模拟分布情况。

（一）主粮化情景

1. 模拟结果与趋势分析

如表 11-13 所示，在马铃薯主粮化能够带来巨大的市场拉动作用和强力科技创新支撑的前提下，扣除各类保护地区面积，在维持现有耕地总数基本不变的基础上，到近期（2020s，2011—2040 年），中国有 5 546.10 万公顷耕地可以种植马铃薯。其中，最

适宜区、次适宜区、适宜区、较适宜区、中度适宜区、基本适宜区、勉强适宜区、不适宜区分别为 0.16 万公顷、72.27 万公顷、234.40 万公顷、662.17 万公顷、1 644.39 万公顷、1 854.61 万公顷、1 078.09 万公顷、1 464.25 万公顷，基本适宜及以上区域占比 63.73%。到中远期（2050s，2041—2070 年），由于气候、土壤、大气条件等条件的变化，马铃薯的潜在适宜种植区域分布发生了变化，可以种植马铃薯的耕地面积减少为 4 755.26 万公顷，最适宜区、次适宜区、适宜区、较适宜区、中度适宜区、基本适宜区、勉强适宜区、不适宜区分别为 0、33.18 万公顷、151.07 万公顷、455.64 万公顷、1 428.20 万公顷、1 675.06 万公顷、1 012.09 万公顷、2 255.09 万公顷，基本适宜及以上区域占比 53.39%，呈现相对更为集中的态势。

到近期（2020s，2011—2040 年），中国马铃薯种植适宜及以上区域共计 306.83 万公顷可满足相应需求。从地区分析结果来看，到近期（2020s，2011—2040 年），拥有潜在马铃薯种植耕地主要集中在东北一季区的 36 个县（市、区）；中原二季作区也有少量县（市、区）满足相应条件，位于适宜种植区域。根据中国综合农业区划对农业生产分区的划分，主要集中在松嫩三江平原区、长城沿线区、兴安岭区东部和长江下游平原丘陵区。

表 11 - 13　主粮化情景下中国马铃薯适宜与需求种植面积

单位：万公顷

适宜指数	区域分类	适宜种植面积		需求种植面积	
		近期	中远期	近期	中远期
≥8 500	最适宜区	0.16	—	0.16	—
7 000～8 500	次适宜区	72.27	33.18	72.27	33.18
5 500～7 000	适宜区	234.40	151.07	234.40*	151.07
4 000～5 500	较适宜区	662.17	455.64	0	455.64*
2 500～4 000	中度适宜区	1 644.39	1 428.20	0	0
1 000～2 500	基本适宜区	1 854.61	1 675.06	0	0
1～1 000	勉强适宜区	1 078.09	1 012.09	0	0
≤1	不适宜区	1 464.25	2 255.09	0	0
总计		7 010.35	7 010.35	306.83	639.89

注：*表示部分种植。

到中远期（2050s，2041—2070 年），中国马铃薯种植较适宜及以上区域共计 639.89 万公顷可满足相应需求。从地区分析结果来看，拥有潜在马铃薯种植耕地面积最大的地区是东北一季区的 37 个县（市、区）、华北一季区的 24 个县（市、区）和中原二季作区 93 个县（市、区）。区域范围在增加的同时，相较于近期（2020s，2011—2040 年）呈现出集中化的趋势。根据中国综合农业区划对农业生产分区的划分，主要集中在松嫩三江平原区、汾渭谷地区、晋东豫西丘陵山地区、长江下游平原丘陵区、晋陕甘黄土丘陵沟谷区和山东丘陵区。

2. 成因分析

主粮化情景中，在满足既定总需求的前提下，马铃薯种植单产水平提高是导致种植分布下降的直接原因。首先，根据马铃薯种植生态适宜条件与地缘优势差异，基本生产资料投入，如肥料、水、农药等是马铃薯增产的基本保障，根据农事、农时要求，进行科学的田间管理。科技水平的产量贡献主要表现在种薯改良、田间管理、机械应用等方面；政策层面，种植补贴与保险通过提高种植收益、分担种植风险两种政策工具，增强农户种植积极性，构建风险共同体，间接影响马铃薯单产水平。由上文分析可知，近期马铃薯种植主要集中在松嫩平原，零星分布于长城沿线区、兴安岭区东部和长江下游平原丘陵区，中远期种植布局主要集中在松嫩三江平原区、汾渭谷地区、晋东豫西丘陵山地区、长江下游平原丘陵区、晋陕甘黄土丘陵沟谷区和山东丘陵区。在马铃薯市场需求既定的前提下，北方一季作区与中原二季作区因马铃薯种植生态适宜性强、技术推广程度高、政策保障有力，单产水平高，进而形成了主粮化背景下的马铃薯种植空间格局。

3. 综合评价

主粮化情景中，无论是近期还是中远期预测结果均表明，马铃薯未来种植空间集聚程度较高，适宜生产区产量高，可满足全国马铃薯市场需求，形成马铃薯种植集中基地。在此种植分布基础上，国内大量耕作区土地可向生态恢复逐步转型，释放大量生态备用田，退耕还田，恢复土壤肥力，促进农业-生态协调发展。种植集聚溢出效应带来的成本收益优势将直接提高马铃薯产业竞争力，如山东地区，马铃薯种植规模化、集聚化水平不断加深，市场环境不断向好，形成较强的产业竞争力。马铃薯种植在产业空间格局分布上对产业链分工起到促进作用，尤其表现在产业内精细化分工及附加值提升两方面，如广东马铃薯出口中，以微型马铃薯为典型产品，通过种植、收获、清洗、包装等环节，延长了马铃薯产业链，扩大了马铃薯市场范围，实现了马铃薯种植的增产增效。在马铃薯产品加工环节，以内蒙古为例，马铃薯加工制品生产中，厂商以企业＋农户的合作模式对农户采用马铃薯订单式收购，就地生产，与其加工制品在当地市场竞争共同形成了区域性马铃薯产业竞合关系的局面。在政策层面，马铃薯主粮情景下配套的补贴、保险等政策工具是支农制度改进与农业产业区域规划示范建设的重要支撑，为该情景下马铃薯产业区划奠定基础。

（二）市场化情景

1. 模拟结果与趋势分析

如表 11－14 所示，扣除各类保护地区面积后，在维持现有耕地总数基本不变的基础上，依照现有发展情况，到近期（2020s，2011—2040 年），中国有 5 696.90 万公顷左右耕地能够种植马铃薯，中国马铃薯最适宜区、次适宜区、适宜区、较适宜区、中度适宜区、基本适宜区、勉强适宜区、不适宜区分别为 0、48.18 万公顷、193.81 万公顷、490.53 万公顷、1 184.01 万公顷、3 076.28 万公顷、704.09 万公顷、1 313.45 万公顷，基本适宜及以上区域占比 71.22%。到中远期（2050s，2041—2070 年），由于气候、土壤、大气条件等条件的变化，能够种植马铃薯的潜在区域面积缩减为 4 909.07 万公顷，中国马铃薯最适宜区、次适宜区、适宜区、较适宜区、中度适宜区、基本适宜区、勉强适宜区、不适宜区分别为 0、20.74 万公顷、106.27 万公顷、279.08 万公顷、962.88 万公顷、2 867.99 万公顷、672.11 万公顷、2 101.25 万公顷，基本适宜及以上区域占比 60.44%。

到近期（2020s，2011—2040 年），中国马铃薯种植较适宜及以上区域共计 732.52 万公顷可满足相应消费需求。从地区分析结果来看，拥有潜在马铃薯种植耕地面积最大的地区是东北一季区阿荣旗、莫力达瓦达斡尔族自治旗、鄂伦春旗、甘南县、克山县、克东县、讷河市、爱辉、嫩江县、五大连池市等 43 个县（市、区），华北一季区的沽源县、张北县、兴和县、察右前旗等 16 个县（市、区），其次为中原二季作区和西南一二季混作区的部分区县共计 28 个。根据中国综合农业区划对农业生产分区的划分，主要集中在松嫩三江平原区、长白山地区、长城沿线区、晋陕甘黄土丘陵沟谷区、晋东豫西丘陵山地区和兴安岭区东部。

表 11 - 14　市场化情景下中国马铃薯适宜与需求种植面积

单位：万公顷

适宜指数	区域分类	适宜种植面积		需求种植面积	
		近期	中远期	近期	中远期
≥8 500	最适宜区	—	—	—	—
7 000～8 500	次适宜区	48.18	20.74	48.18	20.74
5 500～7 000	适宜区	193.81	106.27	193.81	106.27
4 000～5 500	较适宜区	490.53	279.08	490.53*	279.08
2 500～4 000	中度适宜区	1 184.01	962.88	0	962.88*
1 000～2 500	基本适宜区	3 076.28	2 867.99	0	0
1～1 000	勉强适宜区	704.09	672.11	0	0
≤1	不适宜区	1 313.45	2 101.25	0	0
总计		7 010.35	7 010.33	732.52	1 368.97

注：＊表示部分种植。

到中远期（2050s，2041—2070 年），中国马铃薯种植较适宜及以上区域共计 962.88 万公顷可满足相应消费需求。从地区分析结果来看，拥有潜在马铃薯种植耕地面积最大的地区是东北一季区的 32 个县（市、区）、华北一季区的 82 个县（市、区）和中原二季作区 106 个县（市、区），西南一二季混作区的 43 个县也处于较为适宜范围内。根据中国综合农业区划对农业生产分区的划分，主要集中在松嫩三江平原区、长白山地区、长城沿线区、内蒙古中南部区、晋东豫西丘陵山地区、晋陕甘黄土丘陵沟谷区、山东丘陵区、川滇高原山地区和兴安岭区东部。

2. 成因分析

市场化情景中，在满足既定总需求前提下，马铃薯种植单产水平延续当前发展趋势，与主粮化情景相比，单产水平相对更低，种植面积大，区域分布广。从模拟结果来看，市场化情景马铃薯种植区域基本覆盖主粮化情景区域，近期新增了沽源县、张北县、兴和县、察右前旗等华北地区；中远期新增了四子王旗、沽源县、张北县等坝上地区。市场化情景中，模拟成因除上述主粮化情景中涉及的生态、政策、技术等因素外，种植习惯、消费偏好、生产专业化、比较优势等影响着国内不同区域马铃薯种植效率。具体而言，西北、西南等贫困冷凉地区因气候、土壤条件等影响，农业生产条件相对恶劣，农作物生态适宜性较弱，间接地形成了马铃薯种植的生态适宜性比较优势，如定西、凉山等地农户具有长期的马铃薯传统种植习惯和消费偏好，验证了近期和中远期情景模拟下的种植空间分布。马铃薯种植要素投入中，化肥、地膜、农药、灌溉、机械等，相较于南方地区，北方地区灌溉投入和化肥投入较多，生产成本相对较高。从趋势来看，未来马铃薯种植重心仍将向南方地区转移，比较近期和中远期，马铃薯种植区域增加了西南一二季混作区等部分县（市、区）。当前，菜用马铃薯占所有用途马铃薯的90％以上，基于多用途导向的种薯品类、种质档案分类、生产规范、行业标准的缺失，极大地制约了马铃薯种植各环节的专业化水平，进而影响了马铃薯单产水平的提高。

3. 综合评价

市场化情景中，马铃薯产业总体处于发展阶段，种植布局仍有较大的转型优化空间。受单产下降的影响，该情景下马铃薯种植范围在近期和中远期，均远高于主粮化情景，表明该阶段仍隶属土地驱动范畴，市场机制、技术进步对种植布局的机制影响仍受不同程度约束。比较而言，马铃薯种植环节中，技术进步和要素投入进一步开发了大批南方冬闲田，改变了马铃薯种植的地理重心，实现资源利用效益最大化，推动马铃薯种植由土地驱动向技术、市场等多元驱动并行的发展模式转型。从分布地区种植结构看，马铃薯与其他替代性主要作物相比，均为多淀粉类农产品，相互间可替代性强，经济收益亦有较大差异，尤其以东北地区水稻、大豆等替代品种植为例，马铃薯种植分布丰富了当地农作物种植结构。

（三）极端化情景

1. 模拟结果与趋势分析

有气候学家表明，"全球变暖"是一个错误的说法，并不是世界上所有的区域的温度都会升高，而是大多数地方都将因气温上升给既定气候模式带来更多变量（Blockstein D E et al，2010），造成更多的极端天气。因为全球变暖并不仅仅是提升了全球气温，其还会加剧大气的波动性，增强气候的不稳定性，这会造成更多的极端气候，也是越来越多的气象不确定现象的开始。

如表11-15所示，假设中国由于自然灾害、动植物疫病、社会动荡甚至战争等引起较大区域范围的粮食危机，并且在短期内难以通过调配等手段满足人们日常基本食物需求的前提下，在维持现有耕地总数基本不变并扣除各类保护区面积的基础上，依照现有发展情况，到近期（2020s，2011—2040 年），中国有 5 394.85 万公顷耕地可以种植马铃薯。到 2020s，中国马铃薯最适宜区、次适宜区、适宜区、较适宜区、中度适宜区、基本适宜区、勉强适宜区、不适宜区分别为 2.87 万公顷、33.34 万公顷、141.86 万公顷、454.71 万公顷、1 109.28 万公顷、2 512.42 万公顷、1 140.37 万公顷、1 615.98 万公顷，基本适宜及以上区域共计 4 254.47 万公顷，占比 60.68%。到中远期（2050s，2041—2070 年），由于气候、土壤、大气条件等条件的变化，马铃薯的潜在适宜种植区域分布发生了变化，中国可以种植马铃薯的耕地面积减少至 4 620.14 万公顷。最适宜区、次适宜区、适宜区、较适宜区、中度适宜区、基本适宜区、勉强适宜区、不适宜区分别为 0、25.64 万公顷、100.91 万公顷、297.99 万公顷、901.77 万公顷、2 343.51 万公顷、950.31 万公顷、2 396.72 万公顷，基本适宜及以上区域共计 3 669.83 万公顷，占比 52.30%，呈现集中连片趋势。

到近期（2020s，2011—2040 年），中国马铃薯种植较适宜及以上区域共计 1 742.06 万公顷可满足相应需求。从地区分析结果来看，拥有潜在马铃薯种植耕地面积最大的地区是东北一季区、华北一季区、中原二季作区和西南一二季混作区共计 753 个县（市、区）。根据中国综合农业区划对农业生产分区的划分，主要集中在松嫩三江平原区、辽宁平原丘陵区、长白山地区、长城沿线区、内蒙古中南部区、晋东豫西丘陵山地区、晋陕甘黄土丘陵沟谷区、汾渭谷地区、陇中青东丘陵区、山东丘陵区、川滇高原山地区。

表 11 - 15　极端性情景下中国马铃薯适宜与需求种植面积

单位：万公顷

适宜指数	区域分类	适宜种植面积		需求种植面积	
		近期	中远期	近期	中远期
≥8 500	最适宜区	2.87	—	2.87	—
7 000～8 500	次适宜区	33.34	25.64	33.34	25.64
5 500～7 000	适宜区	141.86	100.91	141.86	100.91
4 000～5 500	较适宜区	454.71	297.99	454.71	297.99
2 500～4 000	中度适宜区	1 109.28	901.77	1 109.28*	901.77
1 000～2 500	基本适宜区	2 512.42	2 343.51	0.00	2 343.51*
1～1 000	勉强适宜区	1 140.37	950.31	0.00	0.00
≤1	不适宜区	1 615.98	2 396.72	0.00	0.00
总计		7 010.83	7 016.87	1 742.06	3 669.82

注：＊仅在本适宜区种植即可满足要求。

到中远期（2050s，2041—2070 年），中国马铃薯种植较适宜及以上区域共计 3 669.82 万公顷可满足相应需求。从地区分析结果来看，东北一季区、华北一季区、西北一季区、中原二季作区、西南一二季混作区和南方冬作区等地区潜在马铃薯种植耕地面积呈现集聚化趋势。根据中国综合农业区划对农业生产分区的划分，主要集中在松嫩三江平原区、内蒙古及长城沿线区[①]、黄土高原区[①]、黄淮海区[①]、四川盆地区、川滇高原山地区、滇南区、粤西贵南区和长江中下游区[①]，形成了多个集中连片种植区域。

按照以上不同情景模拟的种植适宜程度划分，中国马铃薯种植适宜区域主要集中在东北一季区、华北一季区、西北一季区、中原二季作区、西南一二季混作区和南方冬作区。为研究马铃薯主要种植区与适宜种植区的空间对应关系，收集整理全国 2012—2014 年中国马铃薯种植面积分县数据，以三年内马铃薯种植面积平均值大于 50 万亩的标准选出马铃薯主要种植县 143 个。经统计，马铃薯种植大县空间上主要分布在北方一季作区的内蒙古中东部、甘肃南部，西南一二季混作区的四川东部、重庆、贵州北部。

将三种模拟情景中的马铃薯种植较适宜及以上程度适宜区域与 2012—2014 年中国马铃薯主要种植县的矢量图层进行叠加，仅有 23% 在空间上与马铃薯较适宜及以上种植区域符合度达到 80% 以上，低于 50% 符合度的马铃薯主要种植县数量占比达到 78%，也就是说大多数马铃薯主产县并不位于马铃薯种植的比较适宜地区。究其原因，黑龙江中北部、内蒙古中东部地区马铃薯种植适宜程度较高，基于天然优势生产的马铃薯单产水平较高，但在国家各类补贴政策和水稻市场强烈需求导向的综合作用下，马铃薯在此地区颇难立足。同样的情况也出现在黄淮海平原，基于传统谷物种植习惯、田间管理经验、饮食习惯和经营收益等原因，马铃薯同样难以在相对适宜地区开展规模种植。

2. 成因分析

极端化情景下，马铃薯种植效率几乎降到冰点，生产资料严重短缺，市场机制与技术转化几近失效，单产能力极为低下，同时主要粮食生产瘫痪，应当参考不同地区、不同时期的经验（焦必方，1997；郑有贵，1999；张锦芳，2002；马丽，2009；杨奎松，2013；孙洪军和高廷爱，2016；中央农村工作会议报道，2017）划定相应区域范围，将马铃薯列为极端情景下的保障作物（王东，2012）。此时，马铃薯以"预备粮""准口粮""选择粮"的角色成为居民日常基本最低热量与营养摄入的最佳或唯一选择。因此，该情景下马铃薯种植完全处于看天种、看地收，所有可种植区都将开发成种植区，以满足居民最低口粮摄入需求。在前文中，近期与中远期马铃薯种植分布模拟结果显著地大于主粮化和市场化情景，表明粗放种植、环境依赖、低水平投入造成的马铃薯单产大幅下降，为了满足居民的最低口粮摄入需求，形成了极端化情景下的种植空间分布。

3. 综合评价

极端化情景在本研究分析中包括两个层次，即可能发生和发生概率极低，为马铃薯产业分析树立底线思维，丰富了当前国家粮食安全观。通过极端化情景下的马铃薯种植

---

① 代表中国农业综合区划中的一级区。

布局模拟，马铃薯种植在国家层面将形成明确的粮食安全边界，将适应性较强的马铃薯列入基本口粮。粮食安全战略分析将从战略目标、定位、布局等宏观顶层设计一直延伸到断粮、绝粮基础水平上粮食安全的底线保障，明晰粮食安全战略自上而下的行使边界。极端情景的考量为国家战略安全与政策制定提供新的切入点，将个体种植意愿、种植决策与社会有序、政治稳定直接联系。上述不同时期的种植模拟在可能发生或概率极低情况下的极端"黑天鹅事件"中，在原有耕地红线基础上，划定马铃薯种植保障性红线，以逆向思维为战略出发点，为粮食安全政策制定提供参考。极端化情景中针对不同生态环境、气候条件，在生产资料零投入前提下，从育种、生产规范两个环节，提早规划，研制生态适应性高、生长周期短、稳产性能强的种薯品种，建立托管式种植模式，开发简易、快捷、易于操作的加工工艺种薯品种。最后，在预测该情景的基础上，灾害应急响应将提上新的日程，开展机制构建、制定效果评价体系。总之，该情景下的马铃薯种植分布对粮食安全战略思维转变，由第四大口粮向"预备粮""准口粮""选择粮"战略定位转型具有深远影响，在产业层面优布局、战略层面找定位、宏观层面保安全等方面意义重大。

马铃薯主粮化战略空间布局

一、马铃薯生产布局优化依据

中国马铃薯生产布局优化主要基于宏观和微观两个层面。从宏观层面来看，在中国马铃薯种植空间格局演变驱动因素和动力机制分析中，完全不可控要素、完全可控要素及部分可控要素分别从生态、科技政策、市场三个层面分析其对马铃薯种植空间格局的影响；从微观层面来看，在中国马铃薯种植意愿和空间格局演变内生机制分析中，通过构建除农户个体禀赋外的市场、政策、社会等指标体系分析影响种植意愿的主要因素，结合马铃薯种植空间分布中的空间距离与经济成本的收益期望，从自然条件、市场机制、科技推广及经济半径四个维度提出制约中国马铃薯生产布局的关键因素。

(一) 自然条件

生态约束是影响中国马铃薯生产布局的决定性因素。理论上，中国马铃薯可全国范围内种植，但鉴于中国幅员辽阔、气候多样、地理特征各异，中国马铃薯种植适宜区和主产区主要集中在东北地区的黑龙江、吉林、内蒙古东部、辽宁西部和北部地区，西北地区的甘肃、宁夏、陕西西北部及青海东部地区，华北地区的内蒙古中西部及河北、内蒙古坝上地区。结合前文对马铃薯生态适宜性条件下的种植布局模拟可知，东北松嫩平原地区马铃薯种植生态适宜性最佳，该地区紧邻松花江与嫩江两大河流，水源充足，土壤有机质含量高，肥力强，10℃及以上年均积温在1 800~2 800℃，降水量和光照时数稳定；西南地区的巫溪县、云阳县、石柱县等地的马铃薯种植受地形地貌影响，呈零星分布，山区气候条件多样，四季分明，雨量充沛，适宜马铃薯混季种植。因此，马铃薯应当以在不同生态约束下种植适宜性和约束性共存为原则（王道龙，2016），生态资源禀赋和环境承载力对各地区马铃薯耕作习惯、种植行为、种植规模及分布特征起到根本影响。

(二) 市场机制

马铃薯在市场化过程中，属于典型的吉芬商品，即在既定条件不变的情况下，当出现价格上涨时，马铃薯市场的供需关系表现为需求量增加，与正常商品的价格形成机制恰恰相反。因此，马铃薯市场机制对于中国马铃薯种植的影响主要表现在供需关系、价格形成、资源配置效率等方面。衍生较大的市场预期，结合主粮化战略政策信号的影响，马铃薯种植面积呈增长态势，但随着中国区域性马铃薯供需矛盾及马铃薯季节性供需周期的影响，市场时滞效应影响到马铃薯农户下一期种植决策，进而影响全国马铃薯市场供需结构。在此基础上，马铃薯价格形成机制的市场化程度较高的地区，尤其以山东、福建及广东等地为典型代表，市场资源，如劳动力、地膜、化肥等基本生产要素，仓储、运输、交易场所等流通资源，市场价格、交易咨询等市场信息，配置效率高。当前，山东地区马铃薯种植农户市场参与度较高，市场交易信息量大、渠道广，对市场价格、季节错峰上市敏感度高；广东及福建地区兼顾国内外两大市场、产业基础好，但在稻草覆盖等技术转化利用的基础上，冬闲田马铃薯种植受市场时滞效应影响较大，价格出现持续性回落。因此，在市场机制作用下，以马铃薯农户为主体，马铃薯种植决策直接影响中国马铃薯种植空间格局。

（三）科技推广

科学技术是第一生产力，而技术成果的市场化推广与应用是实现科技推广最后一公里问题的核心。马铃薯技术推广涵盖遗传育种、栽培生理、病虫防治、机械装备、土壤肥料等领域，支撑了马铃薯产前研发、种植、收获、贮藏、加工、运输以及销售等产业链环节。随着中国科技推广体系的日趋完善，马铃薯科技推广体系形成了以科研高校、企业、农技站等为主体，以技术研发、科技培训、田间指导、技术反馈为对象，推动马铃薯科技成果转化。在国家现代农业产业技术体系政策倡导下，中国马铃薯产业技术体系形成了由中央到地方、由科研到市场的自上而下的制度安排，着力开展技术研究、集成和示范。以中国西南地区为例，稻草包芯技术和稻草覆盖的推广极大地提升了南方冬闲田利用潜力，形成了西南地区马铃薯种植格局，扩大了中国马铃薯种植空间分布。

（四）经济半径

现代市场经济与贸易活动中，流通体系是反映市场活跃程度的重要指标，而经济半径在流通体系中直接体现单位成本下经济活动地理范围。一般而言，经济半径常用于分析新兴市场开拓、经济-地理成本收益、流通便利化水平等因素。因此，在区域规划中，经济半径常作为产业布局的标尺，引导市场资源定向流动，形成区域要素集聚区。结合中国马铃薯种植分布，我国新疆、广西、黑龙江地区边境贸易活动频繁，边民互市贸易已有较长的历史传承，边贸便利化程度不断提升，马铃薯外向型市场具备一定基础。因此，在理性经济半径范围内，新疆、广西、黑龙江等地区马铃薯边境贸易将成为马铃薯农户种植意愿新的增长点，辐射东北亚、东南亚、南亚、中亚、东欧等"一带一路"（The Belt and Road，B&R）沿线国家，有助于进一步丰富中国马铃薯种植格局，提高马铃薯供给能力。

二、马铃薯产业发展优化原则

中国马铃薯种植空间格局优化应以马铃薯产业健康稳定发展为首要目标，将马铃薯作为保障粮食安全和促进乡村振兴的基础产业支撑，通过生产马铃薯，使马铃薯种植与当地生产结构相结合，使当地种植方式多元化，在顺应地方土地、水资源等自然资源的环境条件下，展现地方特色，带动周边区域进行马铃薯相关产业的发展与市场体制的进一步完善。依托种植优势区域生产马铃薯的主导优势，使地方经济发展与马铃薯产业在当地的主导优势相结合，从而促进当地种植空间、产业模块和区域经济的集聚、融合与协调发展。

（一）发挥区域比较优势

中国幅员辽阔，光气水热等自然资源在空间分布上具有天然差异，不同地区的区位资源禀赋各不相同，地貌多样且差异明显，通过发挥各自优势能够形成协调互补的中国马铃薯种植空间分布格局。为此，要根据区域经济发展和产业结构的优化，确定各地区主导产业的优先次序，以种植大户、家庭农场、集体合作社、龙头企业等新型农业经营主体为依托，集聚地方科研院所和高校的研发力量，以生产、加工、科研、基地、物流配套服务等项目为载体，抓住马铃薯产业发展的优先权与战略高地，准确定位，做好顶层设计，逐步推进。通过综合分析各地不同基本情况，结合地方特色与产业结构进行布局，有机统筹区域资源合理分配与产业协作有效分工，提升产业内利益相关主体的市场参与度，增强创新力，实现中国马铃薯产业空间的集聚发展。

（二）树立绿色种植意识

绿色环保是新时期农业发展的重要方向和目标。推动中国马铃薯种植空间格局发展，做强做大马铃薯产业，其核心要处理好绿水青山与金山银山之间的关系。一方面，要明确绿水青山就是金山银山，通过提高马铃薯种植主体的绿色生产意识，规范生产行为，有效引导控水、控肥、控药行为，提高农资投入品利用效率，发展无公害、绿色、有机马铃薯，提升马铃薯品质，走绿色、健康、可持续的马铃薯产业发展道路。另一方面，针对马铃薯连作土传病害问题较为严重（谭雪莲，2012）、加工废料排污超标等问题，一方面加大科研力度，积极探索切实易行的病害防治技术、污水处理技术，加大技术推广力度。同时从政策引导、资金支持等方面加大帮扶力度，积极帮助企业和农户增加各个环节的科技含量。

（三）增强科技转化效能

从技术方面，重点开展适合于不同区域的大型机械和小型马铃薯机械全程机械化生产装备及配套高产栽培技术研究，加快推广轻简化栽培技术和机械化种植技术；从管理方面，加快马铃薯主产区专业合作组织和种植大户的培育，改变一家一户分散种植的生产格局。针对灌溉、肥料、农药费用较高的问题，发展简单易行并且节水增效的新型灌溉方式，提高农资投入品利用效率。从产业融合方面，坚持以提升科技含量为核心，走集群发展的产业兴盛之路。通过推进马铃薯一二三产业融合发展，包括从选种繁育、种薯外销到机械化、标准化生产；从引进和培育马铃薯的龙头产业到各企业的产学研综合发展；从仓储物流系统的逐步建设到成功创建公共品牌，在具有比较优势的地区实现马铃薯产业集群发展。

（四）提升产业核心竞争力

坚持市场导向，不断调整马铃薯产品结构，提升产业核心竞争能力。随着产品消费结构不断丰富，居民对于营养和饮食多元化的需求愈发强烈。应当进一步提高农村居民收入，发掘潜在的市场需求。强化膳食营养，促进健康的消费理念。大力发展多种经营主体，提高市场主体核心竞争力。相比小农户分散生产，新型经营主体及多样化的合作经营模式在新技术采用、机械化生产、绿色化种植、规模化发展、稳定的销售渠道等方面具有明显的优势，与土地、劳动、资本、技术等生产要素的有效融合，推动农业产业化经营。要采取针对性政策举措，培育和扶持种植大户、家庭农场、合作社和龙头企业等新型农业经营主体，发展相配套的产业服务主体，激活各类人才到马铃薯领域创业创新，推动马铃薯规模化、职业化、标准化发展。

三、马铃薯生产布局优化路径

由中国马铃薯种植空间格局演变特征与相关机制分析可知，中国马铃薯种植空间格局演变受气候变化、技术进步、比较收益与政策扶持等外部驱动因素及农户个体禀赋、生产经营活动、社会资源占有、市场认知、政策需求、投入意愿等内生因素的影响。应当充分考虑相关影响因素，根据优化原则制定相应中国马铃薯种植空间优化路径。

（一）发挥自然和区位优势，构建多情景马铃薯生产布局

为促进中国马铃薯种植与自然环境的协调发展，应当充分利用自然资源禀赋，发挥区位优势，从应对未来可能呈现的主粮化、市场化和极端化三个情景下对中国马铃薯种植空间路径进行优化。

1. 基于主粮化情景的路径优化

在主粮化情景下，中国马铃薯种植格局将以用途为目标导向，构建种薯种植区、食用薯种植区、兼用薯种植区等的空间优化路径。通过创新政策工具，建立从中央到地方的多级政策支持体系。强化马铃薯用途导向，根据不同优势功能区，因地制宜优化耕作制度，提高马铃薯种植效率。加大水利、病虫害防治数据库建设等基础设施投入，保障马铃薯实现多用途种植、全产业链发展。具体而言，在主粮化情景下，马铃薯种植应当

基于市场导向，将种植布局方向调整为专用型马铃薯种植方面。同时，通过构建马铃薯全产业链，将技术研发、育种、生产加工、贮藏销售等各环节有机联系，发挥产业波及效应。

2. 基于市场化情景的路径优化

在市场化情景下，中国马铃薯种植空间优化将以区域资源禀赋为目标导向，一方面鼓励适度规模种植行为，同时加快种植区域生态环境改良，在市场引导的前提下，构建马铃薯种植优势区、传统区和过渡区等的空间优化路径。中国马铃薯种植空间分布仍然延续现有的北方一季作区、中原二季作区、西南一二季混作区和南方冬作区。从当前情况来看，东北、华北和西北地区的马铃薯种植可基本满足当前市场需求，若降低考虑生态载荷，可适当扩大种植范围，构建马铃薯种植优势区；在有种植传统的地区，进一步延续当地种植习惯和消费偏好，在宁夏、甘肃、山东等地构建马铃薯传统种植区；基于生态种植条件的多元适宜性与市场需求的动态变化，在中原二季作区的南部地区等地构建种植过渡区。

3. 基于极端化情景的路径优化

在极端化情景下，中国马铃薯种植空间布局应以解决基本生存需求为目标导向，开展全面种植，构建贯穿东西、连接南北的空间优化路径。目前社会失序、政策失灵导致市场流通能力极为有限，区域人口密度差异较大，基本口粮仅能就地获取。因此，为保证居民基本生存性的口粮摄入，马铃薯作为主要的生计性口粮在种植中将面临靠天生产、可变要素投入几近为零、耕作模式回归原始等情况。值得注意是，该情景被定性为极端"黑天鹅事件"，虽然发生的概率极小，但在我国地大物"薄"的资源环境背景下，结合国际形势的波动性，应当予以充分认识，超前谋划，以满足居民基本需求为生产底线，以逆向思维为战略出发点，在具备种植优势的区域开展马铃薯全产业链布局，将马铃薯生产贯穿整个食物供给体系，为并非完全没有发生可能的情况做好充分准备。同时，树立生存性口粮不足情况下的新型人地关系与粮食生产底线意识，强化马铃薯"预备粮""准口粮""选择粮"的战略定位，将数量充足、种类多样、链条完整完备的食物供给体系升级为有情景、有重点、有保障的国家粮食供应体系，将以数量保安全的粮食安全战略提升至底线-数量-品种并重的政治社会安全战略。

（二）开拓国内外市场，提升马铃薯产业竞争力

作为马铃薯种植利益相关主体，农户对市场价格敏感度高，种植行为主要受到供需、价格、信息及资源配置等因素的影响，应当基于市场机制优化中国马铃薯种植空间路径。创建多级马铃薯市场体系，丰富马铃薯市场价格体系。依托国内现有农产品市场培育马铃薯市场试点，发挥山东、广东、福建等地区市场化优势，延伸马铃薯产业链，挖掘马铃薯精深加工附加值。通过优化马铃薯产业结构，开展鲜薯精深加工，开发薯片、薯条等加工制品，对冲马铃薯收获高峰期供求波动，增强马铃薯农户抗风险能力，提高该区域产品产业竞争力。开发多级马铃薯市场，鼓励马铃薯进驻农产品期货市场，

防止生产、决策、销售之间的时滞效应。开发马铃薯面包、面条、馒头等加工产品，拓展市场目标人群，将过去军人、学生、农民工等主要消费人群向大众消费转型，培养稳定、健全的市场体系，提升国内马铃薯绝对供给能力，提高马铃薯产业的国际竞争力。

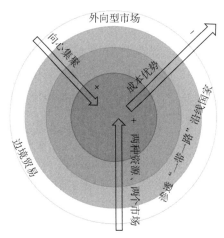

图 12-1　基于边境贸易的中国马铃薯
　　　　　生产布局优化路径

同时，在新疆、黑龙江、广西、云南等地处边陲的中国马铃薯种植区域中，应当发挥边境贸易基础优势，拓展中亚、东北亚、南亚、东南亚等"一带一路"沿线国家市场，通过放开放活相关政策、推动边民互市贸易等方式，进一步促进边境贸易便利化，激活马铃薯边境贸易市场。以边境贸易便利化为出发点（图 12-1），强化马铃薯"预备粮""准口粮""选择粮"的战略定位，抓住"一带一路"倡议契机，充分利用国内国外两种市场资源，协调国内国际两个市场的供需关系，发挥各自比较优势，在东北一季区建立"北出口、南调运"的有限发展区和种用、鲜食用马铃薯战略储备区；在西南一二季混作区和南方冬作区建立覆盖"东盟"、向南出口和辐射秦岭-淮河以南地区的鲜薯和种薯为主导的马铃薯生产优势区；在新疆等西北地区发展面向中亚、辐射"一带一路"西线国家的马铃薯种植优势区。

（三）完善技术推广体系，促进马铃薯技术成果高效转化

科技研发和技术推广在生产、加工、储藏、销售等马铃薯全产业链运行中始终处于支配地位，应当充分发挥科技成果市场化对产前研发、种植及产后价值链延伸的关联驱动作用。加强由国家、省、市、县、乡共建的五位一体的技术推广体系，保障科研人员、企业、农户等利益相关主体目标利益一致化。在马铃薯种植主产区，建立辐射区域、技术、市场等的科技推广示范基地。将技术推广与产业发展相结合，通过延长产业链在种植区域发挥减贫增收功能。在西南一二季混作区和南方冬作区加强晚疫病防控，选育专用品种，推广新型高效种植模式，推行实用配套增产技术；在中原二季作区研究鲜食专用品种配套栽培技术，选育和推广抗病专用型和适合外销型品种，研究建立规模化、标准化和机械化生产模式。建立技术推广体系保障机制，通过不断调整政策安排，促进马铃薯种植技术成果高效转化。

（四）建立防控防治技术体系，开发马铃薯病虫害监测预警系统

华南区和西南区的部分地区从北方地区调运种薯，带入了病虫害，部分病害分布广泛且致使马铃薯减产，加上种植技术水平的提高和对马铃薯高产的追求，栽培方式逐渐发生改变，一定程度上导致了马铃薯病虫害多样化、严重化和复杂化的变化趋势。充分

利用现代信息技术，建设马铃薯病虫害物联网实时监测预警系统平台。在田间建立病害监测预警系统，根据预警系统的监测结果，指导薯农科学防治，适时采用农业防治、生物防治、物理防治和化学防治技术手段，合理选择农药类型，避免盲目施药，造成水体和土壤污染。另外，还应重视对马铃薯新发病虫害的研究，探究其成因和发生规律，开发推广病虫害调查监测技术和理化诱控技术防控虫害。

（五）推广马铃薯高效栽培技术，着力提高马铃薯产量和品质

西北和华北及黄土高原区分布着马铃薯主产区，生育期内降水量少，且属于水资源比较贫乏的区域，这对马铃薯的产量有着直接的影响。政府有关部门加强宣传和培训力度，派遣技术人员到基层开展指导工作，帮助薯农增强对节水栽培技术的认知，鼓励农户积极采用节水栽培技术，扩大水肥一体化等节水技术，提高水资源利用率。增加资金投入，减轻农户购买灌溉设备的经济负担。在干旱半干旱地区和马铃薯春季种植区推广地膜覆盖技术，该项技术具有较好的增温保湿作用，能够为马铃薯生长发育提供有利条件，进而提高产量。考虑到地膜残留对土壤和作物生产的不利影响，建议采用可降解地膜等方式。马铃薯冬作区应采用地膜覆盖和秸秆覆盖等栽培方式，有利于活化土壤养分，增温保墒、抑制杂草。

树立新时期粮食安全观的对策建议

一、国外重要农产品供给保障与调控经验

在人口资源关系、经济社会结构、农业发展历史等方面，日本、韩国和我国有诸多的相似性。对工业化、城镇化、国际化过程中如何处理食物保障与经济社会整体发展的关系、与国际市场的关系，尝试建立了比较完整的食物保障体系。尽管日、韩的经济社会发展在不同阶段有不同的特征，面临的国际环境也在不断变化，但都会结合自身资源、发展阶段、经济社会结构、历史文化、饮食习惯等方面的特征，确定发展方向和目标，建立食物和重要农产品保障食物政策体系。

（一）确保基本口粮自给

由于人均耕地资源较少，市场开放程度日益提高，农业的比较优势较弱。在经济快速发展的阶段，农业自身比较利益低下的制约也日益明显，食物自给率总体均呈现下降趋势。二战后到 1950 年代初期，日本确立了粮食自给发展战略。从 1955 年开始，日本选择了粮食"基本口粮自给＋进口替代"及蔬菜、水果和畜产品自给的政策，粮食自给率下降。自 1960 年以来，日本整体的粮食自给率在不断下滑，到了 2012 年，以热量计算的总粮食自给率为 39％，全年谷物自给率仅有 27％，食用谷物自给率为 59％。日本的谷物自给率逐渐下降，至 1996 年，谷物自给率首次下降至 30％以下，在之后，1997—2012 年的 16 年里，依然保持在 27％～28％的区间之中。进入 21 世纪后，日本的国民越来越关注粮食安全的问题。2000 年，日本的《食料·农业·农村基本计划》计划，至 2010 年提升粮食自给率从 40％到 45％。2007 年，农林水产省《食料·农业·农村白皮书》将此目标的截止时间延长至 2015 年。日本政府在《新农政 2008》中明确提出，尽快建立稳定的国家粮食供应体系。尽管日本政坛多变，但近年来对提高粮食保障水平的态度基本一致。

1965—1995 年，按照基于热量的方法计算，韩国的粮食自给率从 89.7％不断下跌至 60.9％，下降了近 30 个百分点；而按照新系列的算法计算，在考虑加入肉类的饲料自给率之后，粮食自给率从 1970 年的 79.5％降至 1990 年的 62.6％，到 2007 年继续降至 44.1％。虽然随后经历了三年回升期，在 2008 年、2009 年和 2010 年的粮食自给率分别为 48.3%、50.1% 和 54.0%，但 2011 年这一数值又降为 44.5%。1966 年，韩国的谷物自给率超过 100%，达到 102.5%，随后急剧下降，从 1967 年起跌破 90% 的关口，在 1970 年、1980 年、1990 年、2000 年和 2010 年，韩国的谷物自给率分别为 78.2%、53.3%、43.8%、30.8% 和 27.6%。自 1991 年起，韩国的谷物自给率跌破 40%，在 20 世纪 90 年代后半期维持在 30% 左右，2003 年以后基本在 30% 以下（表 13-1）。

表 13-1 日本、韩国食物自给率情况

单位：%

年份	日本		韩国		
	热量综合粮食自给率	谷物自给率	食料（新系列）	食料（旧系列）	谷物
1960	79	82	—	—	—
1965	73	62	—	89.7	—
1970	60	46	79.5	85	78.2
1975	54	40	—	84	74.1
1980	53	33	70	73.6	53.3
1985	53	31	—	71.4	49.2
1990	48	30	62.6	67.2	43.8
1995	43	30	50.6	60.9	30.0
2000	40	28	50.6	—	30.8
2005	40	28	45.5	—	29.4
2010	39	27	54	—	27.6
2011	39	28	44.5	—	22.6
2012	39	27	—	—	—

出于保证食物安全、保护传统文化、发挥农业多种功能等方面的考虑，日本、韩国一直在努力克服农业比较效益低下、农业劳动力减少带来的影响，采取措施应对国际市场的冲击，力图保障大米这一最基本口粮的自给，并力所能及提高主食的自给率。日本主食用谷物的自给率也大幅度下降，1960—2012 年下降了 30 个百分点，但自给率还保持在 60% 左右（图 13-1）。

图 13-1　1960—2012 年日本主食自给率

从 2011 年 16 类食物来看，日本通过多种途径提高自给率的成效是比较明显的，这在以下几个品种中体现的比较明显：一是口粮。作为基本口粮的大米，国内生产量为 856.6 万吨，占到岸国内消费量的比重达到 94.99%，对外依赖程度很低，净输入量为 82.6 万吨，仅占到岸国内消费量的 9.16%。薯类国内生产量为 328.0 万吨，占到岸国内消费量的比重达到 75.73%。二是高价值农产品。这不仅是实现食物保障的需要，也是农民的重要收入渠道。蔬菜、鱼贝类、海藻类国内生产量为 1 185.9 万吨、429.7 万吨、8.7 万吨，占到岸国内消费量的比重达到 79.34%、52.24%、62.14%。三是原粮转化食物。淀粉、肉类、鸡蛋、牛奶及加工品、白糖、油脂、酱、酱油国内生产量为 259.4 万吨、316.9 万吨、248.3 万吨、753.4 万吨、202.7 万吨、194.6 万吨、45.9 万吨、82.1 万吨，占到岸国内消费量的比重达到 95.30%、54.11%、94.73%、64.80%、83.62%、66.99%、100.22%、101.73%（表 13 - 2）。

表 13 - 2　2011 年日本主要食物生产和消费情况

		到岸国内消费量 （万吨）	国内生产量 （万吨）	净输入量 （万吨）	国内生产比重 （%）	净输入比重 （%）
1	谷类	3 434.5	951.7	2 588.7	27.71	75.37
	其中：米	901.8	856.6	82.6	94.99	9.16
2	薯类	433.1	328.0	105.1	75.73	24.27
3	淀粉	272.2	259.4	14.4	95.30	5.29
4	豆类	358.1	31.0	313.4	8.66	87.52
5	蔬菜	1 494.8	1 185.9	308.9	79.34	20.66
6	果实	788.2	296.6	492.6	37.63	62.50
7	肉类	585.7	316.9	272.9	54.11	46.59
	（1）牛肉	125.0	50.5	73.6	40.40	58.88
	（2）猪肉	246.2	127.8	119.7	51.91	48.62
	（3）鸡肉	209.9	137.8	75.9	65.65	36.16
	（4）其他肉类	4.1	0.5	3.6	12.20	87.80
8	鸡蛋	262.1	248.3	13.8	94.73	5.27
9	牛奶及加工品	1 162.7	753.4	400.9	64.80	34.48
10	鱼贝类	822.6	429.7	395.2	52.24	48.04
11	海藻类	14.0	8.7	5.3	62.14	37.86
12	白糖	242.4	202.7	43.8	83.62	18.07
13	油脂类	290.5	194.6	95.5	66.99	32.87
	（1）植物油脂	249.9	163.5	87.2	65.43	34.89
	（2）动物油脂	40.6	31.1	8.3	76.60	20.44
14	酱	45.8	45.9	−0.3	100.22	−0.66
15	酱油	80.7	82.1	−1.5	101.73	−1.86
16	其他食品	441.7	204.1	236.6	46.21	53.57

目前，韩国的大米已经实现了自给，在 1966—2011 年的 45 年间，除个别年份外，其余年份韩国的大米自给率均不低于 90%。其中，最高为 1966 年，大米自给率为 111.9%。2010 年与 2011 年，韩国的大米自给率分别为 104.6%、83%。韩国《农业、农村发展基本计划》规定，韩国政府将粮食、主粮与大米的自给率设定了相应的目标值，其中，原定于 2015 年大米自给率应该达到的 90% 的目标，截止时间不变，标准提升为 98%，到 2020 年依旧高达 98%。

（二）选择性促进国内粮食生产

虽然日本的粮食自给率很低，但是大米的自给率一直很高，除了个别灾年以外，日本的大米都是自给的，并且年年存有余粮。这是由于日本一直实行严格的贸易保护政策，以高额的补贴和昂贵的关税来保护水稻产业。日本于 1995 年颁布了《新粮食法》，对粮食的各种直接或间接的补贴进行了规定。生产补贴的直接措施有：购买生产资料、保险、自然灾害方面的补贴等。1952 年，日本《粮食管理法》规定，以"高价收购，低价出售，差额由政府补贴"为原则，实行了以产量为基础的市场化补贴。日本在 1995 年加入世界贸易组织（WTO）后，由于 WTO 的限制，粮食生产补贴政策发生了相应的改变，补贴政策被划归为"黄箱""绿箱"两种，纳入贸易政策体系。补贴的性质从生产补助向粮农收入补助变化，即通过生产保障补贴和生产性基础设施补助来促进粮农收入的增加。截至 1997 年，日本共有约 220 亿美元的补贴措施被列入"绿箱"的政策之中。为避免粮食市场价格下跌给农民带来无法挽回的影响，日本于 1998 年推行"稻作经营安定计划"，以确保粮食稳定。通过建立项目基金，对 100% 完成政府生产调整任务的农户因价格下跌而导致的收入损失进行补偿。稻作安定经营基金由农民提供基准价位 2% 的资金，由政府提供 6% 的基准价位。补助方式是以过去三年的平均米价为基础，从稻作安定经营基金中支付基准价格与当年价格差额的 80%。麦类、大豆和其他作物也有基本的收入和价格，在基本收入低于市场销售价格的情况下，开始对麦类农户、大豆经营者等进行补助。1993—2002 年的"第四个土地改良长期计划"，补助总额达到了 41 万亿日元，这些补助中的大多数都是用在食品生产领域的。在 2000 年，水稻种植户的 60% 都是依靠政府的"黄箱"补助。日本农林水产省在 2005 年新的农业资助计划中，新增了 3 项直接支付的方式，即生产支付、收入差额支付、科技和水利保护支付，其中，科技和水利保护支付方式的基金占总预算的 60%。

韩国在加入世界贸易组织之前，通过价格支持、生产性专项补助等方式来激发农民种粮的积极性；而加入 WTO 之后，补贴政策转向直接补贴支付。主要措施包括：一是购销倒挂的价格支持。韩国从 1968 年开始实行大米双重价格制，即高价收购农民的稻米，再以低廉的价格向城镇居民出售，中间的差额则是出自政府的补助。购买和销售的差额补助是根据《粮食管理法案》设立的食品管理基金进行的。到 1993 年年底，韩国粮食管理基金赤字 87 000 亿韩元，其中 88.5% 是因补贴大米种植户所致，占比最大。1993 年，韩国政府对其进行了一定的调整，将过去完全依赖政府投资来补贴农户转化为政府和国内消费者大家共同补贴种植户。二是生产资料购买补贴。韩国政府自 1972 年起鼓励农户购买农业机械，并给予低息贷款补贴。从 20 世纪 70 年代起，政府通过委托农业协同中央会（即农协，NACF），从厂家购买化肥、农药等生产资料，再以较低的价格卖给农户，其中差价由政府承担。韩国政府在 1993 年制订了"综合防治病虫害"与"养分综合管理"计划，以减少化肥与农药的使用。1996 年，政府对化肥的补助进行了标准的调降，并于 2005 年彻底取消了对化肥的补贴。三是农村基础设施投资。1971—1981 年，韩国对 4 条最大的河流进行了重新规划（其占全国耕地总面积的54%），对原有的灌溉体系进行了改革，并加大了农业基础设施的建设。1992—1998 年，韩国投资了 42 万亿韩元，实施"调整农村和渔村结构的措施"。随后，韩国政府继续投资 45 万亿元不断加强农业基础设施建设。四是粮食生产直接补贴支付。自 1998 年起，直接支付逐渐成为了韩国主要的农业支持政策。粮食生产直接补贴政策主要体现在新环境农业直接支付（2006 年共发放 114 亿韩元）、农民提前引退直接支付、稻田直接支付计划、支持农协组织四个方面。五是大米所得保障直接补贴。如市场价格低于目标价格，政府向农户补贴目标价格与当年价格差额的 85%。在激发农民积极性的同时，韩国高度重视发展农业技术，主要从培育优质品种、扩大优良种子供给、推广优质栽培技术、引导农户和大米加工厂开展合作等方面予以支持。

（三）适当扩大农业经营规模

针对户均农地经营规模较小、效率不高的问题，日本于 1975 年开始推行"农地利用促进事业"，以推动土地流转。到 1980 年，政府对《农地法》进行了修订，颁布了《农地利用增进法》，并出台了相关优惠政策，如租金补贴、土地税收减免等，以鼓励农民将土地出租或出售。日本于 1993 年修正《农地法》及《农地利用增进法》，提出"认定农业生产者"，以促进农地集中于认可农业的生产者们。受政策影响，日本农村土地多为大规模流转、集中，特点是：规模较大，而规模较小的农户数量有所下降，但"认定农业生产者"的经营规模仍然很难达到 5 公顷以上。日本于 1999 年 7 月颁布了《新农业基本法》，主张"有效率和稳定的农业经营体"，并持续推动农地向"认定的农业生产者"方向发展。随后，日本于 2007 年 4 月 1 日实行"新的农业经营稳定政策"，把补助对象从一般农户转移到了有一定规模的骨干农户，不计品种地给予目标农户整体经营收入的补助。2009 年，日本修订《农地法》，允许公司在一定条件下租赁农业土地开展经营。2010 年日本农业经营主体为 167.9 个，比 2005 年减少了 20%。但总体来看，日本扩大农业经营规模的进度并不理想。

2010 年制订的《食料·农业·农村基本计划》出台后，日本推动农业经营规模的力度明显加大。目标是未来 10 年内，80% 以上农业经营主体的经营规模在平原地区达到 20～30 公顷，丘陵和山区达到 10～20 公顷；农业就业人员数量大幅度增加，从 20 万扩大到 40 万；农业经营主体使用的农地面积，从 50% 提升到 80%；农业公司经营的数量，从 1.25 万个增加到 5 万个。制定扩大农业经营规模主体的名单和规划，实行

"人地计划"。对培养研修人员的农业公司、教育机构，培养一名每年补贴 120 万日元，最多补贴 2 年。对青年农业就业人员研修，每年 150 万日元，最多可享受 2 年。对青年农业就业人员开始经营，每年补贴 150 万日元，最多可享受 5 年。对扩大农业经营规模的农户，每 0.1 公顷补贴 10 万日元。对提供 0.5 公顷以下、0.5～2 公顷、2 公顷以上租赁土地、不对租赁对象附加条件的农户，分别补贴 30 万元、50 万日元、70 万日元。对农业经营者的长期大型借贷资金的利息，头 5 年予以全部补贴。

2012 年后，日本政府为解决农业劳动者老龄化问题，推动农业经营规模扩大，再次革新农地政策。主要内容包括建立和支援农地中介机构、土地集中合作补贴金、支援和推动建立数字化可视化农地登记账并确认撂荒耕地所有人的租赁意向、扩大经营规模补贴金、支援农地买卖、农地大面积集中整理改造、撂荒地紧急再利用补贴等。该政策从 2014 年开始实施，年度直接和间接相关的预算达 1 560 亿日元。

到 20 世纪 70 年代前后，韩国开始取消对土地的限制政策，鼓励外出打工的农民上交土地，以促进农业生产的发展。同时，在不能很好地集中土地的地区，通过划拨大量的资金，支持或者直接组织发展农业生产中的各类企业和组织，并在维持土地分散占有的基础上，促进农业的规模发展。韩国于 1994 年颁布《农地基本法》，该法进一步放宽土地买卖及出租的限制，鼓励农民在农业区扩大土地规模（10～20 公顷）；允许成立具有 100 公顷以上土地的公司。1997 年，韩国《农地强制条例》颁布，保证农用地不会被占用。此外，政府还实施了一项"农民退休金"制度，规定 65 岁以上的农民，如果他们愿意将土地卖掉或出租给职业农民，可以得到每平方米 258 韩元的补助（约合每公顷 2 580 美元）。这些政策的实施，是为了使农民的土地经营规模得到进一步的发展，使农业的现代化程度得到进一步的提升。

（四）有效实施国际贸易管制

自 1955 年以来，日本实施了以进口为主的粮食战略，大部分的小麦和饲料都以进口为主。农产品自由化率也有所提高，按照农产品的种类进行测算，日本的农产品自由化率从 1959 年的 43% 提高到 1963 年的 92.1%。虽然日本实行了确保稻米主粮自给为原则的粮食进口替代战略，但它的进口并不是全部放开，而是分阶段开放，采用了"先饲料和油籽，后小麦、稻米"的原则，首先放开玉米、大豆和油籽等进行进口。《稳定主要粮食供需及价格法》规定大米、小麦及高粱的进口只能由政府进行，且在国内粮食歉收时才能实行进口。日本一直到 20 世纪 90 年代，才开始放开进口小麦和稻米。1990—1999 年与 1980—1989 年相比，稻麦净进口量增加了 10 倍多，而 2000—2009 年又比 1990—1999 年增长了 40%。2022 年，日本对玉米、大豆和其他食品的进口基本上是全面放开的，但是对小麦的进口控制依然存在，并且管理十分严格。日本制定的《新粮食法》也对国内的大米市场实行贸易保护，采取进口数量限制、关税化管理、限制进口大米用途、购进和卖出同步招标等措施，以减少进口大米对本国大米生产的冲击。

韩国粮食进口管制是保证食品安全的一项重要措施，其主要途径是实行关税与配额管制。为保护国内的水稻产业，大米是韩国目前唯一受进口配额约束的项目。除了配额之外，关税是控制韩国食品进口的主要手段，对谷物和相关制品征收的最后限制税率为179.7%，即便是最惠国，其执行税率仍为133.7%，而在限制税率范围内的关税占92.7%。制定进口稻米的种类及质量标准，并按国家配额对各国进行配给。大米的进口完全是由国家的贸易组织负责，进口后，经国家批准的大米经销商先通过公开拍卖的形式进行买入，再由他们进行批发或零售业务。控制主要用于直接口粮的使用比例，例如，进口大米的10%～30%在国内市场流通，其余的部分则全部由政府进行管理，主要是在加工行业，对进入市场的大米实行原产地标识，规定产品的产地、生产日期、品种、等级、重量等内容。与此同时，强化对外联系，寻求进口的多样化。

（五）建立海外粮食补充体系

为了保障粮食安全，日本在努力提升本国粮食自给率的同时，通过利用国外的土地、人力等生产资源，建立国内农业和海外农业两个互补体系，寻求多角度的粮食供给途径和方式。早在1899年便有日本官方资助的公司向秘鲁派出农场工人，开始有组织地在海外屯田。自1908年以来，日本政府与民间团体相继在巴西、哥伦比亚、巴拉圭等地进行过类似的组织。20世纪40年代，日本便在东南亚设立农场，至80年代则扩展到了中国。从20世纪70年代中期到90年代初期，日本在国外的农业投资达到了顶峰。此外，日本政府还十分重视农业的对外援助，把农业援助看作是确保粮食安全与农业"走出去"战略的关键，与当地政府、农业组织和人民建立友好关系，为日本农业公司开拓国外打下了坚实的基础。日本农业企业在政府的扶持下，通过订单生产、联合经营、收购农业企业和设施、购买或租赁土地（农场）等手段，可能多地掌控当地农业资源，以保证该国向日本的粮食的出口。

为了补充国内粮食的产需缺口，除进口外，韩国也在积极拓展海外农业。20世纪70年代末，韩国政府选择在阿根廷购买土地，开启了海外屯田历程。韩国政府于2008年6月，推出"10年海外农业开发战略计划"。韩国于2012年1月颁布了《海外农业开发合作法》。整体来说，韩国的海外农业发展速度与日本不相上下，到了2012年年底，韩国在国外的土地上已经拥有了4.23万公顷的有效租赁的土地，这些土地分布于亚洲、欧洲、非洲、美洲、大洋洲等。主要种植大米、大豆、玉米等作物并进行产品加工与出口，已累计生产17.1万吨大米、大豆和玉米。

韩国对海外农业的投资也十分重视，将海外农业投资视为战略问题，并将其视为地缘安全的保证。第一，为企业提供融资支持，以促进其向外发展。韩国政府专门成立了一个专门为"走出去"企业提供资金支持的"海外农业发展贷款"，且年息为2%～3%，可以延期五年，以十年为限。国外的农业发展信贷基金设立了一些优先的资金来源，例如一些韩国公司打算在不限制食品出口的国家进行投资，并在韩国的小麦、玉米和豆类等农作物上进行投资，这样的公司将获得国外的FDI资金的支持。与此同时，在韩国出现食品危机的时候，这些被资助的公司必须保证把他们的出口食品出口到韩国。第二，要建立专门的组织和支持体系。韩国政府在 2011 年决定，要进一步加大对国外农业的发展，同时也要保证本国的食品供给。此外，政府还设立了海外农业发展服务中心，为公司提供金融服务、环境调查、技术支持、员工培训等服务。2012 年，韩国成立了海外农业发展协会，其主要业务是收集、分析、调查、培养人才，以加强企业间的信息交流，帮助企业解决问题，维护其在海外发展中的合法权益。韩国农林水品部门也已决定，要将进出口银行及整个韩国的经济人士联盟纳入外国农业发展组织，以加强政府与民间的关系。目前已经制订了一份《海外农业投资指南》。第三，要加强国际合作，共同保障粮食和贸易伙伴的供应。韩国在政府的农业援助下，建立了一种国际友好的合作关系，为其农业公司开拓国外市场打下了坚实的基础。自 1972 年起，韩国就开始向非洲等地区派出农业技术人员，将农业技术传授给非洲各国，并于 2012 年设立了"韩非农产品技术合作体（KAFACI）"，以符合各国实际情况的定制示范项目等。韩国于 2011 年成立了"海外农业技术开发中心（KOPIA）"，在亚洲及非洲 10 个国家进行技术传播交流。韩国在加强国际农业领域的合作之外，还与世界各大粮商建立了良好的合作关系，以保证韩国的食品供应。

二、确保粮食和部分重要农产品供求平衡的战略思路

我国粮食和重要农产品的生产发展成就显著，但随着社会经济水平的提高，对重要农产品和粮食的需求数量和结构发生转变，国内水土资源承载力超负荷，生态环境、自然资源所承受的压力逐渐加大，仅依靠国内水土资源已不能满足城乡居民的需求，农业可持续发展约束愈发严格。与此同时，我国的农村经济与社会结构也出现了转变，分散的小规模农户个体经营方式的局限性愈发明显，不能适应现代化农业的土地产出率、劳动生产率和资源利用率的发展需求。我国继续加强对农业的支持和保护，提高了农产品的市场调控能力，但对农业的支持和保护的方式与调控效果以及支持效率，目前还具有较大的改进空间。要以科学创新为驱动力，推动农业信息化、农业产业化、农业现代化和城镇化的同步发展，共同走出一条生产结构协调、生产方式可持续、供应全面保障的农业发展之路。

（一）立足国内保障基本供给，加强国内生产和国际市场的高效统筹

我国提出"确保谷物基本自给、口粮绝对安全"，确立了"以我为主、立足国内、确保产能、适度进口、科技支撑"的国家粮食安全战略，走出了一条具有中国特色粮食安全之路。2022 年，中国人均粮食占有量 483 千克，远高于国际的粮食安全标准线（人均 400 千克）。综合粮食生产、库存、贸易等因素，我国粮食安全形势总体向好，保障粮食市场供应和平稳运行有基础有条件。但是在新冠肺炎疫情的全球蔓延，国际环境的错综复杂，多边主义和单边主义的频繁交锋碰撞、国内改革进入深水区、国内资源环境面临"硬约束"的大背景下，我国在保障农产品供给方面将需要应对许多新挑战。

"食为政首，谷为民命"，在新发展格局下，保障粮食和重要农产品供给、端牢端稳中国人的饭碗，必须树立大农业观、大粮食观，居安思危、备豫不虞，强化政策支持，提升应对国际国内风险考验的能力，牢牢掌握粮食安全主动权。要用好国外市场、国外资源，积极支持有条件的企业"走出去"，加快培育大型国际粮商和农业企业集团，加大向有需要的国家和地区农业投资力度，增加国外粮食供给，减轻国内资源压力。抓住机遇，加快东盟和"一带一路"沿线国家农业经贸布局，以农业为杠杆推动构建更高水平、更高层次的开放型经济新体制。积极争取发展中国家的粮食定价权、话语权，推动构建更加公平合理的国际农业贸易规则体系。

根据不同粮食产品的特点、需求结构和发展趋势，制定合理的粮食产业结构规划和切实可行的目标。依托国际市场与我国的粮食生产发展趋势，完善生产布局，加强对重点优势区域与重点优势产业的规划建设，保障粮食的基本供应能力与最低播种面积。有效统筹国内生产和国际进口的需求相统一的问题，注重衔接国际贸易政策与国内产业政策，协调适应进出口与国内供需趋势，形成国内外循环开放、统一的市场流通格局。

（二）正视国内小农生产和国外大农场的不同，加强和完善对粮食产业的支持和保护

粮食生产支持保护制度是我国粮食安全保障体系的重要组成部分，在当前我国粮食供需长期处于紧平衡状态的背景下，加快形成以财政支持、金融支持、政策支持为主的粮食生产支持保护制度，对于提高种粮主体的生产积极性、切实提升我国的粮食安全保障能力具有重要意义。面对国外大规模农业生产的巨额补贴，我们必须加大对农业的保护与扶持力度。要充分发挥 WTO 提倡的"黄箱""绿箱"等政策，加强对农业生产性支持和财政支持，以提高财政支持比重、增加总量、优化结构。首先，通过财政保障性资金的稳定投入，充分发挥财政对粮食生产的促进和支持作用。利用财政资金加快农业基础水利设施、气象灾害预警设施建设，为粮食的规模化生产提供有利的外部基础，以降低粮食的耕种成本，减少种粮主体的资金投入负担。通过合理设置农药、化肥、现代化农用器械等生产要素的财政补贴价格，构建以环境友好、绿色发展为导向的粮食价格补贴体系，充分发挥补贴资金的引导作用，为种粮主体采用现代化的粮食生产方式提供制度性激励，促进粮食生产从传统方式向集约化、智慧化转变。其次，创新粮食产业的金融服务模式，加强金融行业对粮食生产的支持力度。针对目前我国农村金融信贷服务发展的不足，应从建立法定准备金制度、明确农业贷款比例、确保金融和信贷资金流向农业等方面入手，增强金融机构对农业的积极支持。依托不断完善的粮食产业信贷担保体系，充分发挥农村小额信贷、农业保险等金融服务对粮食生产的支持作用，加快形成以财政保障为主、以金融支持为辅的双重保障格局。最后，不断完善相关法律法规和政策体系，切实保护种粮主体的合法权益。积极推动粮食安全保障立法工作，形成以粮食安全为导向的法律法规和政策，加强执法和监督力度，保障粮食产业的健康发展。

（三）警惕市场波动性、风险性和不确定性的加剧，强化对国际粮食市场的监测、研判和预警

多层次深化国际合作，了解国际农产品市场动态，完善粮价波动协同治理机制。粮价波动所具有的跨国性、多维性及公共产品属性等特性凸显出粮价波动所带来的粮食安全问题不再是一个区域性问题，全球协同治理成为现实需要。中国作为负责任大国，理应发挥出我国在国际粮农事务中的先锋作用。一方面，应积极推动建立多层次的跨国协调组织，完善粮价波动治理合作机制，制定行之有效的合作治理规则体系，为各国之间合作创造有利条件；另一方面，牵头搭建粮食市场信息共享和沟通平台，拓宽信息交流渠道，加强各国间粮价信息交流，降低信息不对称情况的发生，为各国进行贸易预判提供基础。强化对粮食大宗产品的市场监测、预警和研判能力，对重点品种、重点市场、重点国家的农产品贸易与供需状况进行监控，加强对市场供求、销售价格、贸易形势、贸易政策等方面的信息采集、分析，并运用关税配额、国有贸易、技术等手段，对农产品贸易进行有效的控制，保证我国市场和生产的平稳运行。强化农村公共服务，切实增强我国农业企业在应对国际金融市场中的风险与波动性的能力。

（四）重视粮食进口和引入外资的影响，加强贸易救济、补偿和外资监管

一要加强对农资企业的伤害监测预警，一旦农产品产业链受损，首先要实施"两反一保"的贸易救济，这是对产业在开放环境中遭受损失的一种补救，同时也是对贸易自由化与开放市场必不可少的补充。应正确理解贸易救济，更应积极地利用 WTO 规则中的反倾销、反补贴等保护措施，防止泛政治化。二要强化对本国工业的贸易补偿，以保障我国农产品出口的安全。农业一端连接生产者，一端连接消费者，掌控了加工、物流和仓储，就等于掌握了整个行业的制高点。针对农产品生产、加工、营销的特殊性，要充分考虑到农产品产业链上生产和消费两端均分散连接着千家万户这一特点，建立健全外商投资安全审批体系，制定适用于我国农业的反垄断法，以避免出现全国性、区域性的垄断现象。为了保证农产品市场供应的稳定，必须建立针对具有一定市场份额的大型的大宗农产品公司的信息披露制度，并制定一个基于供应安全保障的安全储备体系，以保证大型企业能够尽责守护市场供应的稳定性。因此必须尽快建立外资进入农业产业的安全审核制度，严格监管外资进入我国农业领域的行为，制定适合我国农业产业特点的反垄断实施细则。建立企业交易和运营的强制性报告体系，增强市场运作的可预测性、透明度，提升农口企业的社会责任。

（五）加大农业科技投入，切实提高粮食综合生产能力

目前，我国的粮食单产水平仍然与发达国家之间存在较大的差距，2021 年，国内稻谷、小麦与玉米的平均单产水平约为 474 千克、387 千克和 419 千克，分别为单产排

在世界前 10 位国家平均水平的 86.3%、87.0% 和 60.7%。要实施科技增产行动计划，发挥"藏粮于技"战略潜力。加大农业科技投入，着力推进农业科技创新体系、农技推广体系建设，加大新型农民培训和农村实用人才培养力度。积极推进政府主导的多元化、多渠道农业科研投入机制建设，重点突破制约粮食生产的育种、病虫害防控等瓶颈技术难题。加强农业科研基地、区域性科研中心的创新能力建设，深入实施现代农业产业技术体系专项。整合科研资源，加快实施转基因重大专项，尽快培育一批增产潜力大、具有突破性的高产优质品种。加快农业技术推广机制的创新和能力培养，建立以国家农技推广机构为主体、科研单位与高等院校广泛参加的农业技术推广制度。提高对粮油高产创建的补贴资金规模，促进技术集成推广，提高技术到位率。

（六）加快构建新型经营体系，提升农业经营主体的经营能力

要适应经济持续健康发展、社会结构深刻变革、新型工农城乡关系加速形成的新形势，加速建立融合集约化、专业化、组织化、社会化的新型农业经营体制，不断提升农业经营主体的经营能力。第一，加快农民种粮合作社发展。要加大支持力度，完善支持方式，加强示范带动，持续推动我国种粮合作社的健康快速发展。利用小型或地缘性合作经济组织其自身在提高内部凝聚力方面的优势，凝聚大型或跨地域合作组织的在形成市场优势方面的优势，通过产业间的相互联系，各合作社之间积极发展联合社。扶持合作社成立加工企业，延伸产业链，增加农产品的附加值，增强龙头地位，提升行业引领能力。第二，积极发展社区型的家庭农场。可将已经完成统一注册登记、具有一定经营规模、经营者为农村集体经济组织成员、非农忙季节不雇工四个特征的经营主体明确为家庭农场，在有条件的地方，要在资金、技术、政策等方面给予必要的扶持，并积极探索发展适度规模的家庭农场。第三，发展跨区域的粮食生产大户。强化农村集体土地承包经营的管理与服务，支持有条件的地区建设各类服务平台，发展农村集体土地流转的中介机构，促进土地流转，发展种粮大户。

（七）完善粮食最低收购价政策，创新粮食市场调控机制

悠悠万事，吃饭为大。特别是在中国这样一个人口众多的大国，如果粮食供给不足或粮价波动过大，定会引发一系列经济问题、社会问题。因此，从国家层面看，解决好吃饭问题自古以来始终是治国理政的首要之务。正因为如此，新中国成立至今，我国从未放弃过对粮食市场的管控，从统购统销、双轨制、"米袋子"省长负责制、"三项政策、一项改革"，到放开销区、保护产区，再到粮食最低收购价政策，各届政府运用"有形之手"调控粮食供求、确保粮食安全的思路一直未变。最低收购价政策（也称"托市"政策）发布于 2004 年 4 月，始于稻谷品种，2006 年起小麦也开始实施。实施这一政策的目的是充分发挥价格导向作用，引导农户种粮，保障农民的利益、确保农产品市场供需平衡。要保证我国粮食安全，需要继续完善粮食最低收购价政策，完善操作模式，压实各方责任，坚决守住农民"种粮卖得出"的底线，并将实施范围覆盖到所有

粮食主产区。完善最低收购价定价机制，在补偿生产成本的基础上，适当提高最低收购价水平，保障种粮农民的合理收益。探索建立粮食目标价格补贴制度，将价格支持政策与收入补贴政策相结合，探索实施主要粮食品种的目标价格补贴，保障种粮农民收益。完善临时收储政策，调控市场价格，防止生产大起大落。强化对粮食生产、消费、进出口以及储运等方面的监测，构建价格预警监测系统与市场信息会商体系，密切跟踪市场变化，适时启动应急预案。加强对外资进入粮食流通、加工领域的监管，修改完善《外商投资产业目录》和《关于外国投资者并购境内企业的规定》，健全外资并购的审查和监管机制，建立外资进入我国农业领域的预警和跟踪监督机制。

（八）有效减少粮食浪费和损耗，引导科学节约用粮

按照建设资源节约型社会的要求，加强粮食安全宣传教育，提高全民意识，促进全社会形成爱惜粮食、反对浪费的良好风尚。改进粮食收购、储运方式，加快推广农户科学储粮技术，减少粮食产后损耗。积极倡导科学用粮，控制粮油不合理的加工、转化，提高粮食综合利用效率和饲料转化水平。引导人们科学饮食，健康消费，抑制粮油的不合理消费，促进形成科学合理的膳食结构，改善居民生活质量和营养水平。建立食堂、饭店等餐饮场所内"绿色餐饮、节约粮食"的文明规范，积极提倡"分餐制"。要加快研究出台有关节约粮食、减少浪费的政策和措施。

三、粮食和重要农产品发展对策建议

截至 2021 年，我国粮食生产实现"十八连丰"，基本农产品的供应得到有效保障。但是，总体来看，我国粮食生产仍然处于产不足需的状态，在大豆和植物油等产品需要大量进口的情况下，绝不能因为近年的粮食增产而放松警惕。随着脱贫战略的顺利推进，我国相对贫困地区的儿童、妇女、老人等特殊群体获得粮食能力有所提升，但实现针对所有人的粮食安全，保障重要农产品有效供给，任务始终非常艰巨。要按照党的二十大关于"建成现代化经济体系，形成新发展格局，基本实现新型工业化、信息化、城镇化、农业现代化"的要求，抓住我国经济发展水平明显提高、财力明显增强的有利时机，加大对粮食和其他重要农产品生产的支持力度，建立更为高效的市场调控体系，将饭碗牢牢端在自己手上，将重要农产品的保障主动权抓在自己手中。

（一）稳定和完善农村基本经营制度

农业现代化，既是经营制度不断创新、政府支持保护体系不断完善的过程，也是科技支撑能力不断增强、现代生产手段不断改进的过程。其中，农业经营体系作为农业发展的核心与基础，对建设中国特色的农业现代化具有决定性意义。农业是最为传统和古老的产业，但也是最为复杂的产业之一，这是由农业产业本身的特性决定的。农业的劳动对象是有生命的动植物，农业生产周期也是一个生命周期。成千上万种动植物要完成

生命活动过程，需要面临千变万化的自然环境，只有在劳动者真正的悉心照料下，这一很难标准化的生产过程才能正常完成。因此，劳动者是否尽心尽力，是粮食生产是否发展的基本条件。而劳动成果是否与劳动者直接而紧密相关，又是劳动者是否具有积极性的基本条件。因此，尽管世界上不同国家和地区的农业经营规模、生产手段、生产发展水平差异很大，但家庭经营是大田农业的基本经营方式。2008 年 10 月，党的十七届三中全会通过的《中共中央关于推进农村改革发展若干重大问题的决定》要求："赋予农民更加充分而有保障的土地承包经营权，现有土地承包关系要保持稳定并长久不变。"党的十八届三中全会通过的《中共中央关于全面深化改革若干重大问题的决定》明确提出："坚持家庭经营在农业中的基础性地位"，"稳定农村土地承包关系并保持长久不变"。因此，问题并不在于家庭经营是不是要长期维持的问题，而是要抓紧探索实现农业土地承包关系长久不变的具体形式，强化农村土地承包经营权的物权性质，依法保证农户享有对承包土地的占有、使用、收益等多种权利。然而就目前来说，要深化农村土地制度改革，赋予农民更加充分的财产权益。保障进城落户农民合法土地权益，鼓励依法自愿有偿转让。

在改革开放初期，我国农户家庭的基本目标是实现丰衣足食，并没有更高的目标追求，家庭劳动力主要投向农业生产。但是随着温饱问题的解决，农户家庭追求更高收入的取向显得更为明显。在粮食生产比较效益较低、劳动力以及其他生产要素限制开始松动的情况下，部分农户开始从事非农产业，由此产生了将承包土地转包或者出租给其他经营主体的需要。加上分散小农也确实具有规模不经济、劳动生产率较低、绝对收益水平较低、投入能力不足等天然缺陷，完善家庭承包经营就显得越来越有必要。在家庭承包经营这一经营制度不能也不要改变的前提下，如何建立既能克服分散小农经营的缺陷、又不动摇家庭承包经营这一基本制度的前提下创新农业组织体系，就成为发展现代农业的重要历史任务。农村基本经营制度包括家庭经营和统一经营两个层次，改革开放以来，一方面强调稳定家庭经营，但从来也没有削弱统一经营在弥补农户经营不足方面的作用。党的十七届三中全会的决定提出了"两个转变"，即既要促进传统的家庭经营向采用先进科技与生产手段的方向转变，也要促进统一经营向发展农户联合与合作，从而形成多元化、多层次、多形式的经营服务体制的方向转变。要实现第一个转变，就要解决经营规模、科技进步、生产手段、支持保护等问题。而要实现第二个转变，就要健全服务组织体系、丰富服务方式、提高服务能力等问题。党的二十大进一步强调，巩固和完善农村基本经营制度，要发展新型农村集体经济，发展新型农业经营主体和社会化服务，发展农业适度规模经营。

（二）改革完善投入体制机制

1. 完善政府支持体制机制

发展粮食生产是经济社会稳定发展的基础，但并不直接创造政府收入，而且需要投入大量资金。建立完善的粮食生产投入体制机制，是克服市场失灵、履行好政府公共服务职能的应有之义。近十年来，中央支持粮食生产的力度持续加大，地方各级政府对粮食生产的投入总量也在增加。但总体而言，由于资金需求量大、见效慢、自身财力不足等原因，地方政府尤其是基层政府的投入积极性不高。要在制定长远规划、明确未来二三十年我国粮食生产目标及各阶段生产目标的基础上，切实强化"米袋子"省长负责制，明确不同层级政府、各个阶段的投入责任。县（市）级政府的部门机构比较健全，对行政区域内资金需求情况比较熟悉，统筹组织动员能力强，在县域范围内实施的粮食生产项目，尽可能由县（市）级政府统筹安排。而对农民进行直接补贴的项目，包括粮食直补资金、农机补贴资金、良种补贴资金，则由县（市）级专门的职能部门负责管理。同时，要加强中央专业职能部门对支农资金的监督和评估，提高投资效率。

2. 加强农村金融服务

随着新型粮食生产经营主体发育、生产方式转变、质量安全要求提高、区域结构变化等新情况的发展，粮食生产在基础设施建设、生产资料、人工费用、加工流通等方面需要的资金在快速增加。粮食生产的相对效益并不低，如果合理转变经营方式、创新经营体系，经营主体的绝对效益也可以得到较大提高，金融服务有很多文章可做。但总体来看，粮食生产所获得的财政支持力度明显不足。要加快在农村建立商业性金融、合作性金融和政策性金融相结合，资本充足、功能健全、服务完善、运行安全的农村金融体系，这是一个必须突破的大问题。对农业农村政策性金融业务，要制定专门的税收减免、利息补贴等政策以及绩效考核体系。

强化商业性银行机构支农责任，对商业性银行机构对农业和农村地区贷款进行贷款增量奖励、减免税费、贴息等。加快整合发展新型农村金融组织和以服务农村为主体的区域性中小银行，允许有条件的农民专业合作社开展信用合作，构建多层次、广覆盖、可持续、适度竞争的农村金融体系。大力发展小额信贷，发展微型金融服务，规范和引导民间借贷健康发展。

积极稳妥发展农业农村政策性保险业务。要健全农业保险的保费补助制度，逐步扩大农业保险的种类和覆盖面。科学确定补贴强度，建立品种和地区差异化的费率制度。中央补贴要向大宗品种、主要生产区域倾斜。扶持发展渔业、农机等互助合作保险。建立大灾风险分散制度，是确保农业保险稳定发展的必要条件。由于大灾风险涉及地域范围大，中央财政和省级财政应给予必要的支持。积极开发农民财产、健康、意外等各种形式的保险产品。

3. 充分调动农户和社会投资积极性

继续加强对村级公益事业"一事一议"的财政奖励，进一步促进农民水利建设、修建道路、实施中低产田改造等方面的投入积极性。工商企业进入农业具有两面性，关键在于准入和监管制度如何设计。探索建立严格的工商企业租赁农户承包耕地准入和监管制度。从租地资格准入、经营风险控制、土地用途监管等环节，对工商企业租赁农村土地予以规范和管理。

（三）改善基本生产条件

水土资源、农业装备、资源环境等是发展粮食生产的基本条件。经过几十年的持续努力，我国农业的水利、耕地、装备等方面的条件大为改善，为我国粮食产量达到 1.3 万亿斤以上奠定了基础，但也要看到，现有条件与建设现代农业的要求差距还很大，而且随着粮食生产方式的转变，对基本生产条件的要求越来越高。还要看到，地力下降、水土污染、生态退化等问题也比较明显，给粮食生产的可持续发展带来的影响决不能忽视。大力改善生产条件，是今后发展粮食生产的重要任务。

1. 加快水利建设的步伐

"有收无收在于水"，水利是现代农业发展的第一要务，也是生态环境改善不可分割的保障系统。针对我国人均水资源占有量少、时空季节分布不均、水灾旱灾高发频发的客观情况和农田水利建设滞后是影响国家粮食安全最大硬伤的严峻现实，为加快扭转主要"靠天吃饭"的局面，2016 年国务院通过《农田水利条例》（国令第 669 号）。我们要落实条例和相关文件的要求，积极完善农田水利建设，主要建设任务包括加快中小河流治理和小型水库除险加固；完成大型灌区和重点中型灌区续建配套和节水改造任务；在水土资源条件具备的地区新建一批灌区；推进小型农田水利重点县建设；支持山丘区加快"五小水利"工程建设等。

从国际经验和我国已有的实践探索来看，粮食生产节水的余地还很大。要把节水灌溉摆在更加突出的地位，大力发展种植节水、灌溉节水、生物节水、化学节水和集雨节水等综合配套技术措施，力争到 2025 年，农田灌溉水有效利用系数提高至 0.58 以上。水利建设既要加强，又要改革。目前我国水利工程建设普遍存在着前期建设投入大，后期维护资金少的问题，水利工程建设和维护的资金主要依靠国家和地方财政拨款，但问题是，要实现水利建设的艰巨任务，必须通过充足稳定的财政资金来实现，创新投融资体制，充分调动金融机构和社会资金，是亟待解决的问题。湖北"万名干部下乡挖万塘"的经验显示，只要把各级党委、农民的积极性调动起来，就可以使参与到水利建设中的人力、物力、财力得到极大的提高。因此，要加快水利设施产权制度建设，健全水利管理体制，深化水利体制改革，进一步激发水利发展的活力。

2. 加快高标准农田建设和中低产田改造

2021 年，全国粮食作物单产 387 千克/亩，每亩产量比上年增加 4.8 千克，增长 1.2%。而在水、肥、气、热条件较好、科技推广体系较完善的地区，亩产 1 000 斤以上的水稻、小麦是较为普遍的，而玉米的产量会更高。从"十一五"开始实施农业综合开发、农村土地整治等项目的情况来看，通过建设高标准农田实现增产的潜力非常大。应在中央层面加快集中投入、连片推进高标准农田建设和中低产田改造的步伐。要扩大测土配方施肥、土壤有机质提升补贴规模和范围。推广保护性耕作技术，实施旱作农业示范工程，对应用旱作农业技术给予补助。

3. 加强农机化水平

在农业劳动力向非农产业深度转移、农业劳动力年龄构成整体提高、劳动生产率和效益不高的情况下，农业机械化的重要性日益凸显。2018 年 12 月 21 日，国务院印发的《关于加快推进农业机械化和农机装备产业转型升级的指导意见》，已经进行了相关安排。经过长期摸索，我国在发展社会化农机服务尤其是大规模组织农机跨区作业方面取得了显著进展，走出了一条与中欧、日本等国家不同的特色农业机械化道路，农业机械化水平快速提高。尤其是在东北地区、华北地区、新疆、长江中下游地区，粮食生产的机械化水平已经很高。今后，要根据不同地区、不同的粮食作物、不同耕作制度等特征，不断探索以低成本迅速提高农机化程度的方法，尤其是要突破山地丘陵地区地形对机械化生产的限制，同时顺应农业生产的新需要，生产出作物套种适用的机械。推动农机工业改革发展，增强创新能力，丰富农机产品种类，优化农机产品结构，提升制造水平和产品质量，健全农机产品流通和服务体系。机械化不仅是提高劳动生产率的过程，也是转变生产方式的过程。在部分地区，现有生产技术体系、基础设施条件对机械化形成了明显制约。要积极探索农机农艺结合的途径，拓宽农机的使用领域。要加强机耕道、机械储存、维护等基础设施的建设，以保证机械的使用。

4. 科学合理保护利用耕地资源

我国的人地关系非常紧张，耕地资源相当宝贵，必须加强保护。自 2007 年 7 月 1 日起，国家开展第二次全国土地调查，并以 2009 年 12 月 31 日为标准时点汇总二次调查数据。数据显示，全国耕地面积 13 538.5 万公顷（20.308 亿亩）。2018 年 9 月，国务院统一部署开展第三次全国国土调查，结果显示，截至 2019 年 12 月 31 日，我国耕地面积共 19.179 亿亩。短短 10 年间已减少近 1.13 亿亩耕地，耕地数量总体减少。尽管有的被占耕地在面积上得到了补充，但质量大为下降。因此，必须落实最严格的耕地保护制度，坚决守住 18 亿亩耕地红线。要切实落实省级政府耕地保护目标责任制，严格控制非农建设占用耕地。同时，要按照"总量不减少、用途不改变、质量不下降"的目标，建立健全基本农田的保护补偿机制。新的土地普查结果后的耕地面积账面数字可能比原来增加 1 亿多亩，但要看到这些耕地一直被用于农业生产，粮食生产能力并不会因为账面上的面积数据增加而增加，因此保护耕地的力度也不能因此而减弱。

新中国成立以来，为发展粮食生产，我国开垦了大量土地。应该说，多数开垦是成功的，但事实也表明，不少垦荒行为虽然获得了短期经济效果，但经历一段时间以后，当地生态环境、地力受到明显破坏，最终不得不弃耕。调研发现，部分北方地区样本省份和县市之所以粮食产量快速增加，主要是大量开垦林地、草地的结果，但引起当地地下水位明显下降、土地退化。目前，我国真正能够开发的可耕地实际上已经非常有限，且基本分布在生态脆弱地区，对平面垦殖要相当谨慎。由于坡度大、退化严重、污染严重、原本属于湿地、水源地、地下水位大幅度降低等因素，部分耕地不宜用作耕地。在此方面，要按照 2022 年中央 1 号文件的要求，实施生态保护修复重大工程，复苏河湖生态环境，加强天然林保护修复、草原休养生息，出台推进乡村生态振兴的指导意见。

5. 促进化学投入品科学化、减量化使用

传统农业的物质和能源投入主要来源于自然自身，种植业、养殖业和居民的日常生活消费形成了一个基本的封闭式生态链条，在一般条件下，耕地能够得到持续的使用。但由于化肥、农药、农膜等化学原料的大量不合理使用，致使土壤质量下降，阻碍植物生长，并引起质量安全问题。发展我国的粮食生产，既要科学、合理、适度地使用化学物质，又要改变过分投入的状况。要进一步推进测土配方，推广施用有机肥和缓释肥。加快研发高效、低毒、低残留农药，逐步淘汰有毒有害生物。积极开发生物、转基因、物理等新型病害和害虫的控制技术。加速农业用膜技术的发展和可降解农膜的研制。

6. 保护和改善农村生态环境

严格遵循农业系统内部生态循环规律，不仅可以极大减少废弃物的产生，而且可以提高农产品产量和经济效益。加快发展循环农业，在提高种养业产量和质量的同时，推进农作物秸秆、林业副产品、畜禽排泄物、淤泥、人粪尿等的资源化利用。推动规模化畜禽养殖污染防治，加快固体废物和污水贮存处理设施建设。耕地、林地、草原是土地的主要组成部分，它们之间的内在合理关系能否得到维护，是实现粮食生产是否可持续发展的前提。要健全林业支持保护制度，推进林业生态建设，加快林业产业发展，深化林业产权制度改革。要加强草原生态治理，健全草原生态补偿机制，完善草原经营制度，严格落实禁牧休牧和草畜平衡制度。健全农村环境基本公共服务体系，提高服务保障能力。提高农村生活污水和垃圾处理水平，改善农村人居环境。淘汰落后产能，合理控制能源消费总量，全面推行排污许可证制度，大力推行清洁生产和发展循环经济，提升城镇污水处理水平，严格控管工业和城镇污染向农村的排放。

（四）加快构建新型经营体系

受工业化和城市化、消费水平和结构变化、农产品国际贸易自由化的影响，自第二次世界大战以来，世界农业经营体系和发展方式发生了重要变化。尽管不同类型现代化国家的资源禀赋、历史传承、社会结构和发展路径迥然不同，但为提高农业效益、稳定农产品市场、提升农业竞争力，依据自身实际情况创新经营体系是共同趋势。我国已经建立了以家庭承包经营为基础、统分结合的双层经营体制这一适应社会主义市场经济体制、符合农业生产特点的农村基本经营制度。到 2021 年，我国人均 GDP 已经超过12 000 美元，第一产业增加值占 GDP 的比重已经下降到 7% 左右，二三产业就业人员占全国就业人员的比重已经超过 90%，人口城镇化率已经达到 64.72%。我国目前正处于由工业化中期向工业化后期过渡的转型时期，一些发达地区已经实现了高度工业化水平，农业生产体制改革创新的内在动力已经十分强大，地方的探索实践近年大量增加。家庭承包经营制度是党在农村最基本的政策，如何在坚持这一政策的前提下，保障和激发农民的种粮积极性，是中国农业发展的重要实践问题，也是走有中国特色农业现代化道路过程中的一个重大现实课题。

1. 培育新型经营主体

要适应中国当前经济健康持续发展、社会结构深刻变革、新型工农城乡关系加速形成的新形势，加快建立集约化、专业化、组织化、社会化相结合的新型农业经营体系，不断提升农业经营主体的经营能力。

第一，加快发展农民的粮食生产合作社。单个成员经营规模较小，但是合作社规模大，可以实现适度规模的经营。发展合作社，不仅可以在不改变土地承包经营权的前提下，实现规模效益的最大化，而且还可以使其经营所得为会员共享。但与蔬菜、水果、养殖、销售等方面相比，我国粮食生产企业的发展速度明显缓慢。粮食专业合作社在为农户提供生产资料、开展生产性服务、降低农户市场风险、推动科技普及、提供信贷支持等方面发挥着十分重要的作用。要把发展粮食生产合作社作为培育新的粮食生产主体的第一要务。要加大支持力度，完善支持方式，加强示范带动，持续推动我国粮食生产企业的健康、快速发展。利用小规模合作经济组织与大型跨地域合作组织在增强企业内部凝聚力、扩大区域合作组织的市场优势等优势，鼓励合作社通过产品和行业的联系，促进合作社的发展。扶持合作社成立加工企业，延伸产业链，增加产品的附加值，增强龙头地位。

第二，积极发展社区型的家庭农场。我国目前对家庭农场的概念还没有一个统一的界定，但是根据调研结果，界定的边界不符合事实，过宽或过窄都是不合适的。根据世界农业发展的一般特点、相关法律法规和成功的经验，可以将完成统一注册登记、具有一定经营规模、经营者为农村集体经济组织成员、非农忙季节一般不雇工等四个特征的经营主体明确为家庭农场。近年来，一些发达国家在发展社区型家庭农场方面，取得了显著的效果。结合当地实际，采取了土地流转、生产考核、种养结合、农机补贴、贴息贷款、保费补贴等措施，促进了家庭农场的快速发展。截至 2011 年末，上海市松江区共有家庭农场的农户 1 167 个，78% 以上的粮田用于经营。通常，家庭农场的粮食生产规模是 110 多亩，亩均利润为 600～800 元，年平均种粮利润一般为 7 万～10 万元。特别是，家庭农场非常吸引年轻人。松江区 49 岁及 49 岁以下的家庭农场就有 475 个，占比超过 40%。在有条件的地方，要在资金、技术、政策等方面给予必要的扶持，并积极探索，发展适度规模的家庭农场。作为国内最早开展家庭农场试点的地域，早在 2007 年，松江区开始探索家庭农场经营模式，多次得到党中央、国务院的肯定。2013 年，松江的家庭农场模式正式写入中央 1 号文件。截至 2020 年末，松江区家庭农场户数 838 户，其中家庭农场党员数量 35 人，总经营面积 13.4 万亩，户均经营面积 160.2 亩。

第三，谨慎发展跨社区的粮食生产大户。近年来，农村集体经济组织承包土地、经营规模大、雇工频繁、商品化、专业化经营的经营主体不断增多。由于打破了集体经济的界限，其规模扩大的速度大大超过了家庭农场，表现出了以收益为导向的经营特色，同时也为"谁来种粮"、提高劳动生产率、采用先进技术等方面问题的解决提供了有力的支撑。对于这种类型的企业，要让他们发展，要根据实际情况，提供必要的扶持。但调研结果显示，此类经营主体难以实现精细经营，其单产水平较低、单位面积经营成本高、发展可延性有明显的不确定性，对农村经济社会的影响也比较复杂，不宜将其作为重点培育对象。

2. 坚持保持适度规模

由于欧美国家的现代化水平较高，农户经营规模大，农业经营效益较高，农业国际竞争力强，其农业组织制度和经营体制往往被认为是现代农业的基本模式。但近几十年来，世界各地的实践证明，单纯地把农业现代化看成是"农业欧美化"，而采取大规模集中土地、扩大经营主体土地经营规模的道路，很有可能造成严重的经济社会矛盾并制约整个现代化的实现。由于目前我国农业经营规模普遍偏小，收益水平不高，"农业副业化"与经营粗放的现象非常普遍。从提高粮食生产、增加单位面积效益等方面考虑，种植规模不一定要大，要发展适度的规模，以适应各层次需求，才是最为合适的。

"适度规模"是一个相对的概念，因资源禀赋、发展阶段、生产条件、生产方式、生产对象特征等变化而变化。由于各区域的资源禀赋、发展水平和农业结构差异较大，因此，用国家统一的方法来制定这些标准是不恰当的。一般说来，各地在选择适度规模时应坚持两条基本原则：第一，农户的绝对收入（含农业补助）不低于本地的平均水平；第二，不雇佣工人或尽量减少雇佣工人，这是保证劳动程序与劳动成果紧密联系、保护劳动积极性、增加生产效率的重要先决条件。各地要结合实际确定适度经营规模标准和对象，抓紧研究和完善支持方式。

3. 加强对土地承包经营权流转的管理和服务

坚持"依法、自愿、有偿"流转土地承包经营权的原则，发展多种形式的适度规模经营。规范农村土地流转，不能变更集体产权、变更使用范围、侵害农户的土地使用权；保障宏观调控目标的实现、保障国家粮食安全、保障农民主体地位。强化农村集体土地承包经营的管理与服务，支持有条件的农村集体建设各类服务平台，发展农村集体土地流转的中介机构。贯彻《中共中央关于做好农户承包地使用权流转工作的通知》（中发〔2001〕18号）的规定，不建议企业长期、大面积租赁和经营农户承包地，保持粮油生产者和经营者的统一。土地承包经营权是农民合法的财产权益，要明确不得要求农民以交出其土地承包经营权为条件换取城镇社保等公共服务。农民转为城镇居民后，自愿交出土地承包经营权的，应在与本集体经济组织协商的基础上，获得合理的经济补偿。其退出的承包地，应依法用于改善本集体经济组织其他成员的生产和生活条件，政府不应干预农村集体经济组织的内部经济事务。

土地承包经营权抵押问题广受社会关注。根据我国《土地承包法》《担保法》等相关法律法规的规定，均明确禁止在家庭承包方式下以土地承包经营权入股和抵押。但要明确，只有在中央统一部署、内容和方式明确、经过中央批准的相关试验项目才可以进行。由于农村集体经济所有制、农村基本经营制度不能动摇，集体土地所有权、家庭承包权也就不能用于抵押。抵押的对象是承包土地的经营权，实质是年度收益权，与质押类似。

（五）加快农业科技进步

1. 加强科研力度

要大力推动以国家为主导的多元化、多渠道的农业科技投资，大力加大农业科技研发资金的投入；为粮食生产提供基础性、前沿性的基础科研，推动科技成果的应用和推广。支持超级稻品系的基础性研究，以及对转基因技术领域前瞻性问题的研究。

2. 健全技术推广体系

在技术推广上，建立健全农技推广体系，建立健全以省、地、县农技推广机构为主，科研、院校、企业、社会化服务组织等多种形式的农业技术推广体系。要在全国范围内，建立和完善农村、区域农业技术推广公共服务体系，加强人才引进、增强设施建设、提高服务水平。实施农业科技入户工程，整合推广优质高产新品种，高效栽培技术、模式，倡导"精耕细作"。健全农民的科学教育制度，激发农民学科学用科学的热情，促进农民科学耕作。

3. 加快培育良种

发展良种是提高单产水平见效最快、潜力也最大的领域。2022 年我国主要粮食作物的良种覆盖率已超过 96%。《"十四五"推进农业农村现代化规划》指出要加强种业基地建设，要把种子工程作为切入点，切实提高我国农业科技发展的水平。建立种子产业发展专项支持基金，完善种子企业税收、信贷、保险等政策。尽快建立健全良种选育、扩繁和供种体系，实施新品种选育、粮食丰产等科技工程，增加科技储备，要强化种子科研基础设备与育种能力的建设，推进育种单位与种子企业强强联合，加快创建以企业为主体的创新育种体系，加速培育、生产、销售一体化种子产业体系。制订制种业的优势区域发展计划，确定一批国家级的玉米、水稻、小麦专业生产基地，努力提升种子生产的品质和生产能力。争取在选育高产优质品种、高效栽培模式、高效利用农业资源等方面，努力培育出一大批独创、高产、优质、抗性强的新品种。

（六）完善粮食价格和补贴制度

从长期来看，要按照价值规律改进经营模式，不断提高种粮成本利润率，稳定增加净收入，努力提高粮食综合效益。

1. 适当提高粮食的价格水平

在市场经济条件下，保障粮价不低于生产成本，是维护农民种粮积极性的一个重要条件。通过强化食品市场的宏观调控，稳定粮食市场价格，是大多数发达国家保障农民种粮收入的成功经验。适度提高农产品价格，农民能够得到的好处比补贴要大得多。近年来，石油价格快速攀升，受粮食能源化的影响，粮食价格直接与能源价格挂钩，使适度提高粮食价格具备了市场条件。在确定最低收购价的基础上，以农民的成本收入和国际粮价为基准，制定最高的干预价格。

2. 建立中央基础补贴和地方附加补贴相结合的补贴体系

补贴，特别是对农业生产资料增加的综合补助，大大补偿了由于生产成本上升而造成的损失。从实际情况来看，种粮直补现在实际上已经成为收入补贴，直接调动生产积极性的作用已经并不明显。但给到农民手上的好处绝不能收回，这是确保中央政府政策稳定和维护中央政府信誉的要求。要丰富粮食补助品种，健全粮食保障体系，完善粮食生产经营活动专项补助制度。根据不同地区的具体情况，制定相应的补助标准和支持对象，并制定专项的动态补助体系。加强对粮食生产与适度规模生产的扶持力度，为保证我国粮食生产经营体制的健康、稳定发展，坚持经营规模适度和农地农用，避免片面追求超大规模经营，防止出现一些工商资本到农村流转土地后搞非农建设、影响耕地保护和粮食生产等问题，确保不损害农民权益、不改变土地用途、不破坏农业综合生产能力和农业生态环境。

农业生产动态补贴的调节机制将进一步实施。完善对种粮农民的收入补偿机制，稳定种粮农民的收入，增加补贴规模，提高补贴标准，使之能够弥补市场价格波动给种粮农民带来的损失，提高农民种粮积极性，真正实现稳定种粮农民收入的政策目标。

3. 完善地方政府的配套补助制度

不同地区农民的粮食生产机会成本有很大的差别。东部地区、粮食主销区、产销平衡区等地区的经济发展程度较高，农民的非农业就业机会也更多，虽然粮食生产成本利润率高，但是当地农户的粮食生产积极性比中西部、东北、粮食主产区要低。保证粮食安全稳定发展，并非仅仅是某个地方某个部门的职责所在，如果其他地方的粮食调运费用较高，对消费者的负担也较大，因此必须进一步健全粮食总督制，在特定的时间内，确定各省（区）的粮食生产职责，并提出相应的附加补助，以便充分调动各地农民的积极性。

（七）加强社会化服务体系建设

从世界农业的发展历程来看，建设全程覆盖、一体化、便捷、高效的社会化服务体系是发展现代农业的必然选择。改革开放以来，我国农业生产性服务不断得到发展，但总体上仍不适应建设现代农业的需要。《"十四五"推进农业农村现代化规划》中指出：发挥新型农业经营主体对小农户的带动作用，健全农业专业化社会化服务体系，构建支持和服务小农户发展的政策体系，这不仅是建设现代农业的重要要求，也是稳定农村基本经营制度的必然条件。要适应具有中国特点的农业现代化发展道路，必须加快建立新型农村合作组织、各类农业社会化服务组织、龙头企业等农业社会化服务体系。

1. 加快建设公共服务体系

在已经实现农业现代化的国家，农业公共服务体系都比较健全。而一些国家简单推行技术推广服务的私有化，导致大量小农得不到有效的服务，农业发展受到十分严重的影响。新中国成立后，在农业方面我们取得了许多举世瞩目的重大成就。其中，我国目前已经建立了世界上最为庞大的农业公益性服务体系，就是目前农业发展的关键支柱。

但目前教育、科研、技术推广与市场需求存在着严重脱节、横向部门分离、纵向联系困难等明显问题，同时存在着政府整体支持力度不够和扶持效能低下等问题。为适应社会主义市场经济发展的需要，必须加强政府对公共产品的供给。要落实国家关于农业技术推广、动植物疫病防治、农产品质量监督管理等公共服务体系的建设，并结合地方实际，明确农业公共服务的职责，在定编、定岗、定员的同时，增加农业生产性服务的经费，保障必要的人员、业务和其他经费，保障基层有能力提供服务。同时，要积极探索新的服务方式，以提升企业的服务效能。

2. 大力发展农村合作经济

要走进乡村，走到农民的身边，大力宣传和执行《农民专业合作社法》，使农民认识到合作社的性质、成立、登记、成员的权责、组织方式、财务制度、机构变动、扶持政策、法律责任等详细情况。通过减税、免税等税收政策，扶持专业合作社的发展。加强对农村信用社的财政、资金等方面的扶持。协助合作社真正建立起民主决策与监督机制，促进发展的稳定性。要进一步强化合作社的标准化建设，并在实际操作中进行技术培训，宣传产业政策、市场理论、法规、基本理论、合作社精神，为合作社发展提供高素质的技术和管理人才。

3. 大力发展农业产业化龙头企业

农业产业化龙头企业是农业结构调整、农民增收、发展现代农业、建设社会主义新农村的关键。从整体上讲，我国农业产业化发展滞后，发展不均衡，龙头企业整体水平偏低，市场竞争力、带动农户的能力差，利益联系不紧密。要加强对农业产业化的龙头企业的扶持，培育和发展一批具有较强的带动力和社会责任感的龙头企业。要继续健全龙头企业带动农户的组织体系和利益联结机制，确保农民在全链条上实现持续的收益共享。加强企业的社会责任感，促进其在社会上树立良好的形象。

4. 广泛动员社会力量，形成多元发展格局

从发达国家的国情来看，其农业的延展性很强，商品化服务主体在品种培育、生产资料供应、农机服务、仓储、加工、营销等方面有着广阔的发展空间，是国家农业服务体系的重要组成部分。我国农村社会化服务机构的起步比较晚，发展水平也较不均衡。要积极引导社会资本向农村生产性服务业投入，创造更加宽松的生态环境，加快发展农业社会化服务，支持农业服务公司、农民合作社、农村集体经济组织、基层供销合作社等各类主体大力发展单环节、多环节、全程生产托管服务。

（八）统筹国内外两个市场、两种资源

近十几年来，经济全球化的趋势日益明显。我国加入WTO以后，我国的农业生产、农产品供应与国际市场的关系日益密切。在进口和引进外资的同时，我国农产品的生产、供给、价格、竞争格局也受到了较大的冲击。但除此之外，国内大量农产品的出口，也对我国农业结构调整、国际竞争能力提高、农民增收等方面也有很大的影响。在粮食领域，应在坚持立足国内，确保主要粮食品种自给的前提下，要充分发挥国内外两

个市场、两种资源的潜能，保障农业总量与结构调整。利用国际市场和资源，重点要集中在两个方面：

1. 加强进出口调控

要合理把握进出口的影响，在持续稳定提高国内农业综合生产能力、逐步开放市场的前提下，加强对进口的合理调控。

第一，明确开放市场的优先序。口粮的供给和需求必须要达到均衡，一直以来，我国与国际市场的交流范围较小。在现阶段，可以适当地增加肉类、饲料、食用油、粮食深加工产品等的进口量，适当提升非必需农产品的进口，如大豆、棉麻等。

第二，强化进出口控制。为保障我国农业生产的安全，必须加强对农产品的进口与出口的管理。根据国际国内市场变化，搞好品种的余缺调剂，特别是要搞好短缺品种的进口，满足国内市场需求。要建立一个合理的外汇储备体系。把介入国际市场作为与控制国内市场同等重要的因素，积极提升存货水平。库存要用来稳定国内市场，也要在适当的时候卖出。可以考虑组建一家专业的公司来经营国际食品贸易，或者加强国家自身的实力来实现。

第三，努力提高贸易交流中的话语权。目前，尽管我国已经成为大豆、食用植物油等产品的主要进口国，但在商品价格上，尤其是大宗农产品的定价方面，我们几乎没有什么话语权。掌握国际市场的主导地位，对于稳定我国的进口来源，降低进口成本，具有重要的现实意义。在国家引导和扶持下，加快建立和完善重点农产品进口企业的行业协会，以统一进口需求，从而形成合作机制，增强市场议价能力。促进双边、多边贸易体制的发展与完善，并通过双边协议、多边协议，建立一个稳定的、互利的出口商的供应基地。加强与其他农产品进口国家的合作，建立共同的协商机制，增强谈判能力。支持商品化经营的粮油贸易公司，或以外资控股大型粮商的方式，提升对市场参与的积极性。在港口建设大型国际贸易市场，培育国际地区性价格中心，进一步提升我国农产品期货市场对国际期货市场的影响。

第四，建立稳定的产销关系。对于那些粮食生产水平提升较快的国家和地区，可以通过收购现有的物流企业，或者建立仓储、运输体系，打造一个国际物流企业，从而加强与其他区域的互惠关系。

第五，要建立行业安全、风险预警和应急响应机制，强化监测预警，降低不合理进口对我国食品生产造成的影响。要加强农产品生产、流通、消费、进出口、储运等方面的监管，制定食品和其他重要农产品的安全预警指标，并及时组织市场，健全市场预警机制。

2. 落实"走出去"战略

从长远来看，南美洲、非洲和周边邻国的农业产业都有很大的发展空间。我国是一个重要的农产品进口国，同友好国家进行农业合作，对我国的发展有着深远的影响。若能加强合作，发掘其生产潜能，不但可推动当地经济发展，增加当地就业，减轻当地贫困问题，还可增加世界粮食市场供应，稳定世界粮食价格，使我们的长期战略利益得以稳定。要在农业技术合作和建立境外粮食生产基地等领域取得历史性的新进展,并积极参加新的粮食生产秩序。粮食产业是一个典型的资本密集产业,在土地开发、水利建设、品种繁育、机械购置、道路建设、粮食加工、运输等领域都要投入大量资金,因此,"走出去"战略的成功实施要有长远的战略眼光。要把握好外汇储备的有利时机,大力扩大农业对外投资,加速实施一批农业合作项目,借鉴国外先进技术和经验,提升农业现代化水平。鼓励有条件的企业到国外租地种植或开展粮食生产经营类企业的股权收购,拓展农业发展空间,补充国内需求缺口。

参 考 文 献

安琪，朱晶，林大燕，2017. 日本粮食安全政策的历史演变及其启示 [J]. 世界农业 (2)：77 - 81.

白景锋，2014. 基于县域的生态脆弱区人均粮食时空格局变动及驱动力分析——以南水北调中线水源区为例 [J]. 地理科学，34 (2)：178 - 184.

毕于运，王亚静，高春雨，2010. 中国主要秸秆资源数量及其区域分布 [J]. 农机化研究，32 (3)：1 - 7.

卜坤，王治良，张树文，等，2017. 三江平原大豆种植的土地适宜性评价 [J]. 中国生态农业学报，25 (3)：419 - 428.

蔡承智，何柳欢，熊艺龙，等，2021. 基于 ARIMA 模型的中国小麦单产潜力分析 [J]. 农业展望，17 (4)：42 - 46.

蔡昉，王美艳，2016. 从穷人经济到规模经济——发展阶段变化对中国农业提出的挑战 [J]. 经济研究，51 (5)：14 - 26.

蔡荣，陶素敏，2021. 中国粮食生产布局演变及空间机制分解：1978—2018 [J]. 干旱区资源与环境，35 (6)：1 - 7.

蔡兴奎，谢从华，2016. 中国马铃薯发展历史、育种现状及发展建议 [J]. 长江蔬菜 (12)：30 - 33.

曹宝明，李光泗，徐建玲，等，2011. 中国粮食安全的现状、挑战与对策研究 [M]. 北京：中国农业出版社.

曹琦，陈兴鹏，师满江，等，2014. 黑河中游土地利用/覆盖变化及主导因素驱动力 [J]. 农业工程学报，30 (5)：220 - 227.

曾宪玲，2022. "互联网＋"背景下现代农业经济发展的路径探索 [J]. 河南农业 (17)：4 - 6.

曾雅婷，李宾，吕亚荣，2018. 中国粮食生产技术效率区域差异及其影响因素——基于超越对数形式随机前沿生产函数的测度 [J]. 湖南农业大学学报 (社会科学版)，19 (6)：13 - 21.

曾智勇，2022. 我国玉米生产现状分析及建议 [J]. 粮油与饲料科技 (3)：4 - 8.

陈芳，赵景文，胡小松，2002. 我国马铃薯加工业的现状、问题及发展对策 [J]. 中国农业科技导报 (2)：66 - 68.

陈浩，2013. 中国稻作生态系统多功能价值评估 [D]. 长沙：湖南农业大学.

陈欢，王全忠，周宏，2015. 中国玉米生产布局的变迁分析 [J]. 经济地理，35 (8)：165 - 171.

陈珂，周荣伟，王春平，等，2009. 集体林权制度改革后的农户林地流转意愿影响因素分析 [J]. 林业经济问题，29 (6)：493 - 498.

陈萌山，王小虎，2015. 中国马铃薯主食产业化发展与展望 [J]. 农业经济问题，36 (12)：4 - 11.

陈文琦，2020. 农业集聚对农业全要素生产率的影响研究 [D]. 济南：山东师范大学.

陈衍俊，2022. 我国玉米种植区生态效率的区域差异及影响因素研究 [J]. 安徽农业科学，50 (5)：196 - 199.

陈耀邦，2000. 中国农业和农村经济的战略性调整 [J]. 国家行政学院学报 (2)：8 - 14.

陈永红，刘宏，2013. 中国粮食中长期需求总量与结构分析预测［J］. 中国食物与营养，19（1）：32－36.

陈展图，2020. 生态安全和粮食保障双约束的休耕空间分区研究［D］. 重庆：西南大学.

陈志敏，江一帆，2022. 我国奶业生产的时空演化及影响因素分析［J］. 中国食物与营养，28（5）：5－10.

程国强，2012. 中国粮食调控：目标、机制与政策［M］. 北京：中国发展出版社.

程国强，2013. 全球农业战略：基于全球视野的中国粮食安全框架（国务院发展研究中心研究丛书2013）［M］. 北京：中国发展出版社.

程浩然，蒙吉军，朱利凯，2021. 基于多源地理数据融合的黑河中游土地多功能性时空格局与权衡研究［J］. 干旱区地理，44（1）：208－220.

仇焕广，雷馨圆，冷淦潇，等，2022. 新时期中国粮食安全的理论辨析［J］. 中国农村经济（7）：2－17.

崔亚平，2007. 日本粮食安全保障机制给我们的启示［J］. 农业经济（12）：80－81.

达存莹，岳云，贾秀苹，2016. 甘肃省马铃薯产业发展现状及主粮化发展分析［J］. 中国农业资源与区划，37（3）：38－42.

代瑞熙，徐伟平，2022. 中国玉米增产潜力预测［J］. 农业展望，18（3）：41－49.

戴小枫，张德权，武桐，等，2018. 中国食品工业发展回顾与展望［J］. 农学学报，8（1）：125－134.

邓振镛，王强，张强，等，2010. 中国北方气候暖干化对粮食作物的影响及应对措施［J］. 生态学报，30（22）：6278－6288.

邓宗兵，封永刚，张俊亮，等，2013. 中国粮食生产空间布局变迁的特征分析［J］. 经济地理，33（5）：117－123.

邓宗兵，封永刚，张俊亮，等，2014. 中国粮食生产区域格局变动及成因的实证分析［J］. 宏观经济研究（3）：94－99.

董非非，刘爱民，封志明，等，2017. 大豆传统产区种植结构变化及影响因素的定量化评价——以黑龙江省嫩江县为例［J］. 自然资源学报，32（1）：40－49.

杜国明，张露洋，徐新良，等，2016. 近50年气候驱动下东北地区玉米生产潜力时空演变分析［J］. 地理研究，35（5）：864－874.

杜青林，2003. 加入世贸组织与我国农业和农村经济结构战略性调整［J］. 税收与企业（4）：4－6.

段文杰，2001. 农业大省如何推进农业和农村经济结构战略性调整［J］. 农业经济问题（2）：15－19.

樊晓迪，何蒲明，2016. 马铃薯主粮化的必要性和可行性研究［J］. 农业经济（3）：12－14.

范小建，2003. 对农业和农村经济结构战略性调整的回顾与思考［J］. 中国农村经济（6）：4－10.

范业龙，陆玉麒，赵俊华，等，2014. 中国粮食生产区域差异的多尺度分析［J］. 经济地理，34（10）：124－130.

封岩，2012. 中美马铃薯产业发展比较分析与启示［J］. 世界农业（8）：66－69.

高飞，翟涛，2022. 我国玉米收入保险试点存在问题与完善建议［J］. 农业经济（3）：111－112.

高华援，梁桓赫，王凤，等，2007. 中国马铃薯栽培技术研究进展［J］. 吉林农业科学（5）：17－19.

高露华，刘大明，葛凤丽，等，2008. 转型期中国大豆生产资源配置效率及其区域特征研究［J］. 大豆科学（2）：334－338.

高明杰，张萌，罗其友，2017. 我国马铃薯价格波动的时空差异性研究［J］. 价格理论与实践（10）：
　　104-107.

葛亚宁，刘洛，徐新良，等，2015. 近50a气候变化背景下我国玉米生产潜力时空演变特征［J］. 自
　　然资源学报，30（5）：784-795.

谷茂，马慧英，薛世明，1999. 中国马铃薯栽培史考略［J］. 西北农业大学学报（1）：80-84.

关佳晨，蔡海龙，2019. 我国马铃薯生产格局变化特征及原因分析［J］. 中国农业资源与区划，40
　　（3）：92-100.

郭丽英，王道龙，王介勇，2012. 中国沿海地区耕地变化及其成因分析［J］. 中国农业资源与区划，
　　33（1）：6-10.

郭延景，肖海峰，2022. 基于比较优势的中国玉米生产布局变迁及优化研究［J］. 中国农业资源与区
　　划，43（3）：58-68.

郭芸芸，2016. 借鉴国际经验　保障粮食安全——日本粮食政策问题对我国粮食安全的警示［J］. 未
　　来与发展，40（11）：30-34.

国家粮食局课题组，2009. 粮食支持政策与促进国家粮食安全研究［M］. 北京：经济管理出版社.

国家统计局农村社会经济调查司，2009. 改革开放三十年农业统计资料汇编［M］. 北京：中国统计出
　　版社.

韩俊，2008. 破解三农难题：30年农村改革与发展［M］. 北京：中国发展出版社.

韩一军，韩亭辉，2021.“十四五”时期我国小麦增产潜力分析与实现路径［J］. 农业经济问题（7）：
　　38-46.

何峰，2021. 新形势下我国小麦进口现状及趋势分析［J］. 食品研究与开发，42（23）：225-226.

何英彬，姚艳敏，李建平，等，2012. 大豆种植适宜性精细评价及种植合理性分析——以东北三省为
　　例［J］. 中国农业资源与区划，33（1）：11-17.

贺平，2016. 东亚的粮食安全与大米储备——日本的实践与启示［J］. 农业经济问题，37（4）：103-
　　109.

胡甜，鞠正山，周伟，2016. 中国粮食供需的区域格局研究［J］. 地理学报，71（8）：1372-1383.

胡小平，郭晓慧，2010.2020年中国粮食需求结构分析及预测——基于营养标准的视角［J］. 中国农
　　村经济（6）：4-15.

黄德春，吴小庆，李进秋，2022. 中国省际水资源-能源-粮食安全测度及其时空演变［J］. 水利经济，
　　40（3）：48-53.

黄凤玲，张琳，李先德，等，2017. 中国马铃薯贸易及竞争力分析［J］. 中国马铃薯，31（3）：
　　178-185.

黄佳琦，刘舜佳，2017. 我国农业产业集聚度与农业经济发展对农村生态环境的影响：基于1998—
　　2014年省际面板数据的实证研究［J］. 贵州农业科学，45（7）：135-140.

黄伟华，祁春节，2022. 中国柑橘生产空间布局演化及驱动因素研究［J］. 华中农业大学学报（社会
　　科学版）（4）：90-103.

吉星星，毛世平，刘瀛弢，2016. 基于优势区域视角的我国水稻产业生产空间布局变迁分析［J］. 农
　　业科技管理，35（4）：58-61.

贾琨，杨艳昭，封志明，2019.“一带一路”沿线国家粮食生产的时空格局分析［J］. 自然资源学报，
　　34（6）：1135-1145.

姜修胜，2017. 京津冀玉米生产技术效率比较分析［D］. 北京：北京农学院.

蒋赟，张丽丽，薛平，等，2021. 我国小麦产业发展情况及国际经验借鉴［J］. 中国农业科技导报，23（7）：1-10.

琚锐佳，李逸波，朱文荟，2022. 粮食安全视角下我国小麦进口量波动趋势预测研究——基于 ARI-MA 预测模型［J］. 安徽农学通报，28（10）：27-30.

孔祥斌，陈文广，温良友，2022. 以耕地资源三个安全构筑大国粮食安全根基［J］. 农业经济与管理（3）：1-12.

李二玲，庞安超，朱纪广，2012. 中国农业地理集聚格局演化及其机制［J］. 地理研究，31（5）：885-898.

李海珀，2018. 定西市马铃薯种植空间格局演变及其驱动因素分析［J］. 种子科技，36（5）：16.

李含悦，张润清，王哲，2021. 我国马铃薯全要素生产率比较及空间集聚研究［J］. 中国农业资源与区划，42（7）：9-18.

李红霞，汤瑛芳，沈慧，2018. 近 25 年甘肃省马铃薯生产比较优势与空间分异分析［J］. 中国农业资源与区划，39（12）：184-190.

李经谋，2010. 中国粮食市场发展报告［M］. 北京：中国财政经济出版社.

李立辉，曾福生，2016. 新常态下中国粮食安全面临的问题及路径选择——基于日本、韩国的经验和启示［J］. 世界农业（1）：75-78.

李明辉，周玉玺，周林，等，2015. 中国小麦生产区域优势度演变及驱动因素分析［J］. 中国农业资源与区划，36（5）：7-15.

李鹏，姜鲁光，封志明，等，2011. 鄱阳湖区粮食供给功能的空间格局分析［J］. 自然资源学报，26（2）：190-200.

李蕊，程新睿，2020. 我国粮食安全法治保障体系构建研究——日本经验的启示［J］. 河南师范大学学报（哲学社会科学版），47（1）：46-54.

李圣军，2021. 我国小麦饲用规模测算和预警指标设置研究［J］. 中国粮食经济（5）：54-56.

李树超，吴龙华，李亚俊，等，2015. 山东省马铃薯产业发展现状及推进对策研究［J］. 中国农学通报，31（8）：280-285.

李桃，江立庚，2017. 广西水稻产业规模比较优势及其空间格局特征研究［J］. 南方农业学报，48（2）：368-374.

李婷，2022. 科技创新驱动食品工业高质量发展——中国食品工业十年科技成就回顾与展望［J］. 中国食品工业（11）：6-9.

李文娟，秦军红，谷建苗，等，2015. 从世界马铃薯产业发展谈中国马铃薯的主粮化［J］. 中国食物与营养，21（7）：5-9.

李先德，孙致陆，赵玉菡，2022. 全球粮食安全及其治理：发展进程、现实挑战和转型策略［J］. 中国农村经济（6）：2-22.

李晓韬，2010. 当农民致富遇上粮食安全——日本农民致富模式的启示教训［J］. 改革与开放（2）：44-46.

李修平，于鑫鑫，李维刚，2022. 种质资源对粮食安全的影响简述［J］. 农业与技术，42（12）：1-3.

李长松，周玉玺，2022. 中国粮食主产区农业水资源脆弱性与粮食安全时空耦合关系研究［J］. 生态与农村环境学报，38（6）：722 - 732.

李志鹏，刘珍环，李正国，等，2014. 水稻空间分布遥感提取研究进展与展望［J］. 中国农业资源与区划，35（6）：9 - 18.

李志强，吴建寨，王东杰，2012. 我国粮食消费变化特征及未来需求预测［J］. 中国食物与营养，18（3）：38 - 42.

李子涵，杨晓晶，2016. 世界及中国马铃薯产业发展分析［J］. 中国食物与营养，22（5）：5 - 9.

林坚，李德洗，2013. 非农就业与粮食生产：替代抑或互补——基于粮食主产区农户视角的分析［J］. 中国农村经济（9）：54 - 62.

刘璨，张永亮，刘浩，等，2015. 集体林权制度改革及配套改革农户意愿与行动研究——基于长期农户大样本数据［J］. 林业经济，37（12）：3 - 13.

刘东，封志明，杨艳昭，等，2011. 中国粮食生产发展特征及土地资源承载力空间格局现状［J］. 农业工程学报，27（7）：1 - 6.

刘芳芳，黄巧萍，温映雪，等，2019. 农户林权抵押贷款意愿和行为的影响因素——基于2017年福建省集体林权制度改革监测数据［J］. 福建农林大学学报（哲学社会科学版），22（5）：51 - 58.

刘合光，谢思娜，2013. 中国马铃薯生产区域格局变化及其成因实证分析——基于1995—2010年省份面板数据［J］. 农业经济与管理（1）：72 - 78.

刘江，杜鹰，2010. 中国农业生产力布局研究［M］. 北京：中国经济出版社.

刘俊霞，贾金荣，2012. 中国马铃薯国际贸易趋势分析［J］. 西北农林科技大学学报（社会科学版），12（4）：57 - 62.

刘珉，2011. 集体林权制度改革：农户种植意愿研究——基于 Elinor Ostrom 的 IAD 延伸模型［J］. 管理世界（5）：93 - 98.

刘珉，2012. 集体林权制度改革对农户林木种植的影响研究——基于河南平原地区的数据［J］. 北京林业大学学报（社会科学版），11（4）：91 - 96.

刘珉，刘国顺，石大庆，2011. 集体林权制度改革中的农户意愿研究——基于河南省漯河市集体林权制度改革的调查［J］. 农村经济（12）：51 - 53.

刘鹏凌，周云，张文娟，2021. 主粮化背景下中国马铃薯主产区生产效率及其影响因素研究［J］. 延边大学农学学报，43（3）：93 - 100.

刘平辉，郝晋珉，2006. 土地资源利用与产业发展演化的关系研究［J］. 江西师范大学学报（自然科学版）（1）：95 - 98.

刘绍熹，刘帅，2022a. 我国三大平原玉米生产布局变迁分析——基于政策变化视角［J］. 中国农机化学报，43（8）：224 - 229.

刘绍熹，刘帅，2022b. 我国玉米进出口市场势力的变化分析［J］. 玉米科学，30（2）：183 - 190.

刘天朋，赵甘霖，汪小楷，等，2016. 高粱—再生高粱/辣椒/马铃薯空间适配关系的比较研究［J］. 园艺与种苗（5）：45 - 48.

刘学礼，赵云峰，1986. 马铃薯小史［J］. 种子世界（10）：35 - 36.

刘洋，罗其友，2010. 中国马铃薯生产效率的实证分析——基于非参数的 Malmquist 指数方法［J］. 中国农学通报，26（14）：138 - 144.

刘洋，罗其友，2011. 我国马铃薯批发市场价格波动性研究［J］. 中国蔬菜（7）：14 - 19.

刘宇鹏，贾健，2010. 河北省粮食综合生产能力的现状、存在问题及对策选择［J］. 北方经济（5）：

45－46.

刘玉杰，杨艳昭，封志明，2007. 中国粮食生产的区域格局变化及其可能影响［J］. 资源科学（2）：
　8－14.

刘正佳，钟会民，李裕瑞，等，2021. 近20年中国粮食生产变化特征及其对区域粮食供需格局的影响
　［J］. 自然资源学报，36（6）：1413－1425.

卢春燕，2021. 我国小麦生产现状与提高小麦生产能力的思考［J］. 南方农业，15（30）：177－178.

卢肖平，2015. 马铃薯主粮化战略的意义、瓶颈与政策建议［J］. 华中农业大学学报（社会科学版）
　（3）：1－7.

卢新海，柯楠，匡兵，2020. 中国粮食生产能力的区域差异和影响因素［J］. 中国土地科学，34（8）：
　53－62.

卢永妮，2015. 日本保障粮食安全的政策措施及对中国的启示［J］. 中国农村研究（2）：265－279.

鲁洪威，李婷婷，罗其友，等，2020. 基于DEA—ESDA模型的中国马铃薯生产效率时空特征分析
　［J］. 农业现代化研究，41（5）：833－842.

陆倩，孙剑，2014. 农户关于转基因作物的认知对种植意愿的影响研究［J］. 中国农业大学学报，19
　（3）：34－42.

陆文聪，梅燕，2007. 中国粮食生产区域格局变化及其成因实证分析——基于空间计量经济学模型
　［J］. 中国农业大学学报（社会科学版）（3）：140－152.

陆子倩，2021. 我国玉米补贴政策改革及效果分析［J］. 当代农村财经（11）：29－31.

路子显，2021. 近六十年我国玉米产业发展、贸易变化与未来展望［J］. 黑龙江粮食（9）：9－14.

罗善军，何英彬，罗其友，等，2018. 中国马铃薯生产区域比较优势及其影响因素分析［J］. 中国农
　业资源与区划，39（5）：137－144.

罗万纯，陈永福，2005. 中国粮食生产区域格局及影响因素研究［J］. 农业技术经济（6）：60－66.

罗屹，王鑫，2018. 基于DEA模型的中国马铃薯生产效率分析［J］. 中国农业文摘-农业工程，30
　（4）：13－18.

吕超，耿献辉，张荣敏，2017. 中国马铃薯种植的时空布局演化研究［J］. 统计与决策（18）：
　136－140.

吕超，周应恒，2011. 我国农业产业集聚与农业经济增长的实证研究——基于蔬菜产业的检验和分析
　［J］. 南京农业大学学报（社会科学版），11（2）：72－78.

吕春生，王道龙，王秀芬，2009. 国外农业保险发展及对我国的启示［J］. 农业经济问题（2）：
　99－102.

吕捷，余中华，赵阳，2013. 中国粮食需求总量与需求结构演变［J］. 农业经济问题，34（5）：
　15－19.

吕巨智，染和，姜建初，2009. 马铃薯的营养成分及保健价值［J］. 中国食物与营养（3）：51－52.

马力阳，罗其友，高明杰，2019. 山地地区不同规模农户马铃薯生产技术效率研究——基于甘肃、重
　庆、广东453个农户的实证分析［J］. 华中农业大学学报（社会科学版）（4）：72－80.

马力阳，罗其友，高明杰，等，2019. 2005—2015年我国马铃薯增产空间分异与贡献因素［J］. 中国
　农业资源与区划，40（9）：125－130.

马晓河，蓝海涛，2008. 中国粮食综合生产能力与粮食安全［M］. 北京：经济科学出版社.

蒙吉军，江颂，拉巴卓玛，等，2020. 基于景观格局的黑河中游土地利用冲突时空分析［J］. 地理科

学，40（9）：1553 - 1562.

孟子恒，朱海燕，刘学忠，2022. 农业产业集聚对农业经济增长的影响研究——基于苹果产业的实证分析 ［J］. 中国农业资源与区划，43（2）：231 - 239.

米健，罗其友，高明杰，等，2015. 马铃薯中长期供求平衡研究 ［J］. 中国农业资源与区划，36（3）：27 - 34.

苗百岭，侯琼，梁存柱，2015. 基于 GIS 的阴山旱作区马铃薯种植农业气候区划 ［J］. 应用生态学报，26（1）：278 - 282.

倪镜，曹斌，郭芸芸，2020. 日本综合农协治理与粮食安全保障 ［J］. 中国合作经济评论（1）：267 - 280.

聂雷，郭忠兴，汪险生，何如海，2015. 我国主要粮食作物生产重心演变分析 ［J］. 农业现代化研究，36（3）：380 - 386.

聂振邦，2012. 中国粮食发展报告 ［M］. 北京：经济管理出版社.

聂振邦，2006—2010. 中国粮食发展报告 ［M］. 北京：经济管理出版社.

农业部农产品贸易办公室，农业部农业贸易促进中心，2011. 中国农产品贸易发展报告 ［M］. 北京：中国农业出版社.

农业部农产品贸易办公室，农业部农业贸易促进中心，2013. 中国农产品贸易发展报告 ［M］. 北京：中国农业出版社.

潘竟虎，张建辉，胡艳兴，2016. 近 20a 来甘肃省县域人均粮食占有量时空格局及其驱动力研究 ［J］. 自然资源学报，31（1）：124 - 134.

潘俊峰，钟旭华，黄农荣，等，2017. 近 20 年新疆水稻生产发展及影响因素分析 ［J］. 中国稻米，23（3）：22 - 27.

潘燕，王朋，杨好伟，等，2021. 全球经济一体化背景下我国玉米进出口格局及演变 ［J］. 食品研究与开发，42（20）：227 - 228.

彭旭林，章德宾，张丽元，等，2021. 我国主要小麦贸易国贸易引力模型的实证检验及建议 ［J］. 农村·农业·农民（B 版）（8）：29 - 33.

齐建华，包和帝，2012. 世界粮食安全与地缘政治 ［M］. 北京：中央编译出版社.

任春玲，2022. 世界花生产业格局发展变化对我国的启示 ［J］. 河南农业（7）：5 - 8.

阮清廉，刘喜，江玲，等，2017. 越南水稻生产概况及中越水稻生产互补性分析 ［J］. 杂交水稻，32（6）：64 - 74.

森元幸，刘铭三，1990. 从消费角度看马铃薯各品种的开发 ［J］. 国外农学-杂粮作物（3）：54 - 56.

尚晋伊，史小峰，2018. 中国马铃薯主食产业化发展现状与前景展望 ［J］. 科技资讯，16（21）：109 - 111.

宋英博，2022. 气象灾害对我国玉米安全生产的影响及对策 ［J］. 作物研究，36（1）：80 - 83.

孙东升，刘合光，2009. 我国马铃薯产业发展现状及前景展望 ［J］. 农业展望，5（3）：25 - 28.

孙果忠，2021. 我国小麦种业发展现状及未来建议 ［J］. 农业科技通讯（7）：4 - 8.

孙懿慧，贺立源，2012. 基于 GIS 的湖北省水稻生产潜力研究 ［J］. 长江流域资源与环境，21（10）：1209 - 1215.

孙致陆，李先德，2015. "一带一路" 沿线国家粮食生产现状及前景 ［J］. 世界农业（12）：251 - 253.

孙致陆，李先德，2017. "一带一路" 沿线国家粮食发展潜力分析 ［J］. 华中农业大学学报（社会科学版）（1）：32-43.

谭雪莲，郭晓冬，马明生，等，2012. 连作对马铃薯土壤微生物区系和产量的影响 [J]. 核农学报，26（9）：1322-1325.

唐惠燕，包平，2014. 基于 GIS 江苏水稻种植面积与产量的空间重心变迁研究 [J]. 南京农业大学学报（社会科学版），14（1）：118-124.

唐江云，向平，杨红，等，2018. 基于超效率 DEA 模型的四川省马铃薯生产效率分析 [J]. 江苏农业科学，46（15）：313-317.

唐鹏钦，陈仲新，刘珍环，等，2018. 基于空间信息重构技术的东北三省大豆时空演变研究（1980—2010 年）[J]. 中国农业资源与区划，39（9）：62-73.

唐月明，朱永清，沈学善，等，2020. 川中丘陵区冬作不同品种马铃薯鲜切加工适宜性评价 [J]. 食品工业科技，41（9）：219-224.

滕宗璠，张畅，王永智，1989. 我国马铃薯适宜种植地区的分析 [J]. 中国农业科学（2）：35-44.

佟屏亚，1990. 中国马铃薯栽培史 [J]. 中国科技史料（1）：10-19.

王大为，郑风田，2015. 新形势下中国粮食安全的现状、挑战与对策——第五届中国经济安全论坛综述 [J]. 河南工业大学学报（社会科学版），11（2）：13-21.

王道龙，2012. 农业发展根本出路在科技 [J]. 中国农业信息（3）：1.

王道龙，毕于运，2002. 我国中西部生态脆弱带坡耕地水土流失及坡地梯化 [J]. 中国人口·资源与环境（5）：90-93.

王道龙，屈宝香，张华，2005. 保障粮食生产持续稳定发展的对策建议 [J]. 中国农技推广（6）：4-7.

王道龙，羊文超，1998. 保障粮食安全的重要意义及我国的对策 [J]. 中国农业资源与区划（1）：37-41.

王道龙，杨瑞珍，罗其友，等，2002. 如何有效调整我国不同类型地区的农业结构 [J]. 中国农业资源与区划（6）：17-21.

王芳，刘雁南，赵文，2016. 推进中国马铃薯主食化进程研究 [J]. 世界农业（3）：11-14.

王凤阳，2016. 中日韩粮食安全及合作研究 [J]. 亚太经济（2）：91-99.

王鹤龄，王润元，张强，等，2012. 甘肃马铃薯种植布局对区域气候变化的响应 [J]. 生态学杂志，31（5）：1111-1116.

王红彦，王道龙，李建政，等，2012. 中国稻壳资源量估算及其开发利用 [J]. 江苏农业科学，40（1）：298-300.

王介勇，刘彦随，2009. 1990 年至 2005 年中国粮食产量重心演进格局及其驱动机制 [J]. 资源科学，31（7）：1188-1194.

王金秋，武舜臣，2018. 马铃薯主粮化战略的动力、障碍与前景 [J]. 农业经济（4）：17-19.

王珊珊，2022. 国际能源价格波动对我国玉米价格的影响 [J]. 合作经济与科技（14）：84-85.

王世光，吕黄珍，卢天齐，等，2022. 我国马铃薯加工业发展现状及建议 [J]. 农业工程，12（3）：76-79.

王文涛，仲平，陈跃，2014. 美国《第三次气候变化国家评估报告》解读及其启示 [J]. 全球科技经济瞭望，29（9）：1-6.

王兴华，齐皓天，韩啸，等，2017. "一带一路"沿线国家粮食生产潜力研究——基于 FAO-GAEZ

模型 [J]. 西北工业大学学报（社会科学版），37 (3)：51 - 56.

王兴宗，2016. 论马铃薯主粮化战略的现实困境与实现路径 [J]. 粮食问题研究 (4)：33 - 36.

王秀丽，齐玮，马云倩，等，2017. 马铃薯主食认知水平及消费行为研究 [J]. 中国食物与营养，23 (12)：54 - 57.

王秀清，1996. 大都市郊区蔬菜产地的竞争策略问题 [J]. 中国农村经济 (9)：54 - 57.

王亚平，徐富勇，范自营，2013. 对台湾粮食经济之思考 [J]. 河南工业大学学报（社会科学版），9 (1)：11 - 13.

王勇，肖艳华，赵佰利，等，2005. 马铃薯食品的开发现状与发展 [J]. 食品工业 (6)：37 - 39.

王玉斌，华静，2016. 信息传递对农户转基因作物种植意愿的影响 [J]. 中国农村经济 (6)：71 - 80.

王政宇，2002. 以信息化建设推动农业和农村经济结构的战略性调整 [J]. 农业经济 (10)：22.

危朝安，2007. 在全国马铃薯产业发展经验交流会上的讲话 [J]. 中国马铃薯 (6)：321 - 325.

卫龙宝，李静，2015. 农业产业集群主体合作关系对农户和关联企业收益的影响分析——以安徽省为例 [J]. 江西财经大学学报 (1)：75 - 83.

卫晓梅，吴健生，黄秀兰，等，2016. 基于县域尺度的京津冀地区粮食产需时空格局及安全研究 [J]. 中国农业大学学报，21 (12)：124 - 132.

魏丹，2012. 我国粮食生产资源要素优化配置研究——基于粮食安全的视角 [M]. 北京：经济科学出版社.

魏蕾，米晓田，孙利谦，等，2022. 我国北方麦区小麦生产的化肥、农药和灌溉水使用现状及其减用潜力 [J]. 中国农业科学，55 (13)：2584 - 2597.

魏亮，徐建飞，卞春松，等，2017. 中国主要马铃薯栽培品种抗寒性的鉴定与评价 [J]. 植物生理学报，53 (5)：815 - 823.

吴家治，郑宇，2022. 我国玉米价格波动及价格传导机制研究 [J]. 中国林业经济 (2)：12 - 16.

吴玲，李欣桐，2022. "双循环"新发展格局下我国粮食安全问题的再审视 [J]. 黑龙江粮食 (6)：7 - 9.

吴宁，陈涛，陈奕如，2022. 新时代中国粮食安全问题的挑战与对策 [J]. 福州大学学报（哲学社会科学版），36 (4)：1 - 10.

吴永常，王道龙，2002. 中国主要粮食作物单产变化趋势及中长期预测 [J]. 中国农业资源与区划 (1)：23 - 28.

武舜臣，2018. 粮食安全保障与稻麦"三量齐增"应对：中国玉米和日本稻米改革的经验启示 [J]. 经济学家 (4)：96 - 103.

向晶，钟甫宁，2013. 人口结构变动对未来粮食需求的影响：2010—2050 [J]. 中国人口·资源与环境，23 (6)：117 - 121.

肖国举，仇正跻，张峰举，等，2015. 增温对西北半干旱区马铃薯产量和品质的影响 [J]. 生态学报，35 (3)：830 - 836.

肖阳，朱立志，2016. 基于 DEA-Tobit 模型的马铃薯生产效率分析——以甘肃省定西市为例 [J]. 中国农业资源与区划，37 (6)：37 - 43.

谢开云，屈冬玉，金黎平，庞万福，2008. 中国马铃薯生产与世界先进国家的比较 [J]. 世界农业 (5)：35 - 38.

谢晓军，2021. 农产品区域品牌建设对农业经济发展质量影响研究 [D]. 西安：西安理工大学.

辛良杰，2021. 中国居民膳食结构升级、国际贸易与粮食安全 [J]. 自然资源学报，36（6）：1469-1480.

熊思源，2018. 喷灌水分空间分布对马铃薯田间土壤水氮时空变异性影响研究 [D]. 西安：西安理工大学.

熊云军，2018. 饲料加工业的空间布局因素分析——以马铃薯生产为例 [J]. 西安石油大学学报（社会科学版），27（4）：24-29.

徐开生，2007. 我国马铃薯加工业现状及发展对策 [J]. 农产品加工（9）：55-57.

徐勇，李华，朱春梅，2013. 四川马铃薯产业形势分析及展望 [J]. 农村经济（2）：64-66.

徐振伟，赵勇冠，2020. 全球化背景下日本粮食安全的维护及启示 [J]. 农村金融研究（9）：52-62.

许朗，李佳佳，张晓蓉，2009. 金融危机对我国马铃薯产业的影响与应对措施 [J]. 陕西农业科学，55（3）：143-145.

薛蕾，2019. 农业产业集聚对农业绿色发展的影响研究 [D]. 重庆：西南财经大学.

杨炳南，张小燕，赵凤敏，等，2015. 不同马铃薯品种的不同加工产品适宜性评价 [J]. 农业工程学报，31（20）：301-308.

杨军，程申，杨博琼，等，2013. 日韩粮食消费结构变化特征及对我国未来农产品需求的启示 [J]. 中国软科学（1）：24-31.

杨丽，陈义翔，2021. 玉米产需形势分析概述 [J]. 黑龙江粮食（9）：34-35.

杨瑞珍，王道龙，罗其友，等，2002. 论不同类型区农业结构调整 [J]. 中国软科学（8）：96-102.

杨世琦，王道龙，杨正礼，2009. 国外能源作物研究进展与焦点问题 [J]. 中国农业科技导报，11（1）：13-18.

杨万江，陈文佳，2011. 中国水稻生产空间布局变迁及影响因素分析 [J]. 经济地理，31（12）：2086-2093.

杨小平，2021. 玉米育种行业创新现状与发展趋势 [J]. 黑龙江粮食（9）：115-116.

杨雅伦，郭燕枝，孙君茂，2017. 我国马铃薯产业发展现状及未来展望 [J]. 中国农业科技导报，19（1）：29-36.

杨亚东，杜娅婷，杜歆仪，等，2022. 中国马铃薯农户种植意愿及其空间差异 [J]. 中国农业资源与区划，43（2）：220-230.

杨亚东，胡韵菲，栗欣如，等，2017. 中国马铃薯种植空间格局演变及其驱动因素分析 [J]. 农业技术经济（8）：39-47.

杨亚东，罗其友，王道龙，等，2018. 中国马铃薯区域分布影响因素分析 [J]. 中国农业资源与区划，39（2）：76-81.

姚春光，隋启君，白建明，等，2019. 美国马铃薯产业发展现状与启示 [J]. 中国马铃薯，33（2）：119-128.

姚玉璧，雷俊，牛海洋，等，2016. 气候变暖对半干旱区马铃薯产量的影响 [J]. 生态环境学报，25（8）：1264-1270.

姚毓春，夏宇，2021. 日本、韩国粮食安全现状、政策及其启示 [J]. 东北亚论坛，30（5）：83-98.

叶兴庆，2015. 马铃薯主粮化需过"三关" [J]. 农村工作通讯（2）：14.

易晓峰，罗其友，2015. 基于三阶段 DEA 的中国马铃薯主产区生产效率分析 [J]. 中国农学通报，31（3）：270-276.

于秋月，马胜伟，朱洋洋，等，2022.农业机械化何以提升我国玉米生产效益？——基于对玉米主产区的实证研究［J］.无锡商业职业技术学院学报，22（2）：12-21.

于翔，2020.中国区域粮食生产优势度及影响因素研究［D］.杨凌：西北农林科技大学.

余燕，赵明正，赵翠萍，2021.中国与"一带一路"沿线国家粮食生产合作潜力研究［J］.区域经济评论（6）：115-124.

袁斌，张燕媛，陈超，2017.中国苹果产业格局演化及机制分析——基于农户决策的微观视角［J］.干旱区资源与环境，31（6）：32-37.

张光顺，刘彬，孙在冠，2022.山东地区粮食安全发展状况测算与优化路径研究［J］.农村经济与科技，33（10）：13-15.

张华，王道龙，屈宝香，等，2004.我国主要粮食品种区域比较优势研究［J］.中国农业资源与区划（2）：16-20.

张惠，2015.政府信任·认知对农户转基因水稻种植意愿的影响［J］.安徽农业科学，43（24）：300-301.

张军，覃志豪，李文娟，等，2011.1949—2009年中国粮食生产发展与空间分布演变研究［J］.中国农学通报，27（24）：13-20.

张萌，罗其友，高明杰，等，2017.马铃薯市场研究进展及展望［J］.中国马铃薯，31（2）：113-118.

张明远，丁洁，崔金丽，2018.马铃薯食品的开发现状与发展［J］.现代食品（1）：10-11.

张千友，刘巧茹，2016.马铃薯主粮化战略面临的挑战与应对——基于成本收益的实证研究［J］.天府新论（4）：113-119.

张帅，2022.全球发展倡议下的中国对外粮食安全合作［J］.国际问题研究（4）：117-137.

张烁，罗其友，马力阳，2020.我国马铃薯区域格局演变及其影响因素分析［J］.中国农业大学学报，25（12）：151-160.

张怡，2015.农户花生生产行为分析——基于河南、山东两省44县（市）731份农户调查数据［J］.农业技术经济（3）：91-98.

张怡，2016.不同规模农户花生生产行为分析——基于河南与山东省农户调查数据［J］.青岛农业大学学报（社会科学版），28（1）：7-13.

张玉胜，吴培，高明杰，等，2021.中国马铃薯产品出口的恒定市场份额模型分析［J］.农业经济（6）：123-125.

张原天，2017."互联网＋"背景下现代农业产业发展路径探索［J］.全国流通经济（9）：67-68.

赵德海，贾晓琳，2020.中国与"一带一路"沿线国家进口贸易格局及其发展潜力分析［J］.商业研究（9）：52-59.

赵鸿，王润元，王鹤龄，等，2013.半干旱雨养区苗期土壤温湿度增加对马铃薯生物量积累的影响［J］.干旱气象，31（2）：290-297.

赵辉，乔光华，祁晓慧，等，2016.内蒙古马铃薯生产的比较优势研究［J］.干旱区资源与环境，30（2）：128-132.

赵静，李婷婷，申津羽，等，2014.集体林权制度改革绩效评价及其对林农森林经营意愿影响分析——基于福建省永安市的农户调查数据［J］.林业科学，50（6）：138-146.

赵磊，2022.全球粮食安全与中国特色粮食安全治理［J］.当代中国与世界（2）：59-67.

赵文婷，马越，王瑞琪，等，2021. 不同品种马铃薯的鲜切加工适宜性评价 [J]. 食品科技，46（12）：55-62.

赵晓丹，2012. 美国马铃薯产业发展及启示 [J]. 北京农业（18）：29-31.

郑顺林，王良俊，万年鑫，等，2017. 密度对不同生态区马铃薯产量及块茎空间分布的影响 [J]. 西北农林科技大学学报（自然科学版），45（7）：15-23.

郑有贵，邝婵娟，焦红坡，1999. 南粮北调向北粮南运演变成因的探讨——兼南北方两个区域粮食生产发展优势和消费比较 [J]. 中国经济史研究（1）：99-106.

钟甫宁，胡雪梅，2008. 中国棉花生产区域格局及影响因素研究 [J]. 农业技术经济（1）：4-9.

周慧秋，王常君，2005. 我国粮食综合生产能力的现状、存在问题及对策选择 [J]. 中国科技信息（20）：74-87.

周金娥，王琼，丁云双，等，2017. 马铃薯主粮化的必要性和可行性分析 [J]. 农业与技术，37（14）：250.

周蕾，辛丽轲，庞英，2009. 转型期中国大豆生产资源配置效率及其区域特征研究——基于非参数方法双产出模型的经验分析 [J]. 人文地理，24（2）：73-77.

周庆锋，2011. 马铃薯加工产业市场潜力巨大 [J]. 农村新技术（22）：10.

周振亚，罗其友，李全新，等，2015. 基于节粮潜力的粮食安全战略研究 [J]. 中国软科学（11）：11-16.

朱玉春，王蕾，2014. 不同收入水平农户对农田水利设施的需求意愿分析——基于陕西、河南调查数据的验证 [J]. 中国农村经济（1）：76-86.

邹蓝，2009. 马铃薯与中国西部发展 [J]. 贵州财经学院学报（3）：108-110.

左珊珊，王锐，2022. 我国玉米进口现状及进口影响因素分析 [J]. 武汉轻工大学学报，41（1）：77-83.

Ahmed M，Lorica M H，2002. Improving developing country food security through aquaculture development—lessons from Asia [J]. Food Policy，27（2）：125-141.

Alexandratos N，2008. Food price surges：possible causes，past experience，and longer term relevance [J]. Population and Development Review，34（4）：663-697.

Allan J A，1998. Virtual water：a strategic resource. Global solutions to regional deficits [J]. Groundwater，36（4）：545-546.

Amara N，Traore N，Landry R，et al，2010. Technical efficiency and farmers' attitudes toward technological innovation：The case of the potato farmers in Quebec [J]. Canadian Journal of Agricultural Economics/Revue Canadienne Dagroeconomie，47（1）：31-43.

Ashraf J，Pandey R，Jong W D，et al，2015. Factors influencing farmers' decisions to plant trees on their farms in Uttar Pradesh，India [J]. Small-scale Forestry，14（3）：1-13.

Attard E，Le Roux X，Charrier X，et al，2016. Delayed and asymmetric responses of soil C pools and N fluxes to grassland/cropland conversions [J]. Soil Biology and Biochemistry，97：31-39.

Babu S C，Tashmatov A，1999. Attaining food security in Central Asia—emerging issues and challenges for policy research [J]. Food Policy，24（4）：357-362.

Baird S，Friedman N S，2007. Aggregate income shocks and infant mortality in the developing world [C]. Policy Research Working Paper 4346. Washington，DC，The World Bank.

Battese G E, Coelli T J, 1995. A model for technical inefficiency effects in a stochastic frontier production function for panel data [J]. Empirical Economics, 20 (2): 325 - 332.

Begum A, Bhuiya M, Hossain S, et al, 2016. Effect of planting system of potato and plant density of maize on productivity of potato-hybrid maize intercropping system [J]. Bangladesh Journal of Agricultural Research, 41 (3): 397 - 409.

Caldiz D O, Caso O H, Vater G, et al, 1999. The potential for production of high quality seed potatoes in Tierra del Fuego Island, Argentina [J]. Potato Research, 42 (1): 9 - 23.

Caldiz D O, Struik P C, 1999. Survey of potato production and possible yield constraints in Argentina [J]. Potato Research, 42 (1): 51 - 71.

Caliskan M E, Onaran H, Arloğlu H, 2010. Overview of the Turkish potato sector: Challenges, achievements and expectations [J]. Potato Research, 2010, 53 (4): 255 - 266.

Campbell D E, 1998. Emergy Analysis of human carrying capacity and regional sustainability: an example using the State of Maine [J]. Environmental Monitoring & Assessment, 51 (1): 531 - 569.

Cassman K G, Harwood R R, 1995. The nature of agricultural systems: food security and environmental balance [J]. Food Policy, 20 (5): 439 - 454.

Cheng H, Leiby J D, Marra M C, et al, 1991. Spatial and temporal linkages in U. S. potato prices [J]. Information Systems Management, 14 (1): 82 - 86.

Cordell D, Rosemarin A, Schröder J J, et al, 2011. Towards global phosphorus security: A systems framework for phosphorus recovery and reuse options [J]. Chemosphere, 84 (6): 747 - 758.

Cordell Dana, Drangert Jan-Olof, White Stuart, 2009. The story of phosphorus: Global food security and food for thought [J]. Global Environmental Change, 19 (2): 292 - 305.

Costanza R, 1989. Model goodness of fit: A multiple resolution procedure [J]. Ecological Modelling, 47 (3): 199 - 215.

Cuculeanu V, Tuinea P, Balteanu D, 2002. Climate change impacts in Romania: vulnerability and adaptation options [J]. Geol J, 57: 203 - 209.

De Fraiture C, Wichelns D, Rockstrom J, et al, 2007. Looking ahead to 2050: scenarios of alternative investment approaches [C] //Molden D (Ed.), Comprehensive Assessment of Water Management in Agriculture, Water for Food, Water for Life: A Comprehensive Assessment of Water Management in Agriculture. International Water Management Institute, London: Earthscan, Colombo, pp. 91 - 145 (Chapter 3).

Del N C, Dorosh P A, Subbarao K, 2007. Food aid, domestic policy and food security: Contrasting experiences from South Asia and sub-Saharan Africa Original Research Article [J]. Food Policy, 32 (4): 413 - 435.

Doocy S, Sirois A, Anderson J, et al. 2011. Food security and humanitarian assistance among displaced Iraqi populations in Jordan and Syria [J]. Social Science & Medicine, 72 (2): 273 - 282.

Drew L Kershen, 2010. Trade and commerce in improved crops and food: an essay on food security [J]. New Biotechnology, 27 (5): 623 - 627.

Droogers P, 2004. Adaptation to climate change to enhance food security and preserve environmental quality: example for southern Sri Lanka [J]. Agric Water Manage, 66: 15 - 33.

Edward R Carr, 2006. Postmodern conceptualizations, modernist applications: Rethinking the role of society in food security [J]. Food Policy, 31 (1): 14 - 29.

Estes E, Blakeslee L, Mittelhammer R C, 1982. Regional and national impacts of expanded Pacific northwest potato production [J]. Western Journal of Agricultural Economics, 7 (2): 239 - 252.

Falkenmark M, Molden D, 2008. Wake up to realities of river basin closure. Water Resources Development, 24 (2): 201 - 215.

Fan S, Pardey P G, 1997. Research, productivity, and output growth in Chinese agriculture [J]. Journal of Development Economics, 53: 115 - 137.

Fan S, Zhang L, Zhang X, 2000. Growth and poverty in rural China: the role of public investments. Discussion Paper 66 [J]. International Food Policy Research Institute, Washington DC.

FAO, 2002. The state of food insecurity in the world 2001 [J]. Food and Agriculture Organization, Rome.

FAO, 2003. World Agriculture: Towards 2015/2030. An FAO Perspective [J]. Food and Agriculture Organization of the United Nations/Earthscan, Rome, Italy/USA.

FAO, 2005a. Assessment of the World Food Security Situation, Food and Agricultural Organisation of the United Nations [J]. Committee on World Food Security, 23 - 26 May 2005, Rome. http://www.fao.org.

FAO, 2005. Agro-ecological zoning and GIS applications in Asia-with special emphasis on land degradation assessment in drylands [J]. Rome.

Fedoroff NV, Battisti DS, Beachy RN, et al, 2010. Radically Rethinking Agriculture for the 21st Century [J]. Science, 327 (5967): 833 - 834.

Fermont M, Babirye A, Obiero H M, et al, 2010. False beliefs on the socio-economic drivers of cassava cropping [J]. Agronomy for Sustainable Development, 30 (2): 433 - 444.

Fernando P Carvalho, 2006. Agriculture, pesticides, food security and food safety [J]. Environmental Science & Policy, 9 (7 - 8): 685 - 692.

Frusciante L, Barone A, Carputo D, et al, 1999. Breeding and physiological aspects of potato cultivation in the Mediterranean region [J]. Potato Research, 42 (2): 265 - 277.

Furrer A N, Chegeni M, Ferruzzi M G, 2018. Impact of potato processing on nutrients, phytochemicals, and human health [J]. Crit Rev Food Sci Nutr, 58 (1): 146 - 168.

Galdeano-Gómez E, 2008. Productivity effects of environmental performance: evidence from TFP analysis on marketing cooperatives [J]. General Information, 40 (14): 1873 - 1888.

Gellrich M, Zimmermann N E, 2007. Investigating the regional-scale pattern of agricultural land abandonment in the Swiss mountains: A spatial statistical modelling approach [J]. Landscape & Urban Planning, 79 (1): 65 - 76.

Ghislain M, Lagnaoui A, Walker T, et al, 2003. Fulfilling the promise of Bt potato in developing countries [J]. Journal of New Seeds, 5 (2 - 3): 93 - 113.

Gilland B, 2002. World population and food supply. Can food production keep pace with population growth in the next half-century? [J]. Food Policy, 27: 47 - 63.

Giller K E, Tittonell P, Rufino M C, et al, 2011. Communicating complexity: integrated assessment of trade-offs concerning soil fertility management within African farming systems to support innovation and development [J]. Agricultural Systems, 104 (2): 191 - 203.

Gladwin Christina H, Thomson Anne M, Peterson Jennifer S, et al, 2001. Addressing food security in Africa via multiple livelihood strategies of women farmers [J]. Food Policy, 26 (2): 177 - 207.

Gleick P H, 2003. Global freshwater resources: soft-path solutions for the 21st century [J]. Science, 302 (28): 1524 - 1528.

Gleick P H, Wolff E L, Chalecki R R, 2002. The New Economy of Water: The Risks and Benefits of Globalization and Privatization of Freshwater [J]. Pacific Institute for Studies in Development, Environment, and Security, Oakland, CA, pp. 48.

Gwjr G, Lyson T A, Power A, 1995. Crop rotation patterns among New York potato growers: insights from conventional and sustainable agricultural theory [J]. Journal of Sustainable Agriculture, 7 (1): 5 - 18.

Hanjra M A, Gichuki F, 2008. Investments in agricultural water management for poverty reduction in Africa: case studies of Limpopo, Nile, and Volta river basins [J]. Natural Resources Forum, 32 (3): 185 - 202.

Hanjra Munir A, Qureshi M Ejaz, 2011. Global water crisis and future food security in an era of climate change [J]. Food Policy, 35 (5): 365 - 377.

He C, Li J, Wang Y, et al, 2005. Understanding cultivated land dynamics and its driving forces in northern China during 1983—2001 [J]. Journal of Geographical Sciences, 15 (4): 387 - 395.

Hill R J, 1975. Belief, Attitude, Intention and Behavior: An introduction to theory and research [J]. Philosophy & Rhetoric, 41 (4): 842 - 844.

Hoffler H, Fritz M, Rickert U, et al. Promoting the Kenyan potato value chain: can contract farming help build trust and reduce transaction risks? [C]. Seminar, February 8 - 10, 2006, Bonn, Germany. European Association of Agricultural Economists, 2006: 517 - 528.

Hongyun H, Liange Z, 2007. Chinese agricultural water resource utilization: problems and challenges [J]. Water Policy, 9 (S1): 11 - 28.

Hosseini S J F, Alikarami A, 2009. Perception of agricultural professionals' about factors influencing the adoption of biotechnology by horticultural producers [J]. American-Eurasian Journal of Sustainable Agriculture, 3 (3): 694 - 702.

Huang G, Shen X, Qu H, et al, 2013. Construction of efficient multiple planting patterns of potato for tridimensional climate in subtropical region of China [J]. Agricultural Science & Technology, 14 (9): 1344.

Huang J Q, Hu R F, Rozelle S, et al, 2005. Insect-resistant GMrice in farmers' fields: assessing productivity and health effects in China [J]. Science, 308 (5722): 688 - 90.

Huang J, Rozelle S, Rosegrant M W, 1999. China's food economy to the twenty-first century: supply, demand, and trade [J]. Economic Development and Cultural Change, 47 (4): 737 - 766.

Hudson G, Birnie R V, 2000. A method of land evaluation including year to year weather variability [J]. Agricultural & Forest Meteorology, 101 (2): 203 - 216.

Hulme M, Osborn T J, Johns T C, 1998. Precipitation sensitivity to global warming: comparison of observations with HadCM2 simulations [J]. Geophysical Research Letters, 25 (17): 3379 - 3382.

Hussain M, Allen A J, 2004. An economic evaluation of alternative highway routings on the interregional competition in the potato industry [J]. International Journal of Agriculture & Biology, (2): 378 - 382.

Ingwersen P, 1998. The calculation of web impact factors [J]. Journal of Documentation, 54 (2): 236 - 243.

Islam Yassir, Malik Sohail, 1996. Food security and human development in South Asia: An overview [J]. Journal of Asian Economics, 7 (2): 251 - 263.

Jeremy Allouche, 2011. The sustainability and resilience of global water and food systems: Political analysis of the interplay between security, resource scarcity, political systems and global trade [J]. Food Policy, 36 (1): 53 - 58.

Johan van Rooyen, Howard Sigwele, 1998. Towards regional food security in southern Africa: a (new) policy framework for the agricultural sector Original Research Article [J]. Food Policy, 23 (6): 491 - 504.

John Ruane, Andrea Sonnino, 2011. Agricultural biotechnologies in developing countries and their possible contribution to food security [J]. Journal of Biotechnology, 156 (4): 356 - 363.

Jr R G P, Schneider L C, 2001. Land-cover change model validation by an ROC method for the Ipswich watershed, Massachusetts, USA [J]. Agriculture Ecosystems & Environment, 85 (1): 239 - 248.

Kang Yinhong, Khan Shahbaz, Ma Xiaoyi, 2009. Climate change impacts on crop yield, crop water productivity and food security-A review Review Article [J]. Progress in Natural Science, 19 (12): 1665 - 1674.

Katchova A L, Sheldon I M, Miranda M J, 2010. A dynamic model of oligopoly and oligopsony in the U. S. potato-processing industry [J]. Agribusiness, 21 (3): 409 - 428.

Kato M, Sato N, Mosa A A, et al, 1992. Cultural Features Associated with Mating Types of Phytophthora infestans Isolates from Potato Crops in Japan [J]. Japanese Journal of Phytopathology, 58 (2): 267 - 275.

Kawakami T, Oohori H, Tajima K, 2015. Seed potato production system in Japan, starting from foundation seed of potato [J]. Breeding Science, 65 (1): 17 - 25.

Kgathi D L, Mfundisi K B, Mmopelwa G, et al, 2012. Potential impacts of biofuel development on food security in Botswana: A contribution to energy policy [J]. Energy Policy, 43: 70 - 79.

Khan S, Hanjra M A, 2008. Sustainable land and water management policies and practices: a pathway to environmental sustainability in large irrigation systems [J]. Land Degradation and Development, 19 (3): 469 - 487.

Koga N, Kajiyama T, Senda K, et al, 2013. Energy efficiency of potato production practices for bioethanol feedstock in northern Japan [J]. European Journal of Agronomy, 44: 1 - 8.

Kumar B, Hiremath B, Balachandra P, et al, 2009. Bioenergy and food security: Indian context Original Research Article [J]. Energy for Sustainable Development, 13 (4): 265 - 270.

Lal R, 2004. Soil carbon sequestration impacts on global climate change and food security [J]. Science,

304 (5677): 1623.

Laris P, Foltz J D, Voorhees B, 2015. Taking from cotton to grow maize: The shifting practices of small-holder farmers in the cotton belt of Mali [J]. Agricultural Systems, 133: 1 – 13.

Li X, Ma K, Fu B, et al, 2004. The regional pattern for ecological security (RPES): designing principles and method [J]. Acta Ecologica Sinica, 24 (5): 1055 – 1062.

Liu J, Zhang Z, Xu X, et al, 2010. Spatial patterns and driving forces of land use change in China during the early 21st century [J]. Journal of Geographical Sciences, 20 (4): 483 – 494.

Liu L, Chen X, Xu X, et al, 2014. Changes in production potential in China in response to climate change from 1960 to 2010 [J]. Advances in Meteorology, 2014 (1): 79 – 92.

Liu L, Xu X, Liu J, et al, 2015. Impact of farmland changes on production potential in China during 1990—2010 [J]. Journal of Geographical Sciences, 25 (1): 19 – 34.

Livingston M, Roberts M J, Zhang Y, 2014. Optimal sequential plantings of corn and soybeans under price uncertainty [J]. American Journal of Agricultural Economics, 97 (3): 855 – 878.

Lu M, Wu W, You L, et al, 2017. A synergy cropland of China by fusing multiple existing maps and statistics. Sensors, 17 (12): 1613.

Makki S S, Tweeten L G, Miranda M J, 2001. Storage-trade interactions under uncertainty: Implications for food security [J]. Journal of Policy Modeling, 23 (2): 127 – 140.

Marcus Vinicius, Alves Finco, Werner Doppler, 2010. Bioenergy and sustainable development: The dilemma of food security and climate change in the Brazilian savannah [J]. Energy for Sustainable Development, 14 (3): 194 – 199.

Matthias B, Hersperger A M, Schneeberger N, 2004. Driving forces of landscape change-current and new directions [J]. Landscape Ecology, 19: 857 – 868.

Maxwell S, 1996. Food security: a post-modern perspective [J]. Food Policy, 21 (2): 155 – 170.

Messing I, Fagerström M H H, Chen L, et al, 2003. Criteria for land suitability evaluation in a small catchment on the Loess Plateau in China [J]. Catena, 54 (1 – 2): 215 – 234.

Mishra A K, Fannin J M, Joo H, 2014. Off-farm work, intensity of government payments, and farm exits: evidence from a national survey in the United States [J]. Canadian Journal of Agricultural Economics/Revue Canadienne Dagroeconomie, 62 (2): 283 – 306.

Molden D, 2007. Water responses to urbanization [J]. Paddy and Water Environment (Special Issue Water Transfers), 5 (4): 207 – 209.

Molden D, Oweis T, Steduto P, et al, 2010. Improving agricultural water productivity: between optimism and caution. Agricultural Water Management [J]. Comprehensive Assessment of Water Management in Agriculture, 97 (4): 528 – 535.

Moraka T Makhura, 1998. The development of food security policy for South Africa (SAFSP): a consultative process [J]. Food Policy, 23 (6): 571 – 585.

Nie Fengying, Bi Jieying, Zhang Xuebiao, 2010. Study on China's Food Security Status [J]. Agriculture and Agricultural Science Procedia, 1: 301 – 310.

Okubo H, Sasaki S, Murakami K, et al, 2010. Nutritional adequacy of four dietary patterns defined by cluster analysis in Japanese women aged 18 – 20 years [J]. Asia Pacific Journal Of Clinical Nutrition,

19 (4)：555 - 563.

Olasantan F O，Ezumah H C，Lucas E O，et al，1997. Response of cassava and maize to fertilizer application，and a comparison of the factors affecting their growth during intercropping [J]. Nutrient Cycling in Agroecosystems，46 (3)：215 - 223.

Pawelzik E，Moller K，2014. Sustainable potato production worldwide：the challenge to assess conventional and organic production systems [J]. Potato Research，57 (3 - 4)：273 - 290.

Peng Y，Wang Q，Fan M，2017. Identification of the key ecological factors influencing vegetation degradation in semi-arid agro-pastoral ecotone considering spatial scales [J]. Acta Oecologica，85：62 - 68.

Per Pinstrup-Andersen，Rajul Pandya-Lorch，1998. Food security and sustainable use of natural resources：a 2020 vision [J]. Ecological Economics，26 (1)：1 - 10.

Phimister E，Roberts D，2012. The role of ownership in determining the rural economic benefits of onshore wind farms [J]. Journal of Agricultural Economics，63 (2)：331 - 360.

Pingali P L，Traxler G，2007. Changing locus of agricultural research：will the poor benefit from biotechnology and privatization trends? [J] Food Policy，27 (3)：223 - 238.

Polly J Ericksen，John S I Ingram，Diana M Liverman，2009. Food security and global environmental change：emerging challenges [J]. Environmental Science & Policy，12 (4)：373 - 377.

Popkin B M，2006. Technology，transport，globalization and the nutrition transition food policy [J]. Food policy，31 (6)：554 - 569.

Power B，Cacho O J，2014. Identifying risk-efficient strategies using stochastic frontier analysis and simulation：An application to irrigated cropping in Australia [J]. Agricultural Systems，125 (125)：23 - 32.

Qadir M，Wichelns D，Raschid-Sally L，et al，2010. The challenges of wastewater irrigation in developing countries [J]. Agricultural Water Management Comprehensive Assessment of Water Management in Agriculture，97 (4)：561 - 568.

Qin Y，Yan H，Liu J，et al，2013. Impacts of ecological restoration projects on agricultural productivity in China [J]. Journal of Geographical Sciences，23 (3)：404 - 416.

Renato S Maluf，1998. Economic development and the food question in Latin America [J]. Food Policy，23 (2)：155 - 172.

Rling Niels，2009. Pathways for impact：scientists' different perspectives on agricultural innovation [J]. International Journal of Agricultural Sustainability，7 (2)：83 - 94.

Robert S Chen，Robert W Kates，1994. World food security：prospects and trends [J]. Food Policy，19 (2)：192 - 208.

Rounsevell M D A，Annetts J E，Audsley E，et al，2003. Modeling thespatial distribution of agricultural land use at the regional scale [J]. Agriculture，Ecosystems and Environment，95：465 - 479.

Sanderson M R，Curtis A L，2016. Culture，climate change and farm-level groundwater management：An Australian case study [J]. Journal of Hydrology，536：284 - 292.

Sayre R，Beeching J R，Cahoon E B，et al，2011. The Biocassava plus program：biofortification of cassava for sub-Saharan Africa [J]. Annual Review of Plant Biology，62 (1)：251 - 272.

Scanlan Stephen J, 2004. Women, food security, and development in less-industrialized societies: contributions and challenges for the new century [J]. World Development, 32 (11): 1807 - 1829.

Schoppach R, Soltani A, Sinclair T R, et al, 2017. Yield comparison of simulated rainfed wheat and barley across Middle-East [J]. Agricultural Systems, 153: 101 - 108.

Scott G J, Rosegrant M W, Ringler C, 2000. Global projections for root and tuber crops to the year 2020 [J]. Food Policy, 25 (5): 561 - 597.

Shortridge A, Messina J, 2011. Spatial structure and landscape associations of SRTM error [J]. Remote Sensing of Environment, 115 (6): 1576 - 1587.

Simar L, Wilson P W, 1998. Sensitivity analysis of efficiency scores: how to bootstrap in nonparametric frontier models [J]. Management Science, 44 (1): 49 - 61.

Smith L D, 1997. Price stabilization, liberalization and food security: conflicts and resolutions? [J]. Food Policy, 22 (5): 379 - 392.

Soltani A, Stoorvogel J J, Veldkamp A, 2013. Model suitability to assess regional potato yield patterns in northern Ecuador [J]. European Journal of Agronomy, 48 (3): 101 - 108.

Srinivasam C S, Irz X T, Shankar B, 2006. An assessment of the potential consumption impacts of WHO dietary norms in OECD countries [J]. Food Policy, 31: 53 - 77.

Steyn J M, Franke A C, Van der Waals J E, et al, 2016. Resource use efficiencies as indicators of ecological sustainability in potato production: A South African case study [J]. Field Crops Research, 199: 136 - 149.

Stokstad E, 2010. Could less meat mean more food? [J] Science, 327 (5967): 810 - 811.

Swaminathan M S, 2010. Achieving food security in times of crisis [J]. New Biotechnology, 27 (5): 453 - 460.

Tashmatov A, Aknazarov F, Juraev A, et al, 2000. Food policy reforms for sustainable agricultural development in Uzbekistan, the KyrgyzRepublic, and Tajikistan [J]. Food Policy, 25 (6): 719 - 732.

Tatsumi K, Yamashiki Y, Silva R V D, et al, 2011. Estimation of potential changes in cereals production under climate change scenarios [J]. Hydrological Processes, 25 (17): 2715 - 2725.

Tilman D, Cassman K G, Matson P A, et al, 2002. Agricultural sustainability and intensive production practices [J]. Nature, 418: 671 - 677.

Tirado M C, Cohen M J, Aberman N, et al, 2010. Addressing the challenges of climate change and biofuel production for food and nutrition security [J]. Food Research International, 43 (7): 1729 - 1744.

Turner B L, Lambin E E, Reenberg A, 2007. The emergence of landchange science for global environmental change and sustainability [J]. Proceedings of the National Academy of Science, 104: 20666 - 20671.

Vereijken P, Cdvan L, 1991. A strategy for integrated low-input potato production [J]. Potato Research, 34 (1): 57 - 66.

Wang J T, 2010. Food Security, Food Prices and Climate Change in China: a Dynamic Panel Data Analysis [J]. Agriculture and Agricultural Science Procedia, 1: 321 - 324.

Wang W，Wang C，Sardans J，et al，2015. Agricultural land use decouples soil nutrient cycles in a sub-tropical riparian wetland in China [J]．Catena，133：171-178.

Wei S，Chen B，Chen X，2009. Evaluation for use efficiency of agricultural resources in grain production：a case study of Changshu，Taihe and Ansai in China [J]．Chinese Geographical Science，19 (1)：46-54.

Xue J，Pu C，Liu S，et al，2016. Carbon and nitrogen footprint of double rice production in Southern China [J]．Ecological Indicators，64：249-257.

Yun Li，Wen Yu，2010. Households food security in poverty-stricken regions：evidence from Western Rural China [J]．Agriculture and Agricultural Science Procedia，1：386-395.

Zaheer K，Akhtar M H，2016. Potato production，usage，and nutrition-a review [J]．Critical Reviews in Food Science and Nutrition，56 (5)：711-721.

Zhang Y，Wang F，Shock C C，et al，2017. Effects of plastic mulch on the radiative and thermal conditions and potato growth under drip irrigation in arid Northwest China [J]．Soil & Tillage Research，172：1-11.

Zhao H，Xiong Y，Li F，et al，2012. Plastic film mulch for half growing-season maximized WUE and yield of potato via moisture-temperature improvement in a semi-arid agroecosystem [J]．Agricultural Water Management，104 (2)：68-78.

Zhao J，Zhang Y，Qian Y，et al，2016. Coincidence of variation in potato yield and climate in northern China [J]．Science of the Total Environment，573：965-973.

Zhong F，2001. China's accession to WTO—its impact on China's agricultural sector [C]．Seminar on Free Trade and Regional Economic Integration，Geneva.

Zhu J，2004. Public investment and China's long-term food security under WTO [J]．Food Policy，29 (1)：99-111.

后　记

（一）

2016 年，马铃薯主粮化正式被提升为国家战略，成为继水稻、小麦、玉米后的又一主粮。可从少不更事起，马铃薯留在脑海里的好像只有为数不多的诸如酸辣土豆丝和大锅熬菜中的土豆块的潜印象。初次涉足其中时，没想到会以此作为三年学习阶段的主要研究对象。更加没有想到的，是置身其中所带来的关于中国农业、农村、农民问题的见闻和与其的难解之缘。

记得第一次到西海固地区调研，自认为去过不少地方的自己深深震撼于黄土高原连绵不绝的沟壑梁峁。除了不断感叹自身的渺小，也震惊于这一地区恶劣的生产环境、难于言说的生活水平和类似刀耕火种的耕作方式。这里土壤贫瘠、水源奇缺、生态恶劣，人口、社会和自然呈现出非良性的循环状态。犹记得当时看到一对老夫妻在地里刨土豆，孙女跪在后面边爬边捡，年岁稍小的聋哑孙子在不远处边笑边跑……悄悄拿起手机拍下孙女跪在田里的照片，发黑的红色上衣在苍茫的乌云的映衬下，难以言说的痛苦在心里流淌。这对老夫妻有两个儿子，大儿子好不容易娶了媳妇生了娃，外出打工不幸去世，孙子的聋哑病像一个永远填不起来的无底洞，媳妇也便"跑"了……二儿子读书后"成功"进城，二老也便"顺理成章"地带着孙子孙女"成功"跻身留守老人的行列。意外的是，这些话从二老口中出来并没有酸楚和委屈，也没有"泪比长生殿上多"的波澜，好像只是平常的老人家在述说一些家庭琐事。

长期的田野调查，不断刻进心里的一是中国农民的坚韧和坚忍，可能历经艰难困苦后才最会珍惜来之不易的小幸福吧；二是农民对于离开农村的决绝。诸如"好好的到农村受什么罪""不好好学习以后就只能'种地'""你这个'农民'"等话语在身边并不鲜见。也许，只有"去农"文化深入骨髓，才会让农民逃离农村、市民远离农村的信念如此虔诚吧。今天，"去农"文化作为政策长期累加的结果，将会成为乡村振兴和振兴乡村的长期阻碍。重塑城乡关系也好，社会发展进步也好，表面看来是资本、技术、劳动等要素的构成关系，但最终起决定作用的还会是根植于内心的习惯和文化。

实践是最好的教科书。当一个事物好端端放在那里时，人们一般不会怀疑或想到去探索它的内在；而当一个事物面临危机时，可能才会想起挖掘其实质。所以，"为天地立心，为生民立命，为往圣继绝学，为万世开太平"也就成了我们这些颇显迂腐的学生们的"己任"。在想到本篇论文时，脑海里好像一直潜藏着的弦动了一下。对于党和国家而言，崛起要不忘陨落，即便陨落也要不忘使命。是否能将土豆与不同的可能结合起来，发挥作物的生物学特性，使之更有实践意义，成为困扰自己很长一段时间的难题。所幸，经过不定期的通宵作战法的洗礼后，终于还是蹒跚着过来了。坦白来说，要将不同层面的数据做到定性与定量相结合，数据搜集与方法学习是较难跨越的，而想达到理论与实证相结合，除了完成这万里长征的一小步外，还有烦冗的数据和图像处理等学习工作。这些跨自然、社会、经济、人类等学科的工作完成质量直接关系到之后的计量、模拟、优化等分析能否取得"成果"（可能仅仅只是站在诸多前辈肩膀上的一个小小的自我安慰）。过程中遇到了各种意想不到的困难，但在老师、同学、师兄师姐师弟师妹等各路高手的帮助和不计回报的辛勤付出下，所幸还是翻过来了。

在目前的研究生教育中，所见所闻多使学生不会因为毕业论文不过关而无法顺利毕业。但同时，也恰是因为此，毕业论文才能够真正反映出作为一名学生的为人品格和做事态度。个人水平有高低，大师和大才也难以世出，但如果以过关的态度来做学术，实则对不住的是自己的良心和那一张薄纸。坦率来讲，读博对一个人来说可能是一项"赌博"。但是，浸入其中后，倘若能够认真、踏实地完成一项研究，并且将学习过程中的感悟应用于今后的学习、工作和生活中，结果应该还是能够令自己感到愉悦的。

当然，愉悦并不可能贯穿于整个论文研究阶段。每当回忆起在安徽一个村子里调研的所见所闻，那时的尴尬仍然历历在目。一位农民拒绝回答我的任何问题，只是不停地诉说着生活的艰辛和遇到的种种不公……困扰自己多年的"你的问题能帮我解决什么困难"再一次出现在了眼前。确实，自己的所谓研究能为大家解决什么问题？自己的学习工作能为大家缓解什么困难？

马克思17岁的时候在《青年在选择职业时的考虑》中说，"如果我们认清所选择的职业的全部分量，了解它的困难以后，仍然对它充满热情，我们就应该选择它，那时我们既不会受热情的欺骗，也不会仓促从事。""如果我们选择了最能为人类福利而劳动的职业，那么，重担就不能把我们压倒，因为这是为大家而献身；那时我们所感到的就不是可怜的、有限的、自私的乐趣，我们的幸福将属于千百万人，我们的事业将默默地、但是永恒发挥作用地存在下去"。在和同学的交流中，我们也在想，好像从来没有人是因为做了别人认为重要的事而成功的。相反，倒是有很多人做了自己热爱的事而成了事。所以，为自己热爱的事业而奋斗，在简单的快乐和坚持中成长，目标应该也会不远了。

虽然这些看起来有些理想主义甚至空想主义，但积极努力的理想主义者至少不会为了蝇头小利而放弃理想，也不会为了某种潮流而改变信念。当遇到更优秀的人、发现自身存在着令自己厌恶的缺点时，也会正视、不躲避，一点点地改正。所以，理想主义者的结局不会可怜。几年前，为了"扮演"理想主义者到了北京，粗略算来，竟也有十多次的搬"家"经历。一辆人力小三轮或小汽车毕竟装不下太多东西，书、铺盖、衣服、瓶瓶罐罐，恰好是独立生活的个体分量。因为搬"家"，我开始了解家庭生活的原色和异乡生活的底色。

多年前，生在平凡的家庭，拥有平凡的父母，他们有平凡的样子，做着平凡的工作，看着我们平凡的成长，经历着平凡的生活，享受着平凡的快乐。在我们的人生路上，他们一直默默护航。他们的关爱，有时只是一句冷暖叮嘱。在叮嘱的背后，则是他们无条件的支持，只是往往他们都忘了自己。亲人一场，之间的缘分可能渐行渐远。因此，要百分珍惜那些能陪自己走一程的人。回忆回不去，唯一能回去的，只是存于心底的记忆。所以，只能一直向前。

这几年，走过了一些路，见到过一些人，经历过一些事。一些路让我体会到了自己的渺小，一些人让我遇到了朋友与师长，一些事让我明白了精力的稀缺，让我明白了战胜自己比征服他人更艰巨但也更有意义，也才慢慢体会到当年硕士入学时"大胸怀、大格局、大气魄"的内涵。

从数据搜集到方法学习，从日常生活到工作实践，从运动鞋皮鞋到布鞋草鞋，都要感谢王道龙先生、罗其友先生及各位人生导师。博士学习生活中，收获了做人做事做学问的感悟，收获了踏实走好每一步的坚持，也收获了身边的和不在身边的一份份关心，请恕没能一一列举，谨记于心。同样，感谢多个项目的支持，让我能有更加广阔的理论和实践视角进行学术探索。

（二）

我们都被社会所建构，我们都被历史所塑造。近年来，华夏大地对食物匮乏的心悸随着社会生产实践的繁荣日趋减弱，但时代却从未停止人类对吃饱肚子这件事赋予认同平等的价值内涵。吃饱吃好就像阳光、空气和水一样，被认为是我们这个近 8 年减贫 1 亿人口国家的不可或缺的基本福利。毕竟，粮食生产十九连丰，粮食产量连续 16 年高于 1 万亿斤、连续 8 年稳定在 1.3 万亿斤以上，未来可能的 1.4 万亿斤粮食产量、15.46 亿亩高标准农田……一串串数字令人充满底气。

洛克说，人人生而平等，生存权、自由权和追求幸福的权利是人类不可让渡的权利。卢梭说，自然界中很少有不平等的现象，当今流行的不平等现象是人类在求生存和进步的过程中逐渐衍生而成的。是的，眼看着纠结于"经济—利益"与"社会—权利"之间的平等或不平等的人类世界，一个锲而不舍的美好向往与现实追求并不容易找到其中微妙的平衡。两难甚至多难问题的层出不穷，使得集体主权的施行显得愈发难以让所有人都满意。于是，帕累托的最优状态只能暂时让位于卡尔多的平衡改进，这似乎又给了许多光荣正确的人们基于所谓公平正义立场对社会发展尤其是农业生产、粮食生产进行价值评判的机会。只是，困难和牺牲看起来只有五个字，可时代的一粒灰落在普通人身上就是一条命。好在国家没有在不同的价值取向甚至意识形态碰撞中停止实践积累和思想探索。

农业因人类集聚而兴，乡村因农事活动而聚。粮食和土地，始终贯穿着近代中国的前途和命运。其中的经验和教训，也始终伴随着我们这个百年大党的成长和成熟。一段时期内，在绝对保障粮食安全的政策指向中，农业多种功能和乡村多元价值容易被单一作物的体积和重量所代表的抽象粮食概念所掩盖。在国家建构的理论框架中，水稻、小麦、玉米包括本书所述的马铃薯等取代了木、藤、花、草、苔、蕨，虫鸣蛙叫、兔走鸟飞以及其他可能更复杂的多重感知，更多只能诉诸于钢筋水泥建筑体。在科学研究中，我们总是试图将研究对象物化为整齐划一的规则体，按照不同的目标将他们划分为不同的排列组合，以便在图表中精准读取、计量、测算甚至操纵。更多的，土壤修复、营养摄取，以及微生物、昆虫、动植物之间的共生关系等我们还未充分了解却又极其复杂的过程被尽量简单化的操作方式所取代了。所幸，"持续产出""收支平衡""多样性"等被分为先后高低的概念逐渐被"科学逻辑""和谐共生""区际协调"等相互融合平衡的理念替代而为人所接受。

过去、现在、未来，永远都会遭遇的不确定性不会因为个体的担心、害怕、恐慌、轻视而轻易改变。个体也好，集体也罢，最大的幸运，莫过于在他年富力强的时候发现了自己的人生使命。当强烈的个体意志与历史宿命碰撞之际，希望那火花闪烁的时刻从此可以照耀人类文明的天空。